KRÖNERS TASCHENAUSGABE BAND 52

Johann Jakob Bachofen

Mutterrecht und Urreligion

Eine Sammlung der einflussreichsten Schriften

•

Herausgegeben und neu eingeleitet
von Yahya Elsaghe

Siebte, überarbeitete und neu eingeleitete Auflage

ALFRED KRÖNER VERLAG STUTTGART

Johann Jakob Bachofen
Mutterrecht und Urreligion
Eine Sammlung der einflussreichsten Schriften
Herausgegeben und neu eingeleitet von Yahya Elsaghe
Siebte, überarbeitete und neu eingeleitete Auflage
Stuttgart: Kröner 2015
(Kröners Taschenausgabe; Band 52)
ISBN Druck: 978-3-520-05207-0
ISBN E-Book: 978-3-520-05291-9

Das Werk einschließlich aller seiner Teile ist urheberrechtlich geschützt. Jede Verwendung, die nicht ausdrücklich vom Urheberrechtsgesetz zugelassen ist, bedarf der vorherigen Zustimmung des Verlages. Das gilt insbesondere für Vervielfältigungen, Bearbeitungen, Übersetzungen, Mikroverfilmungen und die Einspeicherung und Verarbeitung in elektronischen Systemen.

© 2015 by Alfred Kröner Verlag Stuttgart
Printed in Germany · Alle Rechte vorbehalten
Gesamtherstellung: Friedrich Pustet Regensburg

Astrid Hollenstein
zum 12. Dezember 2015

Inhalt

Einleitung	IX
Lebens-Rückschau	1
Versuch über die Gräbersymbolik der Alten	21
Vorwort	21
Das Ei als Symbol	23
Der Bereich der Unteren und der Oberen	44
Der Psyche-Mythus	48
Symbol und Mythus	52
Der Seilflechter als Symbol (Oknos)	55
Das Mutterrecht	79
Vorrede und Einleitung	79
Lykien	150
Athen	196
Lemnos	215
Ägypten und Ödipus	222
Indien	246
Lesbos	253
Die Sage von Tanaquil	263
Vorrede und Einleitung	263
Antiquarische Briefe	313
Brief 27	313
Brief 29	329
Brief 30	340
Stücke aus dem Nachlass	349
Register mit Glossar	359

Einleitung

Als Karl Marx in Berlin Jura studierte, muss er in denselben Vorlesungen gesessen haben wie ein etwas älterer Kommilitone aus Basel: Johann Jakob Bachofen.[1] Ein halbes Jahrhundert später sollte er auf dessen Buch über das *Mutterrecht* stoßen, als er nämlich Notizen zu einer Abhandlung kompilierte, die schließlich Friedrich Engels vollendete und unter dem Titel *Der Ursprung der Familie, des Privateigentums und des Staats* (1884) publizierte. Obwohl sie einander also erst spät beziehungsweise gar nicht zur Kenntnis nahmen, gleichen sich Marx und Bachofen in ihrem Denken auf den zweiten und dritten Blick frappant: in der Radikalität, mit der sie sich Alternativen zum *status quo* ihrer gesellschaftlichen Gegenwart auszumalen wagten; in der fatalistischen Annahme deterministischer Gesetzmäßigkeiten, die sie den Gang der Geschichte als einen zielgerichtet-sinnvollen verstehen ließ und die es ihnen erlaubte, die selbstsichersten Zukunftsprognosen zu stellen; und nicht zuletzt auch in der unabsehbaren Wirkung, die sie auf die kommenden Generationen auszuüben vermochten – der eine ganz offensichtlich, der andere mehr im Verborgenen.

Die bis heute und gerade heute wieder so brandaktuelle Frage nach dem rechtlichen Verhältnis der Geschlechter, nach den Ursachen für ihre soziale Ungleichheit und nach den Alternativen zur Macht der Männer über die Frauen wurde nie zuvor so nachhaltig und so grundsätzlich gestellt wie von Marxens Schweizer Kommilitonen. Zu seinen Lebzeiten

1 Vgl. Lionel Gossman: *Basel in der Zeit Jacob Burckhardts. Eine Stadt und vier unzeitgemässe Denker*, Basel 2005, S. 160.

wenig beachtet und bis heute ein *glorieux inconnu*, einer der Autoren, die fast jeder kennt und kaum einer liest, wurde Bachofen gegen Ende des 19. und im Lauf des 20. Jahrhunderts in intermittierenden Schüben wechselweise von Kommunisten und Sozialisten, Anarchisten und Feministinnen, Nationalsozialisten und Esoterikern wiederentdeckt. Seither ist sein Name mit dem Titel seines als solches gehandelten Hauptwerks assoziiert, *Das Mutterrecht*, oft genug verstanden als Synonym für ›Matriarchat‹, und er selber wird als Entdecker oder Erfinder dieses Matriarchats herumgereicht – nicht ganz zu Recht.

Erstens nämlich ist das Wort ›Matriarchat‹, das zu seiner Zeit vom englischen *matriarchy* her gerade eben aufzukommen begann, bei Bachofen nirgends belegt, ebenso wenig wie der Komplementärbegriff, ›Patriarchat‹, dem bei Bachofen am ehesten das ›Vaterrecht‹ oder die ›Paternität‹ entspräche. Im Begriff ›Matriarchat‹, ›Herrschaft der Mütter‹, sind zwei Komposita zusammengezogen, die Bachofen nun allerdings wirklich gerne und geradezu als Leittermini benutzt, die er aber dennoch nirgends sorgfältig genug gegeneinander differenziert: zum einen eben das »Mutterrecht« als ein Prinzip gesellschaftlicher Organisation, zum Beispiel der Vererbung oder der Namensgebung, und damit als ethische Legitimation einer auf dieser Basis möglichen, aber nicht notwendigen Frauenherrschaft; zum andern die »Gynaikokratie« als diese faktische, sozusagen phänotypische Herrschaft der Frauen selbst. Das »Mutterrecht« ist also die Bedingung der »Gynaikokratie«, aber mit ihr nicht identisch, sondern es geht ihr in Bachofens Vorstellung voraus.

Zweitens hatte Bachofen durchaus seine Vorläufer. Zu diesen zählt vor allen anderen der Jesuitenmissionar Joseph-François Lafitau, dessen *Mœurs des sauvages américains comparées aux mœurs des premiers temps* (1724) Bachofen indes erst ein gutes Jahrzehnt nach Erscheinen seines *Mutterrechts* zur Kenntnis nahm. Lafitau, der bis heute als Begründer der vergleichenden Ethnologie gilt, hatte bei den Irokesen und Huronen ähnliche matrilineare Familien- und matrifokale Sozialstrukturen gefunden, wie sie Herodot, *der* Kronzeuge Bachofens, von gewissen ›barbarischen‹ Nachbarn der Griechen überliefert. Diese auffällige Koinzidenz erklärte sich Lafitau mit der These einer frühgeschichtlichen Migrationsbewegung, und zwar so, »daß der gröste Theil der americanischen Einwoner ursprünglich von den Barbaren abstamme, welche sowol das feste Griechenland, als dessen Inseln inne hatten«.[2]

Die bei den nordamerikanischen »Wilden« beobachteten wie die von Herodot beschriebenen Zustände sind hier also noch Kuriositäten oder vereinzelte Ausnahmen von einer dadurch nur desto nachdrücklicher bekräftigten Regel. Sie erweisen sich noch nicht, wie dann bei Bachofen, selber als Teil einer Regelmäßigkeit, die virtuell für alle Kulturen Geltung beansprucht. Insofern hatte die Bachofen'sche Theorie und hat sie bis heute ihr Unerhörtes. Ihr Bahnbrechendes besteht darin, dass sich Bachofen systematisch alternative Optionen zu den Geschlechterverhältnissen seiner, auch unserer eigenen Zeit vorzustellen vermochte; weit über das hinaus, was er bei antiken Autoren wie Herodot oder bei neuzeitlichen Ethnographen wie Lafitau beschrieben fand. Die so erschlossenen Kulturalisationsformen der Geschlechterdifferenz hat Bachofen durch eine bis heute schockierend kühne Spekulationsleistung in eine anthropologische Universaltheorie integriert. Die Abweichungen von der patriarchalen Gesellschaftsform erscheinen hier als gleichzeitig-ungleichzeitige Phänomene einer universalen Menschheitsgeschichte; dergestalt, dass grundsätzlich alle Kulturen diese Entwicklung durchmachen, aber in unterschiedlichen Geschwindigkeiten oder indem sie es dabei unterschiedlich weit bringen.

---

2   Johann Friedrich Schröter (Hg.): *Algemeine Geschichte der Länder und Völker von America, Erster Theil: Algemeine Beschreibung der Americanischen Lande und Völker* (= Joseph-François Lafitau: *Die Sitten der amerikanischen Wilden im Vergleich zu den Sitten der Frühzeit*), Halle 1752 [ND Leipzig 1987], S. 43.

Das alles dachte sich Bachofen ganz *outside the box* aus, abseits der wissenschaftlichen Trends und Moden seiner Zeit. Rein wissenschaftlich gesehen ist seine Theorie freilich überholt,[3] sowohl in der Ethnologie als auch in der Archäologie und der Altphilologie. Allenfalls hielten sich Teile von Bachofens in der Tat hinreißend origineller Interpretation der *Orestie*, dem Paradestück schon seines ersten »Vortrags über das Weiberrecht«. Wenn in der Aischyleischen Trilogie auch nicht gerade Mutter- und Vaterrecht *pur et dur* in dem von Bachofen postulierten und generalisierten Sinn aufeinanderstoßen,[4] so kann man seit dem *Mutterrecht* (s. S. 198–206) doch nicht mehr daran vorbeisehen, dass hier, vor allem in den *Eumeniden*, der Konflikt zweier Geschlechterordnungen verhandelt wird, zweier Formen familialer Loyalität auch, und dass sich dabei die abstraktere Verantwortung vor dem Vater gegen die elementarere Mutterbindung durchsetzt. Das braucht durchaus nicht zu heißen, dass damit gleich eine eigentliche Frauenherrschaft gestürzt würde. Es scheint aber sehr wohl zu bezeugen, wie das patriarchale Machtgefälle im alten Athen sich verschärfte oder doch der Legitimation gegenüber anderen, und sei es auch nur graduell verschiedenen Formen des Geschlechterverhältnisses bedurfte. Und unter demselben Blickwinkel, den eben erst Bachofen in die Interpretation nicht nur der griechischen Literatur, sondern zum Beispiel auch der *Aeneis* (s. S. 285–287), der *Edda*[5] oder des *Ni-*

---

3 Vgl. Roger Caillois: »[Rezension von:] Bachofen, J.J., Du règne de la mère au patriarcat«, in: *La Nouvelle Revue Française* 302 (November 1938), S. 851f., hier S. 851; Justin Stagl: »Johann Jakob Bachofen. Das Mutterrecht und die Folgen«, in: *Anthropos* 85.1 (1990), S. 11–37, hier S. 26f.
4 Vgl. Uwe Wesel: *Der Mythos vom Matriarchat. Über Bachofens ›Mutterrecht‹ und die Stellung der Frauen in frühen Gesellschaften vor der Entstehung staatlicher Herrschaft*, Frankfurt a.M. [7]1994, S. 17f.
5 Vgl. Johann Jakob Bachofen: *Gesammelte Werke, Bd. 8: Antiquarische Briefe*, hg. v. Johannes Dörmann/Walter Strasser, Basel/Stuttgart 1966, S. 177–186.

belungenlieds[6] einführte, konnten auch andere attische Tragödien neu gelesen werden, solche zumal, die Bachofens eigener Aufmerksamkeit entgangen zu sein scheinen: so die *Antigone*,[7] nachdem sie gleichsam verstellt gewesen war durch die beiden *Ödipus*-Dramen, die sein Interesse an Sophokles völlig absorbiert hatten.

Die lebens- und gesellschaftsgeschichtlichen Voraussetzungen der Bachofen'schen Theoriebildung

Den »Juristen der Mutterherrschaft« nannte ihn Thomas Mann unter Anspielung auf seine Ausbildung und seinen zeitweiligen *day job* einmal.[8] Dennoch oder gerade deswegen waren es durch und durch patriarchale Verhältnisse, in die der Matriarchatsjurist vor zwei Jahrhunderten hineingeboren wurde. Johann Jakob Bachofen, dem sich die Möglichkeit vorpatriarchaler Geschlechterordnungen darüber zu erschließen begann, dass in gewissen Kulturen die Kinder den Namen nicht des Vaters, sondern der Mutter tragen, und der vorhatte, diesem Phänomen einmal auch eine Spezialabhandlung über die »Theorie der Namen« zu widmen,[9] – *Johann Jakob* Bachofen also hieß nicht von ungefähr genau so,

---

6 Vgl. ebd., S. 169–176.
7 Vgl. Erich Fromm: »Das Undenkbare, das Unsagbare, das Unaussprechliche«, in: *Psychologie heute* 5.11 (1978), S. 23–31; ders.: *Märchen, Mythen, Träume. Eine Einführung in das Verständnis einer vergessenen Sprache*, Stuttgart 1980, S. 147–175; Peter von Matt: *Verkommene Söhne, mißratene Töchter. Familiendesaster in der Literatur*, München/Wien 1995, S. 100–117.
8 Thomas Mann: »Die Stellung Freuds in der modernen Geistesgeschichte«, in: Ders.: *Gesammelte Werke, Bd. 10: Reden und Aufsätze 2*, Frankfurt a. M. ²1974, S. 256–280, hier S. 261.
9 Vgl. Karl Meuli: »Nachwort«, in: Johann Jakob Bachofen: *Gesammelte Werke, Bd. 3: Das Mutterrecht. Zweite Hälfte*, hg. v. Karl Meuli, Basel 1948, S. 1011–1128, hier S. 1087.

wie schon sein Vater und wie dann auch wieder sein eigener Sohn heißen sollte.

Johann Jakob war der älteste von drei Söhnen. Eine Schwester war früh gestorben. Die von da an lebenslange Reaktionsdepression seiner Mutter wird etwas erklären von der Faszination, die der »mütterliche[] Trauerberuf[]«,[10] »die Trauer der Mütter«,[11] für Bachofen zeitlebens hatte. So findet sich auf dem Titelblatt des *Mutterrechts* eine vielleicht nicht zufällig eiförmige Vignette mit dem Bild der Thetis (s. S. III), der Mutter des Achill, auf der sie um ihren toten Sohn trauert, darunter die Inschrift: Ματέρος ἀγλαὸν εἶδος, ›der Mutter hehres Bild‹; gefolgt von einer Seite, auf der Bachofen das Buch seiner eigenen Mutter oder dem »Andenken« seiner Mutter widmete, »Frau Valeria Bachofen/geb. Merian«, mit dem griechischen Motto, ihre ›Güte und Treue immerdar zu verkünden‹.[12]

Als ältester Sohn war Bachofen sicherlich dazu bestimmt, das Geschäft seiner Väter zu übernehmen. Dass er sich von dieser Bestimmung schon bald entfernte, scheint indessen zu keinen ›ödipalen‹ Konflikten mit Johann Jakob senior geführt zu haben, den er zeitlebens in hohen Ehren hielt. Mit ihm unternahm er die für ihn prägendste, die erste seiner zahlreichen Italienreisen. Und als ein Mitglied der Basler Kuratel, des obersten universitären Verwaltungsorgans, den Vater zu beleidigen wagte, trat der Sohn unverzüglich aus diesem Gremium aus und kappte damit die letzte institutionelle Verbindung zu seiner *Alma Mater*.

Bis in sein fünfzigstes Lebensjahr blieb Johann Jakob junior im väterlichen Haus wohnen, bevor er eine dreißig Jahre

---

10 Johann Jakob Bachofen: *Das Lykische Volk und seine Bedeutung für die Entwicklung des Alterthums*, Freiburg i.Br. 1862, S. 33.

11 Nicole Loraux: *Die Trauer der Mütter. Weibliche Leidenschaft und die Gesetze der Politik*, mit einer Einf. v. Käthe Trettin, Frankfurt a.M./New York, Paris 1992.

12 Johann Jakob Bachofen: *Gesammelte Werke, Bd. 2: Das Mutterrecht. Erste Hälfte*, hg. v. Karl Meuli, Basel 1948, S. 7.

jüngere Frau, geb. Burckhardt, heiratete. Seither stand er seinerseits einem, wie er selber ganz freimütig und nicht wenig selbstgefällig bekannte, »nach imperialistischen Grundsätzen geleitet[en]« Hauswesen vor: »Küche, Keller, selbst Kinderstube [...] bilden die Sorge meiner l[ieben] Frau, die einstweilen noch auf ihren zwei Beinen frei umhergeht.«[13]

Patriarchal und paternalistisch wie die Grundsätze des Familienlebens waren auch die ökonomischen und die politischen Verhältnisse, von denen das Haus Bachofen profitierte. Die Bachofens, nicht anders als die ungleich bekannteren Merians und Burckhardts, gehörten zum sogenannten ›Daig‹, dem Basler Stadtpatriziat, als das es sich vor allem seit der Kantonsteilung (1833) scharf gegen die Neureichen abgrenzte, von »Handwerksleuten und anderm Eselsvolke«[14] ganz zu schweigen. Sie waren eine der reichsten, im 19. Jahrhundert vermutlich sogar überhaupt die reichste Familie im ohnedies fast sprichwörtlich reichen Basel, das erst im Lauf dieses 19. Jahrhunderts langsam, aber sicher von Zürich überholt wurde. Das steuerpflichtige Einkommen des Rentiers Bachofen belief sich auf das rund Hundertfünfzig- bis Zweihundertfache eines Basler Durchschnittsgehalts. Dabei verdankten die Bachofens den Grundstock ihres Reichtums so sinniger- wie pikanterweise einer matrilinearen Abzweigung ihres Stammbaums. Denn in der ersten Hälfte des 18. Jahrhunderts hatte ein weiterer Johann Jakob Bachofen eine gute Partie gemacht und in eine sogenannte Bandfabrik eingeheiratet.

Die Band-, das heißt die Fabrikation von Seidenbändern bildete seit der zweiten Hälfte des 16. Jahrhunderts zusammen mit dem Papier- und Druckgewerbe die hauptsächliche Grundlage für den Reichtum der Stadt und blieb es bis zum

---

13 Brief vom 11.12.1865 an Heinrich Meyer-Ochsner, in: Johann Jakob Bachofen: *Gesammelte Werke, Bd. 10: Briefe*, hg. v. Fritz Husner, Basel/Stuttgart 1967, S. 352f., hier S. 353.
14 Brief vom 21.10.1865 an dens., ebd., S. 347–349, hier S. 349.

Anfang des 20. Jahrhunderts, als schließlich auch die Firma Bachofen aufgelöst wurde. Anders als etwa die chemische Industrie beruhte die Seidenbandproduktion ihrerseits noch auf ausgeprägt paternalen Verhältnissen. Ihre Wurzeln hatten diese letztlich in der ›Vaterreligion‹ des Christentums, in einer tiefen Gläubigkeit. Seinen christlichen Glauben scheint sich Bachofen denn auch bis ans Ende seiner Tage bewahrt zu haben, im Gegensatz etwa zu dem ihm in Vielem ähnlichen und doch auch grundverschiedenen Jacob Burckhardt. Zeit seines Lebens blieb Bachofen ein gläubiger Kirchgänger, lange Jahre auch Ältester im *consistoire* der Französischen Kirche (von Hugenotten gegründet, hernach von der Basler Elite vereinnahmt). Bei aller Bereitschaft und Fähigkeit, sich in Frühformen einer präpatriarchalen Religiosität hineinzuversetzen und einzufühlen, wurde er offenbar nie an seinem orthodoxen Glauben, geschweige denn am christlichen Gottvater und Vatergott irre; mochte man später auch noch so angestrengt versuchen, seine Schriften einem neuen Heidentum anzudienen.

Solche patriarchal-paternalistischen Gesellschaftsverhältnisse waren wenige Monate vor Bachofens Geburt (22. Dezember 1815) auf dem Wiener Kongress eben wieder konsolidiert worden, in Anwesenheit auch des Basler Bürgermeisters, unter dessen Augen der notorische Musterschüler und Klassenprimus Johann Jakob mehrfach brillieren sollte. Dabei wurde die Reinstallierung des *Ancien Régime* in Basel gar nicht ungeschickt angegangen, mit einer vergleichsweise liberalen Verfassung, einer Reform des Bildungswesens oder einer progressiven Besteuerung, der schweiz-, ja europaweit ersten. Dennoch sah Bachofen im Laufe seines an die 72 Jahre währenden Lebens so gut wie alle für ihn formativen Verhältnisse schwinden und verschwinden.[15] Er wurde zum Zeitzeugen der durchgreifenden Veränderungen, die, trotz al-

---

15 Vgl. Max Burckhardt: »Johann Jakob Bachofen und die Politik«, in: *Neue Schweizer Rundschau* 10.8 (1942), S. 476–495.

ler Restaurationsbemühungen, die Schweiz und Basel nicht viel anders heimsuchten als das übrige Europa: Bachofen erlebte die Abspaltung des Halbkantons Basel-Land samt den erheblichen Problemen, die das zumal für die Universität mit sich brachte und noch immer mit sich bringt; die relativ späte Schleifung der Basler Stadtmauern, später als in vergleichbaren Städten wie Zürich oder Bern; die Anbindung der Stadt ans nationale und internationale Eisenbahnnetz; den Sonderbundskrieg (1847) und die Gründung der modernen Schweiz unter der Federführung der ihm zutiefst suspekten Freisinnigen oder Radikalen (1848); die Revision der schweizerischen Bundesverfassung von 1874 mit ihrem nun allgemeinen, lokal uneingeschränkten Stimm- und Wahlrecht, das die Stadtbürger von Basel zu einer politischen Minderheit werden ließ; das Aufkommen der Basler Chemie und im Zusammenhang damit ein noch nie dagewesenes Bevölkerungswachstum – eine Vervierfachung –; die hiermit verbundenen Epiphänomene und Proletarisierungserscheinungen, Überlastung der städtischen Infrastrukturen, Zunahme der unehelichen Geburten und so fort.

Die sukzessive, wenn bis heute auch noch nicht endgültige Entmachtung der Stadtpatrizier, die mit alledem einherging, lässt sich an Bachofens Lebenslauf exemplarisch ablesen. Zunächst durchlief er die vor Ort besten Institutionen des 1817 reformierten Bildungswesens, insbesondere das Pädagogium, eine Art Obergymnasium mit erstklassigen Lehrkapazitäten,[16] an dem später (1869–76) kein Geringerer als Friedrich Nietzsche unterrichten sollte. Wenn Bachofen hier zunächst kein Latein belegte und erst mit 16 Jahren von der Realisten- zur Humanistenabteilung wechselte – Griechisch sollte er erst an der Universität lernen –, dann zeigt sich daran sicherlich seine ursprüngliche Bestimmung, in die Firma der Familie einzutreten. In dieser hatte es bisher noch keinen Gelehrten gegeben, aber auch

---

16 Vgl. Gossman: *Basel in der Zeit Jacob Burckhardts*, S. 101–104.

keine Politiker oder mit sonstigen Ämtern betrauten Persönlichkeiten, wie es in anderen Familien des ›Daigs‹ nicht unüblich war. Immerhin lässt Bachofens Studiengang darauf schließen, dass er zunächst durchaus noch darauf spekulierte, sich für die öffentlichen Belange seiner Vaterstadt zu engagieren. Zwar studierte er erst, in Basel und Berlin, klassische Philologie, wechselte dann aber, in Berlin und Göttingen, zur Jurisprudenz. In Jura schloss er an der Basler Universität denn auch mit der »erste[n] Nummer« ab (S. 3), um hernach in Paris, London und Cambridge praktische Erfahrungen zu sammeln und eine juristische Dissertation zu schreiben.

Seine prägenden Studienerfahrungen machte Bachofen in Berlin, neben und vor dem klassischen Philologen August Boeckh mit Sicherheit bei dem Rechtsgelehrten Friedrich Carl von Savigny. Savigny (1779–1861) gilt als Mitbegründer und führender Vertreter der sogenannten historischen Rechtsschule. Er brach mit der aufklärerischen Vorstellung eines universalisierbaren Natur- oder Vernunftsrechts. Wie die Gebrüder Grimm zur Generation der Romantik gehörend und wohl auch im Anschluss an Johann Gottfried Herder ging er im Gegenteil davon aus, dass sich in einem je gegebenen Rechtssystem so etwas wie ein Hegel'scher »Volksgeist«[17] artikuliere, nicht viel anders als in Brauchtum und Sprache, in Liedgut und Literatur.

So betrieben, war die Jurisprudenz wie auch die Philologie Teil einer übergreifenden, heute dürfte man sagen: Kulturwissenschaft. Deshalb versteht sich auch von selbst, was Bachofen in einer kleinen Autobiographie festhielt, die er für Savigny verfasste (s. S. 1–19), dass nämlich das Rechts- und das Studium der klassischen Philologie für ihn

---

17 Georg Wilhelm Friedrich Hegel: *Werke, Bd. 10: Enzyklopädie der philosophischen Wissenschaft im Grundrisse (1830). Dritter Teil: Die Philosophie des Geistes. Mit den mündlichen Zusätzen*, Frankfurt a.M. 1970, S. 347 (§ 548).

keine streng alternativen Interessensoptionen bildeten. Vielmehr, besonders da sich Bachofen auf Römisches Recht spezialisierte, ergänzten und befruchteten sich die beiden Studienrichtungen wechselweise. Das ist auch schon seinem Hauptwerk anzusehen. Dieses, der Titel »Mutter*recht*« verrät es ja bereits, geht letztlich von juridischen Fragestellungen aus: Wessen Namen trägt das Kind? Nach wessen Sozialstatus wird es definiert? Wer ist erbberechtigt? Wer hat die »Familiengewalt« (S. 185, 196)? Und wer herrscht im Staat?

Im Unterschied zum Deutschen Savigny, der in einem Kontext lehrte und publizierte, wo das Römische Recht einen viel größeren Einfluss auf die täglich praktizierte Rechtsprechung hatte, war Bachofens Beschäftigung mit diesem Recht dabei eine rein akademische. Es fehlte ihm ein leitendes Interesse an dessen konkreter Anwendbarkeit auf die zeitgenössische Rechtspraxis, die in der Schweiz dem Römischen Recht ohnehin ferner stand als sonstwo auf dem ehemaligen Gebiet des Heiligen Römischen Reichs Deutscher Nation. Und gerade in solcher Praxisferne und Zweckfreiheit sah Bachofen, der sich auf diesem Standpunkt noch in größerer und besserer Gesellschaft befand, als es heute der Fall wäre, die unabdingbare Voraussetzung jeder seriösen Wissenschaft.

So schlug er zunächst erwartungsgemäß eine akademische Laufbahn ein: Erst 25-jährig, nahm er die Berufung an die Universität seiner Heimatstadt an, auf einen eigens geschaffenen Lehrstuhl für Römisches Recht, nachdem er einen Ruf nach Zürich ausgeschlagen hatte und bevor er einen weiteren nach Fribourg ebenfalls ablehnen sollte. Nichtsdestoweniger übernahm er auch praktische Pflichten: Kurz nach seiner Berufung an die Universität wurde der gerade einmal 26-Jährige Richter am Basler Kriminalgericht; mit 28 Jahren saß Bachofen als gewähltes Mitglied im Großen Rat (dem Kantons- beziehungsweise Stadtparlament).

Noch im selben Jahr (1844) begann er sich aber aus dem öffentlichen Leben zurückzuziehen. Zuerst trat er von seiner

Professur zurück. Im Jahr darauf legte er auch sein politisches Mandat nieder. Sein Richteramt hingegen nahm er noch ein Vierteljahrhundert wahr, 21 Jahre lang als »Appellationsrat«, das heißt als Richter der höchsten Instanz vor Ort, als der er auch auf dem Titelblatt des *Mutterrechts* figurierte.

Die Aufgabe des Professorenamts und der Rückzug aus der Öffentlichkeit waren die Folge einer publizistischen Kampagne oder die Reaktion darauf. Bachofens Berufung war von der liberalen Presse ins Visier genommen worden: Die Professur sei unnötig bei nur drei Studenten, die Besoldung (300 Franken pro Jahr, etwa dreimal weniger als ein Basler Durchschnittsgehalt) bei einem so schwerreichen Stelleninhaber eine Zumutung, das ganze intransparente oder auch allzu durchsichtige Ernennungsverfahren Teil und Ausdruck der patrizischen Vetternwirtschaft.

Von nun an ging Bachofen, allem Anschein nach von eher mimosenhafter Natur und tief gekränkt, öffentlich sichtbaren Engagements tunlichst aus dem Weg. Im Wesentlichen führte er jetzt das beschauliche und höchst komfortable Leben eines allerbestens situierten Privatgelehrten. Die meiste Zeit davon verbrachte er »mit dem sitzenden Hintern«[18] in seiner Vaterstadt, für die er sehr gemischte Gefühle hegte. Diese bestanden zum einen Teil aus einer gewissen Überhebung über die Basler »Kümmeltürken«[19] und ihren kleingeistig-utilitarischen Geschäftssinn. Zum andern aber empfand Bachofen Klein- bis Mittelstädte als das für gelehrte Studien wie die seinen einzig angemessene *environnement*, zumal Städtchen mit kleinrepublikanischem Hintergrund, deren Bewohner »darum mit Sinn, Liebe, Verständniß für den Menschen und merkwürdige kleine Menschengenossenschaften ausgerüstet« seien.[20] Der »Republicanismus«, »trotz allen Verfalls«,

---

18 Brief vom 2.5.1870 an Heinrich Meyer-Ochsner, in: Bachofen: *Gesammelte Werke, Bd. 10*, S. 444f., hier S. 444.
19 Brief vom 4.6.1865 an dens., ebd., S. 341–344, hier S. 342.
20 Brief vom 10.11.1870 an dens., ebd., S. 449–452, hier S. 451.

brachte nach Bachofens Überzeugung »noch etwas gesundere Gehirne« hervor als der »Hofrathskehricht deutscher Residenzen«.[21]

Bei Bachofens Aversion gegen Residenz- und Großstädte, das verraten seine germanophoben Ausfälligkeiten noch und noch, handelte es sich immer auch um eine gezielte Kontrastbetonung gegenüber der einen Metropole Berlin und dem von dort aus diktierten *mainstream* der universitären Forschung. Diese wurde im Laufe des 19. Jahrhunderts zusehends vom Typus des deutschen Großordinarius geprägt, des Beamten und Spezialisten, des Projektleiters und Apparatschiks, den Bachofen in der Person Theodor Mommsens »mit Ingrimm und wahrem tiefem Abscheu«[22] immer erbitterter zu verachten lernte. Dabei wird sein »Hohn und Spott«[23] vielleicht nicht ganz frei gewesen sein von Futterneid auf die institutionellen Anerkennungen und besonders die mehrfachen Ehrungen, die der Rivale, eine »Schmach des Jahrhunderts«,[24] für seine *Römische Geschichte* erhielt (zuletzt sogar den Nobelpreis für Literatur), nachdem er, der »Lümmel«[25] Mommsen, *Die Geschichte der Römer* (1851) Bachofens und seines Lehrers Franz Dorotheus Gerlach als ein »ästhetisches oder logisches Fiasco« zu verreißen sich unterstanden hatte.[26] Auch sonst war dem Buch kaum Beachtung beschieden worden; ein

---

21 Brief vom 16.3.1862 an dens., ebd., S. 253–255, hier S. 255.
22 Brief vom 24.1.1862 an dens., ebd., S. 251–253, hier S. 251.
23 Brief vom 16.3.1862 an dens., ebd., S. 253–255, hier S. 254.
24 Brief vom 24.1.1862 an dens., ebd., S. 251–253, hier S. 251.
25 Brief vom 16.3.1862 an dens., ebd., S. 253–255, hier S. 254.
26 [Theodor Mommsen: »Rezension von:] Die Geschichte der Römer, von Fr. Dor. Gerlach u. J.J. Bachofen. I. Bd., 1. Abthlg., Aelteste Geschichte bis zur Gründung der Stadt. Basel, 1851«, in: *Literarisches Centralblatt für Deutschland* 7 (16.11.1850), Sp. 138f., hier Sp. 139 (= ders.: »[Rezension von:] Gerlach, F.D. und J.J. Bachofen: Die Geschichte der Römer, Band I,1. Basel 1851«, in: Ders.: *Gesammelte Schriften, Bd. 6: Historische Schriften 3*, Berlin 1910, S. 653f., hier S. 654).

Schicksal, das es zu Bachofens Lebzeiten mit dessen späteren, auch seinen eigentlichen Hauptwerken weitgehend teilte.

Dass er sich so vehement mit dem mächtigsten Mann der Zunft anlegte, dem »Berliner Hohlkopf«[27] und »Berliner Schandmaul«[28] Mommsen samt seinem ganzen »Augiasstall«,[29] war sicherlich nicht dazu angetan, Bachofens Stellung in der wissenschaftlichen *community* zu festigen. Die institutionellen Kontakte zu den Fachkollegen rissen denn auch nach und nach ab. So hielt Bachofen 1856 in Stuttgart bei einer »Versammlung deutscher Philologen, Schulmänner und Orientalisten« noch jenen bereits erwähnten Vortrag über das »Weiberrecht«, um danach keine solchen Anlässe mehr zu besuchen. Sein persönlicher Austausch mit den mehr oder weniger daran Interessierten beschränkte sich von nun an auf die von ihm gleichermaßen verabscheute wie geliebte Vaterstadt, ein ›raues und unwirtliches Stück Erde‹, wie er sie mit einer Reminiszenz an die *Germania* des Tacitus wiederholt nannte,[30] auf die ›Antiquarische‹ und die ›Historische Gesellschaft‹ daselbst, auch auf einzelne Basler Universitätsprofessoren.

Obwohl die Zeugnisse hierfür leider allzu spärlich sind, um sich ein genaueres Bild zu verschaffen, wird zu diesen wenigen ganz besonders der junge Nietzsche gehört haben, mit dem den Emeritus das Interesse am dunklen, vorklassischen, ›wilden‹ Altertum verbunden haben muss. Jedenfalls empfahl Nietzsche seinen Studenten die Werke Bachofens zur Lektüre. Und auch noch während seiner geistigen Umnachtung äußerte er sich sehr anerkennend über das Prestige, dessen sich sein väterlicher Kollege unter gewissen Völkerkundlern

---

27 Brief vom 24.1.1862 an Meyer-Ochsner, in: Bachofen: *Gesammelte Werke, Bd. 10*, S. 251–253, hier S. 252.
28 Brief vom 18.2.1869 an dens., ebd., S. 417–420, hier S. 419.
29 Brief vom 15.1.1863 an dens., ebd., S. 264–266, hier S. 264.
30 Briefe vom 6.1.1848 und 25.1.1851 an Agostino Gervasio, ebd., S. 79f., hier S. 80, und S. 117f., hier S. 117.

seiner Zeit erfreuen durfte.[31] Mit diesen wie mit anderen Fachgelehrten aus aller Welt stand Bachofen tatsächlich in gediegenen Briefwechseln, die er polyglott und gewandt zu führen wusste.

Unterbrochen wurde sein geruhsames Privatiersleben lediglich durch etliche Bildungsreisen nicht nur in die Hauptstädte und die großen Bibliotheken Europas – sechsmal allein nach Rom –, sondern auch in seinerzeit noch abgelegene Gegenden wie Spanien oder Griechenland. Diese zum Teil beschwerlichen, ja abenteuerlichen Reisen ergänzten Bachofens Studien auf für ihn entscheidende Weise. Was ihn auch seiner Selbsteinschätzung nach von den reinen Buchgelehrten und *armchair*-Wissenschaftlern in ihren nach Talglichtern stinkenden Studierstübchen unterschied, war eine Bereitschaft, sich vor Ort dem »ungeheuern Trümmerfelde« (S. 134) der Vorzeit zu stellen. Es war die Fähigkeit, sich der Aura ihrer Überbleibsel auszusetzen und so einen unmittelbaren Bezug zu ihr zu gewinnen. Im Unterschied zur sich im Deutschen Reich etablierenden Spezialistenwissenschaft suchte Bachofen, ein Bewunderer Johann Joachim Winckelmanns und in der Tradition Georg Friedrich Creuzers, noch ein direktes, integrales, holistisches Verhältnis zu den Ausdrucksformen der antiken Vorstellungswelt, mit der er sich intuitiv ins Benehmen setzen zu können glaubte.

Bachofens hauptsächliche Publikationen zur Gendergeschichte

Begründet oder bestärkt wurde dieser Glaube auf seiner ersten Reise nach Rom. In den dort zugänglichen Gemächern zur Aufbewahrung der Urnen kleiner Leute, sogenannten Kolumbarien, will Bachofen seine alles entscheidende Erfah-

---

31 Vgl. Hubert Cancik: *Nietzsches Antike. Vorlesung*, Stuttgart/Weimar 1995, S. 25.

rung gemacht haben. Die Darstellungen, die er namentlich in einem neu entdeckten Kolumbarium der Villa Pamfili fand, berührten, nein erschütterten ihn in ihrer Rätselhaftigkeit. Sie versetzten ihn an die Stelle eines Rätsellösers oder in die Rolle eines Ödipus, wie er selber es mehrfach und schon bei der erstbesten Gelegenheit formulierte, als er seinen »Gegenstand« als »Sphinx« apostrophierte.[32] Und dieses ruckartige Durchbruchserlebnis sollte sein Denken fortan bestimmen, das immer wieder um das dort gleichsam Offenbarte kreiste, ohne sich in der Folge noch stark zu bewegen.

Das Rätsel, dem Bachofen auf die Schliche gekommen zu sein glaubte, lag in einem *gendering* der Totenverehrung: Im »Totendienst«, dessen Spuren ihn in den Kolumbarien so unmittelbar ergriffen, sah Bachofen von nun an wie in aller Pietät eine »Naturbestimmung« der Frau.[33] Der Frau und Mutter sei als solcher das Mysterium desWerdens undVergehens immer schon ungleich näher als dem Mann. Die »Frau, wenn auch schwächer als der Mann, dennoch fähig, zuzeiten sich weit über ihn emporzuschwingen«, habe deshalb eine »besondere Anlage« zur Frömmigkeit, »zur Pflege der Gottesfurcht«, die »von jeher [...] von dem weiblichen Geschlecht über die Männerwelt verbreitet, mit dem Glauben [...] von ihm gepflegt, genährt, befestigt worden sei« (S. 102). Die »weibliche Seele« sei »steifer im Glauben«, »ausdauernder in der Treue der Bewahrung«, »konservativer insbesondere auf kultlichem Gebiet und in der Wahrung des Zeremoniells«

---

32 Johann Jakob Bachofen: »Vortrag über dasWeiberrecht«, in: *Verhandlungen der sechszehnten [sic!] Versammlung deutscher Philologen, Schulmänner und Orientalisten in Stuttgart vom 23. bis 26. September 1856*, Stuttgart 1857, S. 40–63, hier S. 41; vgl. Brief vom 20.12.1860 an Heinrich Brunn, in: Bachofen: *Gesammelte Werke, Bd. 10*, S. 218f., hier S. 219; Brief vom 20.12.1860 an Heinrich Meyer-Ochsner, ebd., S. 220f., hier S. 221, Brief vom 24.3.1864 an dens., ebd., S. 311f., hier S. 311; Brief vom 27.5.1885 an Enrico Stevenson, ebd., S. 538f., hier S. 538.
33 Bachofen: *Das Lykische Volk*, S. 32f.

(ebd.). »Geschichtliche Erscheinungen aller Zeiten und Völker bestätigen die Richtigkeit dieser Beobachtung« ebenso wie die klassischen Autoritäten eines Pythagoras, Platon oder Strabon (ebd.).

»Überall offenbart sich der Hang des Weibes zur steten Erweiterung seines religiösen Einflusses, und jene Begierde nach Bekehrung, welche in dem Gefühl der Schwäche und in dem Stolze der Unterjochung des Stärkern einen mächtigen Antrieb besitzt.« (Ebd.) Die solchermaßen unhinterfragbare »religiöse Bedeutung und Weihe der Mutter« und der Frau bildete Bachofens Intuition nach die ideelle Grundlage des Mutterrechts und somit der Gynaikokratie. Sie war die Voraussetzung dafür, dass das »Szepter der Macht«, obwohl »von der Natur der höhern physischen Kraft des Mannes bestimmt«, »dieser entrissen und der schwächeren Hand des Weibes überliefert« werden konnte.[34]

Solche Einsichten erst ermöglichten Bachofens berühmte Symbol- und Mytheninterpretationen. Deren erste oder genau gesagt zuerst publizierte betraf eine Abbildung des greisen Oknos (›das Zögern‹, ›die Saumseligkeit‹), der immerzu ein Seil flicht, das ihm ein Esel am andern Ende wieder wegfrisst (s. S. 55–77). Abbildungen wie diese waren für Bachofen weit mehr denn bloße Dekoration. Nach seiner Überzeugung sprachen aus ihnen religiöse Inhalte älterer Kulturstufen auf eine vorrationale, prälogische Weise. Sie waren für ihn Medien umso tieferer Wahrheiten, deren Erahnung der Grenzerfahrung des Todes geschuldet sei. Die am Grab eines geliebten Menschen oder *vis-à-vis* seiner Urne nur eben erahnten, weder diskursivierbaren noch sonstwie der Vernunft zugänglichen Gewissheiten seien allenfalls durch Mythen bis zu einem bestimmten, die Scheu vor ihrer Heiligkeit noch wahrenden Grad zu kommunizieren. »Der Mythus«, den Bachofen deswegen so ernst nahm wie kaum

---

34 Ebd.

ein neuzeitlicher Altertumskundler vor ihm,[35] »ist die Exegese des Symbols.« (S. 52)

Symbole, mit einem anderen Wort, waren für Bachofen Denkbilder oder Embleme, um mit diesem Begriff einen vielleicht doch vertretbaren Anachronismus zu riskieren. Bachofen hatte nämlich einmal das Projekt einer Studie über den humanistischen Rechtsgelehrten Andreas Alciatus ins Auge gefasst,[36] eine in der Faszinationsgeschichte des anschaulich-assoziativen Denkens weit herausragende Gestalt; hatte Alciatus doch die in der Geschichte der Emblematik wohl wichtigste Sammlung publiziert.[37] Nur zerschlug sich Bachofens Plan, sich damit näher zu befassen. Er opferte ihn zugunsten seines Spätwerks über Tanaquil, eine legendäre Königsfrau aus der römischen Urgeschichte.

In der *Sage von Tanaquil* (1870) hat Bachofen die abendländische Entwicklung zum Vaterrecht in die Form eines ganz bestimmten Narrativs vom Konflikt zwischen Orient und Okzident gebracht, das für seine spätere Rezeptionskarriere vor allem seitens konservativer und reaktionärer Kreise von entscheidender Bedeutung sein sollte: Die Differenz von Okzident und Orient beruht hier auf der Fortschrittlichkeit des einen und auf der Stagnation oder Entwicklungshemmung des anderen. Solch eine Differenzierung deckt sich ziemlich weitgehend mit den ›orientalistischen‹ Gemeinplätzen, die Edward Said etwa an der zeitgenössischen Sprachtypologie Ernest Renans herauspräpariert hat:[38] hier Europa als die altbekannt »kleine, aufgeweckte Provinz des weiten Asiens«,[39] als eine ›männliche‹, das heißt als Zone, in der es gelang, ›die‹ Frau zu unterwerfen; dort das eigentliche ›Mut-

---

35 Vgl. Caillois: Rezension, S. 852.
36 Vgl. Meuli: »Nachwort«, S. 1073.
37 Vgl. Andreas Alciatus: *Emblematum liber*, Augsburg 1531.
38 Vgl. Edward W. Said: *Orientalism*, New York [5]2004, S. 123–148.
39 Thomas Mann: »Freud und die Zukunft«, in: Ders.: *Gesammelte Werke, Bd. 9: Reden und Aufsätze 1*, Frankfurt a.M. [2]1974, S. 478–501, hier S. 486.

terland‹ Asien als ein wie gehabt amorpher, geschichtsloser und verschlafener Raum, wo die weibliche Macht ungebrochen blieb. Asien ist also nicht einfach nur in einem topischdiffusen Sinne feminin, wie er sich bis in die Antike zurückführen lässt (etwa bei Aulus Gellius[40]); sondern es ist nach Bachofens Vorstellung schlechtweg der noch von ›der‹ Frau beherrschte Kontinent.

Bachofens erste einschlägige Buchpublikationen begannen indessen ein gutes Jahrzehnt früher, unter anderem mit jenem Seilflechter aus der Villa Pamfili. Dem Versuch nämlich, die Abbildungen des Seilflechters Oknos und andererseits das Motiv des Eis zu verstehen – Ei und Kreislinie als »Ausdruck des Fatums«[41] –, widmete Bachofen die beiden Hälften seines *Versuchs über die Gräbersymbolik der Alten* (1859). Den Symbolen auf den Gräbern ›der Alten‹ und ihrem eigentümlichen Vorstellungsarsenal galt dann auch wieder sein vielleicht gelungenstes, aber besonders schlecht rezipiertes Buch, das in nur 50 Exemplaren auf den Markt kam: *Die Unsterblichkeitslehre der orphischen Theologie auf den Grabdenkmälern des Alterthums* (1867).

Unter ebenso schlechten Auspizien ging die Publikation des *Mutterrechts* vonstatten, oder vielmehr kam sie kaum vom Fleck. Obwohl eigentlich älter als die *Gräbersymbolik* und mit dieser thematisch aufs Engste verbunden, erschien *Das Mutterrecht* erst zwei Jahre später, weil sich die Drucklegung über mehrere Jahre hinzog. Schuld daran war vermutlich auch der Drucker, hauptsächlich aber Bachofen selber mit seinen fortwährenden Ergänzungen seines *work in permanent progress*, die dem Text sehr wohl noch immer anzusehen sind.

Das Mutterrecht (1861), das nach wie vor als Bachofens Hauptwerk gilt und mit dessen freilich oft missverstande-

---

40 Vgl. z.B. Aulus Gellius: *Noctes Atticae*, hg. v. P.K. Marshall, Oxford 1968, Bd. 2, S. 534 (XVII, 21.33).
41 Johann Jakob Bachofen: *Gesammelte Werke, Bd. 4: Versuch über die Gräbersymbolik der Alten*, hg. v. Ernst Howald, Basel 1954, S. 153.

nem Titel sein Name so eng verbunden blieb, ist fürwahr kein bequem zugängliches Werk. Das wird auch, doch nicht ausschließlich mit den verwickelten Umständen seiner Entstehung zu tun haben, die der Basler Altphilologe Karl Meuli im Einzelnen rekonstruiert hat.[42] Es ist ebenso symptomatisch für Bachofens Schreib- und Denkweise, letztlich vielleicht sogar für jene ernsthafte Ergriffenheit, ja geradezu existentielle Betroffenheit, die es ihm dermaßen schwer machte, seinen Gegenständen gegenüber eine unbefangenere und deshalb souveränere Haltung einzunehmen, um sie dadurch erst wirklich zu meistern. So unsystematisch wie assoziationsstark, mit überbordenden, nur einem Fachpublikum zugänglichen Originalzitaten (die in der vorliegenden Ausgabe denn zwischen einfachen Anführungszeichen fortlaufend übersetzt werden), dabei reich an üppigen Vergleichen, Metaphern und Bildern, durchaus nicht frei auch von Längen und Redundanzen, mit zahlreichen Einschüben, längeren Exkursen und Digressionen in ermüdende Detailfragen – mit alledem sind Bachofens Bücher und zumal sein *Mutterrecht* keine leichte Kost, heute so wenig wie schon zu ihrer Zeit. Das eigentliche Argument erschließt sich jeweils am ehesten und am leichtesten in den Einleitungen (die Rudolf Marx, der Herausgeber der vorliegenden Ausgabe beziehungsweise ihrer ersten Auflagen, bei seiner Auswahl daher aus gutem Grund besonders stark gewichtete).

Mit der hohen Zugangsschwelle der Bachofen'schen Hauptwerke ist es nicht allein, aber auch zu erklären, wenn diese in der Fachwelt der Philologen zunächst kaum Beachtung fanden, geschweige denn Skandal erregten. Ernstliche und nachhaltigere Aufmerksamkeit kam ihnen von ganz anderer, eher unerwarteter Seite zu. Sie kam aus der Ethnologie: so zum Beispiel vom schottischen Ethnologen John Ferguson McLennan (1827–81); vom Begründer der

---

42 Vgl. Meuli: »Nachwort«, S. 1079–1097.

deutschen Völkerkunde, Adolf Bastian (1826–1905); und besonders vom US-amerikanischen Anthropologen Lewis Henry Morgan (1818–81), der Bachofen an die marxistische Theorie vermitteln sollte und dem dieser (zusammen mit dem Volkskundler und Germanisten Felix Liebrecht und dem klassischen Archäologen Ludolph Stephani) den ersten Band seiner letzten autorisierten Buchpublikation zueignete, der *Antiquarischen Briefe. Vornehmlich zur Kenntnis der ältesten Verwandtschaftsbegriffe* (1880, 1886).

Morgan hatte offenbar unabhängig von Bachofen (und von Lafitau) bei den Irokesen matrilineare Strukturen entdeckt. Die ethnologische Forschung schien damit tatsächlich gefunden zu haben, was Bachofen aus Mythen und Symbolen herausgelesen hatte. So konnte dieser seine leitenden Hypothesen *ex post* verifiziert sehen. Dadurch ermutigt, widmete er seine letzten Jahre auch dem Studium ethnographischer Literatur, dessen Früchte in die *Antiquarischen Briefe* mit eingingen. »Wir sind zu ausschließlich klassisch erzogen«, schrieb er nun in einem Brief an seinen wohl besten Freund, den Zürcher Privatgelehrten Heinrich Meyer-Ochsner (1802–71), indem er dem Hamburger Geographen Heinrich Barth beipflichtete,[43] der wie er selber ein Außenseiter des Wissenschaftsbetriebs geblieben war – wegen einer freilich noch sehr viel weiter gehenden Aufgeschlossenheit dem Außereuropäischen, zumal auch dem Islam gegenüber. Das bedeutete eine späte, desto anerkennenswertere, wenn eben vergleichsweise auch nur moderate Abkehr von seinem Eurozentrismus oder doch eine gewisse Differenzierung seines eurozentrischen Weltbilds, wie er ihm seinen krassesten Ausdruck in der *Sage von Tanaquil* gegeben hatte, entlang den *master narratives* vom ewigen Kampf des Okzidents gegen den Orient, von der Zeitvergessenheit und Geschichtslosigkeit dieses Orients und so weiter.

---

43 Brief vom 10.11.1870 an Meyer-Ochsner, in: Bachofen: *Gesammelte Werke, Bd. 10*, S. 449–452, hier S. 450.

Bachofens Theorie von der Geschichtlichkeit der Geschlechterverhältnisse

Auf die Gefahr hin, der Differenziertheit und Feinziselierung des Bachofen'schen Denkens damit bei Weitem nicht gerecht zu werden, kann man doch wenigstens versuchen, dessen Grundlineaturen so zusammenzufassen: Wie Hegel und Schelling, Hölderlin oder Baader denkt Bachofen, der also auch hierin noch ganz der Romantik verpflichtet bleibt, in Polaritäten. Deren basaler Code besteht in der Geschlechterdifferenz. Diese infiziert gleichsam alle anderen Binäroppositionen: dergestalt, dass zum Beispiel (wie etwa bei Aristoteles[44]) der Geist männlich, die Materie weiblich ist; die rechte Seite männlich, die linke weiblich (wie bei gewissen, von Aristoteles referierten Vorsokratikern[45]); das Wasser männlich, die Erde oder das ›Chthonische‹ weiblich (wie in Plutarchs Überlieferung des Mythos von Isis und Osiris[46]).

Am Anfang stand eine sehr einfache Beobachtung. Das jedenfalls legt Bachofens erste Präsentation seiner Gedanken nahe, jener Stuttgarter Vortrag über das hier wie teils auch im *Mutterrecht* noch so genannte »Weiberrecht«. Den Ausgangspunkt bildeten schon dort wie dann auch wieder im *Mutterrecht* (S. 80f., 150–196) die Lykier, ein aus Kreta in den Südwesten der heutigen Türkei eingewandertes Volk, dem Bachofen sogar eine eigene Abhandlung widmen sollte, *Das Lykische Volk und seine Bedeutung für die Entwicklung des Alterthums* (1862). Schon Herodot, ›der Vater der Geschichtsschreibung‹, weiß von den Lykiern zu berichten, dass sie sich

---

44 Vgl. Aristoteles: *Physica*, hg. v. W. D. Ross, Oxford ⁴1966, 192a [keine Paginierung].
45 Vgl. ders.: *De generatione animalium*, hg. v. H. J. Drossaart Lulofs, Oxford 1965, S. 134–140 (763b–765b).
46 Vgl. Plutarch: »Über Isis und Osiris«, in: Ders.: *Drei religionsphilosophische Schriften*, hg. v. Herwig Görgemanns, Düsseldorf/Zürich 2003, S. 135–273, hier S. 188, 198, 226 (Kap. 32, 38, 53).

nach der Mutter benannten und nicht nach dem Vater.[47] Somit definierten sie ihre Identität über die mütterliche Linie ihrer Genealogie.

Staunenswert belesen, wie er war, fand Bachofen bei anderen, nun aber viel abgelegeneren Autoren weitere Hinweise auf matriarchale Strukturen der lykischen Gesellschaft. In Lykien erfolgte auch die Vererbung der mütterlichen Linie entlang, von den Müttern auf die Töchter; die Lykierinnen genossen ein höheres Sozialprestige als die Lykier. Diese kurzum seien von den Frauen beherrscht gewesen: γυναικοκρατοῦνται; der in Bachofens Publikationen erste Beleg für das Wort ›Gynaikokratie‹ und seine Ableitungen, dem er bei verschiedenen griechischen Autoren begegnet und wiederbegegnet sein muss, beim Geographen Strabon,[48] bei einem Herakleides (Pontikos oder, nach heutigem Kenntnisstand, Lembos),[49] vermutlich auch in der *Politik* des Aristoteles.[50]

Von hier aus entwarf Bachofen ein umfassendes Verlaufsmodell der Kulturgeschichte. Darin führt er deren Gang nicht einfach auf eine simple Binäropposition von ›Matriarchat‹ und ›Patriarchat‹ zurück. Vielmehr konzipiert er die Bahn der Menschheitsentwicklung in drei Stufen. Diese aber folgen durchaus nicht im Sinne eines dialektischen Dreischritts und der Hegel'schen Schule aufeinander, um die Bachofen auch vor Ort, während seiner Berliner Studiensemester, einen großen Bogen gemacht hatte; sondern sie beschreiben eine plane Fortschrittsbewegung vom weniger Guten zum immer Besseren.

---

47 Herodotus: o.T., hg. v. A.D. Godley, *Bd. 1: Books I and II*, Cambridge (MA)/London ⁷1975, S. 216f. (I, 173).
48 Vgl. Strabon: *Geographika*, hg. v. Stefan Radt, *Bd. 1: Prolegomena/ Buch I–IV: Text und Übersetzung*, Göttingen 2002, S. 424 (III, 165).
49 Herakleides Pontikos: »Liber de rebus publicis«, in: Karl Müller (Hg.): *Fragmenta Historicorum Graecorum, Bd. 2*, Paris 1848, S. 197–224, hier S. 217 (fr. 15); Herakleides Lembos: *Excerpta politiarum*, hg. v. Mervin R. Dilts, Durham (NC) 1971, S. 28.
50 Aristoteles: *Politica*, hg. v. W.D. Ross, Oxford ⁴1967, S. 182 (V, 1313b).

Seine Lehre von den drei Stufen des Fortschritts entwickelte Bachofen in der unerschütterlichen Gewissheit, dass das ›Abendland‹ auf der letzten davon längst angelangt sei. Die beiden früheren ließen sich indessen, nach Bachofens Überzeugung, wenigstens indirekt erschließen. Erschließbar seien sie aus der antiken Historiographie, ganz besonders eben beim ›Vater‹ der Geschichtsschreibung, aus Kult und Religion, über Mythen und Märchen, anhand von Eigennamen und Etymologien oder durch sonstige Residuen, etwa alltagskulturelle Reste wie zum Beispiel die »römische[] Matrone«, die Bachofen in der *Sage von Tanaquil* als eine Veredelung und Desexuierung der »asiatischen Königsfrau« deutet (S. 268, 280, 284).

Bachofens zahlreiche und immer neu gewendete Aussagen über die Etappen des Kulturgangs lassen sich kaum oder doch nur sehr schwer paraphrasieren. In ihrem nahezu unerschöpflichen Bilderreichtum und ihrer oft verwirrenden Assoziationsfreudigkeit widersetzen sie sich einem schematischen Referat eigentlich von Grund auf. Wollte man ein solches dennoch wagen, so gestaltete sich der Weg der Kultur nach den Vorstellungen Bachofens etwa folgendermaßen:

Die Abfolge der drei Kulturstufen ist für Bachofen dem sukzessiven Grad nach bestimmt, in dem es einer Zivilisation gelingt, die Ungewissheit von Vaterschaft zu minimieren. Am geringsten ist deren Unsicherheit zu guter Letzt im ›Vaterrecht‹. Im ›Vaterrecht‹ erst oder unter der ›Paternität‹ beginnen sich Macht und Besitz patrifokal zu kumulieren. Das Vaterrecht gilt für Bachofen deshalb als die höchste der Kulturstufen. Die tiefste Stufe dagegen bezeichnet er mit einem befremdlichen Ausdruck, an dessen fast schon zynischer Verfehltheit sich bereits Friedrich Engels stieß, als ›Hetärismus‹; als ob Hetärentum nicht wie jede weibliche Prostitution Ausdruck und Folge patriarchaler Machtverhältnisse wäre.

Hetärismus meint in Bachofens also problematischem Sprachgebrauch einen Zustand, in dem es so etwas wie Vaterschaft gar nicht geben *kann*. Denn auf dieser daher gleichsam noch animalischen Stufe, auf der es nicht viel anders zugeht als in einer Freud'schen Urhorde, gibt es noch gar keine Regulative des Kopulationsverhaltens, auch keine Geschlechtsscham; genau so, wie es Herodot und andere antike Autoren von gewissen asiatischen und nordafrikanischen Völkerschaften zu berichten wissen, namentlich von den Massageten und den Nasamonen (vgl. S. 168f., 179f.). Alle dürfen sich mit allen paaren. Insbesondere entfällt das Inzesttabu. Dementsprechend sollen für diese Stufe Inzest-Mythen charakteristisch sein, wie im Überlieferungskreis um Ödipus einer erhalten blieb.

Das als Titel- und Schlagwort geläufige ›Mutterrecht‹ endlich meint bei Bachofen strenggenommen nicht den archaischen Urzustand, den man gelegentlich darunter verstanden oder phantasiert hat; sondern unter ›Mutterrecht‹ begreift Bachofen nur eben eine mittlere Stufe. Das Mutterrecht bildet ein Übergangsstadium, das zwischen der totalen Promiskuität aller und dem strengen Patrilinearismus des Vaterrechts zu vermitteln hat. Die wesentliche Errungenschaft dieses Mutterrechts soll darin bestehen, die monogame Ehe etabliert zu haben. Diese aber war unter dem Mutterrecht noch oder erst von den Frauen gewollt. Die Frauen setzten sie durch, um den Demütigungen des Hetärismus zu entgehen, wo sie Gut und Freiwild der körperlich stärkeren Männer blieben. Dabei war die Identität der aus der mutterrechtlichen Monogamie hervorgegangenen Kinder einstweilen über den gebärenden Körper der Mutter definiert, also noch nicht über die Zeugung durch einen Vater.

Seine sehr materialreich abgestützte, aber dennoch äußerst spekulative Lehre, und das trug vielleicht nicht unerheblich zu ihren zeitweise erstaunlich großen Rezeptionserfolgen bei, kleidet Bachofen wie erwähnt in eine erdrückende und überwältigende Fülle von suggestiven Bildern. Von diesen ist nicht immer oder nur selten ganz klar, ob sie wirklich übertragen zu verstehen oder womöglich nicht doch auch wörtlich gemeint sind. Als Bildspender können dabei etwa Gottheiten oder mythische Gestalten oder auch Vegetationsformen dienen. Den Hetärismus zum Beispiel ordnet Bachofen nahezu zwanghaft regelmäßig dem Sumpf und dessen irregulärer Fertilität zu, gerne aber auch der Göttin Aphrodite. Die anderen beiden Makroepochen assoziiert er in diesem theogonischen Register mit Demeter – für das Mutterrecht und die ihm entsprechende Kulturtechnik des Ackerbaus – oder, beim Vaterrecht, mit dem Lichtgott Apollon.

Bei allem Reichtum solcher nur schwer fassbaren Bilder lässt sich vermutlich doch auch eine leitende Bildlichkeit ausmachen, die mit den aus dem klassischen Pantheon bezogenen Metaphern und Allegorien eng kommuniziert und von der Bachofen ausnahmsweise wünschbar deutlich erklärte, dass er sie nicht etwa bloß als Metaphorik verstanden wissen wollte. Vielmehr meinte er sie im Sinne einer Entsprechung von Makro- und Mikrokosmos ganz ernst. Bachofen organisierte seine drei Epochen (in absteigender Reihenfolge) als ›solarische‹, ›lunarische‹ und ›tellurische‹ Stufe. Die dominanten Bilder also, in die er die drei Kulturstufen und ihre Hierarchie setzte, geben drei ›Himmelskörper‹ ab (um den Bedeutungsumfang des astronomischen Begriffs in Ermangelung eines besseren etwas zu dehnen). Sonne, Mond und Erde sind dabei letztlich Erscheinungsweisen des Lichts. Genauer gesagt sind sie die Gestalten des Tageslichts, des Mond- oder Kunstlichts und der völligen Finsternis.

Bachofens Methode im Verhältnis zur Altertumswissenschaft seiner Zeit

Mit den im *Mutterrecht* und bereits in der *Gräbersymbolik* versammelten Thesen, so schrieb er an Meyer-Ochsner, hatte Bachofen sich vorgenommen, »Breschen« in die »Granitmauern« der akademischen Altertumswissenschaft zu schlagen.[51] Aber er erregte längst nicht das Aufsehen, das er sich davon versprochen hatte. Teils als »höhere[r] Blödsinn[]«[52] verspottet, teils auf »bestenfalls bedauernde[] Verständnislosigkeit«[53] stoßend, teils totgeschwiegen und teils wohl auch gänzlich ignoriert, spielten diese wie auch die späteren Werke in der Fachwissenschaft ihrer und auch der folgenden Zeit keine Rolle – abgesehen einmal von vereinzelten Ausnahmen wie Karl Kerényi[54] oder Walter F. Otto.[55]

Die Marginalisierung Bachofens lässt sich kaum nur mit dessen schwer zugänglicher Schreibweise erklären. Vielmehr ist sie wie diese in ihrem spätromantischen Duktus die Folge einer in Nietzsches Sinn unzeitgemäßen Gesinnung. Bachofen stand ja den wissenschaftlichen und insbesondere auch den universitätspolitischen Trends seiner Zeit skeptisch und zusehends auch feindselig gegenüber. Personifiziert sah er die »neuesten Zeitideen«,[56] »den ganze[n] Katzenjammer unserer Zeit«,[57] »[d]ie ganze moderne Zeit in ihrer preußischen verbissenen hochmüthigen hohlen Demagogie«[58] wie gesagt in Theodor Mommsen, dem Star und *trendsetter* der zeitgenössischen Altertumswissenschaft, und zumal in dessen *Römischer Geschichte* (die ersten drei Bände 1854–56, der fünfte 1885, ein vierter blieb ungeschrieben).

---

51 Brief vom 5.12.1854 an Heinrich Meyer-Ochsner, in: Bachofen: *Gesammelte Werke, Bd. 10*, S. 140f., hier S. 140.
52 Conrad Bursian: »[Rezension von:] Bachofen, J.J., Versuch über die Gräbersymbolik der Alten, Basel, 1859«, in: *Literarisches Centralblatt für Deutschland* 27 (7.7.1860), Sp. 428f., hier Sp. 428.
53 Meuli: »Nachwort«, S. 1067.
54 Vgl. z.B. Karl Kerényi: *Bachofen und die Zukunft des Humanismus. Mit einem Intermezzo über Nietzsche und Ariadne*, Zürich 1945.
55 Vgl. Walter F. Otto: *Die Götter Griechenlands. Das Bild des Göttlichen im Spiegel des griechischen Geistes*, Bonn 1929, S. 197f.
56 Brief vom 13.12.1862 an Heinrich Meyer-Ochsner, in: *Bachofen: Gesammelte Werke, Bd. 10*, S. 261–263, hier S. 262.
57 Brief vom 16.3.1862 an dens., ebd., S. 253–255, hier S. 254.
58 Brief vom 24.1.1862 an dens., ebd., S. 251–253, hier S. 253.

Mommsen war ein 48er-Revolutionär gewesen. Wegen seines politischen Engagements hatte er seine Leipziger Professur verloren und danach wie manch anderer sein Unterkommen in der Schweiz gefunden, an der Universität Zürich, bevor er dann doch wieder nach Deutschland und zuletzt sogar nach Berlin zurückkehren durfte. Dort engagierte er sich weiterhin politisch, um nun aber eben zu immer höheren akademischen Ehren aufzusteigen. Das »Machwerk«[59] seiner *Römischen Geschichte* (deren drei erste Bände also noch vor der Reichsgründung erschienen) war parteiische »*historiographie engagée*«, »Mittel der politischen Pädagogik«.[60] Indem er die Geschichte Roms und Italiens erzählte – vorhanden bis und mit Cäsar, aber ohne dessen Tod –, kompensierte Mommsen seine Enttäuschung über die gescheiterte Revolution. In eins damit artikulierte er so »die Lieblingsideen des flachsten modernen Preußischen Kammer-Liberalismus«,[61] den »bodenlosen Radikalismus neupreußischer Lichtfreunde«[62] und seine Hoffnungen auf ein freies und geeintes Deutschland. Diese Aktualisierung der Alten Geschichte und die Preisgabe strengerer wissenschaftlicher Standards, die damit verbunden war, zeigt sich ganz unmittelbar in der »wahrhaft bübische[n] Ruchlosigkeit«[63] eines gewollt anachronistischen Vokabulars. Da ist etwa von »rechts« und »links« die Rede,[64] von »Junker[n]« und von »Capitalisten«.[65] Und weil es ihm um Rom als *die* exemplarische Republik ging, blendete Mommsen die römische und

---

59 Ebd., S. 251.
60 Stefan Rebenich: *Theodor Mommsen. Eine Biographie*, München 2007, S. 95f.
61 Brief vom 24.1.1862 an Meyer-Ochsner, in: Bachofen: *Gesammelte Werke, Bd. 10*, S. 251–253, hier S. 252.
62 Brief vom 13.12.1862 an dens., ebd., S. 261–263, hier S. 262.
63 Brief vom 24.1.1862 an dens., ebd., S. 251–253, hier S. 251.
64 Z.B. Theodor Mommsen: *Römische Geschichte, Bd. 1: Bis zur Schlacht von Pydna*, Berlin ⁵1868, S. 459.
65 Ebd., S. 280, 308, 458 und S. 206, 269, 271, 450, 855f.

italische Frühzeit in seiner gut und vielschichtig fundierten Studie weitgehend aus; ein Prinzip, zu dessen Rechtfertigung er ein Motto des klassischen Historikers Thukydides aufbot und von dem er demnach sehr wohl zu wissen schien, wie gewagt es war: ›Das Ältere zu erforschen […] war unmöglich, aber auch […] nicht erheblich.‹[66]

Die Überlieferung befragte Mommsen im Gefolge Barthold Georg Niebuhrs quellenkritisch auf ihre Echtheit; rationalistisch-nüchtern prüfte er sie auf ihre Zuverlässigkeit hin. Spekulation, Intuition, Ehrfürchtigkeit und dergleichen waren ihm fremd. In solchem Bemühen um gesichertes Wissen stand er methodisch dem Positivismus nahe und dem Versuch, die philologisch-historischen Fächer nach dem Vorbild der zusehends prestigiöser gewordenen Naturwissenschaften umzumodeln.

Das alles, die Unbefangenheit der Methode wie das Interesse an handfest-praktischen, besonders auch ökonomischen Gesichtspunkten – »Handels- und Capitalistengewäsch«[67] –, das streckenweise beinahe die kulturmaterialistischen *thick descriptions* unserer Tage vorwegnimmt, musste Bachofens konservativer, ganz der Restaurationsmentalität gemäßer Einstellung bis zum »Eckel« und »Brechreiz« zuwider sein.[68] Es widersprach seinem Respekt vor dem Alt-Uralthergebrachten, der letztlich ein Ausdruck seiner Gläubigkeit war. Darin unterschied er sich von Grund auf von der Gegenwartsbezogenheit des erklärten Atheisten Mommsen.

Anders als dieser versuchte Bachofen die römische und jede Kultur nicht von der ökonomischen Basis aus zu verstehen. Er verstand die Kulturen nicht materialistisch, sondern idealistisch, also von ihrem Überbau her, insbesondere

---

66 Ebd., S. I; Eigenübersetzung.
67 Brief vom 13.12.1862 an Meyer-Ochsner, in: Bachofen: *Gesammelte Werke, Bd. 10*, S. 261–263, hier S. 261.
68 Briefe vom 24.1. und 13.12.1862 an dens., ebd., S. 251–253, hier S. 252, und S. 261–263, hier S. 262.

von ihrer spezifischen Religion aus, genauer oder auch etwas überspitzt gesagt: aus ihrem Verhältnis zum Tod heraus. Diese Todesobsession war ein in der Tat unzeitgemäßes, namentlich romantisches Erbe, das sich schon in den Titeleien seiner gendergeschichtlich einschlägigen Bücher verrät, vom ersten bis zum letzten: *Gräbersymbolik der Alten*; *Grabdenkmäler des Alterthums*; *Römische Grablampen nebst einigen andern Grabdenkmälern*.

Religion und Tradition, als Kommunikation mit den Toten verstanden, waren für Bachofen das Fundament eines jeden intakten und überlebensfähigen Gemeinwesens. Daher seine Resignation vor den Nationalstaaten seiner Zeit und seine Geringschätzung der revolutionären Bewegungen, aus denen sie hervorgingen und deren unmittelbarer Zeit-, im Falle Italiens sogar: Augenzeuge er wurde. Ohne ein eingehenderes Verständnis ihrer Religiosität war es für Bachofen schlechterdings unmöglich, das Wesen anderer, älterer Zivilisationen zu erfassen:

> Es gibt nur einen einzigen mächtigen Hebel aller Zivilisation: die Religion. Jede Hebung, jede Senkung des menschlichen Daseins entspringt aus einer Bewegung, die auf diesem höchsten Gebiete ihren Ursprung nimmt. Ohne sie ist keine Seite des alten Lebens verständlich, die früheste Zeit zumal ein undurchdringliches Rätsel. (S. 101)

Mommsens *Römische Geschichte* kurzum stand allem und jedem diametral gegenüber, was Bachofen am römischen oder italischen Altertum anzog und was ihm an der Antike überhaupt lieb und teuer war. Ihn wie ja auch den jungen Nietzsche interessierte vor allem anderen das »Altertum des Altertums«.[69] Es ging ihm um das, was der apollinisch-leuchtenden, vom Neuhumanismus als Norm des Menschseins schlechthin definierten Kultur vorauslag. Wonach Bachofen suchte, war ein Zugang zu dem »gesellschaftlichen Zustand[]

---

69 Johann Jacob Bachofen: *Griechische Reise*, hg. v. Georg Schmidt, Heidelberg 1927, S. 93, 166.

[...], welcher für die europäische Menschheit zu den ältesten und dunkelsten Erinnerungen ihrer Geschichte gehört, und noch heute als ein vergessenes Stück Weltgeschichte bezeichnet werden muß« (S. 134).

Einen Zugang zu den dunklen Erinnerungen an dieses Uranfängliche, das naturgemäß in vorschriftlichen Zeiten liegen musste, konnte Bachofen notgedrungen nur zum kleinsten Teil über Zeugen wie Herodot oder andere Ethnographen gewinnen. Im Wesentlichen hatte er ihn spekulativ zu finden: über die Deutung von Symbolen, über die Interpretation der Mythen als Exegesen ebendieser Symbole und über diverse Versuche, Eigennamen etymologisch zum Sprechen zu bringen. Damit machte er sich indessen besonders angreifbar: Während auch seine riskantesten Symbol- und Mythendeutungen noch heute zu bestechen vermögen in ihrem Scharfsinn und ihrer Inspiriertheit, merkt man Bachofens abenteuerlichen Etymologien leider nur allzu leicht an, dass er die strenge Philologenschule eines Karl Lachmann gemieden hatte, von der er in Berlin hätte profitieren können. Auch die ihm Gewogenen unter den Altphilologen konnten nicht umhin, seine Etymologien als »unhaltbar[]«[70] oder »wirklich schauderhaft«[71] zu taxieren.

Die Verstiegenheit solcher gleichwohl mit aller Bestimmtheit behaupteten Etymologien wie auch die Originalität seiner genauso bestimmt vertretenen, aber nicht selten geradezu genialischen Symbol- und Mytheninterpretationen hat mit Bachofens hermeneutischer Grundüberzeugung zu tun. Unmissverständlich formuliert er diese in jener so genannten Autobiographie. »Es gibt«, so Bachofen, »zwei Wege zu

---

70 Fritz Graf: »Die Basler Bachofen-Edition. Teil 1: Die Geschichte der Edition«, in: Martin Stern (Hg.): *Textkonstitution bei mündlicher und bei schriftlicher Überlieferung. Basler Editoren-Kolloquium 19.–22. März 1990. Autor- und werkbezogene Referate*, Tübingen 1991, S. 124–129, hier S. 128.
71 Meuli: »Nachwort«, S. 1099.

jeder Erkenntnis, der [sic!] weitere, langsamere, mühsamere verständiger Kombination« und seinen eigenen:

> der kürzere, der mit der Kraft und Schnelligkeit der Elektrizität durchschritten wird, der Weg der Phantasie, welche von dem Anblick und der unmittelbaren Berührung der alten Reste angeregt, ohne Mittelglieder das Wahre wie mit Einem Schlage erfaßt. An Leben und Farbe ist das auf dem zweiten Wege Erworbene den Verstandesprodukten mächtig überlegen. (S. 12)

Die hier formulierte Differenz zu Mommsen und seinesgleichen lief durchaus auch auf den Konflikt zwischen Konservativismus und Progressivität hinaus, zwischen romantischer Hermeneutik à la Creuzer und wissenschaftlichem Positivismus. Sie hatte damit auch politische Dimensionen; und diese wiederum hatten ihre besonderen Weiterungen. In Bachofens Hass auf Mommsen regte sich wie schon angedeutet auch ein schweizerisch-mittelstädtischer, schweizerisch-kleinstaatlicher Widerstand gegen die Großstadt im Allgemeinen und gegen Berlin im Besonderen, vor allem gegen den Prussianismus, den deutschen Nationalismus, das reichsdeutsche Großmachtsgebaren und so weiter. (Mommsen hatte zum Beispiel die preußische Annexion seiner Heimat Schleswig-Holstein gutgeheißen oder war als Parlamentarier bei aller exponierten Abgrenzung von Bismarck doch so antikatholisch wie dieser.) Und zugleich artikulierte sich im Ressentiment des Privatgelehrten gegen den institutionell etablierten Mommsen die Opposition gegen gewaltige Umwälzungen der universitären Geisteskultur, die bis heute anhalten: Spezialisierung, Vermassung und Entfremdung; die Wandlung des Gelehrten und umfassend Gebildeten zum Fachidioten und Wissenschaftsmanager; kurz die Entwicklung zu dem, was Martin Heidegger später einmal den »Betrieb« nennen sollte.[72]

---

72 Martin Heidegger: »Die Zeit des Weltbildes«, in: Ders.: *Gesamtausgabe*, hg. v. Friedrich-Wilhelm von Herrmann, *Bd. 5: Holzwege*, Frankfurt a.M. 1977, S. 75–113, hier S. 83.

Politische Implikationen

Zu Bachofens Zeit waren Frauenemanzipation oder auch nur Frauenwahlrecht noch keine wirklichen Themen. Erst recht ignorierbar war dergleichen in Bachofens Basel und in der Schweiz, wo eine diesen Namen verdienende Frauenbewegung sich erst im Gefolge der Bundesverfassung von 1874 langsam zu formieren begann. Nun assoziierte Bachofen jedoch die Organisation der Geschlechterrollen auch mit bestimmten politischen Verfassungen. Den im Rahmen seiner Theorie scharf eingrenzbaren Kulturepochen setzte er bestimmte Staatsformen gleich. Dem Vaterrecht ordnete er zum Beispiel und hauptsächlich das römische Kaisertum zu, dem Hetärismus aber die Demokratie (wie sie übrigens auch schon Aristoteles in seiner *Politik* mit der Gynaikokratie zusammenbrachte[73]).

Insofern lässt Bachofens Theorie nicht einfach nur Männerphantasien und Männerängste, sondern in eins damit auch etwas von der sozialen Identität ihres Autors erkennen. Als vermögender Privatier und Angehöriger eines Stadtpatriziats gehörte Bachofen ganz entschieden zu den Profiteuren der seinerzeit bestehenden Verhältnisse. Er dürfte allen Grund gehabt haben, deren Veränderung zu fürchten, wie sie am radikalsten vonseiten der Kommunisten drohte; mag auch ungewiss bleiben, ob er diese überhaupt wahr- oder gar ernst nahm. Jedenfalls scheinen schon die Grundvorstellungen der Bachofen'schen Kulturstufenlehre aus einer sehr tief sitzenden Revolutionsangst gespeist zu sein. Einen Horror vor dem revolutionären Konfliktpotential seiner Zeit verrät am unverstelltesten die Vorstellung von der zivilisationsgeschichtlichen Notwendigkeit blutiger Ereignisse und gewaltsamer Umstürze, von der Bachofens Phantasien geradezu besessen waren:

---

73 Aristoteles: *Politica*, S. 182 (V, 1313b).

> Große Umgestaltungen, gewaltige Erschütterungen treten in den Kreis der Betrachtung ein und lassen die Hebungen und Senkungen der menschlichen Geschicke in neuem Lichte erscheinen. Jeder Wendepunkt in der Entwicklung des Geschlechterverhältnisses ist von blutigen Ereignissen umgeben, die allmähliche friedliche Fortbildung viel seltener als der gewaltsame Umsturz. (S. 112)

Was hinter Bachofens Gynophobie *auch* steht, was unter seinen Sexualängsten *auch* liegt und was jedenfalls allenthalben aus der Bildlichkeit seiner Texte spricht, ist also die Angst vor regressiven Veränderungen der herrschenden Zustände, zu deren ausgemachten Nutznießern er so offenkundig gehörte: nicht nur als Mann noch nur als Gatte einer sehr viel jüngeren Frau, sondern eben auch als steinreicher Akademiker und als hochprivilegierter Bürger einer zwar *de iure* demokratischen Nation, aber einer *de facto* aristokratisch regierten Stadt. Daher versteht es sich von selbst, dass er den »Fluch der Demokratie« so sehr verabscheuen musste. Diese trage »ihre Verwüstungen in alle Gebiete des Lebens hinein[], Kirche, Haus und Familie«, indem sie »für jede, auch die kleinste Frage den wahren Standpunkt verrück[e]. Weil ich die Freiheit liebe, so hasse ich die Demokratie.«[74]

Die Gleichung von Demokratie, Primitivität und Hetärismus wie die Gleichsetzung von Kulturstufen und politischen Verfasstheiten überhaupt, wenn man sie mit den Zeichen der Zeit zusammenhielt – Bachofen und Marx gehörten ja einer und derselben Generation an –, drohten aber nun das ganze Konzept der Stufenlehre zu widerlegen. Sie unterliefen die optimistische Vorstellung eines im Ganzen irreversiblen »Fortschritts« (S. 112) vom Hetärismus zum Prinzipat der

---

[74] Johann Jakob Bachofen: »Eine Selbstbiographie, zugleich ein Gedenkblatt zu seinem hundertsten Geburtstag (22. Dezember 1915)«, in: *Zeitschrift für vergleichende Rechtswissenschaft* 34 (1916), S. 337–380, hier S. 367f.; ders.: »Autobiographische Aufzeichnungen«, in: *Basler Jahrbuch* (1917), S. 298–348, hier S. 329.

Patriarchen und Patrizier. Den Widerspruch zwischen seiner Kulturtheorie und den absehbaren Tendenzen der Zeitgeschichte bewältigte Bachofen, indem er den für diese Theorie eigentlich grundlegenden Fortschrittsgedanken gegebenen Orts kurzerhand preisgab. So behauptet er an einer Stelle, die wohl nicht von ungefähr mit einer, so scheint es, wörtlichen Übersetzung aus Herodot endet (κύκλος τῶν ἀνθρωπηίων […] πρηγμάτων[75]):

> Das Ende der staatlichen Entwicklung gleicht dem Beginn des menschlichen Daseins. Die ursprüngliche Gleichheit kehrt zuletzt wieder. Das mütterlich-stoffliche Prinzip des Daseins eröffnet und schließt den Kreislauf der menschlichen Dinge.[76]

Durch die »Beobachtung« »diese[r] traurige[n] Wahrheit«, die er in der Geschichte »vielfach« »bestätigt« fand und in deren Verkündigung er seine »unerfreuliche Aufgabe« sah (S. 127), kontaminierte Bachofen sein Makrotheorem vom stetigen Fortschritt der drei großen Kulturstufen mit einem ganz anderen, eben einem zyklischen Geschichtsmodell. Ein solches hat in der Geschichtsschreibung und Verfassungstheorie eine lange Tradition. Diese wird Bachofen als beschlagener Altertumskundler sehr wahrscheinlich vor allem auch in der prominenten Form gekannt haben, die ihr der hellenistische Historiker und Staatstheoretiker Polybios gegeben hatte. Denn die in dessen *Historien* entwickelte Theorie von der Zyklik oder ›Anakyklosis‹ der Staatsformen, πολιτειῶν ἀνακύκλωσις,[77] war offensichtlich auch noch etliche Jahrzehnte nach Bachofen ziemlich weit über den *inner circle* der Fachgelehrten hinaus verfügbar. (Selbst noch der abgedankte Wilhelm II. konnte in seinen Auslassungen über das »Geschlecht der Völker« ohne Weiteres und ganz

---

75 Herodotus: o.T., *Bd. 1: Books I and II*, S. 260 (I, 207).
76 Bachofen: *Gesammelte Werke, Bd. 2*, S. 373.
77 Polybios: *The Histories*, hg. v. W.R. Paton, *Bd. 3*, Cambridge (MA)/London ⁵1972, S. 268–293, 396–403 (VI, 2.1–10.14, 57.1–58.13).

selbstverständlich auf sie zurückgreifen.[78]) Bei Polybios allerdings (und folglich auch bei Wilhelm II.) stehen die drei Grundtypen möglicher Verfassungsformen in einem ganz anderen Verhältnis zueinander als bei Bachofen. Die Anakyklosis des Polybios verläuft nach einer genau umgekehrten Reihenfolge: Sie geht dort von der Königsherrschaft beziehungsweise Tyrannis über die Aristokratie beziehungsweise Oligarchie zur Demo- beziehungsweise Ochlokratie und *da capo*.

Mit seiner also zwar modifizierten, aber doch starken Anleihe bei zyklischen Geschichtsauffassungen vollzog Bachofen eine entscheidende Kippbewegung. Ideengeschichtlich bezeichnet diese sehr prägnant seine Position zwischen frühem und spätem 19. Jahrhundert. Die Kontamination seiner Stufentheorie mit einem zuletzt doch wieder kreisförmigen Verlaufsmodell markiert eine Bruchstelle zwischen säkular-vormodernen, eben zirkulären Vorstellungen von Geschichte und genuin modernen, durchgängig linearen und prinzipiell zukunftsoffenen Geschichtskonzeptionen. Andererseits antizipiert Bachofens Rückkehr- oder Rückschrittstheorem auch eine Idee, die um die Jahrhundertwende, zur Zeit einer ersten Bachofen-Renaissance, in Gestalt der ›Rückbildung‹ selbst Evolutionstheorie und Mutationsbiologie erfassen sollte. (So rechnete etwa der niederländische Botaniker und Genetiker Hugo de Vries in seiner Mutationstheorie damals mit retro- oder degressiven Artenbildungen.[79])

Den Hetärismus, der als Gleichheit aller zyklisch wiederzukehren drohte, setzte Bachofen noch nicht wie seine linken Adepten mit dem Kommunismus gleich, den er wie angedeutet vielleicht noch gar nicht zur Kenntnis nahm;

---

78 Wilhelm II.: »Das Geschlecht der Völker«, in: *Berliner Zeitungs-Post* (13.8.1928), S. 66–69, hier S. 69.
79 Vgl. Hugo de Vries: *Die Mutationstheorie. Versuche und Beobachtungen über die Entstehung von Arten im Pflanzenreich, Bd. 1: Die Entstehung der Arten durch Mutation*, Leipzig 1901, S. 456–463.

sondern wie ebenfalls bereits gesagt assoziierte er den Hetärismus vorerst allein mit der Demokratie – mögen seine Beschreibungen desselben sich auch wie eine kommunistische Dys- oder Utopie lesen: »vollkommene, gestalt- und gliederungslose Freiheit aller Geschöpfe«; »allgemeine Brüderlichkeit aller Menschen, deren Bewußtsein und Anerkennung mit der Ausbildung der Paternität untergeht«; »Abwesenheit jedes Eigentums, überhaupt jedes Sonderrechts irgendwelcher Art, Gemeinschaft der Weiber, der Kinder, und als notwendige Folge davon auch aller Güter« (S. 94, 238).

Demokratie, Demokratisierung und die damit verbundene Gefährdung oder Einbuße stadtpatrizischer Privilegien gehörten in diesem fatalen Sinne sehr wohl zu den Erscheinungen, die die Geschichte auch der Schweiz und Basels zu Bachofens Lebenszeit bestimmten und die ja wesentlich zu seinem resignierten Rückzug aus dem öffentlichen Leben beigetragen hatten. So gesehen war seine Prognose von der unabwendbaren Heraufkunft prä- oder postpatriarchaler Verhältnisse vermutlich auch ein Palliativ gegen die Verbitterung über den Machtverlust seines Standes, seiner Klasse, seiner selbst. Er hatte dem, was er aus seinen persönlichen Interessen heraus fürchten musste, eine Unausweichlichkeit zwar zugestanden,[80] wie sie Marx und Engels ihrerseits für die »unwiderruflich[e]« Revolution des dazu »geschichtlich [...] gezwungen[en]« Proletariats reklamierten;[81] doch im Gegensatz natürlich zur marxistischen Lehre hatte er dieser Unabänderlichkeit zugleich den für ihn und seinesgleichen sonst verbindlichen Fortschrittsgedanken opfern müssen. Das

---

80 Vgl. Gerhard Plumpe: »Das Interesse am Anfang. Zur Bachofendeutung«, in: Hans-Jürgen Heinrichs (Hg.): ›Das Mutterrecht‹ von Johann Jakob Bachofen in der Diskussion, Frankfurt a.M. 1987, S. 196–212, hier S. 202f.
81 Friedrich Engels/Karl Marx: »Die heilige Familie oder Kritik der kritischen Kritik. Gegen Bruno Bauer und Konsorten«, in: dies.: *Werke, Bd. 2*, Berlin 1959, S. 3–223, hier S. 38.

scheinbar Unabänderliche konnte er so als Rückfall auf die allerprimitivste Zivilisationsstufe diffamieren.[82]

Somit hatte Bachofen das Phänomen im etymologisch genauen Wortsinn revolutionärer Entwicklungen in seine Katastrophentheorie gerade noch integriert. Seine Furcht davor konnte er freilich nicht mehr wirklich bannen; sondern er vermochte sie nur noch mit resignativem Gestus zu nobilitieren. Dieser geschichtspessimistische Fatalismus nun aber, die Art und Weise, wie dadurch mehr oder weniger handfeste Revolutionsängste mit bedient werden, sollte für Bachofens postumen Ruhm von wahrscheinlich entscheidender Bedeutung sein. Jedenfalls wirft sie ein Licht auf die besonderen Bedingungen und Umstände, unter denen seine Texte den Zenit ihrer Rezeptionskarriere erreichten. Denn auf eine ganz besondere Empfänglichkeit stießen diese während der Weimarer Republik und dort wiederum besonders innerhalb der sogenannten Konservativen Revolution. Durch den prägnant politischen Sinn, den Bachofen gerade auch dem ›Hetärismus‹, also ganz wörtlich der ›Hurerei‹, verlieh, konnte er geradezu zum Gewährsmann dieser Konservativen Revolution werden, der konservativ-revolutionären Vorbehalte gegen die angeblich feminine Artung der Demokratie und der Freiheit.

Zur Rezeptionsgeschichte

Zu seiner Zeit, darüber machte er sich immer weniger Illusionen, stand Bachofen mit seiner Denkweise wie mit seinen Vorstellungen von Gelehrsamkeit auf ziemlich verlorenem Posten. Mit Anerkennung aus seiner Fachzunft durfte er also nicht rechnen. Sie wurde ihm nur vereinzelt zuteil, zuerst von einem Altphilologen an der Universität Genf, Alexis

---

82 Vgl. Wilfried Nippel: *Griechen, Barbaren und »Wilde«. Alte Geschichte und Sozialanthropologie*, Frankfurt a.M. 1990, S. 102–110.

Giraud-Teulon, seinem einzigen ›Schüler‹, der diesen Namen wirklich verdient. Giraud-Teulons Verdienste um die Verbreitung Bachofen'scher Theoreme – was etwa deren Rezeption durch die angelsächsische Ethnologie und damit durch den Marxismus betrifft – können kaum überschätzt werden. Er war es dann auch, der die Einleitung zur postumen Ausgabe von Bachofens letztem Buch schreiben sollte: *Römische Grablampen nebst einigen andern Grabdenkmälern vorzugsweise eigener Sammlung* (1890).

Was indessen die anderen Zeitgenossen Bachofens von diesem zunächst rezipierten, scheint so gut wie ausschließlich das *Mutterrecht* gewesen zu sein. Als einziger Text aus seiner Feder brachte es dieses eine Buch immerhin noch im 19. Jahrhundert zu einer zweiten Auflage.[83] Es erlangte so allmählich den Status eines *opus potissimum*, den es ja bis heute innehat. Dennoch sollte es auch hier fast vier ganze Jahrzehnte dauern, bis sein Nachdruck zustande kam. Und als sein Verfasser am 25. November 1887 einem Hirnschlag erlag, schrieb Franz Overbeck an Nietzsche nur eben, nebenher und etliche Wochen *post mortem*, dass der »alte Bachofen […] ganz plötzlich gestorben« sei und dass der Verblichene die Universität in seinem Testament mit keinem Rappen aus seinem sagenhaft riesigen Vermögen bedacht habe.[84]

Seinen eigentlichen Ruhm sollte Bachofen nicht mehr erleben. Entdeckt oder wiederentdeckt wurde er im Wesentlichen in zwei Schüben. Zuerst wurde man um 1900 in München, noch genauer in Schwabing, auf ihn aufmerksam, vielleicht nicht ganz zufällig weitab von Berlin und allem, was die Hauptstadt des nun großmächtig gewordenen

---

83 Johann Jakob Bachofen: *Das Mutterrecht. Eine Untersuchung über die Gynaikokratie der alten Welt nach ihrer religiösen und rechtlichen Natur*, Basel [2]1897.
84 Franz Overbeck: Brief vom 2.1.1888 an Friedrich Nietzsche, in: Friedrich Nietzsche/Franz und Ida Overbeck: *Briefwechsel*, hg. v. Katrin Meyer/Barbara von Reibnitz, Stuttgart/Weimar 2000, S. 391–393, hier S. 393.

Kaiserreichs repräsentierte an militaristischen Männlichkeitsidealen, Disziplin, Züchtigkeit, Pflichtbewusstsein und dergleichen mehr. In den esoterischen Zirkeln und ›kosmischen‹ Runden also der Schwabinger Bohème erlebte Bachofen seine erste Renaissance. Seine neue Faszinationskraft hatte dort einen methodischen und einen sachlichen Aspekt:

Methodisch zog die Schwabinger Intellektuellen und Querdenker genau das an, was Bachofen als einen gewissermaßen letzten oder »verspäteten«[85] Romantiker, als »Mythologe[n] der Romantik«,[86] zu seiner eigenen Zeit so unmöglich gemacht hatte: jener zweite Weg zur Erkenntnis, wie ihn Bachofen seinem Lehrer Savigny gegenüber legitimiert und gegen eine rationalistisch-replizierbare Logik ausgespielt hatte. Seine induktiven, assoziativen Symbol- und Mytheninterpretationen kamen einem Überdruss an der Nüchternheit der positivistischen Wissenschaftlichkeit entgegen, wie er sich damals bereits breit machte und auch anderwärts, zum Beispiel bei Wilhelm Dilthey, zur Forderung nach einem neuen Zugang zur Überlieferung führte, bei dem das erkennende Subjekt wieder zu seinem Recht kam. Die Überlieferung sollte nicht mehr wie ein Objekt der Naturwissenschaft beschrieben und erklärt, sondern begriffen werden als ein ständiges Kommunikationsangebot der Toten an die Lebenden. Voraussetzung für die Wahrnehmung dieses Angebots waren ein hohes Einfühlungsvermögen und eine gewisse Kongenialität des Rezipienten. Mit einer solchen war nach dem Dafürhalten zum Beispiel Ludwig Klages' der »Bahnbrecher[]« Bachofen wie kaum einer begabt und gesegnet gewesen. Mit »Tiefsinn« und »Weitblick«, mit »divina-

---

85 Jonas Lesser: »Johann Jakob Bachofen (Zu seinem 50. Todestag am 25. November 1937)«, in: *Philosophia* 2 (1937), S. 251–269.

86 Alfred Baeumler: »Einleitung. Bachofen der Mythologe der Romantik«, in: Johann Jakob Bachofen: *Der Mythus von Orient und Occident. Eine Metaphysik der alten Welt. Aus den Werken von J.J. Bachofen*, Einl. v. Alfred Baeumler, hg. v. Manfred Schröter, München 1926, S. XXIII–CCXCIV.

torischer Sicherheit« und »seherischer Hellsicht« habe er das Altertum und dessen Vorgeschichte im emphatischen Sinne des Verbs zu verstehen gewusst.[87]

In solcher Fühlung mit den Toten, wie sie Bachofen vorexerzierte, konnte man sich der eigenen Teilhabe an alten, umso tieferen Wahrheiten vergewissern. Diese Art Selbstvergewisserung lief auf das Ideologem des Ewigen Menschen hinaus, wie es Roland Barthes aus ideologiekritischer Perspektive einmal genannt hat.[88] Es verrät sich darin selbstverständlich ein Bedürfnis, die Komplexität zumal der modernen Lebenswelt zu reduzieren und so die Verunsicherung durch die Moderne zu bewältigen. Und solchen Reduktionsbedürfnissen kam Bachofens Art zu denken und das Gedachte darzustellen eben in ganz besonderem Maße entgegen, wenn beispielsweise »gleichsinnig paarweise« Zuordnungen von »Erde und Himmel, Nacht und Tag, Mond und Sonne, Wasser und Feuer, links und rechts usw.« zu unverrückbaren Weisheiten erklärt wurden und als solche einem Frage- und Zweifelsverbot unterlagen.[89]

Was die Schwabinger Bohemiens von der *Sache* her an Bachofens Schriften interessierte, war ein sich darin für sie erschließendes »Urbewußtsein der Menschheit«, das über alle »Zeit- und Völkerschranken« hinweg den dafür Aufgeschlossenen zugänglich blieb.[90] Es war die Faszination für vorchristliche Formen von Religiosität. Diese Faszination, die Bachofen zweifelsohne teilte oder vorwegnahm, ging hier indessen, von Nietzsche mitinspiriert, mit einem neopaganistischen Widerwillen gegen das Christentum einher, den Bachofen nun ganz gewiss nicht gutgeheißen hätte und der im Übrigen durchaus auch seine antisemitischen Untertöne hatte.

---

87 Ludwig Klages: *Vom kosmogonischen Eros*, München 1922, S. 180f.
88 Vgl. Roland Barthes: *Mythen des Alltags*, Frankfurt a.M. ⁴1976, S. 127f.
89 Klages: *Vom kosmogonischen Eros*, S. 181.
90 Ebd., S. 180f.

Einleitung

Vor allem aber mussten die Schwabinger Bohemiens in ihrer jugendlichen Auflehnung gegen die Normen der wilhelminischen Gesellschaft die Alternativen zur patriarchalen Familie ansprechen, die Bachofen bei seiner Rekonstruktion des Kulturgangs entworfen und als historisch dagewesene postuliert hatte. Sie bestärkten die jungen Rebellen und Rebellinnen in ihren eigenen Experimenten mit alternativen Formen des Zusammenlebens oder stifteten sie sogar dazu an. Vor diesem Hintergrund ist etwa eine Franziska zu Reventlow (1871–1918) zu sehen, die ihr Kind als *single mother* und in *home schooling* aufzog, auch den Namen des Vaters dem ›Vater Staat‹ vorenthielt, ihren Sohn und sich selber mit Gelegenheitsprostitution ernährte, mit ihrem Jungen und zwei Männern eine *ménage à quatre* führte, sich als ›Hetäre‹ feiern und herumreichen ließ und so fort.[91]

Bachofen hätte sich sehr wundern müssen darüber, dass seine Schriften so als Anleitung zur freien Sexualität, zur Befreiung und Auswilderung zumal der weiblichen Erotik Karriere machten. Und die Bohemiens waren sich des Widerspruchs sehr wohl bewusst, in dem ihr Gebaren zur Lehre »des Bahnbrechers« stand. Sie bereinigten den Widerspruch, indem sie ihn in die Person des Bahnbrechers selbst verlegten und diesen gewissermaßen vor sich selbst retteten oder, mit einer dann von Ernst Bloch[92] aufgenommenen und bis in die Gegenwart sich zäh haltenden Metaphorik:[93] sein Herz vor seinem Kopf in Schutz nahmen. Denn wenn Bachofen die Überwindung von Zuständen ausdrücklich begrüßte, wie sie in Schwabing wieder einzureißen drohten, und wenn er

---

91 Vgl. z.B. Richard Faber: *Franziska zu Reventlow und die Schwabinger Gegenkultur*, Köln/Weimar/Wien 1993.
92 Vgl. Ernst Bloch: *Gesamtausgabe, Bd. 6: Naturrecht und menschliche Würde*, Frankfurt a.M. 1977, S. 119.
93 Vgl. Frederick Alfred Lubich: »Bachofens *Mutterrecht*, Hesses *Demian* und der Verfall der Vatermacht«, in: *Germanic Review* 65.4 (1990), S. 150–158, hier S. 157, Anm. 20.

sich dazu verleiten ließ, selbst den »Einfluß der Willensreligion des Christentums« »als Uebergang zu einer ›höheren Stufe‹ der Gesittung mißzuverstehen«, dann waren das bloße »Kopfgedanken«. Als solche standen sie, ihm selber »nicht im mindesten bewußt«, in einem Gegensatz zu dem, wofür das »Herz [...] des großen Entdeckers« eigentlich schlug und was die neuheidnischen Schwabinger wieder im Hier und Jetzt zu leben versuchten.[94]

Diese esoterische Rezeption Bachofens war *per definitionem* limitiert. Sie war sozial wie generationell stark eingeschränkt und eben sogar räumlich eng auf die Münchener Subkultur begrenzt. Das zeigt sich publikationsgeschichtlich schon daran, dass aus dem Kreis der Schwabinger Esoteriker vorderhand keine einzige von Bachofens Schriften neu in den Druck gegeben wurde. Seit jenem Neudruck des *Mutterrechts* (1897) war nur dessen Einleitung in französischer Übersetzung erschienen (1903), »par les soins du Groupe français d'Études féministes«, offenbar ohne über den Kreis dieser Gruppe hinaus auf noch so bescheidenes Interesse zu stoßen;[95] denn noch in den Dreißigerjahren sollte Walter Benjamin konstatieren, dass Bachofen in Frankreich so gut wie völlig unbekannt sei. Zwar nahm sich Benjamin vor, diesem Manko mit einer eigenen Arbeit entgegenzuwirken, doch gelang es ihm nicht, sie zu publizieren.[96]

Des Weiteren erschien kurz vor Ausbruch des Ersten Weltkriegs eine Zweitauflage jener Spätschrift, mit der der alte Bachofen zu den Anfängen seiner kulturgeschichtlichen Spekulationen zurückgekehrt war, *Römische Grablampen nebst*

---

94 Klages: *Vom kosmogonischen Eros*, S. 182.
95 Johann Jakob Bachofen: *Le droit de la mère dans l'antiquité. Preface de l'ouvrage ›Das Mutterrecht‹. Traduite et publiée ainsi que la table analytique des matières par les soins du Groupe français Études féministes*, Paris 1903.
96 Vgl. Walter Benjamin: »Johann Jakob Bachofen«, in: Ders.: *Gesammelte Schriften*, hg. v. Rolf Tiedemann/Hermann Schweppenhäuser, Bd. II.1, Frankfurt a.M. 1977, S. 219–233.

*einigen andern Grabdenkmälern.*⁹⁷ Und bald nach dem Jahreswechsel 1915/16 wurde die Selbstbiographie gleich doppelt publiziert – offenbar aus aktuell gegebenem Anlass; sie erschien nämlich kurz nach Bachofens 100. Geburtstag, der sonst, mitten im Krieg, nach Ausweis auch der Tagespresse kaum begangen wurde.

Nach dem Ersten Weltkrieg jedoch erlebte Bachofen seine zweite, größte und folgenreichste Renaissance. Auch hier sprechen die editionsgeschichtlichen Daten für sich. Abgesehen von einem weiteren Druck der Autobiographie⁹⁸ erschienen 1923 gleich zwei Originaltexte Bachofens: unter dem Titel *Sappho*⁹⁹ ein Auszug aus dem Lesbos-Kapitel des *Mutterrechts* (s. S. 253–261) und die zweite Hälfte der *Gräbersymbolik*, das heißt die Abhandlung über *Oknos den Seilflechter*, in gekürzter Form als eigenständige Publikation,¹⁰⁰ wohl nicht ganz zufällig in München, aus dem Dunstkreis der heidnischen ›Kosmiker‹ herausgegeben von Manfred Schröter und rezensiert von keinen Geringeren als Hermann Hesse¹⁰¹ oder José Ortega y Gasset.¹⁰² Im Jahr darauf edierte derselbe Manfred Schröter, wiederum leicht gekürzt, die Abhandlung über *Das Lykische Volk*;¹⁰³ und Carl Albrecht Bernoulli, ein Basler Theologe, veröffentlichte gleich zwei Monographien

---

97 Johann Jakob Bachofen: *Römische Grablampen nebst einigen andern Grabdenkmälern vorzugsweise eigener Sammlung*, hg. v. seiner Wittwe und seinem Sohne, Leipzig ²1912.

98 Ders.: *Autobiographische Rückschau*, München 1923.

99 Ders.: »Sappho«, in: *Neue Deutsche Beiträge* 1.3 (1923), S. 61–79.

100 Ders.: *Oknos der Seilflechter. Ein Grabbild. Erlösungsgedanken antiker Gräbersymbolik*, hg. u. eingel. v. Manfred Schröter, München 1923.

101 Hermann Hesse: »[Rezension von:] Oknos, der Seilflechter. Von J.J. Bachofen«, in: *Vivos voco. Zeitschrift für neues Deutschtum* 3 (1922/23), S. 417.

102 José Ortega y Gasset: »Oknos el soguero«, in: Ders.: *Obras completas. Bd. 3: 1917–1928*, Madrid ²1950, S. 593–599.

103 Johann Jakob Bachofen: *Das Lykische Volk und seine Bedeutung für die Entwicklung des Altertums*, hg.v. Manfred Schröter, Leipzig 1924.

über Bachofen.[104] In deren einer, einem 700 Seiten starken »Würdigungsversuch«, war auch ein Auszug aus einer *Griechischen Reisebeschreibung* enthalten, aus der Bachofen selber nur eine einzige Passage hatte drucken lassen. Hiermit, wenn nicht schon mit der postumen Publikation der *Römischen Grablampen* oder der Autobiographie, hatte endgültig auch schon die editorische Aufarbeitung des Nachlasses begonnen, die indessen noch längst nicht abgeschlossen ist.

1925 erschien dann der integrale Text der *Gräbersymbolik* in zweiter Auflage, ediert von Bernoulli und ›gewürdigt‹ von Klages.[105] Und in den folgenden Monaten kamen unter verschiedenen Titeln nicht weniger als drei Sammelausgaben auf den Markt: *Urreligion und antike Symbole*, in drei Bänden ihrerseits von Bernoulli herausgegeben;[106] *Der Mythus von Orient und Occident*, herausgegeben wiederum von Schröter,[107] mit einer gut 300 Seiten dicken Einleitung von Alfred Baeumler, einem Wortführer der Konservativen Revolution, der später unter dem nationalsozialistischen Chefideologen Alfred Rosenberg Karriere machen und der mit seiner Berliner Antrittsvorlesung das Fanal für die Bücherverbrennungen setzen sollte; *Mutterrecht und Urreligion*, herausgegeben und eingeleitet diesmal von keinem der üblichen Verdächtigen, sondern von dem damals erst einige 20 Jahre alten Rudolf Marx[108] – die erste von sieben Auflagen der vorliegenden Ausgabe, der »besten«[109] und nach Ausweis auch der Überset-

---

104 Carl Albrecht Bernoulli: *Johann Jakob Bachofen als Religionsforscher*, Leipzig 1924; ders.: *Johann Jakob Bachofen und das Natursymbol. Ein Würdigungsversuch*, Basel 1924.
105 Johann Jakob Bachofen: *Versuch über die Gräbersymbolik der Alten [...]*, Vorw. v. C.A. Bernoulli, Würdigung v. Ludwig Klages, Basel ²1925.
106 Ders.: *Urreligion und antike Symbole. Systematisch angeordnete Auswahl aus seinen Werken [...]*, hg. v. Carl Albrecht Bernoulli, Leipzig 1926.
107 Ders.: *Der Mythus von Orient und Occident*.
108 Ders.: *Mutterrecht und Urreligion. Eine Auswahl*, hg. v. Rudolf Marx, Leipzig o.J. [1927].
109 Stagl: »Johann Jakob Bachofen«, S. 14.

zungsgeschichte erfolgreichsten: Der Schweizer »Sozialphysiker« Adrien Turel, parallel zu seiner Monographie *Bachofen – Freud*,[110] übertrug sie unter dem Titel *Du règne de la mère au patriarcat* ins Französische,[111] und später wurde sie auch noch ins Englische übersetzt.[112]

Während der späteren Zwanzigerjahre wurde Bachofen sogar in der Tagespresse zum Thema. Nicht nur wurden Auszüge aus seinen Schriften darin abgedruckt; sondern die Presse geriet auch zum Forum für den seinerzeit so genannten Kampf um Bachofen. Dieser Kampf, dessen Frontlinie teilweise mit der schweizerisch-deutschen Grenze konvergierte, drehte sich nicht einfach nur oder nur vordergründig um die Frage, ob Bachofens Thesen wissenschaftlich haltbar seien oder nicht. Was dahinter oder wenigstens hinter der Heftigkeit stand, mit der der nicht von ungefähr so heißende Kampf tobte, war letztlich die auch politische Kontroverse um die Legitimation des Dunklen, Atavistisch-Irrationalen, zu dessen Anwalt Bachofen im Zuge seiner Rezeption à la Klages und Baeumler gemacht worden war.[113]

Angesichts der Konjunktur, die Bachofen in der Zwischenkriegszeit unversehens durchlief, verwundert es nicht, wie tiefe Spuren er in der deutschen Kulturgeschichte dieser Zeit hinterließ – und vermutlich nicht nur in der deutschen. Doch sind zum Beispiel die spanische,[114] die engli-

---

110 Adrien Turel: *Bachofen – Freud. Zur Emanzipation des Mannes vom Reich der Mütter*, Bern 1939.
111 Johann Jakob Bachofen: *Du règne de la mère au patriarcat*, hg. v. Adrien Turel, Paris 1938.
112 Ders.: *Myth, Religion, and Mother Right. Selected Writings*, Preface by George Boas, Introd. by Joseph Campbell, New York 1967.
113 Vgl. z.B. Ernst Howald: »Wider Johann Jakob Bachofen«, in: *Wissen und Leben. Neue Schweizer Rundschau* 17 (1924), S. 757–768; Eugen Fehrle: »Bachofen und das Mutterrecht«, in: *Neues Heidelberger Jahrbuch* (1927), S. 101–118.
114 Vgl. Jean Gebser: *Lorca oder Das Reich der Mütter. Erinnerungen an Federico García Lorca*, Stuttgart 1949; Nelson R. Orringer: *Ortega y sus*

sche[115] oder auch die sowjetische[116] Bachofen-Rezeption noch weitgehend *terra incognita*. Um die Beispiele also auf die deutsche Belletristik zu beschränken und das so gehaltvolle wie materialreiche Kapitel hie und da ein wenig zu ergänzen, das Peter Davies in seinem Standardwerk zur Bachofen-Rezeption dem Thema »Bachofen in Literary Works of the 1920s« gewidmet hat:[117] Hermann Hesses *Demian* (1919),[118] Gerhart Hauptmanns *Insel der Großen Mutter* (1925),[119] Franz Kafkas *Schloß* (1926),[120] Robert Musils *Mann ohne Eigenschaften* (1930–43),[121] Elias Canettis *Blen-*

---

fuentes germánicas, Madrid 1979, S. 209f., 224, 232; Bettina L. Knapp: »Federico García Lorca's *The House of Bernarda Alba*: A Hermaphroditic Matriarchate«, in: *Modern Drama* 27.3 (1984), S. 382–394; Beth Wellington: *Reflections on Lorca's Private Mythology. ›Once Five Years Pass‹ and the Rural Plays*, New York et al. 1993, S. 31.

115 Vgl. James F. Scott: »Thimble into Ladybird. Nietzsche, Frobenius, and Bachofen in the Later Work of D.H. Lawrence«, in: *Arcadia* 13.2 (1978), S. 161–176, hier S. 170–174; Melanie Rohner: »Mütterreich Mexiko. Max Frischs Mexiko in seinem Kontext (Bachofen, Eisenstein, Lawrence)«, in: *KulturPoetik* 13.1 (2013), S. 63–81, hier S. 75f.

116 Vgl. ebd., S. 66f., 75.

117 Peter Davies: *Myth, Matriarchy and Modernity. Johann Jakob Bachofen in German Culture 1860–1945*, Berlin/New York 2010, S. 311–349.

118 Vgl. Serena Failla: *Matriarchatsphantasien in Hermann Hesses Prosa. Zur Bachofen-Rezeption in ›Der Inseltraum‹, ›Peter Camenzind‹, ›Demian‹ und ›Siddhartha‹*, Bern 2014.

119 Vgl. Ulrich Boss: *Männlichkeit als Eigenschaft. Geschlechterkonstellationen in Robert Musils ›Der Mann ohne Eigenschaften‹*, Berlin/Boston 2013, S. 76–79; Yahya Elsaghe: *Krankheit und Matriarchat. Thomas Manns ›Betrogene‹ im Kontext*, Berlin/New York 2010, S. 147f., Anm. 21.

120 Vgl. Joanna Nowotny: »›Sumpfgeschöpfe‹ und ›dunkle […] Mädchenzimmer‹. Geschlechtermythen bei Bachofen und Kafka«, in: Yahya Elsaghe/Ulrich Boss/Florian Heiniger (Hgg.): *Matriarchatsfiktionen. Johann Jakob Bachofen und die deutsche Literatur des 20. Jahrhunderts*, Basel [i.E.].

121 Vgl. Ulrich Boss: »›Mutterrecht‹ im *Mann ohne Eigenschaften*«, in: Ulrich Johannes Beil/Michael Gamper/Karl Wagner (Hgg.): *Medien,*

dung (1936),[122] Hermann Brochs *Schlafwandler* (1931f.) oder auch *Die Verzauberung* (1936),[123] Arthur Schnitzlers *Traumnovelle* (1926)[124] oder auch *Therese* (1928),[125] Hans Henny Jahnns *Medea* (1926), vermutlich selbst Bertolt Brechts frühes Gedicht *Vom armen B.B.* (1926)[126] – von *Mutter Courage* (1941) ganz zu schweigen – und so gut wie alle Romane wie auch die meisten Novellen des späteren und späten Thomas Mann:[127] Alle diese und viele andere Texte der Zeit lassen sich nicht wirklich verstehen, ohne dass man sie mit dem damals wieder aufgekommenen Interesse an Bachofen abgleicht oder sie einer oder der anderen der damals erschienenen Neueditionen zur Seite legt. Zum Beispiel weiß man von Canetti, dass er Marxens Ausgabe, und von Thomas Mann, dass er sowohl diejenige von Schröter als auch diejenige von Bernoulli besaß, diese sogar in zwei Exemplaren, die in allen sechs Bänden Gebrauchsspuren aufweisen.

Technik, Wissenschaft. Wissensübertragung bei Robert Musil und in seiner Zeit, Zürich 2011, S. 73–92.
122 Vgl. Florian Heiniger: »›Groß & Mutter‹. Matriarchale Strukturen in Elias Canettis *Die Blendung*«, in: Elsaghe/Boss/Heiniger: *Matriarchatsfiktionen*.
123 Vgl. Barbara Mahlmann-Bauer: »Euripides' *Bakchen*, ein Prätext für Brochs Bergroman *Die Verzauberung*«, in: *Recherches germaniques* (2008: *Hermann Broch: Religion, Mythos, Utopie – zur ethischen Perspektive seines Werks*), S. 75–118, hier S. 80f.; Julian Reidy: »›Weiberzeit‹: ›Mutterrecht‹, ›Hetärismus‹ und Faschismusanalyse in Hermann Brochs *Verzauberung*«, in: Elsaghe/Boss/Heiniger: *Matriarchatsfiktionen*.
124 Vgl. Elsaghe: *Krankheit und Matriarchat*, S. 5, Anm. 20.
125 Vgl. Franziska Schößler: »Die Gouvernante als Hetäre. Bachofen in Schnitzlers Roman *Therese. Chronik eines Frauenlebens*«, in: Elsaghe/Boss/Heiniger: *Matriarchatsfiktionen*.
126 Vgl. Yahya Elsaghe: »Modernität und Mutterrechtlichkeit in Bertolt Brechts lyrischer Autobiographik«, in: Christine Kanz/Frank Krause (Hgg.): *Zwischen Demontage und Sakralisierung. Revisionen des Familienmodells in der europäischen Moderne (1880–1945)*, Würzburg 2015, S. 71–106.
127 Vgl. Elisabeth Galvan: *Zur Bachofen-Rezeption in Thomas Manns ›Joseph‹-Roman*, Frankfurt a.M. 1996; Elsaghe: *Krankheit und Matriarchat*.

Bachofens Faszinationsmacht, wie bereits aus dieser ziemlich zufälligen Aufzählung hervorgeht, erstreckte sich also weit über solche hinaus, die mit den Untiefen des Antirationalismus sympathisierten. Womit diese Macht und die Mode zu tun hatte, in die Bachofen nun unversehens kam, verraten die aufgezählten Texte selbst. In allen nämlich werden die Geschlechterrollen neu verhandelt; fiktional wird mit diesen experimentiert. Bei Hesse verliebt sich Emil Sinclair in Max Demians verwitwete Mutter, Frau Eva genannt, die seine, Emils, eigene Mutter sein könnte. Auf der *Insel der Großen Mutter* wird eine Frauenrepublik gegründet. Im ersten Teil der *Schlafwandler*-Trilogie ist die Mutter des Protagonisten schon rein physisch größer als sein Vater. In der *Traumnovelle* hat die Frau die Phantasie, gleichzeitig mit vielen Männern zu schlafen und ihren eigenen Mann dabei ans Messer zu liefern. Der arme B.B. stilisiert sich gegen alle biographisch ermittelten Tatsachen zum vaterlosen Muttersohn. Und in den späten Texten, in denen Thomas Mann die Weimarer Republik zum Thema macht, im *Doktor Faustus* (1947) und in der *Betrogenen* (1953), geraten die traditionell-patriarchalen Verhältnisse vollends durcheinander: In den betreffenden Kapiteln des *Doktor Faustus* werden die Männer betrogen, die Ehen noch vor der Hochzeit gebrochen, keine Kinder gezeugt oder dann ›nur‹ Töchter geboren. Zuletzt wird sogar das männliche Gewaltmonopol verletzt, wenn eine Frau ihren Geliebten, als er sich ihrem Besitzanspruch auf seinen Körper zu entziehen wagt, kurzerhand erschießt.

In der *Betrogenen* begehrt eine ältere Kriegswitwe einen Mann, der wiederum ihr Sohn sein könnte; und die im Wortsinn sterblich Verliebte rechtfertigt ihre ernstlichen Hoffnungen, die sie in dieses Begehren setzt, mit der »republikanische[n] Auflockerung der Sitten«.[128] Dabei ist

---

128 Thomas Mann: *Die Betrogene*, in: Ders.: *Gesammelte Werke, Bd. 8: Erzählungen/›Fiorenza‹/Dichtungen*, Frankfurt a.M. ²1974, S. 877–950, hier S. 927.

die ganze Erzählung eine einzige Kontrafaktur auf das Märchen von Amor und Psyche, deren Sinn sich erst erschließt, wenn man sie neben Bachofens nun wirklich geistreiche und besonders inspirierende Interpretation dieses Märchens hält (s. S. 48–52). In seinem *Versuch über die Gräbersymbolik der Alten* nämlich liest Bachofen das Märchen von Amor und Psyche als eine mythische Erinnerung an den Übergang vom Hetärismus zum Mutterrecht; eine Deutung, die von dem prägnanten, in der Kunstgeschichte mit geradezu zwanghafter Regelmäßigkeit reproduzierten Moment ausgeht, in dem Psyche auf den schlafenden Amor blickt und ihr Begehren von jetzt an auf den einen, desto inniger Geliebten fixiert. Wenn diese Blickszene bei Thomas Mann auf die Geruchsebene hinübergespielt oder herabgesenkt wird und wenn stattdessen das ungleiche Paar seiner Erzählung im Dunkeln zusammenfindet, dann kann dies, mit Bachofen gelesen, nur heißen: Erzählt wird hier nicht mehr der Aufstieg zum Mutter- und mittelbar endlich zum Vaterrecht; sondern vorgeführt und durchgespielt ist hier ganz im Gegenteil die von Bachofen prognostizierte Regression auf die Sumpfstufe des Hetärismus. So fehlt es in der *Betrogenen* gegebenen Orts denn auch nicht an mehr oder weniger subtilen Anspielungen auf die Sumpfvegetation und ihre ungeregelte Fruchtbarkeit, bis hin zu einer seinerzeit noch gänzlich unverstandenen Krankheit, an der die Protagonistin zur Sühnung ihrer demokratisch-antipatriarchalen Anwandlung endlich stirbt und die über Bachofen sozusagen semantisierbar wird: Krebs als wildgewordene, außer Rand und Band geratene, als gewissermaßen hetärische Vermehrungswut.

Man braucht sich nicht auch noch daran zu erinnern, dass Sumpfmetaphern zum Schmähvokabular antirepublikanischer Kreise gehörten, um zu begreifen, womit Bachofens Wiederentdeckung seinerzeit vor allem zu tun hatte. Ganz offensichtlich halfen seine Theoreme die Irritationen zu bearbeiten, die in die Geschlechterordnung zwar nicht neu gekommen waren, sich seit Kriegsende aber doch sehr erheblich verschärft hatten. Der Krieg war verloren. Seine Veteranen waren in *der* männlichen Domäne schlechthin gedemütigt worden, der Schlacht. Deren industrielle Dimensionen hatten jedes Fassungsvermögen überstiegen und das tradierte Heldenideal vernichtet. (Nicht umsonst wird im ersten Satz der *Betrogenen* der Heldentod eines Militärs – im Krieg, aber bei einem banalen Verkehrsunfall – ins Dubiose gezogen.) Die Straßen, wie auf den Bildern von Otto Dix oder George Grosz, waren voll von verstümmelten, verstörten, schwer traumatisierten Invaliden. Waren die Männer oft unfähig, ihren Mann zu stehen und eine Familie zu ernähren, so hatten sich die Frauen andererseits ökonomisch und politisch emanzipiert. Während des Kriegs hatten sie ehedem männlich besetzte Stellen eingenommen. Erstmals verfügten sie über Stimm- und Wahlrecht, das sie auch sehr wohl zu nutzen wussten: In den ersten Wahlen von 1919 wurden prozentual so viele Frauen in die Nationalversammlung gewählt wie lange nicht wieder in den deutschen Bundestag respektive in die Volkskammer der DDR.

Solche Veränderungen, wie sie sich natürlich auch alltagskulturell niederschlugen, in der Haar- und Kleidungsmode, im Konsum- und Sexualverhalten, und wie sie vor dem Krieg so noch ganz undenkbar gewesen wären, mussten die Männerwelt notgedrungen verunsichern.[129] Die Antwort auf die Fragen aber, die das alles aufwarf, lag bei Bachofen immer schon bereit. Die Ermächtigung der Frauen und die reziproke Einbuße an männlichem Selbstwertgefühl ließen sich mit Bachofen leichter bewältigen als etwa mit dem offenen und schonungslosen Eingeständnis menschlichen, männlichen Versagens zumal seitens der obersten Repräsentanten der nunmehr gestürzten patriarchalen Ordnung, des

---

129 Vgl. z.B. Albrecht Koschorke: »Die Männer und die Moderne«, in: Wolfgang Asholt/Walter Fähnders (Hgg.): *Der Blick vom Wolkenkratzer. Avantgarde – Avantgardekritik – Avantgardeforschung*, Amsterdam/Atlanta 2000, S. 141–162.

Kaisers und seiner Generäle. Denn nach Bachofen war die Erstarkung beziehungsweise Wiedererstarkung ›der‹ Frau zwar nicht begrüßenswert, schon gar nicht im Sinne seiner linken Leser wie bei Marx und Engels, bei Otto Gross, Paul Lafargue oder August Bebel (in *Die Frau und der Sozialismus*, erstmals 1879, wobei sich Bebel aber erst ab der neunten Auflage von 1891 explizit auf Bachofen bezog[130]). Aber sie war doch verständlich und hinnehmbar als etwas unabänderlich Verhängtes, das ›man‹ einfach zu erdulden hatte. Bachofen nämlich hatte Rückschläge ausdrücklich vorgesehen, die den ansonsten unaufhaltsamen Fortschritt zu Vergeistigung und Patriarchat unterbrachen, so das Amazonentum und die »dionysische Religion« (S. 30, 51, 122f., 126f.). In größerem und sehr großem Stil hatte er Regressionserscheinungen bekanntlich auch noch für die Stufe des voll ausgeformten Patriarchats prognostiziert. In jener eigenartigen Verquickung seines linearen Fortschrittskonzepts mit einem älteren, zirkulären Geschichtsbild hatte er prophezeit, »daß die frühesten Zustände der Völker am Schlusse ihrer Entwicklung wiederum nach der Oberfläche drängen. Der Kreislauf des Lebens führt das Ende von neuem in den Anfang zurück.« (S. 127)

So erlaubte es Bachofens Prognose vor allem auch den konservativ-reaktionär gesinnten Kreisen der Weimarer Republik, mit den Veränderungen *ihrer* Zeit ins Reine zu kommen. Die Angst vor der erstarkten Frau ließ sich nun leicht überführen in eine defätistische Resignation gegenüber dem, was menschheitsgeschichtlich eben unausbleiblich war. Gute Beispiele für solchen Fatalismus enthält jene Einleitung Alfred Baeumlers; so etwa an einer Stelle, an der dieser die selbst physiognomisch diagnostizierte Heraufkunft des sexuell wildgewordenen Frauentyps gleich noch mit einem Ressentiment gegen die moderne Großstadt kurzschließt:

---

130 Vgl. Davies: *Myth, Matriarchy and Modernity*, S. 61, Anm. 17.

Es ist ein offenes Geheimnis, daß die väterliche Gewalt, die Herrschaft des Mannes heute gebrochen ist [...]. Ein Blick in die Straßen Berlins, Paris [sic!] oder Londons, in das Gesicht eines modernen Mannes oder Weibes genügt, um den Kult der Aphrodite als denjenigen zu erweisen, vor dem Zeus und Apollon zurücktreten müssen.[131]

Im weiteren Verlauf der Ideologiegeschichte sollte Baeumler zum Exponenten einer nationalsozialistischen Bachofen-Rezeption werden. Dabei kam ihm oder auch der Nationalsozialistin Pia-Sophie Rogge-Börner der Wert zupass, den Bachofen der Mutterschaft beimaß; ließ sich dieser doch leicht mit dem nationalsozialistischen Programm zusammenbringen, die Rolle und Stellung der Frau auf das eine Moment der Reproduktion zu reduzieren.[132] Auf der anderen Seite des politischen Spektrums hingegen konnten zum Beispiel Walter Benjamin oder Ernst Bloch, Erich Fromm[133] oder Wilhelm Reich[134] der Lehre Bachofens ein, und sei es auch un- oder vorbewusst utopisches Potential abgewinnen.

Der politischen Bandbreite solcher Rezeptionszweige wird es sehr zustatten gekommen sein, dass Bachofens Schriften einem Laien und selbst manchem Fachmann dermaßen schwer zugänglich waren und es noch immer sind. Deshalb konnte es bei den bis heute vagen Vorstellungen von Mutterrecht und Matriarchat bleiben, die es einem umso leichter machen, sie in beinahe jede Ideologie zu integrieren. Wo der daraus resultierende ›Kampf um Bachofen‹ überhaupt aufgrund der

---

131 Baeumler: »Einleitung«, S. CCXCIIf.
132 Vgl. z.B. Jost Hermand: »Alle Macht den Frauen. Faschistische Matriarchatskonzepte«, in: *Das Argument* 26.146 (1984), S. 539–554; Uwe Puschner: »Bausteine zum völkischen Frauendiskurs«, in: Ute Planert (Hg.): *Nation, Politik und Geschlecht*, Frankfurt a.M./New York 2000, S. 165–181.
133 Vgl. Erich Fromm: *Anatomie der menschlichen Destruktivität*, Stuttgart 1974, S. 140f.
134 Vgl. Wilhelm Reich: *Der Einbruch der sexuellen Zwangsmoral. Zur Geschichte der sexuellen Ökonomie*, Köln ³1972, S. 106–108.

Kenntnis seiner Texte ausgetragen wurde, beruhte diese in aller Regel jeweils auf einer oder der anderen jener Ausgaben der Zwanzigerjahre, deren Auswahl natürlich jeweils schon einem bestimmten Erkenntnisinteresse geschuldet war, dem Gegensatz von Orient und Okzident bei Schröter oder aber, bei Marx und Bernoulli, Bachofens eigenwilligen Vorstellungen von der spezifischen Sinnhaftigkeit und der hohen Sinndichte der Symbole und ihrer mythischen Exegese.

Wie wiederum schon allein die weitere Editionsgeschichte zeigt, blieb es seither eher still um Bachofen. Eine vollständige Gesamtausgabe liegt bis heute nicht vor. Die *Gesammelten Schriften*, die der Berliner Editor Wolfgang Keiper 1938/39 herauszugeben sich vornahm,[135] gelangten nicht über zwei Bände hinaus, in denen die *Antiquarischen Briefe* und *Die Unsterblichkeitslehre der orphischen Theologie* enthalten sind. 1943 begannen im Basler Schwabe-Verlag die *Gesammelten Werke* zu erscheinen, unter Karl Meulis Leitung und auf der Basis des handschriftlichen Nachlasses, der sich seit 1931 in der Basler Universitätsbibliothek befindet. Diese Werkausgabe blieb bis heute unabgeschlossen. Auch sind die bisher vorliegenden Bände gekürzt, namentlich die *Antiquarischen Briefe*, und zwar um die extrem abenteuerlichen »Spekulationen zur Bedeutung der Zahl Acht«.[136] Und massiv gekürzt ist auch die Taschenbuchausgabe des *Mutterrechts*, die Hans-Jürgen Heinrichs erstmals 1975 edierte.[137]

Über die Fachwissenschaften beziehungsweise die Wissenschaftshistorie hinaus stieß Bachofen'sches Gedankengut in der zweiten Hälfte des 20. Jahrhunderts allenfalls im Umkreis der sogenannten sexuellen Revolution und ganz

---

135 Johann Jakob Bachofen: *Gesammelte Schriften*, hg. v. Wolfgang Keiper, Berlin 1938f.
136 Graf: »Die Basler Bachofen-Edition«, S. 128.
137 Johann Jakob Bachofen: *Das Mutterrecht. Eine Untersuchung über die Gynaikokratie der alten Welt nach ihrer religiösen und rechtlichen Natur. Eine Auswahl*, hg. v. Hans-Jürgen Heinrichs, Frankfurt a.M. 1975.

besonders natürlich des Feminismus auf Interesse.[138] In der »Gebrauchsgeschichte« des Topos vom Matriarchat,[139] wie ihn zum Beispiel der Sexologe Ernest Borneman mit seiner Dissertation *Das Patriarchat* (1976) zu verbreiten half, ist der Name Bachofen der sicherlich wichtigste geblieben. Auch die literarischen Ursprungserzählungen, die James Saunders in *The Island* (1975), Günter Grass in *Der Butt* (1977) oder Christa Wolf in *Kassandra* (1983) oder *Medea* (1996) zusammenphantasierten, und selbst populärkulturelle Erzeugnisse wie die Fernsehserie *Star Maidens* (1976) lassen sich weder erklären noch verstehen ohne die Ideen, die Bachofen mehr als ein Jahrhundert zuvor in die Welt setzte.

Zum Text der Ausgabe

Bachofens Erbe, darf man also summarisch sagen, ist seltsam disparat. In den eigentlich einschlägigen Disziplinen – Archäologie, Anthropologie, Altphilologie – werden seine Schriften so wenig ernst genommen wie eh und je. Dagegen lassen germanistisch-kulturwissenschaftliche Studien der letzten Jahre etwas von einer zuvor ungeahnten Bedeutung erkennen, die Bachofen für die deutsche Ideen- und zumal für die deutsche Literaturgeschichte des früheren 20. Jahrhunderts hatte.

Die heute gewonnenen Einsichten in Bachofens kulturhistorische Bedeutsamkeit, die man schon angesichts der bisher erbrachten Resultate nicht hoch genug veranschlagen kann, sind einem Paradigmenwechsel im quellenphilologischen Forschungsansatz geschuldet. Ermöglicht wurden die Durchbrüche zu diesen Resultaten durch eine Klärung der

---

138 Vgl. z.B. Carola Meier-Seethaler: *Ursprünge und Befreiungen. Eine dissidente Kulturtheorie*, Zürich 1988.
139 Meret Fehlmann: *Die Rede vom Matriarchat. Zur Gebrauchsgeschichte eines Arguments*, Zürich 2011.

Bedingungen, unter denen Bachofen seine rezeptionsgeschichtliche Wirkung entfalten konnte: Solange man sich in der Forschung an das als solches herumgereichte Hauptwerk hielt, konnte sich mit guten Gründen kaum einer plausibel vorstellen, wie eine solche Scharteke, Aberhunderte von doppelspaltig gesetzten und schwer lesbaren Seiten stark, je hätte Epoche machen können. *Das Mutterrecht* als *corpus integrum* zu rezipieren, übersteigt die Langmut und den guten Willen selbst der allermeisten Fachleute, ganz zu schweigen von einem bildungsbürgerlichen Laien, und sei er noch so ernsthaft interessiert und aufgeschlossen. Erst als man den Status des Hauptwerks infrage zu stellen begann, wie ihn *Das Mutterrecht* im Laufe seiner Rezeptionsgeschichte nach und nach erhielt, wurde es möglich, die editionshistorisch konkreten Bahnen freizulegen, auf denen Bachofens Theoreme ins kollektive Bewusstsein oder wenigstens unter die Intellektuellen vor allem der Zwischenkriegszeit gelangen konnten.

Gelesen wurde seinerzeit weit weniger als das ganze *Mutterrecht* und zugleich entschieden mehr als *Das Mutterrecht*, das heißt auch anderes als dieses eine Werk. Mit anderen Worten: Die spätere Rezeption Bachofens vollzog sich so gut wie ausschließlich über Sammelausgaben. In diesen waren die aufschlussreichsten, anschlussfähigsten und leserfreundlichsten Partien des *Mutterrechts*, aber eben auch anderer Werke versammelt, insbesondere des *Versuchs über die Gräbersymbolik der Alten* – darunter jeweils auch jene Interpretation des Märchens von Amor und Psyche –, ergänzt durch mehr oder weniger hilfreiche Einführungen und teils auch durch Kommentare der Herausgeber. An solche Ausgaben muss sich deshalb hinfort halten, wem es nicht eigentlich oder nicht in allererster Linie um Bachofen selbst zu tun ist, sondern um dessen Rezeptionsgeschichte, um den Bann eben, in den er besonders die Autoren und Autorinnen der Zwischenkriegszeit zog.

Solchen Erwägungen vor allem anderen trägt der Text der hier vorgelegten Auswahl Rechnung. Es handelt sich dabei um die siebte Auflage der nach Ausweis der Auflagenzahl oder auch der Übersetzungen erfolgreichsten und am meisten gelesenen Sammelausgabe, erschienen im Kröner Verlag unter dem Titel *Mutterrecht und Urreligion. Eine Auswahl*. Die ersten fünf Auflagen der Auswahl besorgte Rudolf Marx (1899–1990), indem er darin außer Teilen der erwähnten Lebensbeschreibung Bachofens Auszüge aus dem *Mutterrecht*, dem *Versuch über die Gräbersymbolik der Alten* und der *Sage von Tanaquil* zusammenstellte. Die ersten vier Auflagen, 1927, 1931, 1939 und 1941, waren textidentisch; die fünfte, 1954, versah Marx mit erheblichen Erweiterungen.[140] In der sechsten Auflage, die Hans G. Kippenberg 1984 »[u]nter Benutzung der Auswahl von Rudolf Marx« edierte, kamen noch Auszüge aus den *Antiquarischen Briefen* und aus den nachgelassenen Schriften hinzu.[141]

Diese Auflage wurde der hier vorliegenden siebten zugrunde gelegt. Dabei allerdings sind die Erweiterungen, die Marx der fünften Auflage hinzufügte, gegen den ursprünglichen Text der ersten vier Auflagen konsequent abgesetzt: Dieser ursprüngliche, rezeptionsgeschichtlich besonders wirkungsmächtige Text erscheint in normalem Schwarzdruck, die späteren Erweiterungen sind in einer Graustufe gesetzt; die von Kippenberg hinzugefügten Teile aus den *Antiquarischen Briefen* und aus dem Nachlass stehen am Ende. Die Leserschaft vermag sich so unmittelbar ein Bild davon zu machen, was zum Beispiel ein Elias Canetti alles von Bachofen wissen konnte, als er seine eigene Geschichte vom Krieg der Geschlechter ausphantasierte.

Bern, im Frühjahr 2015   *Yahya Elsaghe*

---

140 Johann Jakob Bachofen: *Mutterrecht und Urreligion. Eine Auswahl*, hg. v. Rudolf Marx, erw. Aufl., Stuttgart [5]1954.
141 Ders.: *Mutterrecht und Urreligion*, unter Benutzung der Auswahl v. Rudolf Marx hg. v. Hans G. Kippenberg, erw. Aufl., Stuttgart [6]1984.

Lebens-Rückschau

Die »Lebens-Rückschau«, vom 24. bis 27. September 1854 geschrieben, wurde in einem Briefe an Friedrich Carl von Savigny mitgegeben, der sie durch seine Bitte angeregt hatte. Man fand sie 1916 unter Bachofens hinterlassenen Papieren in einem von Savigny an Bachofen gerichteten und mit Savignys Siegel versehenen Briefumschlag.

Die Rückschau auf die Arbeit von fünfzehn Jahren ist eine Aufgabe ernstester Art. Die Vergegenwärtigung früherer Unternehmungen führt mitten in das Leben vergangener Perioden zurück und weckt Erinnerungen, welche längst begraben schienen. Denn, wo immer inneres und äußeres Leben ein Ganzes bilden, muß auch jede literarische Erscheinung notwendig in dem Zusammenhange des ganzen damaligen Zustandes, Dichtens und Trachtens auftreten. Innere Erlebnisse und Umstände rein äußerlicher Natur verbinden sich, unsere Beschäftigung und deren Charakter zu bestimmen. Des einen zu gedenken ohne des andern ist unmöglich. So hat, da ich meine bisherigen Arbeiten im Gedächtnisse übersah, mein ganzes bisheriges Leben sich im Bilde wieder vor meine Seele gestellt, und es ist das, was Eure Exzellenz von mir wünschen, aus einem bloß literarischen Inventarium herangewachsen zu einer Art Selbstbiographie, welche auf den Schreiber ein Gefühl von Unbehaglichkeit hervorbringt, ähnlich dem, das man beim Anblick seines eigenen Bildnisses empfindet, – dem Leser aber oft Übung von Nachsicht und Geduld auferlegen wird.

Zu der Rechtswissenschaft zog mich die Philologie, von der ich ausgegangen bin, und zu welcher jene mich wieder zurückführte. In dieser Beziehung ist meine Stellung zu meiner Wissenschaft stets die gleiche geblieben. Das römische Recht erschien mir stets als ein Teil der alten, besonders der lateinischen Philologie, also als der Abschnitt eines großen Ganzen, das die klassische Altertumswissenschaft überhaupt umfaßt. Das Antike war der Reiz, der mich fesselte, nicht das heute Anwendbare, und ich wollte so recht wahrhaft altes römisches Recht studieren, keineswegs heutiges römisches Recht. Mit diesen aus der Philologie herübergenommenen Grundanschauungen ausgestattet, geriet ich oft in einen mir gar peinlichen Gegensatz zu Lehrern und Büchern, welchen ich mich als Führern hingegeben hatte. Immer mehr gelang es mir, von dem modernen Standpunkt abzusehen, und ihm in allen Stücken den antiken zu unterstellen. Daher nistete sich bei mir ein stets wachsender Widerwille gegen alle modernen Systeme ein. Ich hätte das Kleid gerne in seinen ursprünglichen Falten gesehen und erachtete jeden Versuch, den Stoff heutigen Begriffen mundgerecht zu machen, für nichts Besseres, als für eine das alte Verständnis erschwerende Entstellung. Ein Schema nach heutigen Begriffen und darunter der alte Stoff verteilt, das erschien mir als unberechtigtes Dogmatisieren, dem wahren Verständnis verderblich, eine reiche Quelle vieler Irrtümer und Verlegenheiten. Die Behandlungsweise der Kontroversen war mir ein weiterer Gegenstand des Anstoßes. Mir erschien das ganze Verfahren nicht besser als die Justinianische Träumerei von der Möglichkeit einer zweifel- und widerspruchslosen Jurisprudenz, und für viel würdiger, resultatreicher und wissenswerter erachtete ich das, den Grund und Gedankengang zu ermitteln, der gleich ausgezeichnete Juristen zu abweichenden Entscheidungen führen konnte. Denn, so sonderbar es klingen mag, so wahr ist es dennoch, daß in Fragen der Jurisprudenz entgegenstehende Ansichten gar oft einen gleichen Grad von Berechtigung haben können. Ich freute mich darüber, daß es Justinian nicht gelungen war, alle Spuren dieser Streitigkeiten, Folgen jeder freien Geistesrichtung, zu vertilgen. Ich lebte selbst der Überzeugung, daß gerade die Blütezeit des römischen Rechts auf allen Gebieten der Rechtspflege an Abweichungen und Streitigkeiten am reichsten gewesen sein müsse. Von diesen Gesichtspunkten geleitet fand ich mein hauptsächlichstes Vergnügen stets und allein in der Lektüre einzelner Teile unserer Rechtsquellen, und, wäre es auf mich angekommen, so hätte ich der Erklärung von Pandektentiteln den Vorzug eingeräumt vor allen systematischen Vorlesungen mit ihren dogmatisch formulierten Sätzen und den dazu aus allen Ecken zusammengetriebenen sogenannten Beweisstellen und Eideshelfern. – Einen großen Nachteil dieser meiner Auffassungsweise bekam ich indes bald zu spüren. Ich hatte sehr wenige positive Rechtsregeln meinem Gedächtnisse eingeprägt und war immer verlegen, sollte ich die einzelnen Materien in Regeln und Ausnahmen schulgerecht hersagen. Geistig glaubte ich dabei nicht gerade viel einzubüßen. Aber für ein *examen rigorosum* war meine Studienweise nicht berechnet gewesen. Das fühlte ich. Um das Versäumte nachzuholen, mußte ich nun für ein Jahr den Quellen entsagen und nach Lehrbüchern memorieren. Ein Privatissimum zu Göttingen paukte mich gehörig ein, und ein paar Monate zu Basel vollendeten die Arbeit. Es gab damals eine kurze Frist, in welcher ich Mühlenbruchs *Doctrina* beinahe wörtlich innehatte und in den abgegriffenen Bänden selbst bei Nacht jeden Paragraphen hätte aufschlagen können. War mir doch als Ideal eines vollendeten Doktoranden derjenige hingestellt worden, der in jenem Werke ohne Licht und Register jeden Gegenstand nachzuweisen vermöge. Die Arbeit war nicht vergeblich gewesen. Durch Tentamen und Examen kam ich glücklich hindurch, empfing die erste Nummer, und konnte meine Lehr- und Handbücher wieder mit dem Corpus juris, den Klassikern und Cujacius vertauschen. Es war hohe Zeit. Denn nicht erquickender erschien mir kürzlich die frische Alpenluft des Engadins nach der dumpfen Atmosphäre des

Pfäferser Krankenhauses, als damals der stärkende Hauch des Altertums aus den Werken seiner Literatur belebend zu mir Armen herüberwehte. Mit ganz anderer Freudigkeit studierte ich jetzt Gajus und Cicero als zuvor Mühlenbruch, und meine Dissertation *de judiciis civilibus, de legis actionibus, de formulis et de condict.* brachte mir einige Monate des fröhlichsten und befriedigendsten Umgangs mit den Quellen. Diese Arbeit vollendet, schwebte mir der Gedanke vor, in einer kleinen Schrift den Unterschied der *res mancipi* und *res nec m.* zu erklären. Ich unterließ es, teils weil mir die Lektüre der bedeutenden Literatur den Gegenstand gründlich verleidet hatte, teils weil durch die Arbeit meine Abreise nach Paris, die auf den Winter 1839/40 bevorstand, verzögert worden wäre. Die Aussicht, nach schweizerischen und deutschen Hochschulen eine französische zu besuchen, hatte für mich sehr viel Anziehendes, und obwohl es an derselben von den Klassikern wenig mehr zu hören gab, so harrte ich dennoch an der Pariser École de droit einen vollen Jahreskursus aus. Für mich hatte die untergeordnete Stellung, in welcher dort das römische Recht auftritt, nichts Anstößiges. Mir war es ja immer ein Teil des alten Lebens gewesen, nicht des heutigen, ein Stück klassischer Philologie, ein Bestandteil längst versunkener Zustände, ein Erzeugnis von Grundanschauungen, welche mit denen der christlich germanischen Völker eigentlich nur geringe Verwandtschaft hatten.

Hatte ich bisher das Erzeugnis vergangener Zeiten zum Gegenstand meiner Beschäftigung gemacht, ohne alle Rücksicht auf dessen heutige Gestaltung und Anwendung, so kam ich jetzt zuerst in gründlichen Verkehr mit einer der berühmtesten und verbreitetsten Gesetzgebungen der Neuzeit und mit der darauf ruhenden Literatur und Jurisprudenz; und gewährte mir diese auch nicht den gleichen geistigen Genuß wie der Romanismus, so war mir doch der Eintritt in ein ausschließlich praktisches Gebiet und die mit Ausscheidung aller antiken Gelehrsamkeit unternommene Behandlung des ganzen heutigen Rechtslebens eine durchaus angenehme

Beschäftigung. Ja, aus dieser Zeit schreibt sich bei mir die Überzeugung her, daß eine auf gleiche Trennung gegründete Gestaltung des Rechtsstudiums der dermalen in Deutschland herrschenden Verbindung weit vorzuziehen sein müßte. Gebe man dem Altertum sein Recht und der Neuzeit ihr Recht, jedem besonders, und man wird so wie die gründlichsten Gelehrten, so auch die fähigsten Praktiker bilden. Durch zwei Mittel wahrt die Jurisprudenz ihre Frische, oder erwirbt sie wieder, hat sie sie einmal für einige Zeit eingebüßt: durch den unmittelbaren Verkehr mit der alten Weisheit und durch die Beschäftigung mit dem praktischen Leben. Leistet Paris auch für das erstere nichts, so bringt es doch in dem zweiten den Schüler zu mehrerer Tüchtigkeit als der deutsche Unterricht, und ich kann wohl sagen, daß mir wie in Deutschland der Eintritt in die alte Welt, so in Frankreich der in die heutige Zeit eröffnet worden ist.

Aus der damaligen Zeit datiert meine Bekanntschaft mit Pardessus, mit dem Grafen Pellegrino Rossi und mit dem alten Kanzler von Frankreich, dem hochbejahrten Grafen Pastoret, Männern, welche alle für unsere Wissenschaft, wiewohl in verschiedenen Zweigen derselben, Bedeutendes geleistet haben, und von welchen die beiden letzteren aus ihren früheren Lebensjahren her mit der Schweiz im Zusammenhang der Anhänglichkeit und Dankbarkeit standen. Vielleicht daß ich gerade diesem Umstande meine gute Aufnahme in ihren Häusern zuzuschreiben habe. Rossi stand damals bei den Studenten, welche ihn einige Jahre früher mit Steinwürfen empfangen hatten, in hoher Gunst. Die beiden Gendarmen, welche ihn lange begleitet hatten, waren längst überflüssig geworden. Seine oft mit Kunst angebrachten, gewiß nicht aufrichtigen Lobreden auf Geschworenengerichte, Charta, freie Presse, ein selbständiges Polen und ähnliche Losungsworte der damaligen revolutionären Journalistik hatten jene Umstimmung bewirkt. In dem übrigen Benehmen war keine Änderung eingetreten. Es haftete an ihm ein vorzugsweise italienischer, verletzender Dünkel, der mit dem Glanz der äußern Lage wuchs oder doch ungescheuter hervortrat, und mit unter die Ursachen gehört, welche dem Grafen zu Rom jenen unerwarteten Fall bereiteten. Ich glaube, daß er in seinem Herzen diejenigen Eigenschaften des französischen Volkes am meisten verachtete, denen er öffentlich die wärmsten Huldigungen darbrachte. Viel höher stand ihm die englische Nation, und die besondere Hochachtung, die er bei jeder Gelegenheit vor ihren großen politischen Eigenschaften an den Tag legte, war gewiß keine Konzession an die öffentliche Stimmung in den glänzendsten Zeiten der Juliusdynastie, sondern vielmehr der Ausdruck einer sehr tief wurzelnden Überzeugung und das absichtlich gesuchte Mittel, der französischen Eitelkeit einen Spiegel vorzuhalten. Diese vielfachen Blicke auf England waren es, welche mich hauptsächlich dazu bestimmten, meinem Aufenthalt in Paris sogleich einen andern in London anzureihen. Seitdem ich aus Blackstone und einigen französischen Werken eine übersichtliche Kenntnis der englischen Staats- und Rechtszustände geschöpft hatte, wuchs mein Verlangen. Der Plan fand seine Ausführung. Kein Jahr meines Lebens ist an Arbeit, Belehrung und Genuß reicher gewesen als das in England verlebte. Kaum wird jemand fähig sein, den ganzen Gewinn solcher Zeitabschnitte seines Lebens richtig zu würdigen. Die Elastizität meines damaligen Alters, befähigt, das Verschiedenste mit gleicher Lebendigkeit aufzufassen, und das Durchschreiten so vieler neuer Gebiete gibt das Siegesgefühl eines fortwährenden Triumphzugs. Als ich mich in London festsetzte, war mir noch nicht klar, was ich vorzugsweise zu suchen gekommen sei. Alles, dachte ich, oder doch ein wenig von allem, Grundlagen für spätern Ausbau, Material und Gedanken für die Zukunft. Ich stand in dem Lebensalter, dem noch alles angehört, dem sogar dies All nicht genügt, und das noch nicht weiß, in welcher Ecke des weiten Gebiets der Geist am Ende sich friedlich niederlassen wird. Fesselten mich einerseits das Rechtswesen und die Gerichte mit all dem altväterischen Pomp, der sie umgibt, so war doch auch das Britische Museum mit seinen Schätzen vorhanden. Ließ sich nicht beides vereinigen? Nicht beides nebeneinander benützen? Der Versuch zeigte, daß es möglich war, ja daß das eine das andere förderte. – Schriftliche Arbeiten über englisches Recht habe ich keine zustande gebracht. Ich wundere mich jetzt, daß es mir damals gelang, überhaupt nur soviel in mich aufzunehmen, als zur Übersicht der Hauptmaterien erforderlich ist. Unter allen diesen Beschäftigungen kam sachte, sachte, wie das Alter, so damals das Ende des Winters heran. Ich wünschte mich weg aus dem Nebel, dem Gewühl und Getriebe der Hauptstadt. Ein ruhiger und stiller Musensitz, das war mir nötig, um das Erlebte und Erlernte überblicken und in Gedanken verarbeiten zu können. Oxford entsprach meinen Erwartungen nicht. Diese eiskalte Vornehmheit, der hohe Glanz, die Regungslosigkeit, die über allem lag, über Land und Menschen, insbesondere über den Geistern, sie trieb mich nach wenigen Tagen wieder fort. Ich zog nach Cambridge und fand dort, was ich suchte: wissenschaftliche Beschäftigung, angenehmen Umgang und vor allem Ruhe und Stille. Mit großem Behagen setzte ich nun in der öffentlichen Bibliothek und in mehreren Kollegiatbibliotheken meine Entdeckungszüge nach mittelalterlichen Prozessualisten fort. Die guten Cambridger vermochten gar nicht einzusehen, was man an dergleichen heutzutage noch finden könne. – Englands Anstalten bezwecken *Erziehung* der höheren Stände des Landes, sie wollen weder Gelehrte bilden, noch Beamte heranziehen. Erziehung aber ist vielseitiger als Gelehrsamkeit, zumal Erziehung zum englischen Staatsbürger, zur Ausübung der Rechte und Pflichten, welche die Verfassung und die Sitten des Landes zumal den auf jenen Hochschulen vertretenen Ständen einräumt. Dieser höhere Zweck würde durch Fakultätsstudien nicht erreicht, am allerwenigsten durch eine Verweisung auf sich selbst, und durch volle Unabhängigkeit sowohl in betreff der Studien als namentlich außerhalb der Studienzeit. Daher in England der Anschluß jedes Jünglings an einen bestimmten Lehrer, in dessen Kollegiumsgebäude er dann seine Aufnahme nachsucht, daher der stete gesellschaftliche Zusammenhang unter ihnen, der sich selbst auf die Ferienzeit und die üblichen Kontinentaltouren erstreckt. Ich stand damals meinem deutschen Studentenleben noch so nahe, daß mir der Gegensatz desselben zu dem englischen so recht lebendig vor die Seele trat. Wie steht ein 20jähriger Jüngling in Berlin oder Paris, wenn ihn das elterliche Haus vertrauensvoll zum Studium entlassen hat? Die Frage ist gewiß der gründlichsten Erwägung wert. Für Basel habe ich schon viel darüber nachgedacht; denn, um eine Sache ganz praktisch aufzufassen, muß man gleich mitten in gegebene Verhältnisse hineintreten. Auch habe ich die Hoffnung nicht aufgegeben, daß da noch einmal Ähnliches zustande kommen wird. Die Form ist am Ende gleichgültig, wenn nur das Ziel, allgemeine Erziehung auf der Grundlage humaner Wissenschaften an der Stelle ausschließlich erzielter Fachbildung, erreicht wird. Ohnedies dürfte, wenn die materielle Richtung, welche die Welt nimmt, zur Herrschaft gelangt, die Wissenschaft wieder ein Priestertum werden, das, staatlicher Unterstützung entbehrend, zu Privatmitteln und Privattätigkeit jeder Art seine Zuflucht nehmen muß. Dann erst wird es möglich sein, jenes Ideal zu verwirklichen und dem literarischen Proletariat mit allen üblen Folgen, die daran hängen, erfolgreich an die Wurzel zu gehen. Mit Cambridge gingen meine längern Aufenthalte in England zu Ende.

Als ich wieder im Kreise der Meinen zurückwar, trat mir das ›du losest Sparta‹ alsbald sehr ernst vor die Seele. Beim Umtausch großer Verhältnisse mit so kleinen, wie sie mich jetzt umgaben, war jener philosophische Trost mir wirklich sehr nötig. Doch fand ich des Guten und Ehrwürdigen gar bald auch nicht wenig. Festgewurzelt steht man nur im heimatlichen Boden. Die großen Erfahrungen des Lebens können nur da gemacht werden, denn die Geschicke der Familien und Staaten vollenden sich nicht in *einem* Leben, sondern nur in einer ganzen Reihe aufeinanderfolgender Geschlechter. – In öffentlichen Geschäften mitzuwirken, in welcher Stellung es immer sei, dem kann sich hier niemand entziehen, wer studiert hat, am wenigsten, wer sich den Rechten ergeben und es zum J.U.D. hinter seinem Namen gebracht, und, wie der Kaufmann sich auszudrücken pflegt, nichts zu tun hat. Studium bloß um des Studiums willen, das begreift ein Volk nicht, dessen Charakter vorzugsweise durch die Richtung auf bürgerliche Erwerbstätigkeit ausgezeichnet ist. Meine Pläne waren indes mit dieser öffentlichen Meinung meines Vaterlands in entschiedenem Widerspruch. Nach all den Abschweifungen in Frankreich und England drängte es mich, in meinem geistigen Heimatland, der Philologie und Jurisprudenz, mich ruhig niederzulassen. Ich unternahm damals die Arbeit über das Voconische Gesetz und die andere über das altrömische Schuldrecht, die als Jugendversuche auch beide dem Druck übergeben worden sind. Die als Manuskript gedruckte Antrittsvorlesung »Das Naturrecht und das geschichtliche Recht«, womit ich meine Vorlesung über römische Rechtsgeschichte eröffnete, stieß die philosophischen Naturen durch die Anerkennung jeder geschichtlichen Erscheinung, die Staatskünstler durch die Hervorhebung eines höhern, von menschlicher Willkür unabhängigen Ursprungs der Rechtssysteme. Dennoch verzweifelte man nicht an mir. Es sei vielleicht eine Probe zu wagen. Eine revolutionäre Natur sei ich einmal entschieden nicht, vielleicht eher umgekehrt allzusehr Savignyaner. Kurz, bei der nächsten Vakanz einer Kriminalrichterstelle wurde ich vom großen Rate zum ordentlichen Mitglied des Basler Kriminalgerichts, und von diesem selbst einige Zeit später zum Statthalter, d.h. zum Vizepräsidenten, befördert.

Aber meine Hoffnung auf ungeteilte wissenschaftliche Tätigkeit war wieder dahin. Doch fand sich auch dafür nicht unbeträchtliche Zeit. Ich fing damals an, meinem Plane, alle Klassiker, juristischen und nichtjuristischen Inhalts, wenigstens *ein*mal durchzulesen, Ausführung zu geben, und studierte daneben auch die Hauptwerke der heutigen [juristischen] Literatur.

Meine Vorbereitungen literarischer Art beschränkten sich auf das Studium zweier Werke, Blumes *Iter Italicum* und Winckelmanns Geschichte der Kunst mit Fernocos Anmerkungen. Das erstere gab einige gelehrte Notizen, half mir auch später in den Bibliotheken von Mailand, Turin und Rom. Aber dem Umgang mit Winckelmanns Werken danke ich einen Genuß weit höherer Natur und eine der schönsten Blüten, die mir das Leben überhaupt geboten. In den Regionen, welche er mir eröffnet, habe ich seither oft und lange verweilt, am meisten, wenn alles andere reizlos zu werden drohte. Die Betrachtung der alten Kunst gewinnt dem klassischen Altertum unser Herz, das Studium der Jurisprudenz unsern Verstand. Erst beides verbunden bringt einen harmonischen Genuß und befriedigt beide Hälften der geistigen Menschennatur. Philologie ohne Umgang mit den Kunstwerken bleibt ein lebloses Skelett. Das *Id quod decet* [was sich ziemt], das, was Archias bei Cicero als das Höchste erklärt *in omni arte* [in aller Kunst], zugleich aber gerade für dasjenige, was man nicht lehren und nicht erlernen könne, das nimmt man aus dem Umgang mit der alten Kunst gleichsam als seinen Anteil nach Hause. In allem Maß und in allem Fülle, die höchste menschliche Harmonie, das ist des Rätsels Lösung, die aus ihren Erzeugnissen spricht. In der Verbindung beider Vollkommenheiten, in der Verbreitung der antiken edeln, nicht der modernen tanzmeisterartigen Grazie über das ganze Werk, darin liegt der Zauber von Winckelmanns Kunstgeschichte. Man sieht es ihr an, sie ist unter der wärmeren Sonne Italiens geschrieben, wo man alles tiefer fühlt, Schmerz und Wonne und den wahren Gehalt der Dinge, sie stammt nicht aus einer unserer verrauchten Studierstuben, die der ranzige Geruch des Talglichts oder der Öllampe mit Qualm erfüllt.

Als ich die Museen Italiens durchwanderte, trat mir aus der ungeheuren Fülle ihrer Reichtümer mehr und mehr *ein* Gegenstand hervor, in welchem sich das Altertum von einer seiner schönsten Seiten darstellt: das Gräberwesen. Wenn ich die tiefe Innigkeit des Gefühls, verbunden mit der wärmsten Humanität, welche diesen Teil des alten Lebens auszeichnet, betrachte, so schäme ich mich der Armut und Dürre unserer heutigen Welt. Unerschöpflich beinahe ist es, was sich alles an die Gräber anknüpft. Man glaubt einen ganz speziellen Gegenstand der Kunstarchäologie unter den Händen zu haben, und findet sich zuletzt inmitten einer wahren Universaldoktrin.

So wie aus den Gräbern alle jene Schätze stammen, welche unsere Museen erfüllen, so verdankt auch die menschliche Zivilisation den Gräbern mehr, als man vermutet. Nomadischen Zuständen sind sie das erste und einzig Feste. Für die Toten hat man eher gebaut als für die Lebenden, und wenn für die Spanne Zeit, die diesen gegeben ist, vergängliches Holzwerk genügt, so verlangt die Ewigkeit jener Behausung den festen Stein der Erde. In allen hohen Dingen dachten die ältesten Menschen richtig und groß, wie man es von denen zu erwarten berechtigt ist, die ihrem ewigen Ursprung noch so nahe stehen. An den Stein, der die Grabstätte bezeichnet, knüpft sich der älteste Kult, an das Grabgebäude der älteste Tempelbau, an den Grabschmuck der Ursprung der Kunst und der Ornamentik. An dem Grabstein entstand der Begriff des *Sanctum* [des durch die Mächte der Erde Unantastbaren], des Unbeweglichen, Unverrückbaren. Wie er hier gebildet, so gilt er nun auch für Grenzpfähle und Mauern, die daher mit den Grabsteinen zusammen den Kreis der *res sanctae* [der unverrückbaren Dinge] ausmachen. In ihnen sieht der alte Mensch ein Bild jener Urkraft, die in der Erde wohnt, und deren Symbol daher auch auf allen dreien angebracht worden ist. Die Erde sendet Grabsteine, Grenzpfähle und Mauern gleichsam aus ihrem Schoße hervor, wo sie, wie Plato sagt, zuvor schlummerten. Der Phallus ist ihre Marke. An die Gräber knüpft sich der Altarkult, ja das Grab ist selbst ein Altar, bei den ältesten Völkern so gut als in den christlichen Katakomben. Über der Stätte des Leichnams wird dem Geber des Lebens geopfert. In den Gräbern hat sich das

Symbol gebildet, jedenfalls auch am längsten erhalten. Was am Grabe gedacht, empfunden, still gebetet wird, das kann kein Wort aussprechen, sondern nur das in ewig gleichem Ernste ruhende Symbol ahnungsreich andeuten. Durch und durch war das Altertum symbolisch, am längsten und tiefsten in seiner Kunst.

Soll ich auch die Epigraphik und Epigrammatik und so unendlich viel anderes noch aufzählen, womit die Gräber zusammenhängen, um das Interesse zu erklären, das sie einflößen? Ich will lieber noch des Genusses gedenken, den der Besuch alter Gräberstädte mir gebracht hat. Es gibt zwei Wege zu jeder Erkenntnis, der weitere, langsamere, mühsamere verständiger Kombination, und der kürzere, der mit der Kraft und Schnelligkeit der Elektrizität durchschritten wird, der Weg der Phantasie, welche von dem Anblick und der unmittelbaren Berührung der alten Reste angeregt, ohne Mittelglieder das Wahre wie mit Einem Schlage erfaßt. An Leben und Farbe ist das auf dem zweiten Wege Erworbene den Verstandesprodukten mächtig überlegen.

Die Gräberstädte Süd-Etruriens liegen der großen Heerstraße, welche von Florenz nach Rom läuft, so nahe, und sind doch so wenig besucht. Castel d'Asso, Vorchia, Bieda, Toscanella, Corneto erregen nicht die traurigen Gefühle wie neuere Stätten menschlicher Vergänglichkeit. Gleich wie an die Ruinen Roms knüpft sich auch an jene nur der Gedanke des endlichen notwendigen Aufhörens aller menschlichen Dinge. Kein schmerzliches Gefühl mischt sich in die Betrachtung des natürlichen Ganges der Entwicklung, und diese Ruinen erinnern eher an die Macht als an die Schwäche der menschlichen Dinge. Ich liebe die Völker und Zeiten, die nicht für den Tag arbeiten, sondern in all ihrem Schaffen die Ewigkeit vor Augen haben. Sie verdienen, daß ihre Gräber noch da stehen wie am Tage ihrer Errichtung. Man zürnt der Wurzel nicht, welche gleich einem künstlich eingeschlagenen Keile die Decke gesprengt oder ein Stück des Portals losgetrennt und in die Tiefe hinabgestürzt hat. Die Stille der Natur ist die würdigste Umgebung einer ewigen Wohnung. Wenn den Menschen alles verlassen hat, so umschlingt noch die Erde liebevoll mit ihren Gewächsen das steinerne Haus. Im Sinne des Altertums ist das nicht etwa nur ein Bild, sondern eine Wahrheit. Alle jene Nekropolen [Gräberstädte] liegen zur Seite eines Gewässers. Das Gemurmel der Woge scheint dem Toten sein ewiges Lob zu rauschen, wie sich ein Epigramm der Anthologie ausspricht, und nach Äschylos im Prometheus beweinen der heiligen Ströme rieselnde Quellen ihre Trübsal. Auch das sind nicht bloß Bilder, sondern Wahrheiten, wie sie aus dem innersten Gehalt der alten Naturreligionen sich ergeben. Für uns freilich ist das nur noch Poesie, deren reichste Quelle in der Aufdeckung der innern Beziehungen zwischen den Erscheinungen der leblosen Natur und unsern Empfindungen liegen dürfte. Ergreifender werden alle diese Eindrücke noch durch die gänzliche Öde und Verlassenheit der alten Grabstätten. Wer sie betritt, glaubt sie zu entdecken. Aber diese Stille erscheint als eine Huldigung der Lebenden gegen die Toten. Zwischen sie und uns tritt nichts in die Mitte. Die Sonne durchwärmt und erhellt so wunderbar diese Ruhestätten der Toten, und übergießt die Sitze des Schreckens mit dem Zauber des wonnereichen Lebens. Wieviel Schönes muß eine Zeit in sich getragen haben, die noch in ihren Gräbern solche Sehnsucht nach sich zu erwecken vermag! Wie groß ist die Fülle der schönsten ethischen Ideen, welche die Alten ihrem reichen Mythenkreise entlehnten. Derselbe Schatz, welcher ihre ältesten Erinnerungen über die Geschichte von Land und Volk in sich schließt, dient zugleich als Darstellung der höchsten sittlichen Wahrheiten und als Ausdruck des Trostes und der Hoffnung für Sterbende. So erscheint die verwundete Penthesilea ihrem Besieger Achill im Augenblick ihres Todes doppelt schön, erst an der Sterbenden entdeckt er die ganze Fülle von Liebreiz. Es ist Plato, der uns diese Bedeutung des Bildes enthüllt.

Ja, es hängt an den Mauern Roms etwas, das das Tiefste im Menschen aufregt. Wenn man eine Metallscheibe schlägt, so tönt das Erz fort, bis die Auflegung des Fingers den Schwingungen ein Ende macht. So berührt auch Rom den mit dem Altertum verkehrenden Geist. Ja ein Schlag folgt dem andern, bis alle Seiten des Menschen sich rühren und regen, und er zuletzt inne wird, was alles bisher in ihm schlief. Ich habe aus jenem Aufenthalt in Rom einen größeren Reichtum des Geistes, für mein folgendes Leben einen tiefern Ernst der Seele, für meine Studien einen lebendigern, positivern Hintergrund mit nach Hause gebracht. Das Rad des Lebens hat sich dort ein tieferes Geleise gehöhlt. Unter die liebsten Bilder meines Innern gehört immer noch die Campagna. Oft zieh ich den Vorhang von ihr hinweg, und folge mit Entzücken den langgezogenen Schattenlinien, welche die Abendsonne auf den weiten grünen Plan dieses für die Weltgeschichte unvergleichlich wichtigen Stücks Erde hinzeichnet. Hier hat, um mit Plato zu reden, der Fuß der Unsterblichen mehr als nur eine Spur zurückgelassen. Aber die menschliche Forschung hat, statt ihnen nachzugehen, mehr als eine absichtlich verwischt. In Dunst und Nebel hatten sie alles aufgelöst, die Hyperboreer, die in ihrer Vermessenheit es für möglich hielten, die großen Zeiten der alten Welt zu den kleinen Proportionen ihres eigenen Hauptes auf die Dauer zu erniedrigen.

Als Republikaner kam ich nach Rom, der von sieben Königen nichts wissen wollte, als Ungläubiger, der keiner Tradition ein Recht einräumte, als Abenteurer, der gerne sein Schiff der hohen See anvertraute, statt furchtsam dem Ufer entlang zu steuern und das feste Land nie aus den Augen zu verlieren. Das alles ist in Italien geblieben. Ich hätte es gerne einem der alten Landesgötter zum Abschiedsopfer dargebracht. Aber sie verhüllten alle ihr Antlitz, noch böse über die Entweihung der alten Zeit. In meinem Kopfe gewann allmählich alles eine so völlig verschiedene Gestalt. Italien stieg herab von dem Isolierschemel, auf dem es die Gelehrten so lange festgehalten hatten. Seine Bildung trat in das Verhältnis der Abstammung zu dem Osten, es wollte mir scheinen, als könne überhaupt eine Einzelkultur unmöglich richtig aufgefaßt werden. Immer fester begründet, immer unzweifelhafter erschien mir die Tradition. Immer weiter hinauf schien mir die Geschichte zu reichen, immer größere Proportionen anzunehmen. War mir Roms Gründer als ein wahrer italischer Adam dargestellt worden, so erblickte ich jetzt in ihm eine sehr moderne Gestalt, in Rom den Schlußstein und Untergang einer Periode tausendjähriger Kultur ... Es gibt einen Zeitpunkt, wo das öffentliche Leben der Staaten und Völker dem Fatalismus verfällt. Da stehen wir. Im einzelnen kann noch vieles Gute gerettet, viel Neues, Tüchtiges geschaffen werden. Mir weisen Studien und Vergangenheit vorzugsweise die richterliche Tätigkeit zur Provinz an. Nach dem Gebot eines wahrhaft historischen Sinnes habe ich es über mich vermocht, in dieser Stellung weniger der übrigens verzeihlichen Eitelkeit des Gelehrten als größern Gesichtspunkten des öffentlichen Wohls und bescheidener Unterordnung unter historisch gegebene Zustände dienstbar zu sein.

Die Periode, deren Arbeit und Lehren ich eben besprochen habe, reicht bis zum Jahre 1848. Da entschloß ich mich zu einem zweiten römischen Aufenthalt. Wie erst Studien die Sehnsucht nach Italien, dann Italien das Verlangen nach neuem gründlichem Verkehr mit den Klassikern erweckt hatte: so begann nun damals dieselbe Wechselwirkung von neuem, nur mit ungleich reichern Mitteln als das erstemal. Ich hätte gerne dem auf verschiedenen Gebieten Erworbenen so manche materielle Ergänzung und meinem Geiste eine neue Anregung gegeben: aber die Ruhe, die dazu vor allem erforderlich ist, wurde durch die wilden Leidenschaften, die Rom zu ihrem Schauplatze auserkoren, gestört. Rossi fiel am zweiten Tage nach meiner Ankunft. Die Erstürmung des Quirinals, des Papstes Flucht, die Konstituante, die Erklärung der Republik folgten Schlag auf Schlag.

Wäre nicht des Gräßlichen zu viel vorgefallen, man hätte sich mitten in die ausgelassene, aber harmlose Lust eines Karnevals versetzt glauben können. Doch nach dem Einzug der

Garibaldischen Bande und nach der Ankunft der verschiedenen patriotischen Legionen Italiens wurde alles unheimlicher. Erschien Garibaldi, feuerrot gekleidet auf schwarzem Rappen, hinterher der Neger auf weißem Roß, so flogen schon in der Ferne alle Hüte von den Köpfen. Man trieb Unfug jeder Art. Der Himmel hatte mich überdies aufbehalten, Zeuge ihrer ersten Heldentaten gegen die anrückenden Franzosen, bald darauf in Tivoli als verdächtiger Spio Francese Gegenstand einer höchst bedenklichen Volksaufmerksamkeit, endlich auf der Heimreise Zeuge der gänzlichen Auflösung aller Ordnung durch ganz Italien zu werden. Seit jener Zeit haben sich nun Sturm und Wogen wieder gelegt. Für mich ist Italien längst wieder das Land alter Zeit und ruhiger Studien geworden. Es war mir sogar nach jenen Erlebnissen doppelt tiefes Bedürfnis, auf Zeiten und Dingen auszuruhen, welche die Stille von Jahrtausenden umgibt, auf Gebieten, wo die Flut der Leidenschaften längst abgelaufen ist. – Der Mensch ist, trotz des Namens, den er trägt, doch eigentlich ein sehr anonymes Wesen, und es bleibt der Name derselbe, sooft sich auch seines Inhabers inneres Wesen verändern mag. Ich hatte eine Zeit gehabt, wo die mittelalterlichen Prozessualisten mich beglückten, und ihr zufällig aufgefundener, lange verschollener Name mich mit Wonne erfüllte. Später hätte ich über einer schönen Pandektenstelle alles andere vergessen und durch eine gelungene Interpretation mich für lange Arbeit hinlänglich belohnt erachtet. Nach und nach waren alle diese Reize verschwunden. Was ich las, was ich studierte, es schien mir, bei Lichte besehen, ein so wenig wiegendes Besitztum, so geringe Nahrung für die Seele, für die Vervollkommnung unsers unsterblichen Teiles im ganzen so gleichgültig. Ich stand in einer Zeit des Übergangs, wie sie jedem strebenden Wesen aufbehalten sind. Was sie herbeigeführt, wer kann tief genug in die Gründe der menschlichen Seele hineinschauen? Der Übergang war peinlich, jetzt segne ich ihn. Es muß die Zeit kommen, in welcher der Gelehrte seine Studien über ihr Verhältnis zu den höchsten Dingen ernstlich zur Rede stellt und sie hierzu in eine richtige Stellung bringt. Dann wird auch der Wunsch erwachen, ja ein dringendes Bedürfnis sich geltend machen, dem ewigen Gehalt der Dinge doch wenigstens um ein kleines näherzutreten. Die Schale allein genügt nicht mehr. Martervoll ist der Gedanke, sich so lange schon mit bloßen wertlosen Formen herumzuschlagen. Da tritt rettend der Glaube dazwischen, daß man auch in diesen Dingen »den unsterblichen Fußstapfen« entdecken kann. Ich weiß nur zu sehr, wie große Gefahr ich damals lief. Ich hätte auf metaphysische Abwege geraten und die rechte Leuchte für immer aus den Augen verlieren können. Dann hätte das lange Kreisen zu Huschkeschen Mißgeburten führen müssen. Gottlob, daß zu dergleichen meine Seele zu gesund ist. Sie hat sich einen andern Ausweg gebahnt. Die religiöse Grundlage des ganzen alten Denkens und Lebens: das ist seit jener Zeit mein leitender Gedanke und mein großes Augenmerk geworden. Ich glaube darin einen Schlüssel gefunden zu haben, der gar vieles öffnet. Zuzeiten will es mir sogar erscheinen, als werde sich mir am Ende dieser Bahn etwas von dem göttlichen, ewigen Gehalt der menschlichen Gedanken enthüllen. Wenn es wahr ist, was Aristoteles sagt, daß Gleiches nur von Gleichem begriffen werde, so kann auch das Göttliche nur ein göttlicher Sinn erfassen, niemals der rationalistische Dünkel, der sich über die Dinge stellt. Die Masse von Kenntnissen macht nicht alles aus, ja nicht einmal die Hauptsache. Es gehört zu meinen tiefsten Überzeugungen, daß ohne gänzliche Umgestaltung all unser Zustände, ohne Rückkehr zu der alten einfachen Seelenfrische und Gesundheit, nicht einmal eine Ahnung von der Größe jener alten Zeit und Denkweise möglich sein wird, da das Menschengeschlecht noch nicht, wie heutzutage, aus der Harmonie mit der Schöpfung und dem außerweltlichen Schöpfer gewichen war. Und dieselbe Idee, aus der das Staatsrecht der Alten geflossen ist, beherrscht auch alle andern Seiten ihres Denkens und Schaffens. Ich sehe mehr und mehr, daß *ein* Gesetz alles regiert, und daß der ursprüngliche Mensch gleichsam mit der Regelmäßigkeit des tierischen Instinktes sein irdisches Leben anlegt und geregelt hat. Diese Eigentümlichkeit der ältesten Denkweise, namentlich in Sachen des Rechts und Staats, gehörig zu ergründen, das ist mein Dichten und Trachten. Es ist eine wahre Naturforschung, was ich jetzt treibe. Der Stoff allein ist mein Lehrmeister. Er muß erst gesammelt, dann beobachtet und zerlegt werden. Nur so kann man hoffen, ein in der Sache, nicht in unserm subjektiven Geiste liegendes Gesetz ans Tageslicht zu ziehen. Nur so wenigen ist der Stoff oberster Gesetzgeber gewesen! Die Rubrik meiner Auszüge hat sich mit der Arbeit selbst vermehrt, und ihr materieller Inhalt ist nun so sehr angewachsen, daß ich, um am Ende nicht von ihm überwältigt zu werden, nun alles Ernstes daran denken muß, den Meißel an den Stein zu legen, und in der Arbeit so weit fortzuschreiten, daß das jetzt noch in meinem Innern ruhende Bild allmählich, wenn auch noch roh, doch erkennbar aus dem Steine hervortrete. Ich habe im Laufe gerade dieser Studien so viele Bücher auf meinem Wege gefunden, die alles geistreich beleuchten, aber auch für kein Titelchen des alten Stoffes das Verständnis finden und andern eröffnen, daß ich vor jedem, der dies auch nur für den geringsten Punkt zu leisten vermag, mit wahrer Hochachtung den Hut vom Kopfe nehme. Schnell mit meiner Aufgabe fertig zu werden, ist nicht möglich, auch gar nicht mein Bestreben. Ich möchte vielen Jahren Anteil an dem Genuß dieser Beschäftigung gönnen, und recht lange die Befriedigung haben, mehr für mich als für das Publikum zu studieren. Insoweit es mir aber wie jedem Gelehrten natürlich auch um einen Namen zu tun ist, so möchte ich mir lieber Ruhm als Ruf erwerben. In dem Alter, in welchem ich stehe, wird es schon nötig, den Gegenstand seiner Wahl nicht mehr aus den Augen zu verlieren, und eine größere Beschränkung der Geistestätigkeit eintreten zu lassen, als man wohl sonst geneigt wäre. Für mich wird diese Notwendigkeit um so zwingender, da meine gerichtlichen Arbeiten und die damit verbundenen Rechtsstudien einen sehr beträchtlichen

Teil der Zeit in Anspruch nehmen. – Eine Unterbrechung anderer Art bleibt mir noch zu erwähnen, bevor ich diese Mitteilungen schließe. Reisen bald geringeren, bald größeren Umfangs halten mich zuweilen monatelang von Hause fern. Das Britische Museum habe ich seither zweimal wiedergesehen, teils um mir anderwärts unzugängliche Literatur, teils um die lykischen und assyrischen Erwerbungen zu genießen. Von größerer Bedeutung aber ist eine im Frühjahr 1851 unternommene griechische Reise, die alle Teile des jetzigen Königreichs in sich schloß und mit großem Glück durchgeführt worden ist. Sie verdankte ihre Unternehmung dem Plane, wie durch fortgesetzte Lektüre den ganzen Umfang der älteren Literatur, so durch aufeinanderfolgende Reiseausflüge allmählich die Hauptschauplätze der alten Welt in den Kreis meiner persönlichen Kenntnis zu ziehen, und durch diese Art des unmittelbaren Verkehrs mit Elementen des alten Lebens meinen Sinn und meine Empfänglichkeit für das klassische Altertum zu stärken. Ich habe jetzt auch für die griechischen Schriftsteller einen reellen, belebten, farbenreichen Hintergrund gewonnen. Was immer sie erzählen, zu allem habe ich eine reich ausgestattete Szene ...

Ich stehe am Ende meiner Bekenntnisse. Gewiß habe ich zu viel von mir, zu wenig von den Sachen gesprochen. Ich erwarte diesen Vorwurf und finde ihn begründet. Einen andern mache ich mir selbst: den zu großer Ausführlichkeit und ermüdender Länge. Diese jedoch bitte ich Eure Exzellenz als Beweis vertrauensvoller Hingabe zu entschuldigen, zu welcher mich dero liebevoller Empfang im Hofe Ragaz ermutigt hat.

Versuch über die Gräbersymbolik der Alten

Vorwort

Die wegen ihrer herrlichen Lage vor Porta San Pancrazio an der alten Via Aurelia [bei Rom] so berühmte Villa Pamfilia hat zu verschiedenen Zeiten die Aufmerksamkeit der Altertumsforscher durch die in ihren Grenzen entdeckten Kolumbarien [Grabgewölbe] auf sich gezogen. Diese Entdeckungen waren beinahe in Vergessenheit geraten, als das Jahr 1838 ihnen eine neue an die Seite stellte. Das damals ans Licht gezogene Kolumbarium zeichnete sich durch die große Zahl und ungewöhnliche Mannigfaltigkeit seiner Wandgemälde aus. Dennoch wurde ihm nur geringe Beachtung zuteil. Durch eine kurze Beschreibung des verstorbenen Emil Braun aufmerksam gemacht, besuchte ich das Grabgebäude Ende des Jahres 1842. Der Eindruck, den der Anblick dieser Stätte ewiger Ruhe auf mich hervorbrachte, war um so tiefer, da ich außer den beiden vom Ritter Campana wenige Jahre zuvor entdeckten Kolumbarien der Porta latina noch keine ähnliche Anlage gesehen hatte. Meine Besuche wiederholten sich. Die Nähe des Vatikan, in dessen Bibliothek ich damals manchen Morgen zubrachte, bot dazu häufige Veranlassung. Die Schönheit der Gärten, der herrliche Umblick, den sie eröffnen, die Anschauung antiker Werke, welche die uns vom Altertum trennenden Jahrhunderte für Augenblicke wenigstens verschwinden läßt, dazu der Zauber der Neuheit und die Frische des Genusses, den ein erster römischer Jugendaufenthalt bietet: alles dies vereinigte sich, ein Interesse zu erwecken, dem für das spätere Leben Dauer gesichert war. Jenen Besuchen verdanke ich den ersten Anstoß zum Studium der antiken Gräberwelt, welches mich seither noch zweimal nach Italien geführt und in Griechenland neue Nahrung gefunden hat. Bei fortgesetzter Lektüre der alten Schriftsteller habe ich es nie unterlassen, auf alles zu achten, was sie über Gräber und Grabkult darbieten. So häufte sich in einer Reihe von Jahren ein Material, welches den Wunsch und das Bedürfnis wissenschaftlicher Bearbeitung immer näherlegte. Als ich diese zum Behuf mehrerer Vorträge in der Basler Antiquarischen Gesellschaft unternommen, und damit einigen Beifall gewonnen hatte, kehrte ich mit besonderer Vorliebe zu jenem Pamfilischen Kolumbarium zurück, das für mich den Ausgangspunkt eines so genussreichen Studiums bildete, und durch einige an Ort und Stelle auf der Mauer selbst genommene Durchzeichnungen auch in der Ferne zu immer erneuerter Betrachtung aufforderte. Zwei der zahlreichen Wandgemälde nahmen meine Aufmerksamkeit besonders in Anspruch. Das eine reizte durch die neue Wendung, in welcher es die auch in dem Campanaschen Kolumbarium erhaltene Darstellung des seilflechtenden Oknos vorführt, das andere durch die Bedeutung, welche es drei auf einem Tripus [Dreifuß] liegenden, doppelt gefärbten Eiern beilegt.

Die drei Mysterieneier und Oknos der Seilflechter bilden die Grundlage und den Ausgangspunkt zweier Versuche über die Gräbersymbolik der Alten, welchen ich durch die einläßliche Behandlung mancher der dunkelsten Teile dieses noch so wenig betretenen Feldes und durch die Zurückführung des einzelnen auf umfassende Vorstellungen der alten Welt eine weit über das Gebiet der Kunstarchäologie hinausreichende Bedeutung zu sichern suchte. Über Grab und Grabkult haben die eilenden Jahrhunderte und alle Neuerungen, die sie mit sich führen, nur geringe Macht. Ihre Symbolik, in den ältesten Anschauungen unseres Geschlechts wurzelnd, reicht unverändert, wenn auch zuletzt nicht mehr verstanden, hinab in die Zeiten des sinkenden Heidentums und über diese hinaus in das neue Weltjahr, das Christi Menschwerdung eröffnet hat. Späte und frühere Geschlechter treten in unmittelbare Berührung, und mit der Bedeutungslosigkeit zeitlicher Trennung verbindet sich diejenige volklicher Verschiedenheit und räumlicher Entfernung. Liefert für jene das Eisymbol ein höchst merkwürdiges Beispiel, so tritt die letztere in dem seilflechtenden Oknos, den Ägypten, Asien, Griechenland und Italien in gleicher Weise kennt, nicht weniger überraschend hervor. Die große Bedeutung, welche die alte Gräberwelt gerade durch diesen Charakter der Stetigkeit und Unwandelbarkeit gewinnt, wird durch den Einblick, den sie uns in die schönste Seite des antiken Geistes eröffnet, noch erhöht. Vermögen andere Teile der Altertumswissenschaft unsern Verstand zu fesseln, so gewinnt die Betrachtung der Nekropolen unser Herz, und vermag nicht nur unser Wissen zu bereichern, sondern auch tiefern Bedürfnissen Nahrung zu gewähren. Ich habe, wo sich die Gelegenheit dazu bot, nicht unterlassen, auch dieser Seite meine Betrachtung zuzuwenden, und, soviel an mir lag, jene Gedanken wieder zum Bewußtsein zu bringen gesucht, deren Fülle und Hoheit an der Stätte des Todes nur das Symbol, nicht die Sprache darzulegen vermag. Dadurch bin ich vor allem einem Bedürfnis meiner eigenen Natur gerecht geworden, vielleicht aber auch dem höchsten Ziele aller Altertumsforschung: die Ideen früherer Geschlechter einer Zeit, die der Erfrischung gar sehr bedarf, in ihrer hohen Schönheit zu erschließen, näher gekommen, als es einer an der Form und der Oberfläche der Dinge haftenden Betrachtung erreichbar ist.

Das Ei als Symbol

Das Grabbild, welches auf der [nachfolgenden] Tafel mitgeteilt wird, ist in allen seinen Einzelheiten vollkommen bestimmt und deutlich. Eine Gesellschaft von fünf Jünglingen umgibt ein von drei Füßen getragenes Tischchen, auf welchem drei Eier niedergelegt sind. In der Erscheinung der einzelnen Figuren zeigt sich eine beinahe vollständige Übereinstimmung, welche indes durch die Verschiedenheit im Wurf des Obergewandes, in der Gestikulation, in der Haltung und Darstellung des Körpers, und durch die geschickte Gruppierung des Ganzen vor Monotonie bewahrt wird. Barfuß und barhaupt sitzen die Epheben [Jünglinge], auf Bänken verteilt, und richten ihre Aufmerksamkeit auf den in der Mitte stehenden Tisch, dessen drei Eier den Gegenstand ernster Unterhaltung zu bilden scheinen. An dieser nehmen die beiden, rechts und links am meisten in den Vordergrund gerückten Gestalten den regsten Anteil, während die drei im Hintergrund verteilten Figuren mehr auf die Rolle des Zuhörens angewiesen sind. Am untätigsten erscheint die dem Kreise der übrigen auch örtlich entfernte rechte Seitengestalt, deren Hinzufügung durch die Notwendigkeit der Fünfzahl dem Künstler geboten gewesen zu sein scheint. Besondere Aufmerksamkeit erregt der Myrtenkranz, der das Haupt des einen der Jünglinge umgibt, nicht geringere die brennende Öllampe, welche ein anderer auf der flachen Hand des vorgehaltenen linken Armes trägt. Diese beiden Attribute würden den religiösen Inhalt der ganzen Darstellung außer Zweifel setzen, wäre er nicht schon aus der fehlenden Fuß- und Kopfbedeckung ersichtlich genug. Die sakrale Bedeutung der Lampe verträgt sich wohl mit der Tageshelle, die in der Ferne die Umrisse von Gebäuden, eines Tempels und einer Halle, erkennen läßt.

In der Beschreibung des Pamfilischen Bildes haben wir *einen* Umstand übergangen, der uns nun zum Ausgangspunkt unsrer ganzen Erörterung dienen soll. Die drei auf dem Tische niedergelegten Eier zeigen eine Eigentümlichkeit, welche auf unserer Tafel in genauem Anschluss an die Münchner Kopie hervorgehoben worden ist. Sie sind nicht einfarbig, sondern der Länge nach geteilt, in der obern Hälfte weiß, in der untern dunkel bemalt. Und diese Teilung wiederholt

Das Ei als Symbol

Jünglinge im Gespräch über den Sinn der Mysterien-Eier
Grabbild aus einem Kolumbarium der Villa Pamfilia, Rom ›Gräbersymbolik‹ Tafel III)

sich an allen dreien mit derselben Schärfe und Bestimmtheit. Stände diese Erscheinung vereinzelt da, sie müßte dennoch als bedeutungsvoller Zug festgehalten und erklärt werden. Aber frühere Grabfunde zeigen dieselbe Eigentümlichkeit, und schließen so die Annahme einer Augentäuschung oder einer in Künstlerfreiheit wurzelnden Zufälligkeit als unmöglich aus[1].

Ihr Sinn kann keinem Zweifel unterliegen. Der Wechsel der hellen und der dunkeln Farbe drückt den steten Übergang von Finsternis zum Licht, von Tod zum Leben aus. Er zeigt uns die tellurische Schöpfung als das Resultat ewigen Werdens und ewigen Vergehens, als eine nie endende Bewegung zwischen zwei entgegengesetzten Polen. Verdient diese Idee um ihrer innern Wahrheit willen unsere höchste Aufmerksamkeit, so muß man zugleich den einfachen Ausdruck des Symbols bewundern. Durch den bloßen Gegensatz der hellen und der dunkeln Farbe wird eine Idee zur Anschauung gebracht, deren ganze Tiefe in Worten zu erschöpfen den größten unter den Philosophen des Altertums unerreichbar schien. Dürfen wir nicht annehmen, daß die Unterhaltung, welche die fünf Epheben unseres Grabbildes zu so hohem Ernste und so lebhafter Beteiligung anregt, gerade diese Seite des Eisymbols zu enthüllen bemüht war? Gewiß ist dem Ernste des Grabes kein Gegenstand so angemessen wie dieser. Gewiß wird durch den Tod keine Frage so nahegelegt, als die über das Verhältnis der beiden Pole, zwischen welchen sich alles tellurische Dasein bewegt. Gewiß aber ist auch kein Symbol geeigneter, den Geist über die Schranken des leiblichen Daseins hinaus zu der Ahnung der eigenen Wiedergeburt emporzuheben, als dasjenige des Eies, das Leben und Tod in sich schließt, sie beide zu einer untrennbaren Einheit verbindet, und alles, was unsichtbar geworden, von neuem

---

1   Hier folgen fünf Seiten Belege aus antiken Funden und Schriftstellern, welche die gegensätzliche Bedeutung und den Sinn von Schwarz und Weiß erhellen.

wieder ans Licht treten läßt. Das ist ja eben die hohe Würde und ahnungsreiche Fülle des Symbols, daß es verschiedene Stufen der Auffassung zuläßt und selbst anregt, und von den Wahrheiten des physischen Lebens zu denen einer höhern geistigen Ordnung weiterführt.

In der Religion ist das Ei Symbol des stofflichen Urgrunds der Dinge, der ›Schöpfungs-Urgrund und -Beginn‹, die *arche geneseos*. Der stoffliche Urgrund der Dinge, der aus sich alles Leben ans Licht gebiert, umschließt beides, Werden und Vergehen. Er trägt zu gleicher Zeit die Licht- und die Schattenseite der Natur in sich. Das orphische Urei ist halb weiß, halb schwarz oder rot, wie auch Typhon, die zerstörende Kraft, rot dargestellt wird. Ja diese Farben gehen ebenso beständig ineinander über, wie Leben und Tod, Tag und Nacht, Werden und Vergehen. Sie bestehen also nicht nur nebeneinander, sondern ineinander. Der Tod ist die Vorbedingung des Lebens, und nur in demselben Verhältnis, in welchem das Zerstören fortschreitet, kann auch die schaffende Kraft tätig werden. In jedem Augenblicke gehen Werden und Vergehen nebeneinander her. Das Leben jedes tellurischen Organismus ist die Wirkung einer kombinierten doppelten Kraft, der schaffenden und der zerstörenden. Nur so weit diese wegnimmt, kann jene ersetzen. Kein Gedanke hat in der alten Symbolik und Mythologie so vielfachen Ausdruck gefunden als dieser. Ihn erkennen wir in dem Seile des Oknos-Aucnus, das die Eselin stets wieder in sich hineinfrißt, ihn in dem Gewebe Penelopes und der Tarchetius-Tochter, das allnächtlich wieder aufgelöst wird; ihn in den unüberlistbaren Dieben der ägyptischen Rhampsinitessage, und in dem Würfelspiele mit Demeter, in dem der König abwechselnd gewinnt und verliert: Bilder der ewig vergeblichen Naturarbeit, die nur mit Hilfe ewiger Zerstörung eine ewige Verjüngung des Geschlechts zu bewirken weiß. Ihn finden wir wiederum in dem Ring des Gyges, der die Einheit der beiden einander entgegenwirkenden Potenzen der Naturkraft durch die Einheit des bald nach innen, bald nach außen gekehrten Ringes recht anschaulich macht. Das gleiche kehrt wieder in den Vorstellungen von zwei streitenden Pferden und Raben; in dem ›abwechselnden Leben‹ der Dioskuren, die aus demselben Ei hervorgegangen sind, und in ihrer gegensätzlichen Verbindung die Bedeutung des Farbenwechsels wiederholen. Mit ihnen steht das Elische Brüderpaar der Molioniden auf einer Linie. Aus einem Ei hervorgegangen, führen sie vereint dasselbe Zweigespann, unzertrennlich wie Tod und Leben, unerreichbar schnell dahinfliegend wie das ewige Werden und Vergehen.

> Beid' itz fuhren gepaart: Der hielt und lenkte die Zügel,
> Lenkte die Zügel mit Macht, und der andere trieb
> mit der Geißel …

Bildlich wird dieser Gedanke durch zwei gleichen Schrittes dahinfliegende Pferde verschiedener, heller und dunkler Farbe, wiedergegeben. Als die Licht- und die Schattenseite der Natur stehen sie nebeneinander, wie Romulus und Remus, deren Verbindung nach dem gleichen Religionsgedanken aufgefaßt ist. – Hermes' halb schwarzer, halb weißer Hut entspricht besonders gut seiner Doppelnatur, kraft welcher er wechselsweise in den Lichthöhen und wieder in der Unterwelt sonnenleeren Räumen weilt. Wie die Kastoren, so führen die Ödipussöhne abwechselnd die Herrschaft. Auf ihrem Altare teilt sich die Flamme in zwei ewig nach entgegengesetzten Richtungen wehende Säulen. Der im Rosengarten gefangene Silen verkündet Midas das Geheimnis von dem Born der Trauer und dem der Freude. »Der unaufhörlich fließende Strom der Entstehung wird nie stillestehen, so wenig als der ihm entgegenfließende Strom des Untergangs, Acheron oder Cocytus, wie ihn die Dichter nennen mögen.« So schreibt Plutarch dem Apollonius, und an manchen Stellen heben die Alten denselben Gedanken als das alle tellurische Schöpfung beherrschende Grundgesetz hervor. »Überall wird bei Mysterien und Opfern, sowohl unter Griechen als unter Barbaren, gelehrt, sagt Plutarch in ›Isis und Osiris‹, daß es zwei besondere Grundwesen und einander entgegengesetzte Kräfte geben müsse, von denen das eine rechter Hand und geradeaus führt, das andere aber umlenkt und wieder zurücktreibt.« Beide sind für den Fortgang der Erzeugung gleich wesentlich. Darum schenkt Isis dem gefangenen Typhon die Freiheit. Sie weiß, daß die stete Mischung beider Potenzen unerläßlich ist. Typhon darf wohl überwunden, aber nicht aus dem Wege geräumt werden. Ewig geht der Kampf fort, und sooft Typhon gefangen wird, so reißt er sich wieder los, und kämpft mit Horos. »Horos aber ist die die Erde umgebende Welt, in welcher Entstehung und Zerstörung miteinander wechselt.«

Daraus erklärt sich die Häufigkeit der Bruderpaare, die bald als ewig sich bekämpfend, bald als freundlich verbunden, meist als Zwillinge erscheinen. Sie sind eben beides zugleich, zwei einheitlich verbundene Gegensätze. Sie befeinden, bekämpfen sich ewig, wie Leben und Tod, Werden und Vergehen, und erhalten dadurch der Schöpfung ihre ewige Jugendfrische. Die Zwillingsverbindung beider Kräfte ist besonders bezeichnend für ihr Verhältnis. Zwillinge sind in gleichem Sinn der Schlaf und der Tod, wovon dieser das Sterben, der Schlaf das Wiedererwachen zum Leben darstellt; denn Zwillinge geben das beste Bild von der Ähnlichkeit. – So scheint auch jener Ausspruch des Dichters, der den Schlaf die kleinen Mysterien des Todes nennt, nicht ungereimt. Also das Zwillingspaar des Todes und Schlafes hat auf Grabstelen, wie auf jener der Villa Albani, keine andere Bedeutung, als der, namentlich auf etruskischen Aschenkisten so oft dargestellte Wechselmord der thematischen Brüder. Es sind die beiden Kräfte, die die Schöpfung beherrschen, sich gegenseitig verzehren, aber das Leben aus der Finsternis stets wieder zum Lichte zurückführen.

Der Wechsel der beiden Farben ist von den Alten vielfältig und unter verschiedenen Bildern als Grundgesetz des tellurischen Lebens hervorgehoben worden. Aus Plutarchs schönem Trostschreiben an Apollonius über den Tod seines Sohnes hebe ich folgende Stellen alter Dichter hervor:

»Des Rades Drehen bringt die eine Felge erst,
Und wechselweise nun die andere auch herauf.«
»Der Sterblichen Geschlecht geht, wie das Pflanzenreich,
Im Kreise stets. Der eine blüht zum Leben auf,
Indes der andere stirbt und abgemähet wird.«

Zwei Aussprüche, die um so mehr Bedeutung haben, da die in ihnen angewendeten Bilder des Rads und des stets in seinen Anfang zurücklaufenden Kreises nicht auf willkürlicher dichterischer Erfindung beruhen, sondern der ältesten Symbolik, namentlich der Gräberwelt, entnommen sind. – Diese Vorstellung nun, welche so vielen Symbolen und Mythen angehört, aller alten Religion zugrunde liegt, und in der man weniger über die Natur der Götter, als über die physischen Verhältnisse der Schöpfung Aufschluß findet, diese in den Bacchischen Mysterien so sehr in den Vordergrund gerückt zu sehen, kann nicht auffallen, wenn wir die Natur dieses ganz im Stoffe ruhenden Kults und die hohe Stellung, welche das weiblich stoffliche Naturprinzip in seiner Richtung auf Befruchtung darin einnimmt, im Auge behalten. Das doppelt gefärbte Ei als Mittelpunkt der Dionysos-Religion zeigt uns das höchste Gesetz, das die vergängliche Welt beherrscht, als ein dem weiblichen Stoff eingebornes Fatum. Die Vergleichung der Eiform mit der Gestalt des Alls wird öfter hervorgehoben. Aus den beiden Hälften des Eis sind Himmel und Erde hervorgegangen. In dieser Entfaltung wird die schwarze Hälfte zur Erde, die weiße zum Himmel, jene zur weiblich-stofflichen, diese zur männlich-unkörperlichen Potenz. Aber wie sie einst ineinander geruht, so sehnen sie sich jetzt in ihrer Scheidung nach steter Wiedervereinigung. »Von daher ist die Liebe der Menschen zueinander angeboren, um die ursprüngliche Natur wiederherzustellen, aus zweien eins zu machen und die menschliche Natur zu heilen.« [Platon, Gastmahl] In dieser Sehnsucht der beiden Eihälften nach Wiedervereinigung wurzelt die Entstehung aller Dinge, und der damit anhebende Strom des Werdens, welchem der gleichstarke des Vergehens ewig

Das Ei als Symbol

entgegenfließt. So ist also das Ei in jeder Beziehung der ›Schöpfungs-Beginn‹, die *arche geneseos*. Es umschließt in sich alle Teile der stofflichen Welt: Himmel und Erde, Licht und Finsternis, die männliche und die weibliche Naturpotenz, den Strom des Werdens und des Vergehens, den Keim aller tellurischen Organismen, der höhern und der niedern Schöpfung, und die ganze Götterwelt, die, stofflichen Ursprungs, wie alles tellurische Leben, mit Menschen, Tieren, Pflanzen, eine und dieselbe Mutter hat, das finstere Ei. In dem orphisch-bacchischen Mysterienei erkennt der Eingeweihte nicht nur seine eigene, sondern auch seines Gottes Entstehung, und eben daraus schöpft er jene bessere Hoffnung, die dem Sterblichen das Los des ihm verwandten, mit ihm demselben Ei entstammenden Gottes in Aussicht stellt, und ihm die Gewißheit gibt, daß auch der irdischen Geburt möglich wird, zur Unsterblichkeit der höhern Lichtwelt durchzudringen.

Auf unserm Grabbilde ist der Eingeweihte mit einem Kranz um die Stirne geschmückt. Zwar ist es kein Efeu-, auch kein Lorbeerkranz, wie ihn die bacchischen Weihen und Dionysos' vielfältige Verbindung mit Apollo zu erfordern scheinen. Aber bestimmte Zeugnisse nennen den Myrtenkranz als das Kennzeichen der Initiation [Einweihung]. Ein tieferer Zusammenhang aber zeigt sich darin, daß das Ei sowohl als die Myrte der weiblichen Auffassung des großen Naturprinzips angehört. Denn die Myrte ist der Urmutter aller tellurischen Schöpfung Aphrodite-Venus geweiht.

Wir erkennen also in den beiden hervortretenden Gegenständen des Pamfilischen Grabbildes, den Eiern und dem Myrtenkranz, die Zurückführung der Initiation auf das stoffliche Urmuttertum, dem auch Dionysos Bimetor [der Zweimuttrige] entsprungen ist. Der phallische, auf die Befruchtung der Materie gerichtete Gott, ist nicht das ursprünglich Gegebene; er geht vielmehr selbst aus der Finsternis des Mutterschoßes ans Licht hervor; er steht zu der weiblichen Materie im Verhältnis des Sohnes, und offenbart, nachdem er die Schale des Eies durchbrochen, das bisher dort verborgene Mysterium der phallischen Männlichkeit, an dessen Anblick nun selbst die Mutter als an ihrem Dämon sich freut. Getrennt von der weiblichen Stofflichkeit kann der phallische Gott gar nicht gedacht werden. Die Materie, die als Mutter ihn ans Licht geboren, wird nun seine Gattin. Bacchus heißt zugleich Sohn der Aphrodite und ihr Gemahl. Mutter, Gattin, Schwester laufen in eins zusammen. Der Stoff nimmt abwechselnd alle diese Eigenschaften an.

Die Geschlechtsverbindung ist stets das Dionysische Grundgesetz, ›Vereinigung‹, *Gamos*, dessen Verwirklichung. Auf der tellurischen Stufe sinnlicher gedacht, erreicht sie auf der uranischen die höhere Reinheit ausschließlicher Ehe. In dieser Erhebung wird das Ei Sinnbild ehelicher Weihe, und jenes *Télos* [höheren Zieles], welches jeder Gamos in sich trägt. Daraus erklärt sich die Fünfzahl, welche in der Gesellschaft der Epheben auf unserer Tafel hervortritt. Ich habe oben schon darauf aufmerksam gemacht, daß die Fünfzahl der Jünglinge nicht auf künstlerischer Willkür beruhen kann, daß diese vielmehr zur Weglassung der rechten Seitenfigur geführt haben würde. Ihre Hinzufügung zeigt, daß es sich hier um die Darstellung einer heiligen Zahl handelte. Die Fünf wird von den Alten als die Ehe bezeichnet. Sie ist aus der männlichen Trias und der weiblichen Duas hervorgegangen, und gilt darum als Darstellung des ehelichen Vereins beider Geschlechter. Die Fünfzahl der Jünglinge kann hiernach nicht mehr rätselhaft oder bedeutungslos erscheinen. Sie zeigt uns das weibliche Ei in jener höhern Bedeutung als Symbol der durch eheliche Verbindung geweihten Geschlechtsgemeinschaft, und bildet so den Gegensatz zu den drei andern Darstellungen desselben Grabes, welche die tiefere, durch die Mysterien verurteilte aphroditisch-regellose Befruchtung mit höchstem Nachdruck zur Darstellung bringen.

Das Ei als Symbol

Von unserer bisherigen Darstellung ist eine ganze Klasse von Monumenten[2], auf welchen das Ei eine bedeutende Stelle einnimmt, ausgeschlossen geblieben. Ich meine die Darstellungen der Zirkusspiele, welche den Inhalt mancher Sarkophag-Reliefs bilden. Auf hohem, bald von vier, bald von zwei Säulen getragenem Gerüste erscheinen eiförmige Körper, bald in der Sieben-, bald in der Fünf- und Zehnzahl aufgerichtet. Ein anderer, ganz entsprechender Bau trägt eine gleiche Anzahl Delphine. Die Natur dieser Gegenstände kann darum keinem Zweifel unterliegen, weil die Eier sowohl als die Delphine in schriftlichen Zeugnissen nicht selten unter den Gegenständen des Zirkus hervorgehoben werden. Cassius Dio nennt in seiner ›Geschichte des römischen Volkes‹ die Eier und Delphine zusammen: ›Als er [Agrippa] sah, wie sich die Leute im Zirkus über die Zahl der Runden täuschten, ließ er die Delphine und die eiförmigen Gerüste errichten, damit durch sie die Runden der Wettkämpfe angezeigt würden.‹ Agrippa, auf welchen diese Erzählung sich bezieht, scheint rücksichtlich der Delphine und der Eier und ihrer Aufstellung im Zirkus irgendeine neue, zweckmäßige Anordnung getroffen zu haben. Denn der Gebrauch der Eier bei den Zirkusspielen rührt nicht von ihm her. Schon für das Jahr 578 der Stadt [175 v. Chr.] wird derselbe von Livius in der ›Römischen Geschichte‹ bezeugt. ›Die Censoren Quintus Fulvius Flaccus und Aulus Postumius Albinus verdingten die Schranken und die Eier im Zirkus zur Angabe der Rundenzahl.‹ Auch hier ist nicht von der Einführung eines neuen Gebrauchs die Rede. Nur die bauliche Herstellung der einzelnen Teile des Zirkus, unter ihnen auch der Eier, wird von

---

2 Bachofen findet die gleiche oder eine verwandte Symbolik, wie er sie in dem soeben mitgeteilten Stücke enthüllt hat, wieder bei einer Reihe weiterer antiker Denkmäler und Funde, deren Behandlung in dieser Auswahl ohne Schaden für Bachofens Gesamtbildnis fehlen kann. Die drei folgenden Abschnitte, gleichfalls der ›Gräbersymbolik‹ entnommen, tragen einige wichtige Stellen aus dem hier übersprungenen Teile nach.

den Zensoren angeordnet. Die ›eiförmigen Gerüste‹ scheinen demnach aus Holz oder gebrannter Erde angefertigt und von bedeutender Größe gewesen zu sein. Besondere Beachtung verdient Varro. In jenem Gespräche, das er im Tempel der Tellus an dem ›Fest der Saatgöttin‹ mit C. Fundanius und andern Freunden gepflogen zu haben erzählt, äußert C. Licinius Stolo folgendes: ›Denn nicht nur *das* Ei ist weggenommen, welches bei den Zirkusspielen für die Viergespanne die letzte Runde beendet, sondern auch das haben wir da nicht gesehen, was bei der Ceres-Prozession vorweggetragen zu werden pflegt.‹ Diese Worte zeigen mit Bestimmtheit, daß bei jedem Umlauf der Gespanne eines der Eier von dem Gerüste, auf dem sie aufgestellt waren, heruntergenommen wurde, so daß mit der Vollendung des siebenten Kreislaufs das letzte verschwand. – Auf die Eier des Zirkus ist endlich folgende Stelle in Juvenals ›Satiren‹ zu beziehen:

›Doch der Plebejer Geschick entscheidet der Damm und die
    Rennbahn.
Auch die, welche den Hals schmucklos und die Schulter
    entblößt hat,
Holt bei den hölzernen Säulen und bei den Delphinen sich
    Auskunft,
Ob sie den Trödler zum Mann soll nehmen, verlassen den
    Schenkwirt.‹

Eier und Delphine sind dem armen plebejischen Weibe das Fatum, das es über seine Verheiratung zu Rate zieht, während die reichen Frauen durch große Bezahlung den günstigen Spruch eines fremden Gauklers erkaufen. Daß gerade die Eier und die Delphine, des zeugenden Neptunus Tiere, zu einer solchen Mantik benützt werden, erklärt sich nach dem früher Bemerkten von selbst. Als ›Schöpfungs-Urgrund und -Beginn‹ steht das Ei zu Verheiratung und Zeugung in der innigsten Beziehung. Es erscheint auch in dem Zirkus als ›Schöpfungs-Beginn‹, und kann eben deshalb mit dem Ei der cerealischen ›Prozession‹ (*pompa*) in so nahe Verbindung gebracht werden. Es ist auch in dem Zirkus Darstellung des weiblichen Naturprinzips, und älter als die Vogelgeburt, die aus ihm, geflügelt und rasch dahinfliegend, wie die Quadriga aus den Carceres [Schranken], in unbesiegbarer Werdelust hervorbricht. Das rasch dahinfliegende Viergespann erscheint hier als das Bild der Eigeburt. Wie der Vogel die Schale des Eis durchbricht, und, aus seinem Verschlusse befreit, die Kraft der Flügel versucht: so stürmt das Viergespann aus den Carceres, die es hemmend umschließen, ungeduldig und geflügelten Laufes hervor, und gibt dadurch zu erkennen, was das aufgerichtete und weggenommene Ei für eine Beziehung zu dem Wettrennen selbst habe.

Aus den bisher betrachteten Zeugnissen ergeben sich folgende Sätze. Die Eier stehen mit den Zirkusspielen in einer innern Verbindung. Die Aufstellung derselben hatte allerdings auch einen äußern Zweck, nämlich den, jeden Zweifel über die Zahl der vollendeten Umkreisungen zu heben, und den Wettfahrern selbst sowohl als den Zuschauern darüber in jedem Augenblicke Gewißheit zu geben. Zur Erreichung dieser Bestimmung war es auch unumgänglich nötig, statt der allzukleinen natürlichen Eier, künstlich gefertigte ovoïde Körper von beträchtlicher Größe auf hohem Gerüste aufstellen zu lassen. Aber diese äußere Bestimmung erschöpft die Beziehung des Eis zu dem Zirkus und seinen Spielen durchaus nicht. Diese hätte ebensogut durch irgend andere Gegenstände erreicht werden können. Wenn man vorzugsweise und von altersher gerade Eier auserwählte, so ruht der Grund solcher Wahl in der Religionsbedeutung des Eis selbst. Jeder Umkreisung der Meta [Säule am Ziel] entspricht ein Ei. Bei jedem Umlauf wird eines derselben weggenommen. Diese innere Beziehung des Eis zu dem Wettfahren war auch in später Zeit noch nicht völlig verdunkelt. In mancher abergläubischen Übung des Volks, insbesondere der geringen plebejischen Klassen desselben, lebte das alte Bewußtsein fort, und soviel wir aus Cassiodor, aus Juvenal und Varro ersehen, war es stets der Gedanke an das mütterliche, cerealische Urprinzip der tellurischen Schöpfung, an Ehe und Geburt, an den ›Schöpfungs-Urgrund und -Beginn‹, die weibliche *arche geneseos*, welcher bald reiner, bald unklarer und verdunkelter in solchen Volksansichten seine Äußerung fand.

Es wird nun unsere Aufgabe, den ursprünglichen Gedanken, der die Verbindung der Eier mit den Zirkusspielen beherrscht, ganz ins Licht zu setzen. Ich erinnere hier namentlich an das, was über die Dioskuren und die elischen Molioniden bemerkt worden ist. Beide Brüderpaare sind dem Mutter-Ei entsprossen. Beide sind durch die unerreichbare Schnelligkeit, mit welcher sie auf Pferd und Wagen dahinfliegen, ausgezeichnet. Als gewaltige Renner und Wagenlenker treten sie aus dem mütterlichen Ur-Ei hervor. Lag in diesem aller Dinge Keim in tiefster Ruhe verschlossen, so tritt nun aus der geöffneten Schale die sichtbare Schöpfung hervor, und in dieser ist alles ruhelose, ewige Bewegung. Das Leben der tellurischen Zeugung erträgt keinen Stillstand. In ihr wird und verschwindet alles. Zwischen zwei Polen bewegt sich das stoffliche Leben. Sein Reich ist nicht das des Seins, sondern des Werdens und Vergehens, des ewigen Wechsels zweier Farben, der weißen des Lebens, der schwarzen des Todes. Nur durch die gleiche Mischung beider wird der stofflichen Welt ihre Fortdauer gesichert. Ohne den Tod ist keine Verjüngung möglich, und in der ewigen Arbeit der Natur wird die zerstörende Kraft zur Erhaltung des ewig jungen Lebens nicht minder unentbehrlich als die schaffende und erzeugende. Ja, in keinem Augenblicke kann die positive Kraft ohne die negative bestehen. Nur was diese auflöst, vermag jene wieder zu ersetzen. Der Tod ist also nicht der Gegensatz, sondern der Gehilfe des Lebens, wie der negative Pol des Magnetismus nicht der Gegensatz des positiven, sondern vielmehr dessen notwendige Ergänzung bildet, ohne welche auch jener sofort verschwinden, und das Leben dem Nichts weichen müßte.

Zwei Kräfte also beherrschen die tellurische Schöpfung und sichern durch ihr Zusammenwirken den Fortgang der

Dinge. Miteinander sind sie geboren. Als Zwillingsbrüder gehen sie aus demselben Ei hervor. Gleichen Schrittes laufen sie nebeneinander her. *Ein* Zweigespann haben sie bestiegen; ihre gedoppelte, auf dasselbe Ziel gerichtete Anstrengung ist es, welche ihnen unüberwindliche Schnelligkeit sichert. Aktors Söhne, die Molioniden, verdanken eben dieser vereinten Anstrengung den Sieg ihres Gespanns. Pfeilschnell fliegt es dahin. Pfeilschnell ist auch der Lauf der tellurischen Welt der Erscheinung. Die Raschheit, mit welcher die beiden vereinten Kräfte die Schöpfung fortreißen, hat in der Schnelligkeit des Wagens, den die Molioniden leiten, ihren Ausdruck gefunden. In dem Fortgang der Bewegung kehrt das Gespann stets wieder zu seinem Ausgangspunkte zurück, wie die Kreislinie, deren Vollendung sich in dem Anfang verliert. Treibt die eine der Kräfte geradeaus, so lenkt die andere um und führt wieder zurück. Die Vollendung jedes Daseins ist eine Rückkehr zu seinem Beginn, und in jeder Entfernung von dem Ausgangspunkt liegt zugleich eine Wiederannäherung an denselben. Zwei Richtungen sind in ebenso unerklärlicher Weise miteinander verbunden, wie die zwei Kräfte selbst, denen sie entsprechen. Das Resultat ihrer kombinierten Kraft ist der Kreislauf, in welchem sich alles tellurische Leben ewig bewegt. Dieses Kreislaufes Bild sind die Umläufe der Wagen, die mit höchster Schnelligkeit die Meten umfliegen, um zum Ausgangspunkt zurückzukehren, und dann den gleichen Raum von neuem wieder zu durchmessen.

Dadurch wird nun zweierlei zur Klarheit gebracht: erstlich die Verbindung des Eies mit dem Wagenrennen des Zirkus, zweitens das Entsprechen, welches die Vollendung jedes einzelnen Kreislaufs mit der Wegnahme je eines Eies verbindet. Liegt in dem Ei verschlossen die *Arche geneseos*, der ›Schöpfungs-Urgrund und -Beginn‹, so zeigt das Zweigespann die Bewegung der aus dem Schoße des Stoffes ans Licht getretenen Schöpfung. Mit jeder Rückkehr zum Ausgangspunkt ist eines Daseins Kreislauf vollendet, ein neuer im Begriff anzuheben. Entstanden, gewachsen, verschwunden ist eines Eies Ausgeburt, ein neues tritt an die Stelle des beseitigten, und so folgt in der unabsehbaren Reihe der Generationen immer ein anderes dem andern, immer eines Eies Geflügel dem des andern, und zwar stets mit jener unerreichbaren Schnelligkeit, welche uns in dem Mythus von den Molioniden als das Resultat der Verbindung zweier Kräfte, zweier ihre Anstrengung vereinigender Zwillingsbrüder dargestellt wird. Das aus den Carceres hervorbrechende Gespann wird mit Recht als Eigeburt dargestellt. Wie das Küchlein dem Ei, so enteilt das Gespann geflügelt dem Kerker, der seiner Werdelust bisher Schranken entgegensetzte. Was verborgen war, wird sichtbar, was bewegungslos, geht nun zu rastloser Eile über. Mit dem ersten Augenblicke des Daseins beginnt jene Unruhe, welche zu der früher im Ei herrschenden Stille und Regungslosigkeit einen so entschiedenen Gegensatz bildet.

Nicht bedeutungslos also in der Tat ist die Errichtung der Eier im Zirkus. Die Idee der Generation aus dem mütterlichen Urstoffe, die Geburt eines Küchleins, das ans Licht tritt, um gar bald dem Gesetz des Stoffes zu unterliegen, beherrscht das Zirkusei nicht weniger als das, welches an der cerealischen ›Prozession‹ vorangetragen wird. Das die Spiele betrachtende Volk erkennt in dem raschen Fluge der Gespanne und in dem entsprechenden Verschwinden der aufgerichteten Eier das Schauspiel, welches alles tellurische Leben darbietet, das Gesetz, welches sein eigenes Dasein beherrscht; und wenn es dem die Siegespalme zuerkennt, der an Schnelligkeit die andern übertrifft, so bekennt es damit, daß nicht in der längsten Dauer des Daseins, nicht in der längst möglichen Fristung desselben, sondern in der mächtigsten Entfaltung der Kraft, der stets das schnellste Verzehren zur Seite geht, eines Volks und jedes einzelnen Menschen höchster Ruhm besteht.

Der Gedankenkreis, in welchem sich diese Vorstellungen bewegen, beherrscht auch alle übrigen Teile des Zirkus, alle damit verbundenen Heiligtümer, Kulte und Einrichtungen.

Die Naturkraft in ihrer dreifachen, tellurischen, lunarischen, solarischen Stufenfolge, in ihrer doppelten, weiblich-passiven, männlich-aktiven Potenzierung, in ihrer zwiefachen Äußerung als belebende und als zerstörende Macht, hat in dem römischen Zirkus eine so vollkommene und so mannigfaltige Darstellung gefunden, daß er als wahres Pantheon gelten und von den Kirchenvätern den Gläubigen ihrer Zeit vorzugsweise als unrein und sorgsam zu meidende Stätte der heidnischen Dämonenwelt bezeichnet werden konnte. Hat das weibliche Naturprinzip in Murcia, in Kybele, in der Muttertrias Seia Segetia Tutilina, in Pollentia, Libera, Ceres einen die aphroditische sowohl als die cerealische Stufe des stofflichen Lebens umfassenden Ausdruck erhalten, so ist die männlich zeugende, lebenerweckende und befruchtende Potenz als tellurische Wasserkraft in Consus-Neptunus, als himmlische Lichtmacht dagegen in den Obelisken und manchen andern Einzelheiten zu erkennen. Die Verbindung der tellurischen und der solarischen Stufe der Naturkraft ist eine Erscheinung, die besondere Beachtung verlangt. Die männlich zeugende Kraft beruht auf mehr als einem Faktor. Ihre physische Grundlage ist das himmlische Licht nicht minder als die Feuchtigkeit der Tiefe. Aus der vereinten Einwirkung auf den weiblichen Erdstoff geht alle tellurische Fruchtbarkeit hervor. Doch wird auf den verschiedenen Stufen der religiösen Entwicklung bald die chthonische, bald die uranische Macht, bald das Wasser, bald das Licht, bald das neptunische, bald das solarische Element in den Vordergrund treten. Einer stofflichern und darum tiefern Auffassung gilt das Wasser, einer unstofflichern und darum reinern Anschauungsweise das immaterielle, gewichtlose Sonnenlicht als Sitz und Träger der befruchtenden Kraft.

In den Heiligtümern und Kulten des römischen Zirkus erscheinen die neptunische und die solarische Stufe der Kraft nebeneinander, und während einige der Alten Neptun als Herrn erklären, stellen andere mit gleicher Bestimmtheit Sol, die ›Sonne‹, in den Vordergrund, und erblicken in den einzelnen Einrichtungen des Zirkus eine vorzugsweise solarische

Beziehung. Keine dieser beiden Auffassungen darf geleugnet oder in ihrer Bedeutung geschmälert werden. Das tellurisch-neptunische Element behauptet seine Bedeutung bis zuletzt und wird durch die immer entschiedenere Hervorhebung des solarischen durchaus nicht verdrängt. Dem weiblichen Urei tritt als Darstellung der erweckenden Potenz ein chthonischer, in den feuchten Tiefen des Stoffes waltender und wirkender, in der Finsternis der Erde verborgener, männlicher Gott zur Seite, ein wahrer Zeus Arcanus, ein ›verborgener Zeus‹, dem ›jugendlichen Jupiter, dem Schutzgotte von Anxur‹ (Puer Jupiter Anxurus), vergleichbar, ein Dämon der phallischen Kraft, von welchem Murcia ihre Befruchtung erwartet, ein Gott der verborgenen Ratschläge. Unterirdisch ist sein Altar, neptunisch seine Natur, seine physische Grundlage die der Erde Tiefen durchdringende Feuchtigkeit, sein geweihtes Tier das Pferd, das Bild der zeugenden Gewässer, die ihm gefeierten Spiele wahre ›Pferderennen‹, Hippokrateia oder Equiria. In dem feuchten Tale zwischen Aventin und Palatin [im frühen Rom] hatte Murcia, eine aphroditisch gedachte Urmutter, ihren Dienst. Der üppige Wiesengrund trug den Götterstein, die *Metae Murciae*, die ›Ziel-Säulen der Murcia‹, der benachbarte Aventin selbst den Namen Murcus. Als chthonischer Dämon trat Consus der Mutter zur Seite, wie Aphroditen Eros, den sie bei Virgil als ›meine große Kraft‹ anredet. Er ist ihr Virbius, ihr Adonis, ihr Euamerion, ihr Sosipolis, der Liebling und Befruchter, ohne den Murcia nichts vermag; er wohnt bei ihr in der Tiefe, ruht in ihrem Schoße, ›bei den Ziel-Säulen [dem Götterstein] unter der Erde hält er sich verborgen‹. Diese Stätte wählte Tarquin zur Errichtung seines Zirkus aus, und es kann wohl kaum einem Zweifel unterliegen, daß gerade die in jenem Tale heimische Verehrung Murcias und ihres *paredros*, ›Beisitzers, Gefährten‹, Consus die Wahl bestimmte.

Die Religionsstufe, welcher dieser Kult und die damit nun in Verbindung tretenden Spiele angehören, kann keinem Zweifel unterliegen. Es ist die tellurisch-neptunische, welche die Kraft selbst als chthonische Wassermacht auffaßt. Die ihr zu Ehren veranstalteten Pferde- und Wagenrennen werden in Übereinstimmung mit dieser Auffassung der Kraft selbst vorzugsweise in üppigen feuchten Wiesengründen, am Ufer von Bächen und Flüssen gefeiert. Die Nähe desjenigen Elementes, das man als den Sitz der Kraft, den Träger des zeugenden Lar [der zeugenden Gottheit] der Erde betrachtete, mußte selbst als Gegenwart der Gottheit erscheinen, und wenn nun am Ufer die raschen Pferde dahinflogen, wie es Pindar in der ersten olympischen Ode von den elischen Spielen hervorhebt, so konnte man in dem Drehen der Räder, in dem eilenden Schritt der schäumenden Renner ein Bild des Wassers selbst erblicken, das inmitten einer unbeweglichen Natur allein den Vorzug unaufhaltsamer Eile genießt. Die Verbindung der Zirkusspiele mit dem Wasser, mit Flüssen, Sümpfen, feuchten grasreichen Niederungen tritt überall, besonders auch zu Rom hervor. Dem Gotte aller Erdfruchtbarkeit, dem römischen Mars Gradivus, dem ›schreitenden Mars‹, an dessen Fußstapfen sich der Äcker Segen anknüpft, wurden die Equiria, ›Pferderennen‹, auf seiner Wiese in der Tiberniederung gefeiert. Die sumpfige grasreiche Ebene, welche der Strom mit seinen gelblichen Wassern befruchtet, die er auch oft mit seinen Fluten überschwemmt, war vorzugsweise dem Gotte als Eigentum zugeteilt. Hier wurden ihm seine Spiele gehalten. Im Angesicht des Flusses rannten die Pferde, des Wassers Bild, des Gottes Symbol. Der Fluß selbst begrenzte die Bahn, während die Schwerter, Mars' Götterbild, als Metae aufgepflanzt waren. Mars selbst schaut dem Spiele zu. Pferd, Wagen, Rad haben einen neptunischen Wasserbezug. Das siegreiche Pferd fällt dem Gotte zum Opfer. Der blutende Rumpf wird an der Wand der Regia befestigt, und mit Brotringen, den Bildern des Erntesegens, die man auch mit dem Zeichen des Rades versah, geschmückt.

Nach diesen Vorgängen erscheint die neptunische Beziehung des römischen Zirkus und der darin gefeierten Spiele nicht mehr als vereinzelte Erscheinung, sondern vielmehr als Äußerung jener allgemeinen Idee, welche der zeugenden Kraft ihren Sitz in den tellurischen Gewässern anweist. Auf dieses Element deuten die Delphine, deren Verbindung mit den Eiern sich nun von selbst erläutert. ›Die Delphine weihen sie dem Neptun‹, sagt Tertullian. In dem Zirkus erscheint der Gott der zeugenden Gewässer nicht in anthropomorphischer Bildung, sondern selbst in Fischgestalt, wie denn die Kultgebräuche und Kultdarstellungen des Zirkus vorzugsweise einer frühern, altertümlichern, ursprünglichern Religionsstufe treu geblieben sind. Mit den Delphinen verbindet Cassiodor die Erwähnung des *Euripus*. ›Der Euripus ist die bildliche Darstellung eines glänzenden Wasserkanals, von dem aus die Delphine in die Fluten schwimmen.‹ Unter Euripus ist hier nicht ein wirklicher Wasserkanal, sondern vielmehr das *intermetium*, der ›Raum‹, die *spina* [das ›Rückgrat‹, die Gräte] verstanden, welche sich zwischen den zwei Meten in der Mitte des Zirkus hinzog, und diesen der Länge nach in zwei Hälften teilte. Man hat sich ihn als einen von zwei Seitenmauern gehaltenen ›Damm‹ (*agger*) zu denken, auf dessen Höhe die vielen zur Begehung der heiligen Spiele erforderlichen Gegenstände, und die Götterbilder, unter ihnen vorzüglich Kybele, ›die Schutzgöttin des Euripus‹, und die ›drei Altäre‹ aufgestellt waren. Wenn nun dieser Erddamm dennoch als Bild des Meeres aufgefaßt, und mit den Delphinen, diesen dem Menschen gewogenen, und durch die größte Schnelligkeit ausgezeichneten Bewohnern der Gewässer in Verbindung gebracht wird, so liegt hierin wiederum eine der ursprünglichen maritimen Natur der Zirken entsprechende Idee. In Ausbildung desselben Gedankens wurde der Euripus des Zirkus mit demjenigen Euripus verglichen, der Euböa von dem Festlande Böotiens trennt. Die siebenmalige Ebbe und Flut, welche das Wasser der Meerenge auf- und abtreibt, schien dem siebenmaligen Umlauf der Gespanne, den sieben Eiern und sieben Delphinen zu entsprechen, und den Gedanken der ewig in sich selbst zurückströmenden Wogen des Daseins vollkommen auszusprechen.

Das Ei als Symbol 43

Als Sarkophagbilder haben die Zirkusspiele keine andere Bedeutung als die wirklich gefeierten; und diese gelten der stofflichen Kraft, zunächst der ganz tellurisch gedachten, alle Faktoren, die zu der Erdschöpfung mitwirken, in sich schließenden, Leben und Tod, Stoff und Kraft umfassenden Naturzeugung, welche den Inhalt der Gottheitsidee selbst bildet. In dieser Bedeutung haben die Spiele selbst einen vorherrschend funerären [Totenfeier-]Charakter; in dieser stellen sie sich den großen Nationalspielen der Hellenen, die durch ihre Anknüpfung an berühmte Tote als wahre Leichenfeiern erscheinen, zur Seite. In dieser erinnern sie an jene zahlreichen Totenspiele, deren der Mythus gedenkt, und die namentlich auf etruskischen Aschenkisten so oft dargestellt sind. Alle Spiele haben den Charakter von Leichenfeiern. Die *meta* ist immer Leichenstein und als solcher das Mal eines tellurischen Dämon, ein ›beseelter Stein‹ (*lithos empsychos*), der als Taraxippos, als ›Rosseschreck‹ die Pferde erschreckt, als ›schwitzender Stein‹ (*meta sudans*) seine Beziehung zu dem zeugenden Naß der Tiefe verkündet. Auf dieser allgemeinen Religionsbedeutung ruht die Aufnahme der Spiele in die Gräberwelt, mögen sie, wie zu Corneto die Wände als Malerei, oder wie auf unsern Sarkophagen die Totenkisten selbst als Reliefs zieren. In der Leichenfeier wird aber die ganze Naturkraft, in ihrer doppelten, Leben und Tod bringenden Potenz verherrlicht. Der Tod erscheint mit dem Leben verbunden, und selbst als Grund desselben. Darum sind in den Gräbern die Symbole des Lebens so häufig; darum nennt sich der phallische Priap auf der Inschrift des Campanaschen Kolumbarium zugleich ›des Todes und Lebens Ort‹ (*mortis et vitai locus*). Darum sind auch die Zirkusspiele eine Darstellung der vereinigten Kraft beider, und des durch ihre Verbindung hervorgebrachten ewigen Kreislaufs der tellurischen Schöpfung. Das ist der Grundgedanke, an welchen sich unsere Sarkophagdarstellungen anschließen; das die Idee, welche ihnen die Gräberwelt eröffnete. Und auf dieser errichtet sich eine höhere, die der Vergöttlichung, der

Apotheose. Augusts Aufnahme unter die Unsterblichen soll durch die Spiele an Mincios Strand bekundet werden. Der höchste Gedanke der Zirkusreliefs ist also der, daß der Tote nun zu der Gesellschaft der Götter hinübergegangen und das Kleid der Unsterblichkeit angezogen hat.

Der Bereich der Unteren und der Oberen

Das Verhältnis von Ei und Schlange ist immer dasselbe: dort das Weib, hier der Mann; dort der stoffliche Urgrund, hier das entwickelte Leben; dort der Begriff materieller Fülle, hier der der Tatkraft und Herrschaft; dort jener der Ruhe und des Bewahrens, hier des Erwerbens, Ringens, Vermehrens, des Kämpfens in Angriff und Verteidigung; dort Fortuna am Herde, hier der Schlangengenius, ganz dem Leben hingegeben, es zeugend, erhaltend, beherrschend. Darauf gründet sich die Duplizität des Königtums, wie sie zu Rom in Romulus und Remus, dann wieder im Konsulate und im Duumvirate so mancher Magistraturen sich offenbart, und wie sie zu Sparta hervortritt. Wäre das weibliche Naturprinzip Vorbild der Herrschaft, so könnte diese nur auf *einem* Haupte ruhen. Denn der Urstoff ist an sich notwendig einheitlich, zwiefach ist erst das aus ihm hervorgegangene Leben, das eine zwiefache männliche Kraft, die des Werdens und die des Vergehens, in Bewegung erhält und ewig wieder verjüngt.

Der Gegensatz des Eis und der Schlangen, des weiblich-stofflichen Urprinzips und der männlichen Kraft der Bewegung, kehrt wieder in zwei Bezeichnungen, die in dem alten Sakralrechte eine große Rolle spielen, in dem Begriff des Sanctum [des Unantastbaren] und Sacrum [des Geweihten]. Jenes hat seine Wurzel in einer Eigenschaft des tellurischen Stoffes, dieses entspricht dem Lichtreiche. Das Sanctum steht unter dem Schutze der chthonischen Mächte, das Sacrum ist den obern Göttern geweiht: ein Unterschied, der sich in *Hieron* und *Hosion* wiederholt. Unter den *res sanctae*, den

›unverrückbaren Dingen‹, werden besonders die Mauern hervorgehoben. An diesem Beispiel läßt sich die Grundidee der Sanctitas [Göttlichkeit durch die Mächte der Erde] am klarsten erkennen. Platons ›Gesetze‹ gebrauchen von Sparta den Ausdruck, der Gesetzgeber, der die Stadt mit Mauern zu umziehen verbot, habe wohl daran getan, dieselben in der Erde schlafen zu lassen. Longin tadelt diese Vergleichung als allzu kühn und geschmacklos, die Mauern schliefen ja nicht und wachten auch nicht. Aber der lateinische Ausdruck *excitare muros*, die ›Mauern erwecken‹, ruht auf derselben Grundanschauung und beweist, daß Platons Darstellung, und sollte er sie auch einem Dichter entlehnt haben, einer hergebrachten Auffassung sich anschloß. Diese erblickte offenbar in den aus der Erde Tiefen emporsteigenden Mauern eine aus dem Mutterleibe hervorgehende Geburt, die in den finstern Gründen so lange schlief, bis sie die Einwirkung der männlichen Kraft aus dem Schlummer aufweckte und ans Licht hervorzog. Denn auch die geschlechtliche Tat des Mannes heißt, ›erwecken‹, *egeirein*, welches dem *excitare* völlig entspricht. Also sind die Mauern wie die Bäume eine Geburt der Mutter Erde, und durch die Fundamente, wie die Bäume durch die Wurzeln, mit dem Mutterleibe auch nach der Geburt in fortdauernder fester Verbindung. In der Mauer wie in dem Baume tritt die männliche Potenz ans Tageslicht. Der Phallus, der bisher unsichtbar in der Erde Tiefen den Stoff begattete, kommt jetzt zuerst in dem erscheinenden Produkte zur sichtbaren Darstellung. Darum wird der Baum zum Baume des Lebens, wie schon in der mosaischen Darstellung und wie man, von demselben Gedanken ausgehend, nach Philostrats Bericht, in Lydien den Glauben hatte, die Bäume seien älter als die Erde, die sie trägt; darum die Mauer zum männlichen *murus* [das ist: Mauer und Mauergott], den die Alten gar oft mit dem Bilde des Phallus bekleideten, nicht nur, woran man später allerdings hauptsächlich denken mochte, um ihn durch den *fascinus* [seine Behexung durch den Phallus] vor feindlichen Angriffen und Einflüssen zu schützen, sondern weil er der Mauer selbst seine Entstehung gegeben, wie der phallische Poseidon Genesios mit Apollon vereint tief in der Erde zu Trojas Mauern den Grund legte.

Dieselbe Anschauung liegt noch in einer andern Darstellung der Alten. Zum Schalle der Erztrompete werden die Mauern eroberter Städte zerstört. Was von Jericho gemeldet wird, kehrt bei den Römern wieder. Denn unter dem Schmettern der Tuba wurden Albas Mauern zusammengerissen, und unter Beobachtung desselben Sakralgebrauches riß Mummius der eroberten Korinthos Mauern ein. Nun läßt diese Zerstörungsweise mit Sicherheit auf die Anschauungen zurückschließen, welche über den Mauerbau herrschend sein mußten. Daß Entstehen und Vergehen in vollkommener Übereinstimmung stehen müssen, ist ein Satz, den die alte Jurisprudenz in vielen Anwendungen durchführt und auch in ganz allgemeiner Fassung ausspricht. Dem Schuldigen werden die Ketten nach erstandener Strafe abgenommen, dem Unschuldigen nach erkannter Unschuld mit der Feile durchgesägt. Was die Gewalt geknüpft, löst entgegengesetzte Gewalt. Was die Tuba zerstört, hat auch die Tuba gebaut. Wie dies aufzufassen, lehrt der Mythus von Thebens Mauern, welche, durch Amphions Leiertöne angeregt, selbsttätig sich aufbauen. Die Erztrompete aber steht zu der phallischen Zeugung in nächster Beziehung. Sie ruft den Stier Dionysos aus den zeugenden Meereswogen hervor, sie bringt auch Achilles aus dem skyrischen Weiberversteck, wo seine Männlichkeit unter weiblichem Kleide verborgen und unbekannt ruhte, bis sie, wie der Sohn aus dem Mutterleibe, ans Licht hervortrat. Der platonische und der römische Ausdruck erhalten nur dann ihre volle Bedeutung, wenn wir uns die *excitatio*, die ›Erweckung‹, durch Trompetenschall herbeigeführt denken. Durch Geräusch wird der Schlafende geweckt, durch das gewaltige Taratantara der Tuba die Mauer aus ihrem unterirdischen Schlummer zum Aufstehn gebracht.

Es zeigt sich also auch hier wieder die Vorstellung von einer zeugenden Mannestat, welcher der *murus* gleich dem Baume seine Entstehung verdankt. Er ist die Schöpfung des tellurischen Phallus, der in ihm, wie in einer männlichen Geburt zur sichtbaren Existenz gelangt. Seinen stofflichen Urgrund hat er aus der Erde, weshalb die Mauerkrone der großen Naturmütter Haupt ziert, seine Entstehung aus der männlichen Kraft. Er steht daher auch zu diesen beiden Potenzen in einem geheiligten Verhältnis: zu dem weiblich-stofflichen Prinzip in dem des Sanctum, zu dem männlichen der Kraft in dem des Sacrum. Mit dem Mutterleibe der Erde in fester Verbindung, ist er unverrückbar, und dieses ›unbeweglich feststehend‹, *akineton*, bildet die eigentliche Grundbedeutung von *sanctum*. Über der Erde hervorragend ist er die ans Licht getretene Phallusgeburt und nun den Göttern des Lichtes geweiht, in diesem Verhältnis *sacer* [geweiht]. Sacrum heißt alles den obern Göttern Geweihte. Es bezieht sich also ebenso auf die Lichtnatur der Männlichkeit, wie das Sanctum auf das Verhältnis zur Erde. Als *sancta res*, ›unverrückbare Sache der Erdgottheit‹, ist die Mauer unlösbar von dem Stoffe, mit dem sie fest verbunden dasteht, als *sacra*, ›geweihte‹, dem Schutz der höhern Lichtkraft, in deren Reich sie hineingeboren wurde, anheimgegeben. Ruht in jener Eigenschaft das Akineton, das ›Unbewegliche‹, so trägt diese die Sicherheit göttlichen Schutzes in sich. In jener hat die Mauer die Eigenschaft der Erde selbst, die unbewegliche Ruhe und die eingeborene Göttlichkeit, in dieser wird sie wie durch den Phallus, so durch die Schlangen gegen jeden feindseligen Angriff geschützt und verteidigt. So steht auf dem Tore von Mykene die von den Sonnenlöwen gehaltene Sonnensäule, das Zeichen des höchsten Schirms durch die höchste Potenz der göttlichen Kraft. Die Himmlischen bewachen, was der Mensch ihnen zum Eigentum überträgt. Die Sanctitas [Erd-Göttlichkeit] drückt nur eine Eigenschaft, wenn auch eine in den Religionsanschauungen des Tellurismus begründete, aus; den Begriff des Schutzes und der Verteidigung trägt sie nicht in sich. Dieser liegt in der *consecratio* [Weihung, Anheimgabe an die Lichtgottheit] und der daraus für die Gottheit entstehenden Pflicht des Schutzes.

Der Psyche-Mythus

Psyche wird durch die göttliche Schönheit ihres Körpers mehr als durch bewußten Entschluss in die Verirrungen der Sinnlichkeit und in den Schlamm der Materie hineingeführt. Als Aphrodites Sklavin hat sie eine lange Reihe von Büßungen und Prüfungen zu durchlaufen, und selbst durch die Schrecken der Unterwelt hindurchzugehn. Endlich von stygischem Schlafe ergriffen, unbeweglich, ein entseelter Leichnam, erhält sie, durch Berührung einer Pfeilspitze aufgeweckt, die Schale der Unsterblichkeit, und in der Einigung mit Eros den ruhigen Genuß all jener seligen Wonne, die sie in Aphrodites Dienst vergeblich gesucht hatte. Zwei Stufen der weiblichen Existenz erscheinen hier gleich der zwiefachen Figurenreihe so mancher Vasenbilder, den beiden Teilen des Goetheschen Faust vergleichbar: die weibliche Seele erst im Dienste Aphroditens, durch den Stoff beherrscht, durch jeden Schritt auf der verhängnisvollen Bahn zu immer neuen unerwarteten Leiden, zuletzt in die tiefsten Schlammabgründe der Materie geführt, – dann aber zu neuem kräftigern Dasein erstehend, aus aphroditischem zu psychischem Leben übergehend. Jene tiefere Stufe trägt den tellurischen, diese höhere den uranischen Charakter. Aus der chthonischen Erde wird Psyche zu der himmlischen [dem Monde] erhoben. Wir erkennen jene Helena, die Aphroditens Naturgesetz nachgebend, der Leiden und Irrfahrten kein Ende findet, bis sie endlich auf der leuchtenden Mondinsel, die herrlichste der Frauen dem herrlichsten der Helden [Achill] in ewiger Verbindung vereint, die Ruhe findet, welche nicht der tellurische, sondern nur der himmlische Eros zu geben vermag. Dort unten alles Unruhe, Leiden, ebenso unerwartete Täuschungen als unerklärliche Lösungen: hier Ruhe, Ewigkeit und Sicherheit des Genusses, der Zauber der Verklärung, wie sie die Stille der Mondnacht über die am Tage geräuschvoll bewegten Wohnsitze der Menschen ausgießt. Dort die Unreinheit der tellurischen Materie, die Schlange und der Schilf, die in dem Schlamme dunkler Tiefen ihre Entstehung finden, die Zeugen und Sinnbilder der regellosen Begattung von Wasser und Erde; hier der aus der Verpuppung des Stoffes zum Licht durchgedrungene, Licht suchende, und des Lichtes teilhaft gewordene Schmetterling; dort die rein stoffliche, hier die uranische Aphrodite; dort hetärische, hier eheliche Einigung; dort *Soma* [Leib], hier *Psyche* [Seele]; dort der lichtlose Erdstoff, hier die gereinigte himmlische Erde, der Mond, der reinste der tellurischen Körper. In Psyche ersteigt Aphrodite selbst die lunarische Stufe, die höchste, welche des Weibes Stofflichkeit zu erreichen vermag. Ihr zur Seite erscheint Eros als Lunus [Mondgott].

Amor und Psyche vereinigt dasselbe Band, das Lunus und Luna, Achill und Helena umschlingt. Der Kuß, welcher sie vereint, ist das *basium*, das der Gatte der Gattin, nicht das *suavium*, das der Freund der Hetäre gibt. Die Reinheit und Keuschheit der zu endlicher Erfüllung gelangten Liebe ist in der Gruppe der sich zum Kusse umarmenden Gestalten mit einer Vollendung ausgedrückt, die durch keine lyrische Darstellung erreicht werden kann. Und doch würde es dem antiken Kunstgedanken durchaus widersprechen, hier an eine Darstellung rein geistiger Liebe zu denken. Wir haben nicht diese, sondern die zur höchsten Reinheit erhobene irdische Liebe vor uns. Wie der Mond der reinste der irdischen, der unreinste der himmlischen Körper, so nimmt auch Psyche dieselbe Mittelstellung auf der Grenze zweier Welten ein. Sie verbindet die Stofflichkeit der einen mit der Reinheit und ruhigen Klarheit der andern, zwingt den Körper zur Teilnahme an dem Licht, das Licht zur Verbindung mit dem Körper, und hält sich so gleich fern von der Unstofflichkeit der einen, wie von der Unreinheit der andern. *Soma* und *Nus* [reiner

Geist] kommen in Psyche zur unlösbaren Verbindung, und geben so einem Wesen Entstehung, das den Stoff bis zu der äußersten Grenze der Veredlung, deren er fähig ist, erhebt. Dieser Stufe ist der Gedanke der geschlechtlichen Liebe nicht fremd. Aber sie hat den aphroditisch-hetärischen Charakter abgelegt, und den der keuschen ehelichen Vereinigung angenommen. Psyches Leiden und endliche Erlösung sind selbst nur eine Weihe der Ehe, die das Geschlechtsleben der Frau aus den Sumpfgründen des unreinen Stoffes, in dem es seinen Untergang findet, auf jene Lichtbahn hinüberleitet, durch die es für sie zum Ausgangspunkt eines höhern psychischen Daseins werden kann. In dieser Erreichung ihres höchsten und letzten Berufs verbindet Psyche in sich jene beiden Begriffe, die sich auszuschließen scheinen, und doch in so vielen Mythen im innigsten Vereine auftreten: den des höchsten Muttertums und den der vollendeten Jungfräulichkeit. Und auch hierin steht sie wiederum mit dem Monde auf derselben Stufe. Ewig befruchtet, ist er zugleich ewig jungfräulich, als Mutter Jungfrau, als Jungfrau Mutter. Mit dem Monde verbindet sich notwendig der Begriff der Ehe und Geschlechtsmischung. Er ist seiner Natur nach die Verbindung beider Potenzen, seiner Natur nach hermaphroditisch, seiner Natur nach Lunus und Luna, Eros und Psyche. Er sucht das Licht, wie das Licht sich in ihn zu versenken nie auf hört. Die Erfüllung dieser höchsten Sehnsucht hat in dem Symplegma [Umarmen], in dem Mundkuß, in dem sich treffenden Blicke ihren Ausdruck gefunden. In diesem ersten, den Ehebund besiegelnden Kuß, »dem Cypria [Aphrodite-Venus] selbst ein Fünfteil eigenen Nektarsafts beimischt«, scheint das kosmische Gesetz, das die uranischen Körper beherrscht, unter den Menschen seine Erfüllung zu erhalten, und die Harmonie der höhern und der niedern Welt hergestellt. Wie der Mond durch sich nichts vermag, sondern der Sonne ewig folgend, von ihr den Schein erborgt, mit welchem er in stiller Herrlichkeit leuchtet, so kann das Weib nur in ehelicher Einigung mit dem Manne zu jener höhern Schönheit gelangen, durch welche ihre Stofflichkeit des Mannes mehr geistiges Wesen an sich zu fesseln vermag.

Wir sehen, welche Beziehung diese Eros-Mysterien mit der Dionysischen Religion verbindet, und welcher Stufe der Dionysos-Natur sie entsprechen. Jetzt wird uns auch die Lampe eine tiefere Beziehung gewinnen. Beim Scheine der bis zum obersten Rande mit Öl gefüllten Leuchte erkennt Psyche die göttlich schöne Gestalt ihres nächtlichen Besuchers, den ihr die Schwestern als häßlichen Drachen dargestellt hatten. Ihrem Arme entsinkt das Schwert, das dem Ungeheuer den Tod geben sollte. Unruhig flackert die Flamme, während das Mädchen mit wachsender Neugierde den verbotenen Anblick der herrlichen Gestalt, des schön gelockten Goldhaares, des buntgefärbten, an den äußersten Spitzen leicht zitternden Flügelpaares genießt, und unvorsichtig mit der Pfeilspitze sich den Daum ritzt. Da träufelt aus der Lampe selbst ein Tropfen brennendes Öl auf des Gottes rechte Schulter, als wäre es selbst von Sehnsucht getrieben, sich mit dem Herrn alles Feuers zu mischen. Aber Eros, aus dem tiefen Schlafe erwachend, rächt des Mädchens Ungehorsam durch Flucht. Ermattet zur Erde niedersinkend sieht sie den Geliebten in eben dem Augenblicke sich entrissen, da sie dessen Herrlichkeit erkannt hatte. So bildet der Vorfall mit der brennenden Lampe den wahren Wendepunkt im Laufe der Prüfungen, welche Aphrodite über die mit ihr an Schönheit wetteifernde Psyche verhängt. An die Stelle des mit Finsternis bedeckten Geschlechtsgenusses tritt die Sehnsucht nach dem Besitz des in all seiner Herrlichkeit erkannten Gottes. Zu der körperlichen Verwundung gesellt sich das tiefere Leiden des psychischen Schmerzes. Denn Verwundung ist das Prinzip der Liebe, wie Plutarch tiefsinnig es hervorhebt. Wie die Pflugschar die Erde, des Mannes Kraft des Weibes Mutterschoß verwundend eröffnet, also trifft auch auf dem psychischen Gebiete Eros Pfeil verwundend des Mädchens Herz, und ihr ganzes Wesen durchströmt die schmerzensreiche, stets wachsende Sehnsucht nach Vereinigung mit dem einmal erblickten, stets vor Augen tretenden himmlischen Bräutigam. In der unruhig flackernden Flamme, in dem glühenden Öle, das mit Eros sich zu verbinden strebt, ist Psyche selbst vorgebildet. Psyche sucht das Licht, wie die Phaläne, deren Flügel sie trägt, durch unwiderstehlichen Hang zu der Flamme hingezogen wird. An die Stelle der tellurischen Feuchtigkeit tritt die höhere Stufe des Feuers, an die der Finsternis und des Chaos jene des Lichts und der Ordnung, an die des ungeregelten Hetärismus die Sehnsucht nach Erhebung zu ehelicher Verbindung. Auf die tellurische Stufe reiner Stofflichkeit folgt die lunarische, auf welcher der Stoff selbst die Lichtnatur anzieht, und dadurch zu höherer Läuterung durchdringt. In der ölerfüllten brennenden Lampe ist diese lunarisch-physische Stufe des weiblichen Wesens zur symbolischen Darstellung gekommen.

Symbol und Mythus

Der Mythus ist die Exegese des Symbols. Er entrollt in einer Reihe äußerlich verbundener Handlungen, was jenes einheitlich in sich trägt. Dem diskursiven philosophischen Vortrage gleicht er insofern, als er, wie dieser, den Gedanken in eine Reihe zusammenhängender Bilder zerlegt, und dann dem Beschauer überläßt, aus ihrer Verbindung den letzten Schluß zu ziehen. Die Kombinierung des Symbols mit dem erläuternden Mythus ist eine sehr bemerkenswerte Erscheinung. Genügte dem Pamfilischen Grabbilde das Symbol für sich, so schien auf dem [danach besprochenen] Sarkophage die unterstützende Beigabe des Mythus zweckmäßig. In dieser Vereinigung findet es die Garantie seiner Fortdauer. Durch den Mythus gelangt die alte Würde der orphischen Symbolik wieder zu Bedeutung. Den Inhalt der Mysterienlehre in Worten darzulegen, wäre Frevel gegen das oberste Gesetz, ihn durch Mythen darzustellen ist der einzig erlaubte Weg. Darin wurzelt die Benützung des Mythenschatzes als

Gräbersprache. Während die Inschriften in der Regel nur zu untergeordneten Angaben benützt werden, sind die höhern Gedanken, welche Tod und Grab erwecken, in Mythenform mit Hilfe der Kunst zur Darstellung gekommen. Mehr und mehr wird das reine Symbol in den Hintergrund gedrängt. Der Mythus gelangt zu unbestrittener Herrschaft. Allmählich tritt die ganze Mythenwelt der Alten in ihre Gräber ein. Es bereitet sich ein Schauspiel, das die höchste Aufmerksamkeit verdient. Derselbe Mythenschatz, in welchem die alte Welt die frühesten Erinnerungen ihrer Geschichte, die ganze Summe ihrer physischen Kenntnisse, das Gedächtnis früherer Schöpfungsperioden und gewaltiger Erdwandlungen niedergelegt hatte, derselbe wird nun zur Darstellung religiöser Wahrheiten, zur Veranschaulichung großer Naturgesetze, zum Ausdruck ethischer und moralischer Wahrheiten und zur Erregung trostreicher Ahnungen, die über die traurige Grenze des stofflichen Fatum hinausführen. Der Inhalt der Mysterien in seiner doppelten physischen und metaphysischen Bedeutung wird im Gewande der Mythenbilder dem Beschauer vor die Seele geführt. Ist durch die anthropomorphische Gestaltung des Göttlichen der Himmel auf die Erde herabgestiegen, so wird jetzt durch den Eintritt der Mythen in das Mysterium die Erde wieder zum Himmel, das Menschliche wieder zum Göttlichen zurückgeführt, und in den Schicksalen der Heroen die Trefflichkeit und Tugend als der einzige Weg zur Überwindung der Materie und zum endlichen Lohne der Unsterblichkeit dargestellt. Der Mythus, der als Glaube nicht mehr galt, erhält durch seine Verbindung mit Mysterium und Grab wieder das höchste Ansehen. Der alte einfache symbolische Glaube, wie ihn Orpheus und die großen Religionslehrer der frühesten Zeit teils geschaffen, teils überliefert erhalten, kommt im Grabmythus zur Auferstehung in anderer Gestalt. Neue Symbole und neue Mythen erschafft die spätere Zeit keine. Dazu fehlt ihr die Jugendfrische der ersten Existenz. Aber dem Schatze überlieferter Darstellungen weiß das spätere, mehr auf sein

Inneres gerichtete Menschengeschlecht eine neue vergeistigte Bedeutung unterzulegen. So werden die Mythen, um mit Plutarch über den Genius des Sokrates zu reden, Bilder und Schatten höherer Gedanken, die durch das Rätselhafte selbst eine tiefere Ehrfurcht einprägen. Sie gleichen jenen mimischen ›Darstellungen‹ (*katadeixeis*) in welchen der Eingeweihte die erhabneren Wahrheiten der Mysterien wie im Spiegel anschaute. Sie sind in ihrer ganzen Anlage in Szene gesetzte Mythen, und manche Einzelheiten lassen das Vorbild szenischer Aufführung tragischer Werke noch deutlich erkennen. Das ruhende Symbol und die mythische Entfaltung desselben vertreten in den Gräbern Sprache und Schrift. Sie sind selbst die Sprache der Gräber. Alle höhern Betrachtungen, zu welchen das Rätsel des Todes Veranlassung gibt, der Ausdruck des Schmerzes und des Trostes und der Hoffnung, der Furcht, der düstern und der fröhlichen Ahnung bleibt der Darstellung durch Künstlerhand vorbehalten. Diese Erscheinung hat einen tieferen Grund. Zu arm ist die menschliche Sprache, um die Fülle der Ahnungen, welche der Wechsel von Tod und Leben wachruft, und jene höhern Hoffnungen, die der Eingeweihte besitzt, in Worte zu kleiden. Nur das Symbol und der sich ihm anschließende Mythus können diesem edlern Bedürfnisse genügen. Das Symbol erweckt Ahnung, die Sprache kann nur erklären. Das Symbol schlägt alle Saiten des menschlichen Geistes zugleich an, die Sprache ist genötigt, sich immer nur einem einzigen Gedanken hinzugeben. Bis in die geheimsten Tiefen der Seele treibt das Symbol seine Wurzel, die Sprache berührt wie ein leiser Windhauch die Oberfläche des Verständnisses. Jenes ist nach innen, diese nach außen gerichtet. Nur dem Symbole gelingt es, das Verschiedenste zu einem einheitlichen Gesamteindruck zu verbinden. Die Sprache reiht einzelnes aneinander, und bringt immer nur stückweise zum Bewußtsein, was, um allgewaltig zu ergreifen, notwendig mit *einem* Blicke der Seele vorgeführt werden muß. Worte machen das Unendliche endlich, Symbole entführen den Geist über die Grenzen der endlichen, werdenden in das Reich der unendlichen, seienden Welt. Sie erregen Ahnungen, sind Zeichen des Unsagbaren, unerschöpflich wie dieses, mysteriös wie notwendig, wie ihrem Wesen nach jede Religion, eine stumme Rede, als solche der Ruhe des Grabes besonders entsprechend, unzugänglich dem Spotte und Zweifel, den unreifen Früchten der Weisheit. Darin ruht die geheimnisvolle Würde des Symbols, die zu der Erhöhung des hohen Ernstes der antiken Gräberwelt besonders beiträgt. Darin die ergreifende Macht der mythischen Darstellungen, welche uns die großen Taten der Vorzeit in dem beruhigten Lichte ferner, wehmütiger Erinnerung vor Augen stellen, und so an jener Weihe teilnehmen, mit welcher die alte Welt ihre Grabstätten in besonders hohem Grade zu umgeben wußte.

Der Seilflechter als Symbol (Oknos)

Den Gegenstand der folgenden Darstellung liefert das Bild, welches wir auf der Tafel [Seite 57] mitteilen. Es stammt aus derselben Grabkammer, der die drei Mysterieneier angehören. Anlage und Ausführung zeigen die höchste Einfachheit. In freier Landschaft sitzt, den Rücken einem aus verschiedenen Baulichkeiten bestehenden Gehöfte zugekehrt, auf mächtigem Steinblock ein bärtiger Alter, dessen Haltung den Ausdruck der Ruhe nach verrichteter Arbeit und hohen feierlichen Ernstes an sich trägt. Das Gewand, das den Kopf verhüllt, fällt in weiten Falten über den Rücken herab und läßt, indem es über die Beine zusammengenommen wird, die Brust, die Arme und beide Füße unverhüllt hervortreten. Die Rechte des Alten hält ein langes Seil, das ein in geringer Entfernung gelagerter Esel benagt. Die Linke ruht lässig auf dem Knie. Friede liegt über der ganzen Szene. Es ist die Ruhe des Abends, die alles umfließt, den Alten, das Tier, das Gehöfte. Tiefes Stillschweigen herrscht. Die Lautlosigkeit des Grabes scheint in das Bild übertragen.

Was das Interesse dieses Gemäldes erhöht, ist die eigentümliche Auffassung, in welcher es uns einen auch sonst bekannten Gegenstand vor Augen führt. Der greise Oknos erscheint hier nicht, wie anderwärts, ganz seiner ewig vergeblichen Arbeit hingegeben, sondern von dem Werke ruhend. Müßig liegen auf seinem Schoße die Hände, die sonst das Seil zu drehen beschäftigt sind. Jeder Gedanke an Mühe, an Buße und Strafe ist geflissentlich entfernt. Auch die Umgebung ist eine ganz andere als die gewöhnliche. In friedlicher Landschaft hat sich der Greis zur Ruhe niedergelassen. Das von Bäumen beschattete Gehöfte scheint eben von seinen Eigentümern verlassen worden zu sein. Die Schöpfung mit aller ihrer Lust umgibt den Alten, der sonst in den Hades und die sonnenleeren Tiefen der Erde verwiesen wird. Die großen Büßer der Unterwelt würden zu der Darstellung, welche das Pamfilische Bild zeigt, gar nicht passen. Die Danaïden, Ixion, Sisyphos, Kerberos schließen sich wohl dem arbeitenden, nicht aber dem ruhenden Oknos, wohl dem Büßer des Hades, nicht dem Bewohner des Sonnenreiches an. Ein entschiedener Gegensatz sondert die Pamfilische Darstellung von den andern.

Nicht künstlerisches Spiel, sondern bewußte Absicht hat die traditionelle Auffassung verlassen und sich zu ihr in Gegensatz gestellt. Der duldende Oknos ist zum befreiten geworden. Ja je enger der Begriff von Strafe und Buße mit dem seilflechtenden Alten zusammenhing, um so energischer tritt nun die Idee der Erlösung und Ruhe dem Beschauer entgegen. Als seilflechtender Greis war Oknos bekannt; hier erscheint er müßig. Der Gedanke ewig vergeblicher Arbeit bildete sein innerstes Wesen; hier ist ihm Ruhe und Sorglosigkeit zuteil geworden. Als Bewohner des Hades ward er oft genannt; hier weilt er im Reiche der Lebenden. Wie entschieden mußte auf solchem Hintergrunde der Gedanke der Befreiung und Erlösung hervortreten, wie nachdrücklich im Lichte des Gegensatzes die Idee des Pamfilischen Bildes sich offenbaren! So rechtfertigt sich die Aufmerksamkeit, welche wir für dieses in Anspruch nehmen. Der ethische

Der Seilflechter als Symbol (Oknos)

Oknos als Geweihter der Mysterien
nach einem antiken Fresko in der Villa Pamfilia, Rom

Er gibt sich, über die entstehende und vergehende Welt mit Mühen hinausgehoben, ruhiger Betrachtung hin
Abbildung aus der ersten Ausgabe der »Gräbersymbolik«

58 Versuch über die Gräbersymbolik der Alten

Oknos der Seilflechter
Nach einem antiken Fresko im Columbarium an der Porta Latina, Rom, 1832 von Campana entdeckt

Aus Schilf, dem Urstoff, flicht er in ewig sinnloser Mühe das Seil, welches die Eselin, die zerstörende Macht der Natur, ewig wieder in sich hineinschlingt: ein Sinnbild der zugleich schöpferischen und vernichtenden Naturkraft, des Kreislaufs alles Geschehens

Oknos der Seilflechter
Von einem Rundaltar des Museo Pio-Clementino, Rom

Die Figur links vom Betrachter ist eine wassertragende Danaïde

Beide Abbildungen entstammen der ersten Auflage der »Gräbersymbolik«

Der Seilflechter als Symbol (Oknos) 59

Gedanke, der in ihm liegt, bildet die höchste Vergeistigung eines Symbols, das seiner Grundlage nach dem rein physisch-materiellen Leben der Schöpfung angehört. Ich mache es zur Aufgabe dieser Darstellung, der ursprünglichen Bedeutung des Bildes vom seilflechtenden Oknos nachzuforschen und die verschiedenen Wandlungen und Umgestaltungen anzudeuten, welche unsere Hieroglyphe von rein physischen zu ethischen, von stofflichen zu immateriellen, abgezogenen Bedeutungen hindurchführten.

Um für die ganze Arbeit eine sichere Grundlage zu gewinnen, wird hier vorerst eine Zusammenstellung der erhaltenen Denkmäler und schriftlichen Zeugnisse unternommen. Unter jenen behauptet das Grabbild, welches wir auf der Tafel [auf Seite 58 als erstes] mitteilen, die erste Stelle. Im Jahr 1832 wurde zu Rom nahe bei der jetzt zugemauerten Porta Latina von Campana eines jener großen Grabgebäude ans Licht gezogen, denen man den Namen Kolumbarien zu geben übereingekommen ist. Von den kleinen Grabnischen, welche im Innern des Gebäudes sich vorfinden, tritt dem Besucher diejenige, welche die Oknosdarstellung enthält, zuerst entgegen. Sie liegt der Treppe, auf welcher man in das Grabgemach hinabsteigt, gerade gegenüber. Ihre Form ist diejenige einer Aedicula [Nische], mit Fries und Giebelfeld gekrönt. An beiden Stellen haben sich bis heute Reste alter Malereien erhalten. Im Giebelfelde, die Mitte desselben nach der ganzen Höhe ausfüllend, erscheint Chiron, den Knaben Achill im Leierspiele unterrichtend. Dem Wort und Beispiel des weisen Kentauren schenkt der Peleide seine volle Aufmerksamkeit. Der Fries war in der ganzen, über zwanzig römische Palmen betragenden Längenausdehnung mit Bildern geschmückt. Die meisten derselben sind verschwunden. Erhalten blieben nur allein die beiden äußersten Stücke, rechts das Oknosbild, links der dreiköpfige Kerberos. Von hochragenden Schilfpflanzen umgeben, flicht der kahlköpfige, bärtige, in ein Ärmelgewand gehüllte Greis das Seil, dessen zur Erde fallendes fertiges Ende von einer Eselin gierig benagt wird. In der knienden Stellung und der ausschließlich auf seine Arbeit gerichteten Aufmerksamkeit des Alten liegt der Ausdruck der höchsten Anstrengung, in seiner ganzen Erscheinung ein unterweltlicher Charakter, der an die Düsterkeit eines Charon erinnert. Die nackte, jugendlich weibliche Gestalt, die ihr vom Winde leicht geschwelltes Gewand mit den Fingerspitzen festhält, gehört einer zweiten, von Oknos und seiner Eselin unabhängigen Gruppe an. Man hat kaum eine andere Wahl, als sie einer Darstellung des Danaïdenmythus zuzuweisen, obwohl nichts auf Teilnahme an der nie endenden Arbeit der jugendlichen Büßerinnen hinweist. Geringer noch ist das am linken Ende erhaltene Stück. Der dreiköpfige Cerberus gibt uns aber die Gewißheit, daß der ganze Fries eine fortlaufende Darstellung acherontischer Bilder enthielt, und daß Oknos hier in der Gesellschaft der großen Büßer des Hades dargestellt war. – Außer dem Campanaschen Grabbilde haben sich noch andere monumentale Darstellungen des gleichen Gegenstandes erhalten. Auf einem marmornen Rundaltare des Museo Pio-Clementino erscheint Oknos in Verbindung mit den Danaïden [Seite 58 als zweites mitgeteilt]. Die Darstellung der Danaïden ist von der des Oknos so wenig geschieden, daß die nagende Eselin und die erste der Hydrophoren [Wasserträgerinnen] örtlich verbunden erscheinen. In der Kleidung schließt sich der Künstler dieses Denkmals am meisten dem des Pamfilischen Grabes an. Oknos ist, gleich den Danaïden, ganz seiner hoffnungslosen Arbeit hingegeben. Die Tücke des Tieres wird durch dessen Stellung hinter dem Rücken des fleißigen Greises recht anschaulich hervorgehoben, und dadurch an einen Festgebrauch der Apaturien erinnert, wo man sich zurief: Der Mann mit dem schwarzen Ziegenfelle steht hinter dir. – Der vatikanische Rundaltar war ohne Zweifel Gottheiten chthonischer Natur gewidmet, eine *ara*, kein *altare*.

Diesen Monumenten schließt sich eine Reihe schriftlicher Zeugnisse an. Es ist beachtenswert, daß die meisten derselben auf künstlerische Darstellungen des Oknos zurückweisen.

Der Seilflechter als Symbol (Oknos) 61

Am berühmtesten war das Polygnotsche Bild in der Lesche [Halle] von Delphi. Pausanias gibt folgende Beschreibung: ›Nach ihnen ist ein sitzender Mann, den eine Beischrift Oknos nennt; er ist dargestellt, wie er ein Seil flicht; neben ihm steht eine Eselin, die ihm immer unter der Hand das wegfrißt, was er soeben geflochten hat. Dieser Oknos soll ein fleißiger Mann gewesen sein, aber eine verschwenderische Frau gehabt haben; was er durch seine Arbeit gewann, wurde von ihr bald wieder verschwendet. Hiermit also, glauben sie, spielte Polygnot auf die Frau des Oknos an; ich weiß aber, daß auch bei den Ioniern das Sprichwort besteht, wenn sie jemanden sehen, der sich mit einer nutzlosen Beschäftigung abquält: der flicht am Oknos-Strick. Oknos nennen die Wahrsager, die Vogelschau betreiben, auch einen gewissen Vogel, und es ist dieser Oknos die größte und schönste Reiherart, aber selten wie nur irgendein Vogel.‹ Als unterweltlicher Büßer war Oknos ferner auf einem Gemälde dargestellt, welches Plutarch (Über den Frohsinn 14) beschreibt.

Aber nicht nur auf Kunstwerken, auch in der alten Komödie erschien Oknos als Büßer im Hades. So hatte ihn Kratinus aufgeführt (Photios, Lexikon). Zuletzt erscheint Oknos bei Propertius: Derjenige, welcher zuerst die Kunst der Lagerumwallung erfunden, verdiene des Oknos Strafe. Der Begriff der Buße und Strafe kehrt auch hier wieder. Ja, als Verbrechen, das durch solche ewig vergebliche Arbeit gesühnt werden soll, erscheint hier jene ›Trägheit‹ (pigritia) welche auch bei Plinius als das Wesen des Oknos hervorgehoben wird. Ruhig und tatenlos hinter Wall und Graben liegen, bildet den Gegensatz zu jenem kühnen, nie rastenden Unternehmungsgeiste, der Propertius als die höchste Auszeichnung des Feldherrn erscheint. Zu dieser Auffassung gab die Wortbedeutung von Oknos die nächste Handhabe. Zaudern, Zögern, Bedenklichkeit, Tatlosigkeit bildet den eigentlichen Inhalt derselben. Über die Trägen wird nun ewige, nie unterbrochene, stets vereitelte Arbeit als Strafe verhängt …
Diese Auffassung verdient darum besondere Hervorhebung,

weil sie zu der Darstellung des Pausanias in entschiedenem Gegensatze steht. Denn hier wird Oknos nicht ›träge‹ (*piger*), sondern ›fleißig‹ (*aner philergos*) genannt.[3]

Jetzt ist es unsere Aufgabe, der ursprünglichen Bedeutung des seilflechtenden Oknos nachzuforschen.

Diese muß ihrer Grundlage nach notwendig eine physische sein. Der seilflechtende Oknos ist ein Natursymbol. Wie die Geschichte der einzelnen Wörter stets mit der sinnlich-natürlichen Bedeutung eröffnet, und erst im weiteren Fortgang der Entwicklung zu abgezogenen, figürlichen Anwendungen fortschreitet, wie in der Religion, in der Entwicklung des einzelnen Individuums und der Menschheit überhaupt derselbe Fortschritt von dem Stoffe und der Materie zu Seelischem und Geistigem zu bemerken ist: also haben auch die Symbole, in welchen die früheste Menschheit ihre Anschauungen von der Natur der sie umgebenden Welt niederzulegen gewohnt war, eine rein physisch-materielle Grundbedeutung. Die Natur hat, wie die Sprache, so auch die Symbolik auf ihren Schoß genommen. Es wird sich später zeigen, wie gerechtfertigt die Zusammenstellung der Sprache und der Symbolik gerade in Beziehung auf Oknos ist. Zwischen dem seilflechtenden Alten und den verschiedenen Bedeutungen des Wortes *oknos* [Zaudern, Saumseligkeit. – Vermehrer] findet ein so genauer Zusammenhang statt, daß beide eine einzige Reihe der Entwicklung bilden, wobei die Wortbedeutungen als spätere Entfaltung des Oknossymbols sich darstellen. Die Erklärungen und Beziehungen, mit welchen wir im Laufe des ersten Abschnittes bekannt geworden sind, erscheinen als verhältnismäßig sehr späte Deutungen und als Versuche einer Zeit, welcher die ursprüngliche Anschauung, aus der das Symbol selbst hervorgegangen, nicht mehr gegenwärtig war. Abgeleitet und ganz sekundär ist der Gedanke an *Pigritia*, Saumseligkeit und Trägheit. Nicht

---

3 Zur Erklärung des Namens Oknos-Aucnus siehe unter Register mit Glossar.

Der Seilflechter als Symbol (Oknos) 63

weniger sekundär die Auslegung der Ionier, der Gedanke an einen fleißigen Ehemann, eine verschwenderische Hausfrau, an eine Arbeit ohne Nutzen und Ertrag; ebensowenig ursprünglich die Idee der Strafe und Buße und jene entgegengesetzte der Erlösung und Befreiung, wie sie in der Darstellung des Pamfilischen Bildes hervortritt. Alle diese Gedanken verdienen Berücksichtigung, weil sie von den Alten in dem Bilde des seilflechtenden Greises erkannt worden sind: sie selbst aber haben das Symbol nicht erschaffen, sondern sich hinterher an dasselbe angeschlossen.

Die ursprüngliche Naturbedeutung ergibt sich aus einem Kultgebrauch des Nillandes. Diodor beschreibt denselben in folgenden Worten: ›Auch viele andere Dinge unserer Mythologie seien in ägyptischen Gebräuchen bis auf den heutigen Tag erhalten, und zwar nicht nur als Namen, sondern auch als tatsächliche Übungen. So sei in der Stadt Akanthos, jenseits des Nil nach Libyen hin, hundertzwanzig Stadien von Memphis, ein durchlöchertes Faß, in welches dreihundertundsechzig Priester jeden Tag Wasser aus dem Nil tragen. Nicht weit davon könne man die Fabel von Oknos verwirklicht sehen in einer Gesellschaft, von der einer vorn an einem langen Seil flechte, während andere am hinteren Ende das Geflochtene wieder auflösen.‹ Diese Stelle ist um so wichtiger, da sie einer größeren Ausführung über den Zusammenhang griechischer und ägyptischer Religion angehört, und von dem Gedanken ausgeht, daß manches, was Griechenland nur noch als Mythus kennt, in dem Heimatlande Ägypten als Kultgebrauch noch fortbestehe und Teil der Religionsübung bilde. Die historische Verknüpfung mag als individuelle Meinung des griechischen Geschichtschreibers gering angeschlagen oder geradezu verworfen werden: die Kulthandlung des Seilflechtens selbst wird als Tatsache dargestellt und muß als solche angenommen werden.

Ihre Bedeutung kann nicht einen Augenblick zweifelhaft sein. Das Flechten des Seils ist eine symbolische Handlung, welche nicht selten wiederkehrt und mit dem Spinnen und

Weben der großen Naturmütter auf einer und derselben Anschauungsweise beruht ... Unter dem Bilde des Spinnens und Webens ist die Tätigkeit der bildenden, formenden Naturkraft dargestellt. Die Arbeit der großen stofflichen Urmütter wird dem kunstreichen Flechten und Wirken verglichen, das dem rohen Stoffe Gliederung, symmetrische Form und Feinheit verleiht. Vollendet treten die Organismen alle aus dem Schoße der Erde hervor. Von der Mutter haben sie das kunstreiche Gewebe des Leibes, das jene mit unerreichbarer Meisterschaft im dunklen Schoße des Stoffes bereitet. Darum verdient Terra [die Erde] vor allen die Bezeichnung ›Künstlerin‹ (*daedala, artifex rerum*), darum die Urmutter den Namen ›Mutter Bildnerin‹ (*meter plastene*). Daraus stammt auch der Hand ihre hohe Bedeutung, namentlich ihre Beziehung zu der Naturzeugung und der Mütterlichkeit des Stoffes. Als Sitz aller Kunstfertigkeit ist sie es, welche der rohen Materie ihre Gliederung gibt und mit dem Leben zugleich auch schöne Form verleiht. In der Gliederung der Hand liegt ihre Tüchtigkeit zur Fertigung der vollendetsten Arbeit. Darum galt nach Sueton die gespaltene Hufe, durch welche Cäsars Pferd sich auszeichnete, als Vorbedeutung der höchsten Macht, darum umgekehrt nach Plutarch der Mangel solcher Gliederung als eine Bestätigung der dämonisch-verderblichen Natur des Esels. Wenn die griechischen Darstellungen des Oknossymbols das schaffende Prinzip in Menschengestalt, das zerstörende unter dem Bilde eines Tieres darstellen, so tritt in diesem Gegensatz die Bedeutung der Hand noch schärfer hervor. Das Schaffen ist Kunstfertigkeit, das Vernichten ein Werk roher Kraft. Jene ruht in der menschlichen Hand, diese wird der dämonischen Tiernatur zugewiesen.

Kam so in dem Spinnen, Flechten, Weben die Tätigkeit der Naturkraft, ihr kunstreiches Formen und Gestalten zur Darstellung, so erkannte man in jener Arbeit noch andere Bezüge zu dem Werke der tellurischen Schöpfung. In dem Zusammenwirken zweier Fäden konnte man die Duplizität der Kraft, und die zu jeder Generation erforderliche Durchdringung beider Geschlechtspotenzen erkennen. Noch deutlicher trat diese Vereinigung in der Technik des Webstuhls hervor. Die Durchkreuzung der Fäden, ihr abwechselndes Hervortreten und Verschwinden, schien ein vollkommen entsprechendes Bild der ewig fortgehenden Arbeit des Naturlebens darzubieten. Wenn in seinem unterirdischen Würfelspiel mit Demeter Rhampsinit bald verliert, bald gewinnt, und dann bei der Rückkehr von der Göttin mit dem goldenen Handtuch beschenkt wird, so ist dieses selbst eine Darstellung des Naturgewebes, in welchem Licht und Schatten, Hervortreten und Verschwinden als gleich notwendige Faktoren erscheinen. Wenn ferner Arachne auf ihrem Gewebe vorzugsweise der Götter Liebesabenteuer und ihre Mischung mit sterblichen Frauen darstellt, wenn Hephaists Netz Aphroditens Beilager mit Ares umstrickt, wenn insbesondere Eileithyia [die Göttin der Geburt], die gute Weberin, als Geburtshelferin erscheint und von den delischen Jungfrauen vor der Hochzeit Spindeln mit Haarlocken umwunden zum Geschenk erhält, so zeigt sich hierin aufs klarste, welche erotische Bedeutung der Webearbeit und dem gekreuzten Ineinanderschlagen der Fäden zukommt ...

In dieser [physisch-erotischen Beziehung] ruht nun ferner die Idee von Fatum und ›Schicksal‹ (*pepromene*). In das Gewebe, aus welchem jeder tellurische Organismus besteht, wird der Faden des Todes mit hineingewoben. Untergang ist das oberste Naturgesetz, das Fatum des stofflichen Lebens, vor dem selbst die Götter sich beugen, das zu beherrschen sie sich nicht rühmen können. So wird das Gewebe der tellurischen Schöpfung zum Schicksalsgespinst, der Faden zum Träger des menschlichen Loses, Eileithyia, die Geburtshelferin, die gute Spinnerin, zur großen Moira, die an Alter selbst Kronos übertrifft. Rettend erscheint der Faden in seiner Verbindung mit der dionysischen Ariadne-Aphrodite, verderbenbringend jener, der beim Heiligtum der Erinnyen entzweibricht und diejenigen, welche nach der Kylonischen Unruhe seinem Schutze sich anvertraut hatten, der Wut des Volkes preisgibt.

Auf diese Anschauung gründet sich jene, welche in Helenas und Eriphyles Schleier, nicht anders als in ihrem Halsband, ebenso in dem giftgetränkten Gewande, mit welchem das Weib dem weiberfeindlichen Herakles den Untergang bringt, das verderbende Schicksalstuch erkennt, die Tänien vorzugsweise den Gräbern und den unterirdischen Mächten weiht, den uranischen Gottheiten in ihrer siderischen Natur den Webstuhl, den Träger des in den Gestirnen geschriebenen höchsten Schöpfungsgesetzes beilegt und endlich, wie das Weltgebäude überhaupt, so insbesondere das menschliche Leben als ein großes Schicksalsgewebe darstellt.

Alle diese Auffassungen gehen auf eine Grundanschauung, nämlich auf jene erste, rein physische Idee von spinnenden und webenden Geburtsmüttern zurück. Aus zwei Schnüren wird das Seil zusammengeflochten. Die Zweiheit der Geschlechter, der Dualismus der beiden Lebenspole, die das Gespann der Schöpfung als Zwillingsbrüder mit unerreichbarer Schnelligkeit fortreißen, tritt zur Einheit zusammen und gibt der sichtbaren Schöpfung, dem *horatos kosmos*, seine erste Entstehung, seine stete Erneuerung und ewige Verjüngung. Aber dieses Gewebe ist noch ein ganz rohes. Kein feiner Faden, kein kunstreiches Gespinst geht aus der Hand des fleißigen Mannes hervor. Als grobes, roh zusammengedrehtes, mächtiges Seil erscheint Oknos' Gespinst auf allen unsern, in Abbildung mitgeteilten Denkmälern. Diese Eigentümlichkeit ist nichts weniger als gleichgültig oder unbedeutend. Wie nach der ältesten, insbesondere nach der orphischen Theologie eine Entwicklung des Stoffes vom Formlosen zur Form, vom Unvollkommenen zum Vollkommenen, vom chaotisch Rohen zu immer feinerer Gliederung und Organisation stattfindet, und erst im Fortgang einer von unten nach oben weiterschreitenden kosmischen Ausbildung das Schöne zur Darstellung gelangt: so zeigen auch die Geburten des tellurischen Stoffes eine Abfolge des Werdens, in welcher eine stufenweise Entfaltung vom Rohen zum Künstlichen, von der unvollkommenen zur feineren Gliederung bemerkbar wird. Auf

Der Seilflechter als Symbol (Oknos) 67

das einfache rohe Seil folgen feinere Gewebe, bis in den mit künstlichen Bildern der Erde und Götterwelt durchwirkten durchsichtigen Gewändern die höchste Kunstvollendung der Götterhand zur Offenbarung gelangt. In dem Liede, worin der Lesbier Leukos Aphrodites Kampf mit Athene um den Preis in der Webkunst besingt, wird dieser Unterschied des groben kunstlosen und des feinen zierlichen Gespinstes in sehr bedeutsamer Weise dargestellt. Aphrodite, die Urmutter der rohen tellurischen Zeugung, vermag Pallas' vollendete Fertigkeit nicht zu erreichen. Unerfahren in solchem Werke zeigen sich ihre Hände. Die Fäden, welche sie zustandebringt, erreichen die Dicke jener aus Weiden geflochtenen Seile, mit welchen der greise Schiffbauer die Zwischenräume der schlecht gefügten Balken seines Fahrzeuges ausfüllt. Die mächtigen, rohen Gespinste der zu feinerer Arbeit nicht geschickten Göttin erregen Athenens Gespötte. Unvollendeten Werkes eilt Aphrodite wieder zurück nach Kypros, und unter ihrem Einfluß beginnt das Werk der tellurischen Zeugung von neuem (Nonnos, Dionys.). Es ist klar, daß hier zwei Stufen schöpferischer Naturtätigkeit unterschieden werden. Aphrodite webt aus rohem Stoff der tellurischen Gebilde grobes Geflechte, Athene feinere Gewänder vollendeter Schönheit. Jene gehören der Erde, sind aphroditischer Erdzeugung, wie sie in den saftreichen Weidengesträuchen feuchter Tiefen sich darstellt, Ebenbild; diese erreichen eine höhere Stufe der Vollkommenheit, die himmlische. Jene bleiben unvollendet und werden wieder aufgelöst; vollkommen dagegen ist, was aus Athenens Händen hervorgeht. Dort liegt stoffliche Befruchtung verbunden mit den Schmerzen der Geburt dem Werke zugrunde. Auf Pallas' Seite ist rein olympisches Dasein, frei von aller stofflichen Lust, frei von Geburtsschmerzen, wie die Göttin selbst nur einen Vater, ihren Zeus, kennt.

Die bisherige Auseinandersetzung erhebt den wahren, ursprünglichen Sinn des im Nillande heimischen Natursymbols vom seilflechtenden Greise über allen Zweifel. Wir dürfen es als vollständig gesichert betrachten, daß in jener Hieroglyphe die schaffende und gestaltende Tätigkeit der stofflichen Kraft ihren Ausdruck gefunden hat. Dadurch gelangt nun eine unscheinbare Einzelheit des Campanaschen Bildes zu großer Bedeutung. Die auf der Tafel gegebene Abbildung zeigt, daß der Greis in der Umgebung hoch aufschießender Sumpfpflanzen seine nie endende Arbeit verrichtet. Man könnte in dieser Einzelheit eine Andeutung der sumpfigen Tiefen des acherontischen Stromes erkennen. Aber damit ist die Bedeutung jenes Beiwerkes für die Oknosdarstellung noch nicht erschöpft. Für diese hat die Nähe der unterirdischen Schlammgründe und ihrer Sumpfvegetation eine ganz besondere Wichtigkeit. Sie zeigt uns das Material, aus welchem der Strick geflochten wird und bringt in solcher Weise das rohe Geflechte des Seiles mit der tiefsten Stufe der Naturzeugung in einen notwendigen innern Zusammenhang. Der Gedanke, welcher in dem arbeitsamen Alten ein Sinnbild der schöpferischen Naturkraft erkennt, erhält nun eine genauere Bestimmung. Die Stufe tellurischer Zeugung, welcher das Oknossymbol zunächst entspricht, ist nicht jene der *laborata Ceres*, der ›tätigen Ceres, des Ackerbaus‹, sondern die tiefere der durch keine menschliche Beihilfe vermittelten Vegetation, wie sie in feuchten Niederungen, zumal in Sumpfländern, am üppigsten gedeiht. In dem Schauspiel, welches das Sumpfleben dem erstaunten Blicke der ersten Menschheit darbot, trat die ganze Allgewalt tellurischer Schöpfung hervor. Kein Same hat den Mutterschoß der Erde befruchtet, kein Pflug die Furche geöffnet. Aus eigener Kraft sendet der Stoff, was er in dunkler Tiefe bereitet, vollkommen gebildet ans Licht des Tages empor. Die Halme wachsen, gelangen zu ihrer höchsten Entwicklung, altern, sterben ab, und werden durch neu aufschießende ersetzt, denen der gleiche Kreislauf der Entwicklung bevorsteht. Das Prototyp alles irdischen Lebens schien darin vor Augen gestellt. In der Vegetation des Sumpfes und in ihrem ewigen Kreislauf offenbarte sich das Gesetz, dem auch die Tier- und Menschenwelt unterliegt.

Dasselbe Entstehen aus dem Mutterschoße des Stoffes, dasselbe Zurückkehren in das Dunkel desselben, dieselbe Erhaltung ewiger Jugend des Geschlechts durch das ewige Absterben des Individuums.

Diese reiche Gedankenfülle ist es, welche die alte Welt in dem Bilde des ewig aus Sumpfpflanzen sein Seil flechtenden Oknos niedergelegt hat. Wie sehr des Nillandes physische Natur gerade diese Auffassung und die aus ihr hervorgegangene Symbolik befördern mußte, liegt auf der Hand. Unter dem Einflusse jener Erscheinungen, welchen Ägypten sein Dasein und all seine Fruchtbarkeit verdankt, bildete sich dort jene Anschauung, die in den chthonischen Gewässern den Träger der phallischen Kraft, in der Erde den weiblich-empfangenden Stoff, in der Verbindung beider, wie sie die alljährliche Überschwemmung herbeiführt, den Akt zeugender Geschlechtsmischung erblickt. Demnach erscheint der Nil in seiner befruchtenden Kraft selbst als Osiris' physische Unterlage (Plutarch, Isis und Osiris). Seine Wogen wälzen des männlichen Gottes zeugenden Phallus mit sich fort, wie auf dem Mannheimer Bronzebilde der ionische Poseidon phallisch dargestellt und als ›Erwecker des Alls‹ (*arche ton panton*) bezeichnet ist. Wie Osiris in dem Nilstrom, so wird Isis in dem von den überflutenden Gewässern befruchteten Landesteile erkannt. In der Verbindung beider liegt der Akt der tellurischen Begattung, die sich vollendet, wenn die Feuchtigkeit im Schoße des Stoffes aufgenommen und verschwunden ist. In Nachahmung dieses Naturvorgangs mischen die Priester in goldenem Kästchen Erde mit Wasser, gießen sie auch zu Akanthos die Wogen des Nils alltäglich aus 360 Urnen in ein durchlöchertes Faß, eine Kulthandlung, welche die Anfüllung und Befruchtung des Erdschoßes mit dem zeugenden Naß sinnbildlich darstellt. Wenn in diesen Anschauungen das tellurische Wasser als das Prinzip der Schöpfung erscheint, so wird in konsequenter Entwicklung des Gedankens der Sumpfschlamm zum Sitz und Träger aller irdischen Fruchtbarkeit erhoben.

Haben wir so die Gottheitsnatur erkannt, welche das Nilland dem Flußschlamme beilegt, so ergibt sich die Religionsbedeutung der Sumpfgewächse ganz von selbst. Während das Mysterium der Generation in den dunklen Gründen der feuchten Tiefe dem Menschen unbemerkbar sich vollendet, wird das Geheimnis durch den aufschießenden Röhricht verraten. In den Sumpfpflanzen, welche aus der Tiefe des Schlammes ans Licht emporwachsen, tritt die Frucht des in Selbstumarmung empfangenden Stoffes vor der Sterblichen Blick. Die Naturanschauung, welche sich hierin ausspricht, ist leicht zu enträtseln. Was wir dabei besonders zu beachten haben, ist die Gleichstellung der Sumpfzeugung mit hetärischer Geschlechtsverbindung. Beide stehen auf derselben Linie. Haar und Sumpfpflanze werden einander gleichgesetzt.

Der schaffenden und mehrenden Tätigkeit wird eine auflösende und mindernde entgegengesetzt. Zwei Kräfte wirken sich in ewiger Feindschaft entgegen. Zwei Ströme treffen mit gleicher Gewalt aufeinander. Durch ihr gegensätzliches Zusammenwirken wird der Schöpfung ihre ewige Jugendfrische erhalten. Das kleine Ende des Seiles, das zwischen dem schaffenden und dem zerstörenden Prinzip die Mitte hält, ist jene sichtbare Schöpfung, die, in nie rastender Bewegung begriffen, auch in keinem Augenblicke dieselbe bleibt. Dem verglichen, was längst wieder in den finstern Erdschoß zurückgekehrt ist, sinkt das sichtbare Ende zur Bedeutungslosigkeit hinab. Was ist die Zahl der Lebenden neben den unberechenbaren Scharen der Toten? Was die Spanne der jenen zugeteilten Zeit neben den Äonen, welche der flüchtige Augenblick der Gegenwart stets vergrößert? Mit Recht werden darum die Toten die ›Mehrern‹, *plures, pleiones*, genannt... Wer eine Übersicht der ganzen Zeit und alles Seins besitzt, den kann das menschliche Leben unmöglich etwas Großes dünken. Es sinkt vielmehr zu einer während eines kleinen Augenblickes getragenen täuschenden Maske herab. Unter dem Schleier der Jugend liegt die runzlige Stirne der Urmutter verborgen. Was wirklich scheint, ist nicht das Wirkliche, das Werden Gegensatz des Seins. Alle diese Ideen knüpfen sich an den Anblick des kleinen Seil-Endes, das von der Arbeit der Jahrhunderte allein übrig ist …

Die Wahl des Esels zur Darstellung des bösen Prinzips ruht nicht auf freier Erfindung, noch überhaupt auf irgendwelcher Willkür. Sie schließt sich vielmehr der Religionsbedeutung des Tieres an und reicht mit Oknos in jene frühesten Zeiten zurück, aus deren Religionsauffassung die Heiligkeit des Esels hervorgegangen ist. Für Ägypten zumal zeigt die Rolle desselben auf den Oknosbildern eine so vollkommene Übereinstimmung mit der typhonischen Bedeutung, welche ihm das Nilland anweist, daß die Annahme libyschen Ursprungs des Ganzen Bestätigung erhält. Die Verteilung menschlicher und tierischer Bildung auf die beiden Seiten des Symbols wiederholt jene ägyptische Auffassung, welche die tierische Natur schon als solche mit Typhons bösem Prinzip in Verbindung bringt, und nach Plutarchs Bemerkung von dem Götterpaare Isis-Osiris nur die weibliche Potenz in Tiersgestalt darstellt, niemals die männliche. Diese Erscheinung zeigt, daß zwischen dem auflösenden Prinzip und der Weiblichkeit eine innere Verbindung besteht, wie sie in der ›Eselin‹ (*theleia onos*) ihre bildliche Darstellung gefunden hat.

Die Erläuterung der einzelnen Bestandteile des Campanaschen Oknosbildes ist jetzt vollendet. Die Bedeutung, welche wir gleich eingangs unserer Darstellung hervorhoben, hat sich nach allen Seiten hin bestätigt. Die entgegengesetzte Tätigkeit des seilflechtenden Greises und der nagenden Eselin ist die Darstellung eines Natursymbols, dessen Inhalt jetzt nicht mehr rätselhaft sein kann. Was seine Bedeutung erhöht, liegt darin, daß nicht irgendeine einzelne Seite des tellurischen Lebens aufgefaßt und sinnbildlich verkörpert wurde, daß vielmehr das Grundgesetz, das alles Naturleben beherrscht und über der ganzen sichtbaren Schöpfung waltet, seinen einfachen und völlig verständlichen Ausdruck erhalten hat. Das Erdleben erscheint hier in seiner ewigen

Wandlung, einem Strome vergleichbar, der unruhig aus seiner Quelle hervorbricht, die Bewegung zu seinem innersten Prinzipe hat, und durch jeden Schritt dem Ozeane, in dem er verschwinden soll, entgegengeführt wird. Die Vergänglichkeit alles sublunarischen Daseins ist der höchste Gedanke, der uns entgegentritt.

Und doch ist dies nicht der letzte Gedanke, welcher die Aufnahme des Oknosbildes in den Gräbern der Alten hervorrief. Ein anderer viel höherer verbindet sich mit ihm. Es tritt uns ein Gegensatz vor die Seele, welcher einer ganz neuen Ordnung von Ideen angehört und ganz neue Betrachtungen in sich schließt.

In der bisherigen Darstellung hat nur der ursprüngliche Inhalt des Oknossymbols Erläuterung gefunden. Seine Aufnahme in die Gräberwelt und die Verbindung, in welcher es hier erscheint, blieb völlig unberücksichtigt. Diese nun hat dem ursprünglichen Religionsgedanken eine ganz neue, unerwartete Wendung gegeben. Oknos erscheint in der Reihe der großen Büßer des Hades. Ixion, Tantalos, die Danaïden sind seine Genossen. Die Schrecken der Unterwelt umgeben ihn. Er selbst erscheint als ihr Opfer. Nie endende Mühe und Pein bildet sein und seiner Gefährten Los. Der einzige Gedanke, den des Bildes Anblick erregt, ist Strafe und Buße am Ufer des unterirdischen ächzenden Stromes ewiger Leiden. Dem ursprünglichen Sinne, den wir oben erläuterten, bleibt jede solche Idee fremd. Von Buße und Pein keine Rede, nichts von Schrecken der Unterwelt, keine Tat, welche sie zu rechtfertigen vermöchte. In dem unverwandten Fleiße des Greises trat vielmehr eine den Sterblichen wohlwollende Gesinnung und die Natur des lebenzeugenden, lebenerhaltenden Agathodaimon hervor, ja im Gegensatz zu der typhonischen Eselin erschien der Greis als Verkörperung des guten Prinzips, das dem dämonisch-vernichtenden ewig den Sieg streitig macht. Ein wahrer Abgrund scheint den Akanthischen Seilflechter von dem büßenden Oknos der römischen Gräber zu trennen.

Der Seilflechter als Symbol (Oknos) 73

Weit entfernt, diese Verschiedenheit zu verkennen, haben wir sie vielmehr in ihrer ganzen Schärfe festzustellen. Wir treten vor eine Erscheinung, die als mythologisches Faktum feststeht, und in der Entwicklung des durchlöcherten Danaïdenfasses ein ganz entsprechendes Analogon findet. Gleich den Danaïden wird Oknos in die Unterwelt verwiesen. Gleich ihnen nimmt er die Natur eines großen Büßers an. Hier wie dort wird der Ausdruck des Segens zum Ausdruck des Fluchs, und wie für die Danaïden jeder Gedanke an ein besonderes Verbrechen verschwindet, so knüpft sich auch Oknos' Strafe und Pein an keine einzelne Untat an. Neben den wasserschöpfenden Mädchen wird der seilflechtende Greis zur Darstellung des hoffnungslosen Lebens und der ebenso hoffnungslosen Zukunft derer, welche die Wohltat der Mysterien von sich stoßen und dem stofflichen Dasein allein anheimfallen. Das ist der höchste und letzte Gedanke, zu dem das Symbol des seilflechtenden Greises erhoben wurde, das auch derjenige, welcher seine Aufnahme in die Gräberwelt leitete und dem Beschauer aus seinem Bilde entgegentrat. Es ist jener höhere Mysteriengedanke, dem sich die Darstellung der unterweltlichen Qualen und Schrecken unterordnet. Es gibt eine Rettung aus den Händen jener finstern Mächte, die mit nie endender Pein den Sterblichen schrecken. Wer durch die Weihe der Mysterien sich den Gott zum Führer wählt, der hat nicht nur auf der stürmischen See, sondern auch im Tode den Sieg über sie davongetragen, wie Herakles über den Hund des Hades, Ödipus über die Sphinx, Orpheus über die Sirenen, deren todbringendem Gesang er den rettenden seiner höhern Weisheit entgegensingt. Nicht was der Tote erwartet, sondern was er überwunden, zeigt der Campanasche Fries der ›Nicht-Eingeweihten‹ (*ton me me-myemenon*), das ist die trostreiche Erklärung, welche über Oknos und der Danaïden Haupt gelesen werden muß. Was in der Lesche von Delphi durch Worte ausgesprochen wird, das stellt in dem Grabe der Porta Latina das Bild des Giebelfeldes dar. Der von dem weisen Chiron im Leierspiele unterrichtete Achill bildet das höhere Glied jenes Gegensatzes, der über der Nachtseite des menschlichen Loses den Einblick in das Lichtreich eröffnet. Mit Wohlgefallen erhebt sich das Auge von den Büßern der finstern Tiefe zu dem weisen Kentaur und seinem wohlgefällig horchenden Zögling, um nach dem Anblick der Schrecken auf dem Bilde des zum Genuß der höchsten ewigen Wonne durchgedrungenen Helden auszuruhn.

Nach der entwickelten Auffassung erscheinen die beiden Bilder der Campanaschen Aedicula als Darstellung zweier Lebensstufen, einer tieferen ohne die Wohltat der Initiation, und der höhern, welcher die Weihen jene in einem zukünftigen Leben verwirklichten bessern Hoffnungen zuteil werden lassen. Derselbe Gegensatz nimmt noch eine andere Gestalt an. Er fällt mit dem Unterschied der stofflich-tellurischen und der unstofflich-solarischen Religionsstufe zusammen. Jene gehört einer niederern, diese einer reinern Auffassung der im Naturleben geoffenbarten Gottheitsnatur, jene einer ursprünglichern, diese einem entwickeltern Bildungsgrade an. Die religiöse Entwicklung des Menschengeschlechts folgt demselben Gesetze, das sich in der Ausbildung des einzelnen Individuums offenbart. Sie schreitet von unten nach oben, von dem Stofflichen zum Seelischen und Geistigen, von dem Formlosen zur Form, von dem Unreinen zum Reinen, von der Finsternis zum Lichte fort. Nach der ältesten orphischen Auffassung findet eine immer vollendetere Darstellung der Göttlichkeit statt, und in der immer größern Vollkommenheit des Geschaffenen kommt auch das schaffende Prinzip in stets wachsender Schönheit zur Offenbarung. Gleich jener mit so manchen Grabmonumenten verbundenen Stufenpyramide erbaut sich die religiöse Entwicklung unseres Geschlechts auf der breiten Basis der rein stofflichen Auffassung so auf, daß sie in allmählicher Erhebung aus der Materie immer mehr himmelanwärts strebt. Der Tellurismus mit seiner Materialität weicht dem höhern solarischen Prinzip, die chthonische Auffassung der Kraft der Anerkennung ihrer uranischen Natur. Über dem Poseidonisch-Plutonischen erhebt sich das apollinische Prinzip des Lichts. Diesem gegenüber erscheint jenes nicht nur als eine unreinere und tiefere Stufe der Göttlichkeit, es nimmt auch vielfältig die Bedeutung einer dem Menschen feindseligen dämonischen Macht an, die nur durch ihre Unterordnung unter das neue höhere Lichtreich dem Sterblichen wieder zum Segen gewendet werden kann. So ist das blutige Recht der Erinnyen Apollons sühnender Göttlichkeit gewichen und zuletzt versöhnt. Der Tellurismus mit all seiner finstern Gewalt hat sich vor dem höhern himmlischen Lichtrecht des Pythiers [Apollon] gebeugt und seine ältren Ansprüche denen des neuen Gottes untergeordnet ... Der gleiche Gedanke verbindet sich mit allen jenen Bildern, welche Polygnot aus der Hadeswelt der Griechen in die delphische Halle übertrug. Über ihnen leuchtet des pythischen Gottes wohltätige reinere Natur um so heller hervor.

Haben wir so in dem Bilde der delphischen Lesche denselben Gedanken erkannt, der den Gegensatz des büßenden Oknos und des apollinischen Achill auf der Aedicula des römischen Grabes beherrscht, so wird es nun leichte Mühe, auch die besondere Wendung, welche der Künstler des Pamfilischen Columbarium der Oknosdarstellung lieh [erste Abbildung unserer Tafel], in ihrer Veranlassung und Bedeutung zu würdigen. In der Abweichung von den übrigen Darstellungen, wie sie uns Schriftsteller und Monumente übereinstimmend zeigen, liegt das besondere Interesse des auf unserer Tafel mitgeteilten Gemäldes. Es überrascht durch die ruhende Haltung, welche es dem Greise leiht. Aufgegeben ist hier jene Arbeit des Seilflechtens, welche wir als den wesentlichsten Zug der Oknosdarstellung fanden. Die tiefe Ruhe, der der Alte sich hingibt, hebt den Gegensatz zu der überlieferten Auffassung recht absichtlich hervor. Sie hat in der liegenden Stellung des Tieres eine nicht weniger bewußte Fortsetzung erhalten. Verschwunden sind aus der Umgebung alle jene Büßer der Unterwelt, die den Beschauer in die Schrecken des Hades einführen. Wie Oknos selbst durch seine Untätigkeit jeden Gedanken an Qual und Strafe ausschließt, so atmet auch die Landschaft, in deren Mitte er sich niedergelassen hat, nur Ruhe und Frieden. Die Stille des Abends scheint den Greis vor sein Gehöfte gelockt zu haben. Hier rastet er von der Arbeit des Tages und gewährt dem Tiere, das seine ländlichen Mühen teilte, das Spiel mit dem Seile. So ist das delphische Vorbild gänzlich aufgegeben und alles geflissentlich zum Gegenteil verkehrt. Welcher Gedanke konnte den Maler zu diesem Verfahren bestimmen?

Es würde unmöglich sein, dafür irgendeine Erklärung oder Rechtfertigung zu finden, wollten wir von der natursymbolischen Bedeutung des Oknosbildes unsern Ausgang nehmen. Für diese ist die Handlung des Seilflechtens so unerläßlich, daß eher alles übrige aufgegeben werden konnte, wenn nur sie ihren Ausdruck fand. Dadurch sind wir genötigt, uns auf ein ganz anderes Gebiet der Erklärung zu begeben und der Bedeutung zu gedenken, welche Oknos den Mysterien gegenüber annahm. Jetzt erhält alles befriedigende Lösung. Der Gedanke des Pamfilischen Bildes erscheint in seiner ganzen Schönheit. Durch die einfachsten Mittel wird eine Ideenwendung hervorgebracht, wie sie dem schriftlichen Ausdruck in gleicher Kürze und bündiger Klarheit unerreichbar wäre. Aus dem büßenden Oknos ist der befreite geworden ... Der bärtige Alte zeigt uns den Initiierten selbst. Die Gestalt hat denselben doppelten Bezug, wie die ganze Darstellung. Sie ruft zugleich den mythologischen Oknos und den für uns namenlosen Eigentümer jenes Gehöftes, das er sterbend verlassen, vor die Seele, und stellt für jenen die endliche Befreiung von seiner Qual, für diesen den Beginn ewiger Ruhe, für beide die siegreiche Kraft der die Schrecken des Todes überwindenden höhern Mysterienmächte vor Augen.

Das ist die letzte Gestalt, welche das Natursymbol des seilflechtenden Greises angenommen hat. Aus einer Darstellung des tellurischen Lebens, und des dieses beherrschenden Gesetzes ist es zuletzt das Sinnbild der höchsten Stufe des

Der Seilflechter als Symbol (Oknos)

menschlichen Daseins geworden. Erst ganz auf den stofflichen Kreislauf beschränkt, führt es jetzt den Blick über dessen Grenzen in das Reich des mit dem leiblichen Untergang beginnenden Lebens. Erst Ausdruck der werdenden, ist es jetzt Bild der seienden Welt. Anfänglich mit dem Gedanken der Vergänglichkeit verschwistert, zeigt es jetzt die Hoffnung wechselloser Zukunft, welche das grobe Gewebe des Leibes ruhig und gleichgültig der nagenden Eselin überlassen mag. Mit der Religion selbst ist Oknos aus den finstern Sumpftiefen in die Lichthöhen emporgestiegen. Er bezeichnet das Tiefste und das Höchste, was die Erde bietet, die ganze Schwäche und die ganze Größe der vergänglichen Kreatur, des Menschen Unterwerfung unter das Gesetz des Todes, und seine Erhabenheit über dasselbe. Das höhere Dasein herrscht vor. Zwei Welten stehen nebeneinander, eine sinnliche und eine übersinnliche. Töricht wäre es, wie Aristoteles in der Metaphysik sich ausdrückt, diese jener aufzuopfern.

> Denn alles ist Trübsal auf der Erd'
> Und wir ruhen nicht aus von den Leiden.
> Was süßer denn dies Leben ist, das birgt
> Umwölkende Nacht vor der Sterblichen Blick.
> Wir lieben nur *dies* mit so heißer Begier,
> Weil hier auf der Erde uns *dieses* erstrahlt,
> Und das andere nie einer erkundete.

Das Mutterrecht

*Eine Untersuchung über die Gynaikokratie der alten Welt
nach ihrer religiösen und rechtlichen Natur*

Vorrede und Einleitung

Die vorliegende Abhandlung bespricht eine geschichtliche Erscheinung, welche von wenigen beachtet, von niemand nach ihrem ganzen Umfange untersucht worden ist. Die bisherige Altertumswissenschaft nennt das *Mutterrecht* nicht. Neu ist der Ausdruck, unbekannt der Familienzustand, welchen er bezeichnet. Die Behandlung eines solchen Gegenstandes bietet neben ungewöhnlichen Reizen auch ungewöhnliche Schwierigkeiten dar. Nicht nur, daß es an irgend erheblichen Vorarbeiten fehlt: die bisherige Forschung hat überhaupt für die Erklärung jener Kulturperiode, der das Mutterrecht angehört, noch nichts geleistet. Wir betreten also ein Gebiet, das die erste Urbarmachung erwartet. Aus den bekanntern Zeiten des Altertums sehen wir uns in frühere Perioden, aus der uns bisher allein vertrauten Gedankenwelt in eine gänzlich verschiedene ältere zurückversetzt. Jene Völker, mit deren Namen der Ruhm antiker Größe ausschließlich verbunden zu werden pflegt, treten in den Hintergrund. Andere, welche die Höhe der klassischen Bildung nie erreichten, nehmen ihre Stelle ein. Eine unbekannte Welt eröffnet sich vor unsern Blicken. Je tiefer wir in sie eindringen, um so eigentümlicher gestaltet sich alles um uns her. Überall Gegensätze zu den Ideen einer entwickeltern Kultur, überall ältere Anschauungen, ein Weltalter selbständigen Gepräges, eine Gesittung, die nur nach ihrem eigenen Grundgesetz beurteilt werden kann. Fremdartig steht das gynaikokratische Familienrecht nicht nur unserm heutigen, sondern schon dem antiken Bewußtsein gegenüber. Fremdartig und seltsamer Anlage erscheint neben dem hellenischen jenes ursprünglichere Lebensgesetz, dem das Mutterrecht angehört, aus welchem es hervorgegangen ist, aus dem es auch allein erklärt werden kann. Es ist der höchste Gedanke der folgenden Untersuchung, das bewegende Prinzip des gynaikokratischen Weltalters darzulegen und ihm sein richtiges Verhältnis einerseits zu tieferen Lebensstufen, anderseits zu einer entwickeltern Kultur anzuweisen. Meine Forschung setzt sich also eine viel umfassendere Aufgabe, als der für sie gewählte Titel anzuzeigen scheint. Sie verbreitet sich über alle Teile der gynaikokratischen Gesittung, sucht die einzelnen Züge derselben und dann den Grundgedanken, in welchem sie sich vereinigen, zu ermitteln und so das Bild einer durch die nachfolgende Entwicklung des Altertums zurückgedrängten oder völlig überwundenen Kulturstufe kenntlich wiederherzustellen.

Hoch gesteckt ist das Ziel. Aber nur durch die größte Erweiterung des Gesichtskreises läßt sich wahres Verständnis erreichen und der wissenschaftliche Gedanke zu jener Klarheit und Vollendung hindurchführen, welche das Wesen der Erkenntnis bildet. Ich will es versuchen, Entwicklung und Umfang meiner Gedanken übersichtlich darzustellen und so das Studium der folgenden Abhandlung vorzubereiten und zu erleichtern.

Von allen Berichten, welche über das Dasein und die innern Anlagen des Mutterrechts Zeugnis ablegen, sind die auf das lykische Volk bezüglichen die klarsten und wertvollsten. Die Lykier, berichtet Herodot, benannten ihre Kinder nicht wie die Hellenen nach den Vätern, sondern ausschließlich nach den Müttern, hoben in allen genealogischen Angaben nur die mütterliche Ahnenreihe hervor und beurteilten den Stand der Kinder ausschließlich nach dem der Mutter.

Nikolaos von Damaskus ergänzt diese Angabe durch die Hervorhebung der ausschließlichen Erbberechtigung der Töchter, welche er auf das lykische Gewohnheitsrecht, das ungeschriebene, nach Sokrates' Definition von der Gottheit selbst gegebene Gesetz zurückführt. Alle diese Gebräuche sind Äußerungen einer und derselben Grundanschauung. Erblickt Herodot in ihnen nichts weiter als eine sonderbare Abweichung von den hellenischen Sitten, so muß dagegen die Beobachtung ihres innern Zusammenhangs zu einer tiefern Auffassung hinführen. Nicht Regellosigkeit, sondern System, nicht Willkür, sondern Notwendigkeit tritt uns entgegen, und da jeder Einfluss einer positiven Gesetzgebung ausdrücklich in Abrede gestellt wird, so verliert die Annahme einer bedeutungslosen Anomalie den letzten Schein der Berechtigung. Dem hellenisch-römischen Vaterprinzip tritt ein in seiner Grundlage wie in seiner Ausbildung völlig entgegengesetztes Familienrecht zur Seite, und durch die Vergleichung beider werden die Eigentümlichkeiten eines jeden in noch helleres Licht gestellt. Bestätigung erhält diese Auffassung durch die Entdeckung verwandter Anschauungen anderer Völker. Der ausschließlichen Erbberechtigung der Töchter nach lykischem Rechte entspricht die ebenso ausschließliche Alimentationspflicht der Töchter gegenüber bejahrten Eltern nach ägyptischem Gebrauche, wofür Diodor Zeugnis ablegt. Scheint diese Bestimmung den Ausbau des lykischen Systems zu vollenden, so führt uns eine von Strabon erhaltene Nachricht über die Kantabrer noch zu einer weitern Konsequenz derselben Grundanschauung: zu der Elokation und Dotierung der Brüder durch die Schwestern.

Wenn alle diese Züge sich in einem gemeinsamen Gedanken vereinigen, so enthalten sie überdies eine Belehrung ganz allgemeiner Bedeutung. Durch sie wird die Überzeugung begründet, daß das Mutterrecht keinem bestimmten Volke, sondern einer Kulturstufe angehört, daß es mithin infolge der Gleichartigkeit und Gesetzmäßigkeit der menschlichen Natur durch keine volkliche Verwandtschaft bedingt oder begrenzt sein kann, daß endlich weniger die Gleichheit der einzelnen Äußerungen als vielmehr die Übereinstimmung der Grundanschauung ins Auge gefaßt werden muß. Der Reihe der allgemeinen Gesichtspunkte fügt die Betrachtung der polybianischen Nachrichten über die hundert durch Muttergenealogie ausgezeichneten Adelshäuser der epizephyrischen Lokrer noch zwei weitere, innerlich zusammenhängende, deren Richtigkeit und Bedeutung sich im Laufe der Untersuchung besonders bewährt, hinzu. Das Mutterrecht gehört einer frühern Kulturperiode als das Paternitätssystem; seine volle und ungeschmälerte Blüte geht mit der siegreichen Ausbildung des letztern dem Verfall entgegen. In Übereinstimmung hiemit zeigen sich gynaikokratische Lebensformen vorzüglich bei jenen Stämmen, die den hellenischen Völkern als ältere Geschlechter gegenüberstehen; sie sind ein wesentlicher Bestandteil jener ursprünglichen Kultur, deren eigentümliches Gepräge mit dem Prinzipat des Muttertums ebenso enge zusammenhängt, als das des Hellenismus mit der Herrschaft der Paternität.

Diese einer geringen Zahl von Tatsachen entnommenen Grundsätze erhalten im Laufe der Untersuchung durch eine Menge immer reichlicher zuströmender Erscheinungen unumstößliche Gewißheit. Führen uns die Lokrer zu den Lelegern, so schließen sich diesen bald die Karer, Aitoler, Pelasger, Kaukoner, Arkader, Epeier, Minyer, Teleboier an, und bei allen tritt das Mutterrecht und die darauf beruhende Gesittung in einer großen Mannigfaltigkeit einzelner Züge hervor. Die Erscheinung weiblicher Macht und Größe, deren Betrachtung schon bei den Alten Staunen erregte, gibt jedem der einzelnen Volksgemälde, so eigentümlich auch im übrigen seine Färbung sein mag, doch durchweg denselben Charakter altertümlicher Erhabenheit und einer von der hellenischen Kultur durchaus verschiedenen Ursprünglichkeit. Wir erkennen den Grundgedanken, dem das genealogische System der Naupaktien, Eoien, Kataloge folgt, dem die Verbindung unsterblicher Mütter mit sterblichen Vätern, die Hervorhebung des mütterlichen Gutes, des mütterlichen Namens, der Innigkeit des mütterlichen Geschwistertums entspringt, auf dem endlich die Benennung Mutterland, die größere Heiligkeit weiblicher Opfer, vornehmlich die Unsühnbarkeit des Muttermords beruht.

Hier, wo es sich nicht um die Angabe des einzelnen, sondern um die Hervorhebung umfassender Gesichtspunkte handelt, muß die Bedeutung der mythischen Tradition für unsere Untersuchung besonders betont werden. Die vorzugsweise Verbindung des Mutterrechts mit den ältesten Stämmen der griechischen Welt bringt es mit sich, daß gerade jene erste Form der Überlieferung für die Kenntnis der Gynaikokratie besondere Wichtigkeit gewinnt, und ebenso läßt sich von vorneherein erwarten, daß die Stellung des Mutterrechts im Mythus der hohen Bedeutung, welche dasselbe als Mittelpunkt einer ganzen Kultur im Leben behauptet, entspreche. Um so dringender tritt die Frage an uns heran, welche Bedeutung wir auf unserm Gebiete jener Urform menschlicher Überlieferung beizulegen, welchen Gebrauch wir von ihren Zeugnissen zu machen berechtigt sind? Die Antwort hierauf soll durch die Betrachtung eines einzelnen dem lyrischen Sagenkreise angehörenden Beispieles vorbereitet werden.

Neben dem völlig historischen Zeugnisse Herodots bietet die mythische Königsgeschichte einen Fall mütterlicher Erbrechtsvermittlung dar. Nicht die Söhne Sarpedons, sondern Laodameia, die Tochter, ist erbberechtigt, und überträgt das Reich auf ihren Sohn, der die Oheime ausschließt. Eine Erzählung, die Eustath mitteilt, gibt diesem Erbsystem einen symbolischen Ausdruck, in welchem die Grundidee des Mutterrechts in ihrer sinnlichen Geschlechtlichkeit zu erkennen ist. Wären uns nun die Zeugnisse Herodots und des Nikolaos verloren, so würde die herrschende Betrachtungsweise die Erzählung des Eustath zuerst durch den Einwand zu entkräften suchen, daß ihre Echtheit sich durch keine ältern oder wohl gar gleichzeitigen Quellen dartun lasse; dann würde ihre Rätselhaftigkeit selbst als Beweis der Erfindung durch irgendeinen albernen Mythographen geltend gemacht, und zuletzt diejenige Tatsache, um welche sich der Mythus wie die Schale um ihren Kern angesetzt hat, umgekehrt als aus dem Mythus abstrahiert, mithin rückwärts aus ihm gedichtet dargestellt, und als wertloser Kehricht jenen unbrauchbaren Notizen zugewiesen, deren täglich wachsende Zahl den zerstörenden Fortschritt der sogenannten kritischen Sichtung des überlieferten Materials bekundet. Die Vergleichung des mythischen mit den historischen Berichten stellt die ganze Verkehrtheit dieses Verfahrens in ihr hellstes Licht. Bewahrheitet durch die Probe geschichtlich feststehender Tatsachen, wird die mythische Tradition als echtes, von dem Einfluß frei schaffender Phantasie durchaus unabhängiges Zeugnis der Urzeit anerkannt, Laodameias Vorzug vor den Brüdern für sich allein schon als hinreichende Beglaubigung des lykischen Mutterrechts betrachtet werden müssen. Es läßt sich kaum ein dem gynaikokratischen System angehörender Zug entdecken, welchem es an einer ähnlichen Wahrheitsprobe fehlte, kann diese auch nicht immer der Geschichte desselben Volks entnommen werden. Ja selbst der Gesamtcharakter, den die gynaikokratische Kultur trägt, entbehrt einer solchen Parallele keineswegs: Beides die Folge der wenigstens teilweisen Erhaltung des Mutterrechts bis in späte Zeiten. In mythischen und streng historischen Traditionen begegnen uns die Besonderheiten desselben Systems in übereinstimmender Weise. Erscheinungen der ältesten Zeit und Erscheinungen späterer, zuweilen sehr neuer Perioden treten nebeneinander, überraschen durch ihren Einklang und lassen die weiten Zwischenräume, die sie scheiden, ganz vergessen. Welchen Einfluß dieser Parallelismus auf die ganze Betrachtungsweise der mythischen Tradition ausüben muß, wie er den Standpunkt, den die heutige Forschung ihr gegenüber einnimmt, unhaltbar macht, und jener ohnehin so schwankenden Unterscheidung historischer und vorhistorischer Zeiten gerade für den wichtigsten Teil der Geschichte, die Kenntnis der alten *Anschauungen* und Zustände, jede Berechtigung entzieht, bedarf keiner weitern Darlegung.

Die mythische Überlieferung, so beantwortet sich nun die oben aufgeworfene Frage, erscheint als der getreue Ausdruck des Lebensgesetzes jener Zeiten, in welchen die geschichtliche Entwicklung der alten Welt ihre Grundlagen hat, als die Manifestation der ursprünglichen Denkweise, als unmittelbare historische Offenbarung, folglich als wahre, durch hohe Zuverlässigkeit ausgezeichnete Geschichtsquelle. Laodameias Vorzug vor ihren Brüdern führt Eustath zu der Bemerkung, eine solche Begünstigung der Töchter vor den Söhnen widerspreche den hellenischen Anschauungen durchaus. Diese Äußerung verdient um so mehr Beachtung, je jünger die Quelle ist, in der wir ihr begegnen. Unähnlich den Vertretern der heutigen Kritik, läßt sich der gelehrte Byzantiner durch das Anomale, das ihm die Sage zu enthalten scheint, zu keiner Verdächtigung, noch weniger zu einer Änderung des Überlieferten verleiten. Diese prüfungslose, gläubige Unterordnung unter die Tradition, oft als gedankenloses Nachschreiben getadelt, bildet die beste Bürgschaft der Zuverlässigkeit selbst später Berichte. Auf allen Gebieten der Altertumsforschung herrscht dieselbe Treue und Genauigkeit in Festhaltung und Fortpflanzung der Überlieferung, dieselbe Scheu, an die Reste der Vorwelt frevelnde Hand anzulegen. Ihr verdanken wir die Möglichkeit, die innere Anlage der ältesten Zeit mit Sicherheit zu erkennen, und die Geschichte der menschlichen Gedankenwelt bis in jene Anfänge zu verfolgen, aus welchen die spätere Entwicklung hervorgegangen ist. Je geringer der Hang zu Kritik und subjektiver Kombination, um so größer die Zuverlässigkeit, um so ferner die Gefahr der Fälschung.

Für das Mutterrecht bietet der Mythus noch eine weitere Bürgschaft der Echtheit dar. Der Gegensatz desselben zu den Ideen der spätern Zeit ist ein so tiefer und durchgreifender, daß unter der Herrschaft der letztern eine Erdichtung gynaikokratischer Erscheinungen nicht stattfinden konnte. Das System der Paternität folgt einer Anschauung, der das ältere

Recht als Rätsel erschien, die mithin keinem einzigen Zuge des mutterrechtlichen Systems Entstehung zu geben fähig war. Laodameias Vorzugsrecht kann unter dem Einfluß der hellenischen Ideen, denen es widerspricht, unmöglich erfunden worden sein, und gleiches gilt von den unzähligen Spuren derselben Lebensform, die in die Urgeschichte aller alten Völker, Athen und Rom, diese beiden entschiedensten Vertreter der Paternität, nicht ausgenommen, verwoben sind. Jede Zeit folgt unbewußt, selbst in ihren Dichtungen, den Gesetzen des eigenen Lebens. Ja, so groß ist die Gewalt, welche die letztern ausüben, daß sich der natürliche Hang, das Abweichende früherer Zeit nach neuem Gepräge umzugestalten, stets geltend machen wird. Die gynaikokratischen Traditionen sind diesem Schicksal nicht entgangen. Wir werden zahlreichen Fällen begegnen, in welchen die Rückwirkung der spätern Anschauungen auf die Reste der frühern und die Folgen der Versuchung, das Unverständliche durch Verständliches im Geschmacke der eigenen Kultur zu ersetzen, in sehr merkwürdigen Äußerungen zutage tritt. Alte Züge werden durch neue verdrängt, die hehren Gestalten der gynaikokratischen Vorwelt den Zeitgenossen im Geiste ihres eigenen Daseins vorgeführt, harte Äußerungen in milderm Lichte dargestellt, mit dem Rechte auch Gesinnung, Motive, Leidenschaft nach dem jetzt herrschenden Standpunkte beurteilt. Nicht selten steht Neues und Altes unvermittelt nebeneinander; anderwärts zeigt sich dasselbe Faktum, dieselbe Person in der doppelten Auffassung der frühern und der spätern Welt, dort schuldlos, hier verbrecherisch, dort voll Erhabenheit und Würde, hier ein Gegenstand des Abscheus, dann Ursache der Palinodie [Widerrufung]. In andern Fällen weicht die Mutter dem Vater, die Schwester dem Bruder, der nun statt jener oder wechselnd mit ihr in die Sage eintritt, die weibliche Benennung der männlichen, mit *einem* Worte: die Konsequenz der mütterlichen Auffassung den Forderungen der ausgebildeten Paternitäts-Theorie. Also weit entfernt im Geiste einer überwundenen, untergegangenen Kultur zu dichten, wird die spätere Zeit vielmehr die Herrschaft der eigenen Ideen auf Tatsachen und Erscheinungen, die ihr fremdartig gegenüberstehen, zu erstrecken bestrebt sein. Für die Echtheit aller mythischen Spuren des gynaikokratischen Weltalters liegt hierin die höchste Gewähr. Sie haben die Kraft vollkommen zuverlässiger Beweise. In denjenigen Fällen, welche dem umgestaltenden Einfluß der Nachwelt sich nicht zu entziehen vermochten, enthält der Mythus eine Quelle noch reicherer Belehrung. Da die Änderungen viel häufiger aus unbewußtem Nachgeben an die Zeitideen, nur selten und ausnahmsweise aus bewußter Feindseligkeit gegen das Alte entspringen, so wird die Sage in ihren Wandlungen der lebendige Ausdruck der Entwicklungsstufen des Volks, denen sie gleichen Schrittes zur Seite geht, und für den fähigen Beobachter das getreue Spiegelbild aller Perioden des Lebens. Die Stellung, welche die folgende Untersuchung der mythischen Tradition gegenüber einnimmt, wird jetzt, so hoffe ich, ebenso klar als gerechtfertigt erscheinen. Der Reichtum der Ergebnisse aber, zu welchen sie hinführt, kann nur aus der Prüfung des einzelnen erkannt werden. Unsere moderne historische Forschung, in einseitiger Ausschließlichkeit auf die Ermittlung der Ereignisse, Persönlichkeiten, Zeitverhältnisse gerichtet, hat durch die Aufstellung des Gegensatzes zwischen geschichtlicher und mythischer Zeit und die ungebührliche Ausdehnung der letztern der Altertumswissenschaft eine Bahn angewiesen, auf welcher tieferes und zusammenhängendes Verständnis nicht zu erlangen ist. Wo immer wir mit der Geschichte in Berührung treten, sind die Zustände derart, daß sie frühere Stufen des Daseins voraussetzen: nirgends Anfang, überall Fortsetzung, nirgends bloße Ursache, immer zugleich schon Folge. Das wahrhaft wissenschaftliche Erkennen besteht nun nicht nur in der Beantwortung der Frage nach dem Was? Seine Vollendung erhält es erst dann, wenn es das Woher? zu entdecken vermag, und damit das Wohin? zu verbinden weiß. Zum Verstehen wird das Wissen nur dann erhoben, wenn es Ursprung, Fortgang und

Ende zu umfassen vermag. Der Anfang aller Entwicklung aber liegt in dem Mythus. Jede tiefere Erforschung des Altertums wird daher unvermeidlich zu ihm zurückgeführt. Er ist es, der die Ursprünge in sich trägt, er allein, der sie zu enthüllen vermag. Die Ursprünge aber bedingen den spätern Fortschritt, geben der Linie, die dieser befolgt, für immer ihre Richtung. Ohne Kenntnis der Ursprünge kann das historische Wissen nie zu innerm Abschluß gelangen. Jene Trennung von Mythus und Geschichte, wohlbegründet sofern sie die Verschiedenheit der Ausdrucksweise des Geschehenen in der Überlieferung bezeichnen soll, hat also gegenüber der Kontinuität der menschlichen Entwicklung keine Bedeutung und keine Berechtigung. Sie muß auf dem Gebiete unserer Forschung durchaus aufgegeben werden, der ganze Erfolg der Untersuchung hängt wesentlich hiervon ab. Die Gestaltungen des Familienrechts in den bekanntern Zeiten des Altertums sind keine ursprünglichen Zustände, vielmehr Folgen vorausgegangener älterer Lebensstufen. Für sich allein betrachtet, erscheinen sie nur in ihrer Wirklichkeit, nicht in ihrer Kausalität, sie sind isolierte Tatsachen, als solche aber höchstens Gegenstand des Wissens, nie des Verständnisses. Das römische Paternitätssystem weist durch die Strenge, mit welcher es auftritt, auf ein früheres, das bekämpft und zurückgedrängt werden soll, hin. Das hohe, mit der Reinheit apollinischer Natur bekleidete Vatertum in der Stadt der mutterlosen Zeustochter Athene erscheint nicht minder als die Spitze einer Entwicklung, deren erste Stufen einer Welt ganz verschiedener Gedanken und Zustände angehört haben müssen. Wie sollen wir nun das Ende verstehen, wenn uns die Anfänge ein Rätsel sind? Wo lassen sich aber diese erkennen? Die Antwort ist nicht zweifelhaft. In dem Mythus, dem getreuen Bilde der ältesten Zeit: entweder hier oder nirgends. Das Bedürfnis des zusammenhängenden Wissens hat nicht selten zu dem Versuche geführt, durch Gebilde philosophischer Spekulation der Sehnsucht nach Kenntnis der Ursprünge einige Befriedigung zu gewähren, und die großen Lücken, die das

System der Zeiten darbietet, mit den Schattengestalten eines abstrakten Verstandesspieles auszufüllen. Sonderbarer Widerspruch, um der Dichtung willen den Mythus verwerfen, und zugleich den eigenen Utopien so vertrauensstark sich überlassen! Die folgende Untersuchung wird alle Verlockungen dieser Art sorgsam meiden. Behutsam, ja vielleicht zu ängstlich dem Festlande nachsteuernd, allen Krümmungen und Buchten des Ufers folgend, meidet sie die hohe See, ihre Gefahren und Zufälle. Wo keine frühern Erfahrungen zu Gebote stehen, ist vor allem das einzelne zu prüfen. Nur der Reichtum des Details bietet die nötigen Vergleichungen, befähigt durch diese zur Unterscheidung des Wesentlichen von dem Zufälligen, des gesetzmäßigen Allgemeinen von dem Lokalen; nur er gibt die Mittel an die Hand, zu immer umfassendern Gesichtspunkten emporzusteigen. Man hat es dem Mythus zum Vorwurf gemacht, daß er dem beweglichen Sande gleiche und nirgends festen Fuß zu fassen gestatte. Aber dieser Tadel trifft nicht die Sache, sondern die Behandlungsweise. Vielgestaltig und wechselnd in seiner äußern Erscheinung, folgt der Mythus dennoch bestimmten Gesetzen, und ist an sichern und festen Resultaten nicht weniger reich als irgendeine andere Quelle geschichtlicher Erkenntnis. Produkt einer Kulturperiode, in welcher das Völkerleben noch nicht aus der Harmonie der Natur gewichen ist, teilt er mit dieser jene unbewußte Gesetzmäßigkeit, welche den Werken freier Reflexion stets fehlt. Überall System, überall Zusammenhang, in allen Einzelheiten Ausdruck eines großen Grundgesetzes, das in dem Reichtum seiner Manifestationen die höchste Gewähr innerer Wahrheit und Naturnotwendigkeit besitzt. Die gynaikokratische Kultur zeigt die Einheitlichkeit eines herrschenden Gedankens in besonders hohem Grade. Alle ihre Äußerungen sind aus einem Gusse, tragen das Gepräge einer in sich selbst abgeschlossenen Entwicklungsstufe des menschlichen Geistes. Der Prinzipat des Muttertums in der Familie kann als vereinzelte Erscheinung nicht gedacht werden. Eine Gesittung, wie sie die Blüte des Hellenismus in sich schließt, ist mit ihm unvereinbar. Derselbe Gegensatz, der das Prinzip der Paternität und das des Mutterrechts beherrscht, muß notwendig die ganze Lebensgestaltung, die jedes der beiden Systeme umgibt, durchdringen.

Die erste Beobachtung, in welcher sich diese Folgerichtigkeit der gynaikokratischen Gedankenwelt bewährt, liegt in dem Vorzug der linken vor der rechten Seite. Das Links gehört der weiblichen leidenden, das Rechts der männlichen tätigen Naturpotenz. Die Rolle, welche die linke Isishand in dem vorzugsweise dem Mutterrecht huldigenden Nillande spielt, genügt, um den hervorgehobenen Zusammenhang klarzumachen. Andere Tatsachen strömen dann in großer Anzahl herbei und sichern ihm seine ganze Wichtigkeit, Universalität, Ursprünglichkeit und Unabhängigkeit von dem Einfluß philosophischer Spekulation. In Sitten und Gebräuchen des bürgerlichen und des kultlichen Lebens, in Eigentümlichkeiten der Kleidung wie der Haartracht, nicht weniger in der Bedeutung einzelner Ausdrücke wiederholt sich stets dieselbe Idee, der *major honos laevarum partium*, die ›höhere Würde der linken Seite‹, und ihre innere Verbindung mit dem Mutterrecht. Keine geringere Bedeutung hat eine zweite Äußerung desselben Grundgesetzes, der Prinzipat der Nacht über den aus ihrem Mutterschoße hervorgehenden Tag. Der gynaikokratischen Welt würde das entgegengesetzte Verhältnis völlig zuwiderlaufen. Schon die Alten stellen den Vorzug der Nacht mit dem des Links und beide mit dem Prinzipat des Muttertums auf eine Linie, und auch hier zeigen uralte Sitten und Gebräuche, die Zeitrechnung nach Nächten, die Wahl der Nachtzeit zum Kampfe, zur Beratung, zum Rechtsprechen, die Bevorzugung des Dunkels bei kultlichen Übungen, daß wir es nicht mit abstrakten philosophischen Gedanken später Entstehung, sondern mit der Realität einer ursprünglichen Lebensweise zu tun haben. Weitere Verfolgung desselben Gedankens läßt die kultliche Auszeichnung des Mondes vor der Sonne, der empfangenden Erde vor dem befruchtenden Meere, der finstern Todesseite des Naturlebens vor der lichten des Werdens, der Verstorbenen vor den Lebenden, der Trauer vor der Freude als notwendige Eigentümlichkeit der vorzugsweise mütterlichen Weltperiode von ferne erkennen, und alle diese Züge erhalten im Laufe der Untersuchung immer neue Bewahrheitung und immer tiefgehendere Bedeutung.

Schon steht eine Gedankenwelt vor uns, in deren Umgebung das Mutterrecht nicht mehr als eine fremdartige, unbegreifliche Lebensform, vielmehr als homogene Erscheinung auftritt. Doch bietet das Gemälde der Lücken und dunkeln Stellen noch gar manche dar. Aber es ist die eigentümliche Kraft jeder tiefer begründeten Wahrnehmung, daß sie schnell alles Verwandte in ihren Kreis zieht und von dem offener Darliegenden auch zu dem Verborgenen den Weg zu finden weiß. Leise Fingerzeige der Alten sind dann oft genügend, neue Blicke zu eröffnen. Die Auszeichnung des Schwesterverhältnisses und die der jüngsten Geburt bieten sich als belehrende Beispiele dar. Beide gehören dem Mutterprinzipe des Familienrechts, beide sind geeignet, den Grundgedanken desselben in neuen Verzweigungen nachzuweisen. Die Bedeutung des Schwesterverhältnisses wird eröffnet durch eine Bemerkung des Tacitus über die germanische Auffassung desselben, und eine entsprechende Mitteilung des Plutarch über römische Gebräuche beweist, daß wir es auch hier nicht mit einer zufälligen, lokalen Anschauung, sondern mit der Konsequenz eines generellen Grundgedankens zu tun haben. Die Auszeichnung der Jüngstgeburt hinwieder findet in Philostrats Heroengeschichte, einem wenn auch späten, doch für die Aufklärung der ältesten Ideen höchst wichtigen Werke, die allgemeinste Anerkennung. Beide Züge umgeben sich bald mit einer großen Zahl einzelner Beispiele, die, teils der mythischen Tradition, teils geschichtlichen Zuständen alter oder noch lebender Völker entnommen, zugleich ihre Universalität und ihre Ursprünglichkeit beweisen. Welcher Seite des gynaikokratischen Gedankens die eine und die andere

Erscheinung sich anschließt, ist nicht schwer zu erkennen. Die Auszeichnung der Schwester vor dem Bruder leiht jener der Tochter vor dem Sohne nur einen neuen Ausdruck, die der Jüngstgeburt knüpft die Fortdauer des Lebens an denjenigen Zweig des Mutterstammes an, der, weil zuletzt entstanden, auch zuletzt von dem Tode erreicht werden wird. Brauch' ich nun es anzudeuten, welche neue Aufschlüsse diese neuen Wahrnehmungen vorbereiten? Wie die Beurteilung des Menschen nach den Gesetzen des Naturlebens, die zu der Vorliebe für den Trieb des jüngsten Frühlings führt, mit dem lykischen Gleichnis von den Blättern der Bäume übereinstimmt, wie sie uns das Mutterrecht selbst als das Gesetz des stofflich-leiblichen, nicht des geistigen höhern Lebens, die gynaikokratische Gedankenwelt überhaupt als den Ausfluss der mütterlich-tellurischen, nicht der väterlich-uranischen Betrachtungsweise des menschlichen Daseins darstellt?

Oder ist es andererseits nötig, darauf aufmerksam zu machen, wie viele Aussprüche der Alten, wie viele Erscheinungen gynaikokratischer Staaten durch den von Tacitus mitgeteilten germanischen Gedanken von der weitergreifenden Wirkung des in der Schwester liegenden Familienverbandes dem Verständnis eröffnet und zur Verwendung für den Ausbau unsers Werkes geschickt gemacht werden? Die größere Liebe zu der Schwester führt uns in eine der würdigsten Seiten des auf den mütterlichen Prinzipat gegründeten Daseins ein. Haben wir zuerst die rechtliche Seite der Gynaikokratie hervorgehoben, so treten wir jetzt mit ihrer moralischen Bedeutung in Berührung. Hat uns jene durch den Gegensatz zu dem, was wir als das natürliche Familienrecht zu betrachten gewohnt sind, überrascht, und durch ihre anfängliche Unbegreiflichkeit gequält, so findet dagegen diese in einem keiner Zeit fremden natürlichen Gefühle einen Anklang, der ihr das Verständnis gleichsam von selbst entgegenträgt. Auf den tiefsten, düstersten Stufen des menschlichen Daseins bildet die Liebe, welche die Mutter mit den Geburten ihres Leibes verbindet, den Lichtpunkt des Lebens, die einzige Erhellung der moralischen Finsternis, die einzige Wonne inmitten des tiefen Elends. Beobachtung noch lebender Völker anderer Weltteile hat dadurch, daß sie diese Tatsache von neuem zum Bewußtsein brachte, auch die Bedeutung jener mythischen Traditionen, welche die ersten Philopatores, ›Vaterliebenden‹, nennen und ihre Erscheinung als einen wichtigen Wendepunkt der menschlichen Gesittung hervorheben, in ihr richtiges Licht gestellt. Die innige Verbindung des Kindes mit dem Vater, die Aufopferung des Sohnes für seinen Erzeuger verlangt einen weit höheren Grad moralischer Entwicklung als die Mutterliebe, diese geheimnisvolle Macht, welche alle Wesen der irdischen Schöpfung gleichmäßig durchdringt. Später als sie kommt jene zur Geltung, später zeigt sie ihre Kraft. Dasjenige Verhältnis, an welchem die Menschheit zuerst zur Gesittung emporwächst, das der Entwicklung jeder Tugend, der Ausbildung jeder edlern Seite des Daseins zum Ausgangspunkt dient, ist der Zauber des Muttertums, der inmitten eines gewalterfüllten Lebens als das göttliche Prinzip der Liebe, der Einigung, des Friedens wirksam wird. In der Pflege der Leibesfrucht lernt das Weib früher als der Mann seine liebende Sorge über die Grenzen des eigenen Ich auf andere Wesen erstrecken und alle Erfindungsgabe, die sein Geist besitzt, auf die Erhaltung und Verschönerung des fremden Daseins richten. Von ihm geht jetzt jede Erhebung der Gesittung aus, von ihm jede Wohltat im Leben, jede Hingebung, jede Pflege und jede Totenklage. Vielfältig ist der Ausdruck, den diese Idee in Mythus und Geschichte gefunden hat. Ihr entspricht es, wenn der Kreter den höchsten Grad der Liebe zu seinem Geburtslande in dem Worte Mutterland niederlegt, wenn die Gemeinsamkeit des Mutterschoßes als das innigste Band, als das wahre, ursprünglich alleinige Geschwisterverhältnis hervorgehoben wird, wenn der Mutter beizustehen, sie zu schützen, sie zu rächen als die heiligste Pflicht erscheint, ihr Leben zu bedrohen aber auch dann alle Hoffnung auf Sühne verscherzt, wenn die Tat im Dienste des verletzten Vatertums geschehen ist.

Was soll ich mich in weitere Einzelheiten verlieren? Genügen doch diese, um für die moralische Anlage jener Kultur, welcher das Mutterrecht angehört, unsere Teilnahme zu erregen. Wie bedeutsam erscheinen jetzt alle jene Beispiele, in welchen die Treue durch Mütter, durch Schwestern gesichert wird, in welchen Gefahr oder Verlust der Schwestern zur Übernahme großer Mühsale begeistert, in denen endlich Schwesternpaare eine ganz typisch-allgemeine Stellung einnehmen. Aber nicht nur inniger, auch allgemeiner und weitere Kreise umfassend ist die aus dem Muttertum stammende Liebe. Tacitus, der diesen Gedanken in Beschränkung auf das Schwesterverhältnis bei den Germanen andeutet, mag die ganze Bedeutung, die ihm zukommt, und den weiten Umfang, in dem er geschichtlich sich bewahrheitet, kaum überblickt haben. Wie in dem väterlichen Prinzip die Beschränkung, so liegt in dem mütterlichen das der Allgemeinheit; wie jenes die Einschränkung auf engere Kreise mit sich bringt, so kennt dieses keine Schranken, so wenig als das Naturleben. Aus dem gebärenden Muttertum stammt die allgemeine Brüderlichkeit aller Menschen, deren Bewußtsein und Anerkennung mit der Ausbildung der Paternität untergeht. Die auf das Vaterrecht gegründete Familie schließt sich zu einem individuellen Organismus ab, die mutterrechtliche dagegen trägt jenen typisch-allgemeinen Charakter, mit dem alle Entwicklung beginnt, und der das stoffliche Leben vor dem höhern geistigen auszeichnet. Der Erdmutter Demeter sterbliches Bild, wird jedes Weibes Schoß den Geburten des andern Geschwister schenken, das Heimatland nur Brüder und Schwestern kennen, und dies so lange, bis mit der Ausbildung der Paternität die Einheitlichkeit der Masse aufgelöst und das Ununterschiedene durch das Prinzip der Gliederung überwunden wird.

In den Mutterstaaten hat diese Seite des Mutterprinzips vielfältigen Ausdruck, ja selbst rechtlich formulierte Anerkennung gefunden. Auf ihr ruht jenes Prinzip allgemeiner Freiheit und Gleichheit, das wir als einen Grundzug im Leben gynaikokratischer Völker öfter finden werden, auf ihr die Philoxenie [Gastfreundschaft] und entschiedene Abneigung gegen beengende Schranken jeder Art, auf ihr die umfassende Bedeutung gewisser Begriffe, die, wie das römische *paricidium,* erst später den natürlich-allgemeinen Sinn [Ermordung jedes freien Mannes schlechthin] mit dem individuell-beschränkten [Verwandtenmord, da alle Mitglieder des Staates durch ihre gemeinsame Abstammung aus *einer* Mutter Schoß, der Erde, als Verwandte angesehen wurden] vertauschten, auf ihr endlich das besondere Lob der verwandtschaftlichen Gesinnung und einer Sympatheia, die, keine Grenzen kennend, alle Glieder des Volkes gleichmäßig umfaßt. Abwesenheit innerer Zwietracht, Abneigung gegen Unfrieden wird gynaikokratischen Staaten besonders nachgerühmt. Jene großen Panegyrien, an welchen alle Teile des Volks sich im Gefühle der Brüderlichkeit und des gemeinsamen Volkstums freuen, sind bei ihnen am frühesten zur Übung geworden, am schönsten entwickelt. Besondere Strafbarkeit körperlicher Schädigung der Mitmenschen, ja der ganzen Tierwelt tritt nicht weniger charakteristisch hervor, und in Sitten, wie jener der Römerinnen, nicht für die eigenen, sondern für der Schwester Kinder zu der großen Mutter zu flehen, für sie den Gatten zu fordern, in jener der Perser, stets nur für das ganze Volk zu der Gottheit zu beten, der Karer, allen Tugenden die der Sympatheia für Verwandte vorzuziehen, findet jene innere Anlage des Mutterprinzips ihre schönste Übertragung in die Wirklichkeit des Lebens. Ein Zug milder Humanität, den man selbst in dem Gesichtsausdruck der ägyptischen Bildwerke hervortreten sieht, durchdringt die Gesittung der gynaikokratischen Welt und leiht ihr ein Gepräge, in welchem alles, was die Muttergesinnung Segensreiches in sich trägt, wieder zu erkennen ist. Im Lichte saturnischer Harmlosigkeit erscheint uns jenes ältere Menschengeschlecht, das in der Unterordnung seines ganzen Daseins unter das Gesetz der Mütterlichkeit der Nachwelt die Hauptzüge zu dem Gemälde des silbernen Menschenalters lieferte. Wie verständlich wird uns nun in Hesiods Schilderung die ausschließliche Hervorhebung der Mutter, ihrer nie unterbrochenen sorgsamen Pflege und der ewigen Unmündigkeit des Sohnes, der mehr leiblich als geistig heranwachsend, der Ruhe und Fülle, die das Ackerbauleben bietet, bis in sein hohes Alter an der Mutter Hand sich freut; wie entspricht sie jenen Gemälden eines später untergegangenen Glücks, dem die Herrschaft des Muttertums stets zum Mittelpunkt dient, wie sehr jenen *archeia phyla gynaikon* [jenen uralten Frauengeschlechtern], mit welchen auch jeder Friede von der Erde verschwand. Die Geschichtlichkeit des Mythus findet hier eine überraschende Bewahrheitung. Alle Freiheit der Phantasie, alle Fülle poetischer Ausschmückung, mit welcher die Erinnerung sich stets umgibt, haben den historischen Kern der Tradition nicht unkenntlich zu machen, noch den Hauptzug des frühern Daseins und dessen Bedeutung für das Leben in Schatten zu stellen vermocht.

Es möge mir gestattet sein, auf diesem Punkte der Untersuchung einen Augenblick auszuruhen, und die Fortsetzung meiner Ideenentwicklung durch einige allgemeinere Betrachtungen zu unterbrechen. Die konsequente Verfolgung des gynaikokratischen Grundgedankens hat uns das Verständnis einer großen Zahl einzelner Erscheinungen und Nachrichten eröffnet. Rätselhaft in ihrer Isolierung, erhalten sie, wenn verbunden, den Charakter innerer Notwendigkeit. Die Erreichung eines solchen Resultats hängt hauptsächlich von *einer* Vorbedingung ab. Sie verlangt die Fähigkeit des Forschers, den Ideen seiner Zeit, den Anschauungen, mit welchen diese seinen Geist erfüllen, gänzlich zu entsagen und sich in den Mittelpunkt einer durchaus verschiedenen Gedankenwelt zu versetzen. Ohne solche Selbstentäußerung ist auf dem Gebiete der Altertumsforschung ein wahrer Erfolg undenkbar. Wer die Anschauungen späterer Geschlechter zu seinem Ausgangspunkte wählt, wird durch sie von dem Verständnis früherer immer mehr abgelenkt. Die Kluft erweitert sich, die Widersprüche wachsen; wenn dann alle Mittel der Erklärung erschöpft scheinen, bietet sich Verdächtigung und Anzweifelung, am Ende entschiedene Negation als das sicherste Mittel dar, den gordischen Knoten zu lösen. Darin liegt der Grund, warum alle Forschung, alle Kritik unserer Tage so wenig große und dauernde Resultate zu schaffen vermag. Die wahre Kritik ruht nur in der Sache selbst, sie kennt keinen andern Maßstab als das objektive Gesetz, kein anderes Ziel als das Verständnis des Fremdartigen, keine andere Probe als die Zahl der durch ihre Grundanschauung erklärten Phänomene. Wo es der Verdrehungen, Anzweifelungen, Negationen bedarf, da wird die Fälschung stets auf Seite des Forschers, nicht auf jener der Quellen und Überlieferungen, auf welche Unverstand, Leichtsinn, eitle Selbstvergötterung so gerne die eigene Schuld abwälzen, zu suchen sein. Jedem ernsthaften Forscher muß der Gedanke stets gegenwärtig bleiben, daß die Welt, mit der er sich beschäftigt, von derjenigen, in deren Geist er lebt und webt, unendlich verschieden, seine Kenntnis bei der größten Ausdehnung immer beschränkt, seine eigene Lebenserfahrung zudem meist unreif, immer auf die Beobachtung einer unmerklichen Zeitspanne gegründet, das Material aber, das ihm zu Gebote steht, ein Haufe einzelner Trümmer und Fragmente ist, die gar oft, von der einen Seite betrachtet, unecht erscheinen, später dagegen, in die richtige Verbindung gebracht, das frühere voreilige Urteil zuschanden machen. Vom Standpunkt des römischen Vaterrechts ist die Erscheinung der Sabinerinnen inmitten der kämpfenden Schlachtlinien ebenso unerklärlich als die von Plutarch ohne Zweifel aus Varro geschöpfte, echt gynaikokratische Bestimmung des sabinischen Vertrags. Verbunden mit ganz ähnlichen Berichten über gleiche Ereignisse bei alten sowohl als noch lebenden Völkern einer tiefern Kulturstufe und angeschlossen an die Grundidee, auf welcher das Mutterrecht ruht, verliert sie dagegen alle Rätselhaftigkeit und tritt aus der Region poetischer Erfindung, in welche sie das von den Zuständen und Sitten der heutigen Welt geleitete Urteil vorschnell verwiesen, zurück in das Gebiet geschichtlicher Wirklichkeit, auf welchem sie nun als eine ganz natürliche Folge der Hoheit, Unverletzlichkeit und religiösen Weihe des Muttertums ihr Recht behauptet. Wenn in dem hannibalischen Bündnis mit den Galliern der Entscheid der Streitigkeiten den gallischen Matronen anvertraut wird, wenn in so vielen Traditionen der mythischen Vorzeit Frauen entweder einzeln oder zu Kollegien vereint, bald allein, bald neben den Männern richtend auftreten, in Volksversammlungen stimmen, streitenden Schlachtlinien Halt gebieten, den Frieden vermitteln, seine Bedingungen festsetzen, und für des Landes Rettung bald die leibliche Blüte, bald das Leben als Opfer darbringen: Wer wird dann mit dem Argument der Unwahrscheinlichkeit, des Widerspruches gegen alles sonst Bekannte, der Unvereinbarkeit mit den Gesetzen der menschlichen Natur, wie sie uns heute erscheinen, zu kämpfen wagen, oder selbst den dichterischen Glanz, der jene Erinnerungen aus der Urzeit umstrahlt, gegen ihre historische Anerkennung zu Hilfe rufen? Das hieße der Gegenwart die Vorzeit aufopfern, oder, um mit Simonides zu reden, nach Docht und Lampe die Welt umgestalten: es hieße wider Jahrtausende streiten und die Geschichte zum Spielball der Meinungen, der unreifen Früchte eingebildeter Weisheit, zur Puppe der Tagesideen erniedrigen.

Unwahrscheinlichkeit wird eingewendet: aber mit den Zeiten wechseln die Probabilitäten; was mit dem Geiste *einer* Kulturstufe unvereinbar ist, entspricht dem der andern; was dort unwahrscheinlich, gewinnt hier Wahrscheinlichkeit. *Widerspruch gegen alles Bekannte*: aber subjektive Erfahrung und subjektive Denkgesetze haben auf geschichtlichem Gebiet ebensowenig Berechtigung, als die Zurückführung aller Dinge auf die engen Proportionen einer beschränkten Partikulareinsicht jemals zugestanden werden kann.

Ist es nötig, denen, die den dichterischen Schimmer der Urzeit gegen uns anrufen, noch besonders zu antworten? Wer ihn leugnen wollte, würde durch die alte, würde selbst durch die neuere Poesie, welche ihre schönsten und erschütterndsten Stoffe eben jener Vorwelt entlehnt, sogleich zur Stille verwiesen. Gewiß, als hätten Poesie und Plastik um den Preis der Erfindung gewetteifert, besitzt alles Alte, die Urzeit zumal, in hohem Grade die Kraft, der Seele des Betrachters Schwingen zu leihen und seine Gedanken weit über die Alltäglichkeit emporzuheben. Aber diese Eigenschaft ruht in der Beschaffenheit der Sache, bildet einen Bestandteil ihres Wesens, und ist deshalb vielmehr selbst Gegenstand der Nachforschung als Mittel der Anfechtung. Die gynaikokratische Weltperiode ist in der Tat die Poesie der Geschichte. Sie wird dies durch die Erhabenheit, die heroische Größe, selbst durch die Schönheit, zu der sie das Weib erhebt durch die Beförderung der Tapferkeit und ritterlichen Gesinnung unter den Männern, durch die Bedeutung, welche sie der weiblichen Liebe leiht, durch die Zucht und Keuschheit, die sie von dem Jüngling fordert: ein Verein von Eigenschaften, der dem Altertum in demselben Lichte erschien, in welchem unserer Zeit die ritterliche Erhabenheit der germanischen Welt sich darstellt. Wie wir, so fragen die Alten, wo sind jene Frauen, deren untadelige Schönheit, deren Keuschheit und hohe Gesinnung selbst der Unsterblichen Liebe zu erwekken vermochte, hingekommen? Wo die Heroinen, deren Lob Hesiodos, der Dichter der Gynaikokratie, besang? Wo die weiblichen Volksvereine, mit welchen Dike vertraulich sich zu unterhalten liebte? Wo aber auch jene Helden ohne Furcht und ohne Tadel, die, wie der lykische Bellerophon, ritterliche Größe mit tadellosem Leben, Tapferkeit mit freiwilliger Anerkennung der weiblichen Macht verbanden? Alle kriegerischen Völker, bemerkt Aristoteles, gehorchten dem Weibe, und die Betrachtung späterer Weltalter lehrt das gleiche: der Gefahr trotzen, jegliches Abenteuer suchen und der Schönheit dienen, ist ungebrochener Jugendfülle stets vereinigte Tugend. Dichtung, ja Dichtung wird dies alles im Lichte der heutigen Zustände. Aber die höchste Dichtung, schwungreicher und erschütternder als alle Phantasie, ist die

Wirklichkeit der Geschichte. Größere Schicksale sind über das Menschengeschlecht dahingegangen, als unsere Einbildungskraft zu ersinnen vermag. Das gynaikokratische Weltalter mit seinen Gestalten, Taten, Erschütterungen ist der Dichtung gebildeter, aber schwächlicher Zeiten unerreichbar. Vergessen wir es nie: mit der Kraft zur Tat ermattet auch der Flug des Geistes, und die beginnende Fäulnis offenbart sich stets auf allen Gebieten des Lebens zu gleicher Zeit.

Die Grundsätze, nach denen ich verfahre, die Mittel, mit welchen ich einem bisher als dichterisches Schattenreich behandelten Gebiete Aufschlüsse über die frühesten Formen des menschlichen Daseins abzugewinnen suche, haben durch die letzten Bemerkungen, so hoffe ich, neues Licht erhalten. Ich nehme nun die unterbrochene Darstellung der gynaikokratischen Gedankenwelt wieder auf, nicht um mich in den vielfältigen, stets überraschenden Einzelheiten ihrer innern Anlage zu verlieren, vielmehr um sogleich der wichtigsten Erscheinung, derjenigen, in welcher alle übrigen ihren Abschluß und ihre Begründung finden, ungeteilte Aufmerksamkeit zuzuwenden.

Die *religiöse Grundlage* der Gynaikokratie zeigt uns das Mutterrecht in seiner würdigsten Gestalt, bringt es mit den höchsten Seiten des Lebens in Verbindung und eröffnet einen tiefen Blick in die Hoheit jener Vorzeit, welche der Hellenismus nur an Glanz der Erscheinung, nicht an Tiefe und Würde der Auffassung zu übertreffen vermochte. Hier noch mehr als bisher fühle ich den gewaltigen Gegensatz, der meine Betrachtungsweise des Altertums von den Ideen der heutigen Zeit und der durch sie geleiteten modernen Geschichtsforschung scheidet. Der Religion einen tiefgehenden Einfluß auf das Völkerleben einräumen, ihr unter den schöpferischen, das ganze Dasein gestaltenden Kräften den ersten Platz zuerkennen, in ihren Ideen Aufschluß über die dunkelsten Seiten der alten Gedankenwelt suchen, erscheint als unheimliche Vorliebe für theokratische Anschauungen, als Merkmal eines unfähigen, befangenen, vorurteilsvollen Geistes, als beklagenswerter Rückfall in die tiefe Nacht einer düstern Zeit. Alle diese Anklagen habe ich schon erfahren, und noch immer beherrscht mich derselbe Geist der Reaktion, noch immer ziehe ich es vor, auf dem Gebiete des Altertums antik als modern, in seiner Erforschung wahr als den Tagesmeinungen gefällig zu sein, und um das Almosen ihres Beifalls zu betteln. Es gibt nur einen einzigen mächtigen Hebel aller Zivilisation: die Religion. Jede Hebung, jede Senkung des menschlichen Daseins entspringt aus einer Bewegung, die auf diesem höchsten Gebiete ihren Ursprung nimmt. Ohne sie ist keine Seite des alten Lebens verständlich, die früheste Zeit zumal ein undurchdringliches Rätsel. Durch und durch vom Glauben beherrscht, knüpft dieses Geschlecht jede Form des Daseins, jede geschichtliche Tradition an den kultischen Grundgedanken an, sieht jedes Ereignis nur in religiösem Lichte, und identifiziert sich auf das vollkommenste seiner Götterwelt. Daß die gynaikokratische Kultur vorzugsweise dieses hieratische Gepräge tragen muß, dafür bürgt die innere Anlage der weiblichen Natur, jenes tiefe, ahnungsreiche Gottesbewußtsein, das, mit dem Gefühl der Liebe sich verschmelzend, der Frau, zumal der Mutter eine in den wildesten Zeiten am mächtigsten wirkende religiöse Weihe leiht. Die Erhebung des Weibes über den Mann erregt dadurch vorzüglich unser Staunen, daß sie dem physischen Kraftverhältnis der Geschlechter widerspricht. Dem Stärkern überliefert das Gesetz der Natur den Zepter der Macht. Wird er ihm von schwächern Händen entrissen, so müssen andere Seiten der menschlichen Natur tätig gewesen sein, tiefere Gewalten ihren Einfluß geltend gemacht haben.

Es bedarf kaum der Nachhilfe alter Zeugnisse, um diejenige Macht, welche diesen Sieg vorzugsweise errang, zum Bewußtsein zu bringen. Zu allen Zeiten hat das Weib durch die Richtung seines Geistes auf das Übernatürliche, Göttliche, der Gesetzmäßigkeit sich Entziehende, Wunderbare den größten Einfluß auf das männliche Geschlecht, die Bildung und Gesittung der Völker ausgeübt. Die besondere Anlage der Frauen zur Eusebeia [Ehrerbietung, Frömmigkeit], ihren vorzugsweisen Beruf zur Pflege der Gottesfurcht macht Pythagoras zum Ausgangspunkt seiner Anrede an die Krotoniatinnen, und nach Platon hebt es Strabon in einem beachtenswerten Ausspruche hervor, daß von jeher alle Deisidaimonia, ›Götterfurcht‹, von dem weiblichen Geschlecht über die Männerwelt verbreitet, mit dem Glauben jeder Aberglaube von ihm gepflegt, genährt, befestigt worden sei. Geschichtliche Erscheinungen aller Zeiten und Völker bestätigen die Richtigkeit dieser Beobachtung. Wie die erste Offenbarung in so vielen Fällen Frauen anvertraut worden ist, so haben an der Verbreitung der meisten Religionen Frauen den tätigsten, oft kriegerischen, manchmal durch die Macht der sinnlichen Reize geförderten Anteil genommen. Älter als die männliche ist die weibliche Prophetie, ausdauernder in der Treue der Bewahrung, »steifer im Glauben« die weibliche Seele; die Frau, wenn auch schwächer als der Mann, dennoch fähig, zuzeiten sich weit über ihn emporzuschwingen, konservativer insbesondere auf kultlichem Gebiet und in der Wahrung des Zeremoniells. Überall offenbart sich der Hang des Weibes zur steten Erweiterung seines religiösen Einflusses, und jene Begierde nach Bekehrung, welche in dem Gefühl der Schwäche und in dem Stolze der Unterjochung des Stärkern einen mächtigen Antrieb besitzt. Mit solchen Kräften ausgestattet, vermag das schwächere Geschlecht den Kampf mit dem stärkern zu unternehmen und siegreich zu bestehen. Der höhern physischen Kraft des Mannes setzt die Frau den mächtigen Einfluß ihrer religiösen Weihe, dem Prinzip der Gewalt das des Friedens, blutiger Feindschaft das der Versöhnung, dem Haß die Liebe entgegen, und weiß so das durch kein Gesetz gebändigte wilde Dasein der ersten Zeit auf die Bahn jener mildern und freundlichern Gesittung hinüberzuleiten, in deren Mittelpunkt sie nun als die Trägerin des höhern Prinzips, als die Offenbarung des göttlichen Gebots herrschend thront. Hierin wurzelt jene zauberartige Gewalt der weiblichen Erscheinung, welche die wildesten Leidenschaften entwaffnet, kämpfende Schlachtlinien trennt, dem offenbarenden und rechtsverkündenden Ausspruch der Frau Unverbrüchlichkeit sichert, und in allen Dingen seinem Willen das Ansehen des höchsten Gesetzes verleiht. Der Phaiakenkönigin Arete fast gottähnliche Verehrung und die Heilighaltung ihres Wortes wird schon von Eustath als poetische Ausschmückung eines ganz dem Gebiete der Dichtung zugewiesenen Zaubermärchens betrachtet: und dennoch bildet sie keine vereinzelte Erscheinung, vielmehr den vollendeten Ausdruck der ganz auf kultlicher Grundlage ruhenden Gynaikokratie mit allen Segnungen und aller Schönheit, die sie dem Volksdasein mitzuteilen vermochte.

Die innige Verbindung der Gynaikokratie mit dem Religionscharakter des Weibes offenbart sich in vielen einzelnen Erscheinungen. Auf eine der wichtigsten führt uns die lokrische Bestimmung, wonach kein Knabe, sondern nur ein Mädchen die kultliche Verrichtung der Phialephorie [das Tragen der Opferschale] versehen kann. Polybios nennt diese Sitte unter den Beweisen des epizephyrischen Mutterrechts, anerkennt mithin den Zusammenhang derselben mit der gynaikokratischen Grundidee. Das lokrische Mädchenopfer zur Sühne für Aias' Frevel bestätigt den Zusammenhang und zeigt zugleich, welcher Ideenverbindung die allgemeine Sakralbestimmung, daß alle weiblichen Opfer der Gottheit genehmer seien, ihren Ursprung verdankt. Die Verfolgung dieses Gesichtspunktes führt uns zu derjenigen Seite der Gynaikokratie, durch welche das Mutterrecht zugleich seine tiefste Begründung und seine größte Bedeutung erhält. Zurückgeführt auf Demeters Vorbild wird die irdische Mutter zugleich der tellurischen Urmutter sterbliche Stellvertreterin, ihre Priesterin und als Hierophantin [eingeweihte Auslegerin kultlicher Bräuche] mit der Verwaltung ihres Mysteriums betraut. Alle diese Erscheinungen sind aus einem Guß und nichts als verschiedene Äußerungen derselben Kulturstufe. Der Religionsprinzipat des gebärenden Muttertums führt zu dem entsprechenden des sterblichen Weibes, Demeters ausschließliche Verbindung mit Kore zu dem nicht weniger ausschließlichen Sukzessionsverhältnis der Mutter und Tochter, endlich die innere Verbindung des Mysteriums mit den chthonisch-weiblichen Kulten zu der Hierophantie der Mutter, welche hier ihre religiöse Weihe zu dem höchsten Grade der Erhabenheit steigert.

Von diesem Gesichtspunkte aus eröffnet sich ein neuer Blick in die wahre Natur jener Kulturstufe, welcher das mütterliche Vorrecht angehört. Wir erkennen die innere Größe der vorhellenischen Gesittung, welche in der demetrischen Religion, ihrem Mysterium und ihrer zugleich kultlichen und zivilen Gynaikokratie einen von der spätern Entwicklung zurückgedrängten, vielfach verkümmerten Keim der edelsten Anlage besaß. Hergebrachte, seit langer Zeit mit kanonischem Ansehen bekleidete Auffassungen, wie jene von der Roheit der pelasgischen Welt, von der Unvereinbarkeit weiblicher Herrschaft mit kräftiger und edler Volksart, insbesondere von der späten Entwicklung des Mysteriösen in der Religion, werden von dem Throne der Olympier gestoßen, den ihnen wiederzugewinnen eitle Hoffnung sein dürfte. Die edelsten Erscheinungen der Geschichte auf die niedersten Motive zurückzuführen, bildet lange schon eine Lieblingsidee unserer Altertumsforschung. Wie konnte sie das Gebiet der Religion verschonen? Wie den höchsten Teil derselben, die Richtung auf das Übernatürliche, Jenseitige, Mystische in seinem Zusammenhang mit den tiefsten Bedürfnissen der menschlichen Seele anerkennen? Nur Fälschung und Betrug einiger selbstsüchtiger Lügenpropheten vermochte in ihren Augen den durchsichtig klaren Himmel der hellenischen Geisteswelt mit solch düsterm Gewölke zu verdunkeln, nur die Zeit des Verfalls auf solche Abwege zu führen. Aber das Mysteriöse bildet das wahre Wesen jeder Religion, und wo immer das Weib auf dem Gebiete des Kultus und dem des Lebens an der Spitze steht, wird es gerade das Mysteriöse mit Vorliebe pflegen. Dafür bürgt seine Naturanlage, die das

Sinnliche und Übersinnliche stets unlösbar verbindet; dafür seine enge Verwandtschaft mit dem Naturleben und dem Stoffe, dessen ewiger Tod in ihm zuerst das Bedürfnis eines tröstenden Gedankens und durch den tieferen Schmerz auch die höhere Hoffnung erweckt; dafür insbesondere das Gesetz des demetrischen Muttertums, das sich ihm in den Verwandlungen des Saatkorns offenbart, und durch das Wechselverhältnis von Tod und Leben den Untergang als die Vorbedingung höherer Wiedergeburt, als die Verwirklichung des ›höheren Erwerbs der Weihe‹ darstellt.

Was so aus der Natur des Muttertums sich gleichsam von selbst ergibt, wird durch die Geschichte vollkommen bestätigt. Wo immer die Gynaikokratie uns begegnet, verbindet sich mit ihr das Mysterium der chthonischen Religion, mag diese an Demeters Namen sich anknüpfen, oder dem Muttertum in einer andern gleichgeltenden Gottheit Verkörperung leihen. Sehr deutlich tritt die Zusammengehörigkeit beider Erscheinungen in dem Leben des lykischen und epizephyrischen Volkes hervor: zweier Stämme, deren ausnahmsweise langes Festhalten an dem Mutterrecht gerade in der reichen Entwicklung des Mysteriums, wie sie bei ihnen in höchst beachtenswerten, noch nie verstandenen Äußerungen sich kundgibt, seine Erklärung findet. Vollkommen sicher ist der Schluß, zu dem diese historische Tatsache führt. Kann nämlich die Ursprünglichkeit des Mutterrechts und dessen Verbindung mit einer ältern Kulturstufe nicht geleugnet werden, so muß gleiches auch für das Mysterium gelten, denn beide Erscheinungen bilden nur zwei verschiedene Seiten derselben Gesittung, sie sind stets verbundene Zwillingsgeschwister. Um so sicherer ist dieses Ergebnis, als nicht verkannt werden kann, daß von den beiden genannten Äußerungen der Gynaikokratie, der zivilen und religiösen, die letztere der erstern zur Grundlage dient. Die kultlichen Vorstellungen sind das Ursprüngliche, die bürgerlichen Lebensformen Folge und Ausdruck. Aus Kores Verbindung mit Demeter ist der Vorzug der Mutter vor dem Vater, der Tochter vor dem

Sohne hervorgegangen, nicht umgekehrt jene aus diesem abstrahiert. Oder, um meinen Ausdruck noch getreuer den Vorstellungen des Altertums anzupassen: von den beiden Bedeutungen der mütterlichen *kteis* ist die kultlich-mysteriöse [Webekamm, Weberin] die ursprüngliche, vorherrschende; die zivile, rechtliche [Scham] die Konsequenz. In ganz sinnlich-natürlicher Auffassung erscheint das weibliche *sporium* [der Schoß] zuerst als Darstellung des demetrischen Mysteriums sowohl in seiner tiefern physischen als in seiner höhern jenseitigen Geltung, folgeweise aber als Ausdruck des Mutterrechts in seiner zivilen Gestaltung, wie wir es in dem lykischen Sarpedon-Mythus gefunden haben. Widerlegt ist nun jene Behauptung der Neuern, als eigne alles Mysteriöse den Zeiten des Verfalls und einer spätern Entartung des Hellenismus. Die Geschichte nimmt das gerade entgegengesetzte Verhältnis an: das mütterliche Mysterium ist das Alte, der Hellenismus eine spätere Stufe der religiösen Entwicklung; nicht jenes, sondern dieser erscheint im Lichte der Entartung und einer religiösen Verflachung, welche dem Diesseits das Jenseits, der Klarheit der Form das mysteriöse Dunkel der höhern Hoffnung aufopfert …

Feindlich steht dieser Welt die des Hellenismus gegenüber. Mit dem Prinzipat des Muttertums fallen zugleich seine Konsequenzen. Die Entwicklung der Paternität rückt eine ganz andere Seite der menschlichen Natur in den Vordergrund. Ganz andere Lebensgestaltungen, eine ganz neue Gedankenwelt knüpft sich daran. Herodot erkennt in der ägyptischen Zivilisation den geraden Gegensatz der griechischen, zumal der attischen. Dieser gegenüber erscheint ihm jene als verkehrte Welt. Hätte der Vater der Geschichtschreibung in gleicher Weise die zwei großen Perioden der griechischen Entwicklung nebeneinandergestellt, ihr Unterschied würde ihn zu ähnlichen Ausdrücken des Staunens und der Überraschung fortgerissen haben. Ist doch Ägypten das Land der stereotypen Gynaikokratie, seine ganze Bildung wesentlich auf den Mutterkult, auf Isis' Vorrang vor Osiris gegründet, und darum mit so manchen Erscheinungen des Mutterrechts, welche das Leben der vorhellenischen Stämme darbietet, in überraschendem Einklang. Aber die Geschichte hat es sich angelegen sein lassen, den Gegensatz der beiden Zivilisationen noch in einem zweiten Beispiele in seiner ganzen Schärfe uns vor Augen zu stellen. Mitten in der hellenischen Welt führt Pythagoras Religion und Leben von neuem auf die alte Grundlage zurück, und versucht es, durch Wiedererhebung des Mysteriums der chthonisch-mütterlichen Kulte dem Dasein neue Weihe, dem erwachten tiefern religiösen Bedürfnis Befriedigung zu geben. Nicht in der Entwicklung, sondern in der Bekämpfung des Hellenismus liegt das Wesen des Pythagorismus, den, nach dem bezeichnenden Ausdruck einer unserer Quellen, ein Hauch des höchsten Altertums durchweht. Nicht auf die Weisheit der Griechen, sondern auf die ältere des Orients, der bewegungslosen afrikanischen und asiatischen Welt, wird sein Ursprung vorzugsweise zurückgeführt, und ebenso sucht er seine Durchführung namentlich bei solchen Völkern, deren treues Festhalten an dem Alten, Hergebrachten der Anknüpfungspunkte eine größere Zahl darzubieten schien, zunächst bei den Stämmen und Städten jenes Hesperiens, das auf religiösem Gebiete bis heute zur Pflegerin anderwärts überwundener Lebensstufen auserkoren zu sein scheint.

Wenn sich nun mit dieser so bestimmt hervortretenden Bevorzugung einer ältern Lebensanschauung sogleich die entschiedenste Anerkennung des demetrischen Mutterprinzipates, die vorzugsweise Richtung auf Pflege und Entwicklung des Mysteriösen, Jenseitigen, Übersinnlichen in der Religion, vor allem aber das glänzende Hervortreten priesterlich hehrer Frauengestalten verbindet: wer kann alsdann die innere Einheit dieser Erscheinungen und ihren Anschluß an die vorhellenische Gesittung verkennen? Eine frühere Welt ersteht aus dem Grabe; das Leben sucht zu seinen Anfängen zurückzukehren. Die weiten Zwischenräume verschwinden, und als hätten keine Wandelungen der Zeiten und Gedanken stattgefunden, schließen sich späte Geschlechter denen der Urzeit an. Für die pythagorischen Frauen gibt es keinen andern Anknüpfungspunkt, als das chthonisch-mütterliche Mysterium der pelasgischen Religion; aus den Ideen der hellenischen Welt läßt sich ihre Erscheinung und die Richtung ihres Geistes nicht erklären. Getrennt von jener kultlichen Grundlage ist der Weihecharakter Theanos, »der Tochter pythagorischer Weisheit«, ein zusammenhangloses Phänomen, dessen quälender Rätselhaftigkeit man durch die Hinweisung auf den mythischen Charakter der pythagorischen Ursprünge vergebens zu entrinnen sucht. Die Alten bestätigen durch ihre Zusammenstellung Theanos, Diotimas, Sapphos die hervorgehobene Verbindung. Nie ist die Frage beantwortet worden, worin denn die Ähnlichkeit dreier zeitlich und volklich getrennter Erscheinungen ihren Grund hat? Wo anders, erwidere ich, als in dem Mysterium der mütterlich-chthonischen Religion? Der Weiheberuf des pelasgischen Weibes erscheint in jenen drei glänzendsten Frauengestalten des Altertums in seiner reichsten und erhabensten Entfaltung. Sappho gehört einem der großen Mittelpunkte der orphischen Mysterienreligion, Diotima der durch ihre altertümliche Kultur und den samothrakischen Demeterdienst besonders berühmten arkadischen Mantineia, jene dem aiolischen, diese dem pelasgischen Stamme, beide mithin einem Volkstum, das in Religion und Leben den Grundlagen der vorhellenischen Gesittung treugeblieben war. Bei einer Frau unbekannten Namens und inmitten eines Volkes, das von der Entwicklung des Hellenismus unberührt, vorzugsweise den Ruf altväterischen Lebens genoß, findet einer der größten Weisen jenen Grad religiöser Erleuchtung, den ihm die glänzende Ausbildung des attischen Stammes nicht zu bieten vermochte. Was ich von Anfang an als leitenden Gedanken hervorzuheben bemüht war, die Zusammengehörigkeit jeder weiblichen Auszeichnung mit der vorhellenischen Kultur und Religion, findet seine glänzendste Bestätigung gerade durch diejenigen Erscheinungen, welche, wenn zusammenhanglos und ganz äußerlich nur nach den Zeitverhältnissen betrachtet, am meisten dagegen zu zeugen scheinen. Wo immer die ältere ernste Mysterienreligion sich erhält oder zu neuer Blüte erweckt wird, da tritt das Weib aus der Verborgenheit, zu welcher es die prunkende Knechtschaft des ionischen Lebens verurteilt, von neuem mit der alten Würde und Erhabenheit hervor und verkündet laut, worin die Grundlage der frühern Gynaikokratie und die Quelle aller jener Wohltaten, die sie über das ganze Dasein der dem Mutterrecht huldigenden Völker verbreitete, zu suchen ist. Sokrates zu Diotimas Füßen, dem begeisterten Fluge ihrer ganz mystischen Offenbarung nur mit Mühe folgend, ohne Scheu es bekennend, daß ihm des Weibes Lehre unentbehrlich sei: wo fände die Gynaikokratie einen erhabnern Ausdruck, wo die innere Verwandtschaft des pelasgisch-mütterlichen Mysteriums mit der weiblichen Natur ein schöneres Zeugnis, wo der ethische Grundzug der gynaikokratischen Gesittung, die Liebe, diese Weihe des Muttertums, eine vollendetere lyrisch-weibliche Entwicklung? Die Bewunderung, mit welcher alle Zeiten dieses Bild umgeben haben, wird unendlich gesteigert, wenn wir in ihm nicht allein die schöne Schöpfung eines mächtigen Geistes, sondern zugleich den Anschluß an Ideen und Übungen des kultlichen Lebens, wenn wir in ihm das Bild der weiblichen Hierophantie selbst erkennen. Von neuem bewährt sich, was oben betont wurde: höher als die Poesie der freien Erfindung ist die der Geschichte.

Ich will die religiöse Grundlage der Gynaikokratie nicht weiter verfolgen; in dem Initiationsberufe des Weibes [als der Eingeweihten und Weihespenderin] erscheint sie in ihrer größten Vertiefung. Wer wird nun noch fragen, warum die Weihe, warum das Recht, warum alle Eigenschaften, die den Menschen und das Leben schmücken, weiblich genannt, Telete [die Weihe] weiblich personifiziert erscheint? Nicht Willkür oder Zufall hat die Wahl bestimmt, vielmehr die Wahrheit der Geschichte in jener Auffassung ihren sprachlichen Ausdruck gefunden. Wir sehen die Muttervölker ausgezeichnet durch Eunomia [gesetzliche Ordnung und deren Befolgung], Eusebeia [Ehrerbietung, Frömmigkeit], Paideia [Zucht, Pflege des Kindes], die Frauen als strenge Hüterinnen des Mysteriums, des Rechts, des Friedens, und könnten die Übereinstimmung dieser geschichtlichen Tatsachen mit jener Erscheinung verkennen? ... In diesem Lichte betrachtet, erscheint die Gynaikokratie als Zeugnis für den Fortschritt der Kultur, zugleich als Quelle und als Sicherstellung ihrer Wohltaten, als notwendige Erziehungsperiode der Menschheit, mithin selbst als die Verwirklichung eines Naturgesetzes, das an den Völkern nicht weniger als an jedem einzelnen Individuum seine Rechte geltend macht.

Der Kreis meiner Ideenentwicklung läuft hiermit in seinen Anfang zurück. Habe ich damit begonnen, die Unabhängigkeit des Mutterrechts von jeder positiven Satzung hervorzuheben und daraus den Charakter seiner Universalität abzuleiten, so bin ich jetzt befugt, ihm die Eigenschaft der Naturwahrheit auf dem Gebiete des Familienrechts beizulegen, und befähigt, seine Charakterisierung zu vollenden. Ausgehend von dem gebärenden Muttertum, dargestellt durch ihr physisches Bild, steht die Gynaikokratie ganz unter dem Stoffe und den Erscheinungen des Naturlebens, denen sie die Gesetze ihres innern und äußern Daseins entnimmt, fühlt sie lebendiger als spätere Geschlechter die Unität alles Lebens, die Harmonie des Alls, welcher sie noch nicht entwachsen ist, empfindet sie tiefer den Schmerz des Todesloses und jene Hinfälligkeit des tellurischen Daseins, welcher das Weib, die Mutter zumal, ihre Klage widmet, sucht sie sehnsüchtiger nach höherm Troste, findet ihn in den Erscheinungen des Naturlebens und knüpft auch ihn wiederum an den gebärenden Schoß, die empfangende, hegende, nährende Mutterliebe, an. In allem den Gesetzen des physischen Seins gehorsam, wendet sie ihren Blick vorzugsweise der Erde zu, stellt die chthonischen Mächte über die des uranischen Lichts, identifiziert die männliche Kraft vorzugsweise mit den tellurischen Gewässern und ordnet das zeugende

Naß dem *gremium matris*, dem ›Mutterschoße‹, den Ozean der Erde unter. Ganz materiell, widmet sie ihre Sorge und Kraft der Verschönerung des materiellen Daseins, der *praktike arete* [der tätigen Vortrefflichkeit], und erreicht in der Pflege des von dem Weibe zunächst begünstigten Ackerbaus und in der Mauererrichtung, die die Alten mit dem chthonischen Kulte in so enge Verbindung setzen, eine von den spätern Geschlechtern bewunderte Vollendung. Keine Zeit hat auf die äußere Erscheinung des Körpers, auf die Unverletzlichkeit des Leibes ein so überwiegendes Gewicht, auf das innere geistige Moment so wenig Nachdruck gelegt, als die des Muttertums; keine in dem Rechte den mütterlichen Dualismus und den faktisch-possessorischen Gesichtspunkt so konsequent durchgeführt; keine zugleich die lyrische Begeisterung, diese vorzugsweise weibliche, in dem Gefühl der Natur wurzelnde Seelenstimmung mit gleicher Vorliebe gepflegt. Mit *einem* Worte: das gynaikokratische Dasein ist der geordnete Naturalismus, sein Denkgesetz das stoffliche, seine Entwicklung eine überwiegend physische: eine Kulturstufe, mit dem Mutterrecht ebenso notwendig verbunden als der Zeit der Paternität fremd und unbegreifbar.

Die eine Hauptaufgabe der folgenden Untersuchung und die Art ihrer Lösung dürfte durch die bisherigen Bemerkungen hinlänglich festgestellt sein. Eine zweite bietet sich nun dar, an Wichtigkeit und Schwierigkeit jener erstern keineswegs nachstehend, an Mannigfaltigkeit und Eigentümlichkeit der Erscheinungen ihr sogar überlegen. War bisher der innere Ausbau des gynaikokratischen Systems und der ganzen mit ihm verbundenen Gesittung das Ziel meiner Bemühung, so nimmt nun die Forschung eine andere Richtung an. Auf die Untersuchung des *Wesens* der mutterrechtlichen Kultur folgt die Betrachtung ihrer *Geschichte*. Jene hat uns das *Prinzip* der Gynaikokratie enthüllt, diese sucht ihr *Verhältnis* zu andern Kulturstufen zu bestimmen, und einerseits die frühern tiefern Zustände, anderseits die höhern Auffassungen der spätern Zeit, beide in ihrem Kampfe mit dem demetrisch [ehelich] geregelten Mutterrechte darzustellen. Eine neue Seite der menschlichen Entwicklungsgeschichte bietet sich zur Erforschung dar. Große Umgestaltungen, gewaltige Erschütterungen treten in den Kreis der Betrachtung ein und lassen die Hebungen und Senkungen der menschlichen Geschicke in neuem Lichte erscheinen. Jeder Wendepunkt in der Entwicklung des Geschlechterverhältnisses ist von blutigen Ereignissen umgeben, die allmähliche friedliche Fortbildung viel seltener als der gewaltsame Umsturz. Durch die Steigerung zum Extreme führt jedes Prinzip den Sieg des entgegengesetzten herbei, der Mißbrauch selbst wird zum Hebel des Fortschritts, der höchste Triumph Beginn des Unterliegens. Nirgends tritt die Neigung der menschlichen Seele zur Überschreitung des Maßes und ihre Unfähigkeit zu dauernder Behauptung einer unnatürlichen Höhe gleich gewaltig hervor, nirgends aber auch sieht sich die Fähigkeit des Forschers, mitten in die wilde Größe roher, aber kräftiger Völker hineinzutreten und sich mit ganz fremdartigen Anschauungen und Lebensformen zu befreunden, auf gleich ernstliche Probe gestellt. – So mannigfaltig die einzelnen Erscheinungen sind, in welchen sich der Kampf der Gynaikokratie gegen andere Lebensformen offenbart, so sicher ist doch im ganzen und großen das Entwicklungsprinzip, dem sie sich unterordnen. Wie auf die Periode des Mutterrechts die Herrschaft der Paternität folgt, so geht jener eine Zeit des regellosen Hetärismus voran. Die demetrisch geordnete Gynaikokratie erhält dadurch jene Mittelstellung, in welcher sie als Durchgangspunkt der Menschheit aus der tiefsten Stufe des Daseins zu der höchsten sich darstellt. Mit der erstern teilt sie den stofflich-mütterlichen Standpunkt, mit der zweiten die Ausschließlichkeit der Ehe: was sie von beiden unterscheidet, ist dort die demetrische Regelung des Muttertums, durch welche sie sich über das Gesetz des Hetärismus erhebt, hier der dem gebärenden Schoße eingeräumte Vorzug, in welchem sie dem ausgebildeten Vatersysteme gegenüber

Vorrede und Einleitung 113

sich als tiefere Lebensform kundgibt. Diese Stufenfolge der Zustände bestimmt die Ordnung der folgenden Darstellung. Wir haben zuerst das Verhältnis der Gynaikokratie zu dem Hetärismus, alsdann den Fortschritt von dem Mutterrecht zu dem Vatersystem zu untersuchen.

Dem Adel der menschlichen Natur und ihrer höhern Bestimmung scheint die Ausschließlichkeit der *ehelichen Verbindung* so innig verwandt und so unentbehrlich, daß sie von den meisten als Urzustand betrachtet, die Behauptung tieferer, ganz ungeregelter Geschlechtsverhältnisse als traurige Verirrung nutzloser Spekulationen über die Anfänge des menschlichen Daseins ins Reich der Träume verwiesen wird. Wer möchte nicht gerne dieser Meinung sich anschließen und unserm Geschlechte die schmerzliche Erinnerung einer so unwürdigen Kindheit ersparen? Aber das Zeugnis der Geschichte verbietet, den Einflüsterungen des Stolzes und der Eigenliebe Gehör zu geben und den äußerst langsamen Fortschritt der Menschheit zu ehelicher Gesittung in Zweifel zu ziehen. Mit erdrückendem Gewichte dringt die Phalanx völlig historischer Nachrichten auf uns ein und macht jeden Widerstand, jede Verteidigung unmöglich. Mit den Beobachtungen der Alten verbinden sich die späterer Geschlechter, und noch in unsern Zeiten hat die Berührung mit Völkern tieferer Kulturzustände die Richtigkeit der Überlieferung durch die Erfahrung des Lebens dargetan. Bei allen Völkern, welche die folgende Untersuchung unserer Betrachtung vorführt, und weit über diesen Kreis hinaus begegnen die deutlichsten Spuren ursprünglich hetärischer Lebensformen, und vielfältig läßt sich der Kampf derselben mit dem höhern demetrischen Gesetze in einer Reihe bedeutsamer, tief in das Leben eingreifender Erscheinungen verfolgen. Es kann nicht verkannt werden: die Gynaikokratie hat sich überall in bewußtem und fortgesetztem Widerstande der Frau gegen den sie erniedrigenden Hetärismus hervorgebildet, befestigt, erhalten. Dem Mißbrauche des Mannes schutzlos hingegeben, und wie es eine von Strabon erhaltene arabische Tradition bezeichnet, durch dessen Lust zum Tode ermüdet, empfindet sie zuerst und am tiefsten die Sehnsucht nach geregelten Zuständen und einer reinern Gesittung, deren Zwang der Mann im trotzigen Bewußtsein höherer physischer Kraft nur ungern sich bequemt. Ohne die Beachtung dieses Wechselverhältnisses wird eine der auszeichnenden Eigenschaften des gynaikokratischen Daseins, die strenge Zucht des Lebens, nie in ihrer ganzen historischen Bedeutung erkannt, ohne sie das oberste Gesetz jedes Mysteriums, die eheliche Keuschheit, nie in ihrer richtigen Stellung zu der Entwicklungsgeschichte der menschlichen Gesittung gewürdigt werden. Die demetrische Gynaikokratie fordert, um begreiflich zu sein, frühere, rohere Zustände, das Grundgesetz ihres Lebens ein entgegengesetztes, aus dessen Bekämpfung es hervorgegangen ist. So wird die Geschichtlichkeit des Mutterrechts eine Bürgschaft für die des Hetärismus. Der höchste Beweis für die Richtigkeit dieser Auffassung liegt aber in dem innern Zusammenhang der einzelnen Erscheinungen, in welchen sich das anti-demetrische Lebensgesetz offenbart. Eine genauere Prüfung derselben ergibt überall System, und dieses führt seinerseits auf eine Grundidee zurück, welche, in religiöser Anschauung wurzelnd, gegen jeden Verdacht der Zufälligkeit, Willkür oder nur lokaler, vereinzelter Geltung gesichert ist. Den Vertretern der Anschauung von der Notwendigkeit und Ursprünglichkeit der ehelichen Geschlechtsverbindung kann eine demütigende Überraschung nicht erspart werden. Der Gedanke des Altertums ist von dem ihrigen nicht nur verschieden, er bildet dessen vollendeten Gegensatz. Das demetrische Prinzip erscheint als die Beeinträchtigung eines entgegengesetzten ursprünglichern, die Ehe selbst als Verletzung eines Religionsgebots. Dieses Verhältnis, so unbegreiflich es unserm heutigen Bewußtsein entgegentreten mag, hat doch das Zeugnis der Geschichte auf seiner Seite, und vermag allein eine Reihe höchst merkwürdiger, in ihrem wahren Zusammenhang noch nie erkannter Erscheinungen befriedigend zu erklären. Nur aus ihm erläutert sich der Gedanke, daß die Ehe eine Sühne jener Gottheit verlangt, deren Gesetz sie durch ihre Ausschließlichkeit verletzt. Nicht um in den Armen eines einzelnen zu verwelken, wird das Weib von der Natur mit allen Reizen, über welche sie gebietet, ausgestattet: das Gesetz des Stoffes verwirft alle Beschränkung, haßt alle Fesseln und betrachtet jede Ausschließlichkeit als Versündigung an ihrer Göttlichkeit. Daraus erklären sich nun alle jene Gebräuche, in welchen die Ehe selbst mit hetärischen Übungen verbunden auftritt. Der Form nach mannigfaltig, sind sie doch in ihrer Idee durchaus einheitlich. Durch eine Periode des Hetärismus muß die in der Ehe liegende Abweichung von dem natürlichen Gesetze des Stoffes gesühnt, das Wohlwollen der Gottheit von neuem gewonnen werden. Was sich ewig auszuschließen scheint, Hetärismus und strenges Ehegesetz, tritt nun in die engste Verbindung: die Prostitution wird selbst eine Bürgschaft der ehelichen Keuschheit, deren Heilighaltung eine vorausgegangene Erfüllung des natürlichen Berufes von Seite der Frau erfordert. Es ist klar, daß im Kampfe gegen solche durch die Religion selbst gestützte Anschauungen der Fortschritt zu höherer Gesittung nur ein langsamer, weil stets von neuem bedrohter sein konnte. Die Mannigfaltigkeit der Mittelzustände, die wir entdecken, beweist in der Tat, wie schwankend und wechselvoll der Kampf war, der auf diesem Gebiete durch Jahrtausende geführt worden ist. Nur ganz allmählich schreitet das demetrische Prinzip zum Siege vor. Das weibliche Sühnopfer wird im Laufe der Zeiten auf ein immer geringeres Maß, auf eine stets leichtere Leistung zurückgeführt. Die Gradation der einzelnen Stufen verdient die höchste Beachtung. Die jährlich wiederholte Darbringung weicht der einmaligen Leistung, auf den Hetärismus der Matronen folgt jener der Mädchen, auf die Ausübung während der Ehe die vor derselben, auf die wahllose Überlassung an alle die an gewisse Persönlichkeiten. An diese Beschränkungen schließt sich die Weihe besonderer Hierodulen [Götterssklavinnen, Tempelprostituierten] an: sie ist dadurch, daß sie die Schuld des ganzen Geschlechts von einem besondern Stande fordert und um diesen Preis das Matronentum von aller Pflicht der Hingabe freispricht, für die Hebung der gesellschaftlichen Zustände besonders bedeutend geworden. Als die leichteste Form eigener Leistung erscheint die Darbringung des Haupthaares, welches in einzelnen Beispielen als Äquivalent der körperlichen Blüte genannt, von dem Altertum überhaupt aber mit der Regellosigkeit hetärischer Zeugung, insbesondere mit der Sumpfvegetation, ihrem natürlichen Prototyp, in die Beziehung innerer Naturverwandtschaft gesetzt wird. Alle diese Phasen der Entwicklung haben nicht nur auf dem Gebiete des Mythus, sondern auch auf dem der Geschichte und bei ganz verschiedenen Völkern zahlreiche Spuren zurückgelassen, und selbst in Benennung von Lokalitäten, Gottheiten, Geschlechtern sprachlichen Ausdruck erhalten. Ihre Betrachtung zeigt uns den Kampf des demetrischen und des hetärischen Prinzips in seiner ernsten Wirklichkeit zugleich als religiöse und geschichtliche Tatsache, leiht einer nicht unbedeutenden Anzahl berühmter Mythen eine Verständlichkeit, deren sie sich bisher nicht rühmen konnten, läßt endlich den Beruf der Gynaikokratie, durch strenge Wahrung des demetrischen Gebots und fortgesetzten Widerstand gegen jede Rückkehr zu dem rein natürlichen Gesetze die Erziehung der Völker zu vollenden, in seiner ganzen Bedeutung hervortreten.

Um einer wichtigen Einzelheit besonders zu gedenken, mache ich auf den Zusammenhang der entwickelten Anschauungen mit den Aussprüchen der Alten über die Bedeutung der Dotierung des Mädchens aufmerksam. Wie lange schon wird es den Römern nachgesprochen, die *indotata* [die Frau ohne Mitgift] gelte nicht höher als die Konkubine, und wie wenig wird heute noch dieser allen unsern Anschauungen so durchaus widersprechende Gedanke verstanden. Seinen richtigen geschichtlichen Anknüpfungspunkt findet er in einer Seite des Hetärismus, deren Wichtigkeit vielfältig hervortritt, nämlich in dem mit seiner Ausübung verbundenen Gelderwerb. Was den Sieg des demetrischen Prinzips besonders erschweren mußte, ist der mit der Festhaltung des rein natürlichen Standpunkts verbundene Selbstgewinn der *dos* [Aussteuer]; sollte der Hetärismus gründlich ausgerottet werden, so war die Aussteuerung des Mädchens von Seite ihrer Familie durchaus erforderlich. Daher jene Mißachtung der *indotata* und die noch späte gesetzliche Strafandrohung für jede indotierte eheliche Verbindung. Man sieht, in dem Kampfe der demetrischen und der hetärischen Lebensform nimmt die Durchführung der Dotierung eine sehr wichtige Stelle ein, so daß die Verbindung derselben mit den höchsten Religionsideen der Gynaikokratie, mit der durch das Mysterium zugesicherten Eudaimonia [Glückseligkeit] nach dem Tode, und die Zurückführung des Dotalzwanges auf das Gesetz einer berühmten Fürstin, wie sie in einem sehr merkwürdigen lesbisch-ägyptischen Mythus hervortritt, nicht überraschen kann. Verständlich wird es jetzt von einer neuen Seite, welche tiefere Beziehung zu der demetrischen Idee der Gynaikokratie das ausschließliche Töchtererbrecht hatte, welcher moralische Gedanke in ihm seinen Ausdruck fand, welchen Einfluß es endlich auf die sittliche Hebung des Volkes, und auf jene Sophrosyne [besonnene Sittsamkeit], die den Lykiern besonders nachgerühmt wird, ausüben mußte. Der Sohn, sagen alte Zeugnisse, erhält von dem Vater Speer und Schwert, um sich sein Dasein zu gründen, mehr ist ihm nicht nötig; die Tochter dagegen, erbt sie nicht, besitzt nur ihres Leibes Blüte, um ein den Mann sicherndes Vermögen zu gewinnen. Derselben Anschauung huldigen noch heute jene griechischen Inseln, deren einstige Bewohner das Gesetz der Gynaikokratie anerkannten, und auch attische Schriftsteller finden neben der hohen Ausbildung, die ihr Volk der Paternität lieh, die natürliche Bestimmung des ganzen mütterlichen Vermögens in der Dotierung der Tochter, die dadurch vor Ausartung bewahrt wird. Die innere Wahrheit und Würde der gynaikokratischen Gedanken tritt in keiner praktischen Äußerung schöner hervor, als in der eben betrachteten; in keiner hat nicht nur die gesellschaftliche Stellung, sondern insbesondere die innere Würde und Reinheit des Weibes eine kräftigere Stütze gefunden.

Die Gesamtheit der bisher berührten Erscheinungen läßt uns über die Grundanschauung, der sie alle entspringen, keinen Zweifel übrig. Neben der demetrischen Erhebung des Muttertums offenbart sich eine tiefere, ursprüngliche Auffassung desselben, die volle, noch keinerlei Beschränkung unterworfene Natürlichkeit des reinen, sich selbst überlassenen Tellurismus. Wir erkennen den Gegensatz der Ackerbaukultur und der *iniussa ultronea creatio* [des Wildwuchses], wie sie in der wilden Vegetation der Mutter Erde, am reichsten und üppigsten in dem Sumpfleben den Blicken des Menschen sich darstellt. Dem Vorbild der letztern schließt der Hetärismus des Weibes, der erstern das demetrisch-strenge Ehegesetz der ausgebildeten Gynaikokratie gleichartig sich an. Beide Lebensstufen ruhen auf demselben Grundprinzipe: der Herrschaft des gebärenden Leibes; ihr Unterschied liegt nur in dem Grade der Naturtreue, mit welcher sie das Muttertum auffassen. Die tiefste Stufe der Stofflichkeit schließt sich der tiefsten Region des tellurischen Lebens an, die höhere der höhern des Ackerbaus; jene erblickt die Darstellung ihres Prinzips in den Pflanzen und Tieren feuchter Gründe, denen sie vorzugsweise göttliche Verehrung darbringt, diese in der Ähre und dem Saatkorn, das sie zum heiligsten Symbol ihres mütterlichen Mysteriums erhebt. In einer großen Zahl von Mythen und kultlichen Handlungen tritt der Unterschied dieser beiden Stufen des Muttertums bedeutsam hervor, und überall erscheint ihr Kampf zugleich als religiöse und geschichtliche Tatsache, der Fortschritt von der einen zu der andern als Erhebung des ganzen Lebens, als mächtiger Aufschwung zu höherer Gesittung. In Schoineus, dem Binsenmanne, und Atalantes goldner Frucht, in Kalamos' Besiegung durch Karpos liegt derselbe Gegensatz und dasselbe Prinzip der Entwicklung, das auf dem Gebiete des menschlichen Lebens durch den von der Mutter stammenden, nur in mütterlicher Linie vererbten Sumpfkult der Ioxiden und durch dessen Zurücktreten vor dem höhern eleusinischen Dienst hervorgehoben wird. Überall hat die Natur die Entwicklung der Menschheit geleitet, gewissermaßen auf ihren Schoß genommen, überall durch die Stufen, welche ihre Erscheinungen darbieten, den geschichtlichen Fortschritt jener bestimmt. Das Gewicht, welches der Mythus auf die erste Begründung ehelicher Ausschließlichkeit legt, der Glanz, mit welchem er um dieser Kulturtat willen den Namen eines Kekrops umgibt, die sorgfältige Hervorhebung des Begriffes ehelich-echter Geburt, wie sie in Mythen, in Theseus' Ringprobe, in Horos' Prüfung durch seinen Vater, in der Verbindung des Wortes *eteos* [echt] mit dem Namen von Individuen, Geschlechtern, Gottheiten und Völkern stattfindet: alles dies mit dem römischen *patrem ciere*, ›seinen Vater aufweisen‹, entspringt nicht aus eitlem Hang der Sage zu Spekulation, nicht aus anhaltspunktloser Dichtung; es ist vielmehr die in den verschiedensten Formen niedergelegte Erinnerung an einen großen Wendepunkt des Völkerlebens, der der menschlichen Geschichte unmöglich fehlen kann. Die ganze Ausschließlichkeit des Muttertums, welche gar keinen Vater kennt, welche die Kinder als *apatores* [Vaterlose] oder gleichbedeutend als *polypatores* [von vielen Vätern Stammende], als *spurii, spartoi*, Gesäte, oder gleichbedeutend *unilaterales* [nur von *einer* Seite Gezeugte], den Erzeuger selbst als *udeis*, ›Niemand‹, Sertor, Semo, ›Säenden‹ erscheinen läßt, ist ebenso geschichtlich als die Herrschaft desselben über das Vatertum, wie sie in dem demetrischen Mutterrecht sich darstellt, ja die Ausbildung dieser zweiten Familienstufe setzt jene erstere nicht weniger voraus als die vollendete Paternitätstheorie sie selbst.

Die Entwicklung unsers Geschlechts kennt im ganzen und großen nirgends Sprünge, nirgends plötzliche Fortschritte, überall allmähliche Übergänge, überall eine Mehrzahl von Stufen, deren jede einzelne die frühere und die nachfolgende gewissermaßen in sich trägt. Alle großen Naturmütter, in welchen die gebärende Macht des Stoffes Namen und persönliche Gestalt angenommen hat, vereinigen in sich beide

Grade der Maternität, den tiefern, rein natürlichen, und den höhern, ehelich geordneten, und erst im Laufe der Entwicklung und unter dem Einfluß volklich-individueller Verhältnisse hat hier der eine, dort der andere das Übergewicht behauptet. Der Reihe der Beweise für den historischen Charakter einer vorehelichen Lebensstufe schließt sich dieser letzte mit entscheidendem Gewichte an. Die sukzessive Läuterung der Gottheitsidee bekundet eine entsprechende Hebung des Lebens und kann selbst nur in Verbindung mit dieser stattgefunden haben, wie umgekehrt jeder Rückfall in tiefere sinnlichere Zustände auf dem Gebiete der Religion seinen entsprechenden Ausdruck findet. Was immer die göttlichen Gebilde in sich tragen, hat einmal das Leben beherrscht, einer menschlichen Kulturperiode sein Gepräge verliehen. Ein Widerspruch läßt sich nicht denken; die auf Naturbetrachtung beruhende Religion ist notwendig Wahrheit des Lebens, ihr Inhalt mithin Geschichte unsers Geschlechts. Keine meiner Grundanschauungen findet im Laufe der folgenden Untersuchung eine gleich häufige, gleich durchgreifende Bestätigung, keine wirft auf den Kampf des Hetärismus mit der ehelichen Gynaikokratie ein helleres Licht. Zwei Lebensstufen treten sich entgegen, und jede derselben ruht auf einer religiösen Idee, jede zieht aus kultlichen Anschauungen ihre Nahrung. Die innere Geschichte der epizephyrischen Lokrer ist mehr als die irgendeines andern Volkes dazu geeignet, den ganzen Ideenkreis, den ich bisher dargelegt habe, in seiner geschichtlichen Richtigkeit zu bestätigen. Bei keinem zeigt sich die allmähliche siegreiche Erhebung der demetrischen Gynaikokratie über das ursprüngliche aphroditische *ius naturale* [das natürliche, das ist das hetärische Recht] in merkwürdigen Äußerungen; bei keinem gleich greifbar die Abhängigkeit der ganzen Staatsblüte von der Besiegung des Hetärismus, bei keinem aber auch die unvertilgbare Gewalt früherer Religionsgedanken und ihr Wiedererwachen in späten Zeiten auf gleich belehrende Weise.

Es tritt unserer heutigen Denkweise fremdartig entgegn, Zustände und Ereignisse, welche wir dem stillen und verborgenen Kreise des Familienlebens zuweisen, einen so weitgehenden Einfluß auf das ganze Staatsleben, seine Blüte und seinen Verfall ausüben zu sehen. Auch hat man bei der Erforschung des innern Entwicklungsgangs der alten Menschheit diejenige Seite, deren Betrachtung uns beschäftigt, nicht der geringsten Aufmerksamkeit gewürdigt. Und doch ist es gerade der Zusammenhang des Geschlechterverhältnisses und des Grades seiner tiefern oder höhern Auffassung mit dem ganzen Leben und den Geschicken der Völker, wodurch die folgende Untersuchung zu den höchsten Fragen der Geschichte in unmittelbare Beziehung tritt. Die erste große Begegnung der asiatischen und der griechischen Welt wird als ein Kampf des aphroditisch-hetärischen mit dem heraiisch-ehelichen Prinzip dargestellt, die Veranlassung des troischen Krieges auf die Verletzung des Ehebetts zurückgeführt, und in Fortsetzung desselben Gedankens die endliche vollständige Besiegung der Aineiaden-Mutter Aphrodite durch die matronale Juno in die Zeit des Zweiten Punischen Krieges, mithin in diejenige Periode verlegt, in welcher die innere Größe des römischen Volks auf ihrem Höhepunkt stand. Der Zusammenhang aller dieser Erscheinungen ist nicht zu verkennen und jetzt völlig verständlich. Dem Okzident hat die Geschichte die Aufgabe zugewiesen, durch die reinere und keuschere Naturanlage seiner Völker das höhere demetrische Lebensprinzip zum dauernden Siege hindurchzuführen, und dadurch die Menschheit aus den Fesseln des tiefsten Tellurismus, in dem sie die Zauberkraft der orientalischen Natur festhielt, zu befreien. Rom verdankt es der politischen Idee des Imperium, mit welcher es in die Weltgeschichte eintritt, daß es diese Entwicklung der alten Menschheit zum Abschluss zu bringen vermochte. Gleich den epizephyrischen Lokrern dem hetärischen Muttertum der asiatischen Aphrodite von Hause aus angehörend, mit dem fernen Heimatland zu allen Zeiten, namentlich in der Religion, in viel engerm

Zusammenhang als die hellenische früher und vollständiger emanzipierte Welt, durch das tarquinische Königsgeschlecht mit den Anschauungen der ganz mütterlichen etruskischen Kultur in enge Verbindung gesetzt, und in den Zeiten der Drangsal von dem Orakel darauf hingewiesen, es fehle ihr ja die Mutter, die nur Asien zu geben vermöge, hätte die zum Bindeglied der alten und der neuen Welt bestimmte Stadt ohne die Stütze ihrer politischen Herrscheridee dem stofflichen Muttertum und dessen asiatisch-natürlicher Auffassung nie siegreich gegenüberzutreten, dem *ius naturale*, von dem sie nur den leeren Rahmen bewahrt, nie völlig sich loszumachen, niemals auch über die Verführung Ägyptens jenen Triumph zu feiern vermocht, der in dem Tod der letzten ganz aphroditisch-hetärischen Kandake des Orients [Kleopatra], und in Augustus' Betrachtung ihres entseelten Körpers, seine Verherrlichung, gewissermaßen seine bildliche Darstellung erhalten hat.

In dem Kampfe des hetärischen mit dem demetrischen Prinzip führte die Verbreitung der *dionysischen Religion* eine neue Wendung und einen der ganzen Gesittung des Altertums verderblichen Rückschlag herbei. In der Geschichte der Gynaikokratie nimmt dieses Ereignis eine sehr hervorragende Stelle ein. Dionysos erscheint an der Spitze der großen Bekämpfer des Mutterrechts, insbesondere der amazonischen Steigerung desselben. Unversöhnlicher Gegner der naturwidrigen Entartung, welcher das weibliche Dasein anheimgefallen war, knüpft er seine Versöhnung, sein Wohlwollen überall an die Erfüllung des Ehegesetzes, an die Rückkehr zu der Mutterbestimmung der Frau und an die Anerkennung der überragenden Herrlichkeit seiner eigenen männlich-phallischen Natur. Nach dieser Anlage scheint die dionysische Religion eine Unterstützung des demetrischen Ehegesetzes in sich zu tragen, ja überdies unter den die siegreiche Begründung der Paternitätstheorie fördernden Ursachen eine der ersten Stellen einzunehmen. Und in der Tat läßt sich die Bedeutung beider Beziehungen nicht in Abrede stellen. Dennoch ist die Rolle, welche wir dem bakchischen Kulte als dem kräftigsten Bundesgenossen der hetärischen Lebensrichtung anweisen, und die Erwähnung desselben in dieser Verbindung wohlbegründet und durch die Geschichte seines Einflusses auf die ganze Lebensrichtung der alten Welt vollkommen gerechtfertigt. Dieselbe Religion, welche das Ehegesetz zu ihrem Mittelpunkte erhebt, hat mehr als irgendeine andere die Rückkehr des weiblichen Daseins zu der vollen Natürlichkeit des Aphroditismus befördert; dieselbe, die dem männlichen Prinzip eine das Muttertum weit überragende Entwicklung leiht, am meisten zur Entwürdigung des Mannes und zu seinem Falle selbst unter das Weib beigetragen.

Unter den Ursachen, welche zu der schnellen und siegreichen Verbreitung des neuen Gottes wesentlich mitwirkten, nimmt die amazonische Steigerung der alten Gynaikokratie und die von ihr unzertrennliche Verwilderung des ganzen Daseins eine sehr bedeutende Stelle ein. Je strenger das Gesetz des Muttertums gewaltet hatte, je weniger es dem Weibe gegeben sein konnte, die unnatürliche Größe seiner amazonischen Lebensrichtung dauernd zu behaupten: um so freudigere Aufnahme mußte der durch den Verein sinnlichen und übersinnlichen Glanzes doppelt verführerische Gott allerwärts finden, um so unwiderstehlicher das Geschlecht der Frauen für seinen Dienst begeistern. In raschem Wechsel geht die amazonisch-strenge Gynaikokratie von dem entschiedensten Widerstande gegen den neuen Gott zu ebenso entschiedener Hingabe an ihn über; die kriegerischen Frauen, früher im Kampf mit Dionysos sich messend, erscheinen nun als seine unwiderstehliche Heldenschar, und zeigen in der schnellen Aufeinanderfolge der Extreme, wie schwer es der weiblichen Natur zu allen Zeiten fällt, Mitte und Maß zu halten. Die geschichtliche Grundlage kann in den Traditionen, welche die blutigen Ereignisse der ersten bakchischen Religionsverbreitung und die durch sie hervorgerufene tiefe Erschütterung aller Verhältnisse zum Gegenstande haben, nicht verkannt werden. Sie kehren, unabhängig voneinander, doch stets mit demselben Charakter, bei den verschiedensten Völkern wieder, und stehen mit dem spätern, vorzugsweise auf friedlichen Genuß und die Verschönerung des Daseins gerichteten dionysischen Geiste in so entschiedenem Gegensatze, daß eine erst jetzt tätige Erfindung zu den Unmöglichkeiten gehört.

Die zauberhafte Gewalt, mit welcher der phallische Herr des üppigen Naturlebens die Welt der Frauen auf neue Bahnen fortriß, offenbart sich in Erscheinungen, welche nicht nur die Grenzen unserer Erfahrung, sondern selbst die unserer Einbildungskraft hinter sich zurücklassen, die aber in das Gebiet der Dichtung zu verweisen geringe Vertrautheit mit den dunkeln Tiefen der menschlichen Natur, mit der Macht einer die sinnlichen und die übersinnlichen Bedürfnisse gleichmäßig befriedigenden Religion, mit der Erregbarkeit der weiblichen das Diesseitige und Jenseitige so unlösbar bindenden Gefühlswelt, endlich aber ein gänzliches Verkennen des unterjochenden Zaubers südlicher Naturfülle an den Tag legen würde. Auf allen Stufen seiner Entwicklung hat der dionysische Kult denselben Charakter bewahrt, mit welchem er zuerst in die Geschichte eintritt. Durch seine Sinnlichkeit und die Bedeutung, welche er dem Gebote der geschlechtlichen Liebe leiht, der weiblichen Anlage innerlich verwandt, ist er zu dem Geschlechte der Frauen vorzugsweise in Beziehung getreten, hat seinem Leben eine ganz neue Richtung gegeben, in ihm seinen treusten Anhänger, seinen eifrigsten Diener gefunden, auf seine Begeisterung all seine Macht gegründet. Dionysos ist im vollsten Sinne des Worts der Frauen Gott, die Quelle aller ihrer sinnlichen und übersinnlichen Hoffnungen, der Mittelpunkt ihres ganzen Daseins, daher von ihnen zuerst in seiner Herrlichkeit erkannt, ihnen geoffenbart, von ihnen verbreitet, durch sie zum Siege geführt. Eine Religion, welche auf die Erfüllung des geschlechtlichen Gebotes selbst die höhern Hoffnungen gründet, und die Seligkeit des übersinnlichen Daseins mit der Befriedigung des sinnlichen in die engste Verbindung setzt, muß durch die erotische Richtung, die sie dem weiblichen Leben mitteilt, die Strenge und Zucht des demetrischen Matronentums notwendig mehr und mehr untergraben, und zuletzt das Dasein wieder zu jenem aphroditischen Hetärismus zurückführen, der in der vollen Spontaneität des Naturlebens sein Vorbild erkennt.

Die Geschichte unterstützt durch das Gewicht ihres Zeugnisses die Richtigkeit dieses Schlusses. Dionysos' Verbindung mit Demeter wird durch die mit Aphrodite und mit andern Naturmüttern gleicher Anlage mehr und mehr in den Hintergrund gedrängt; die Symbole der cerealen geregelten Maternität, die Ähre und das Brot, weichen vor der bakchischen Traube, der üppigen Frucht des zeugungskräftigen Gottes; Milch, Honig und Wasser, die keuschen Opfer der alten Zeit, vor dem begeisternden, den Taumel sinnlicher Lust erregenden Weine, und in dem Kulte erhält die Region des tiefsten Tellurismus, die Sumpfzeugung mit all ihren Produkten, Tieren nicht weniger als Pflanzen, ein bedeutsames Übergewicht über die höhere Ackerbaukultur und ihre Gaben. Wie völlig die Gestaltung des Lebens demselben Zuge folgte, davon überzeugt uns vor allem der Anblick der alten Gräberwelt, die durch einen erschütternden Gegensatz zur Hauptquelle unserer Kenntnis der ganz sinnlich-erotischen Richtung des dionysischen Frauenlebens geworden ist. Von neuem erkennen wir den tiefgehenden Einfluss der Religion auf die Entwicklung der gesamten Gesittung. Der dionysische Kult hat dem Altertum die höchste Ausbildung einer durch und durch aphroditischen Zivilisation gebracht, und ihm jenen Glanz verliehen, von welchem alle Verfeinerung und alle Kunst des modernen Lebens verdunkelt wird. Er hat alle Fesseln gelöst, alle Unterschiede aufgehoben, und dadurch, daß er den Geist der Völker vorzugsweise auf die Materie und die Verschönerung des leiblichen Daseins richtete, das Leben selbst wieder zu den Gesetzen des Stoffs zurückgeführt. Dieser Fortschritt der Versinnlichung des Daseins fällt überall mit der Auflösung der politischen Organisation und dem Verfall des staatlichen Lebens zusammen. An der Stelle reicher Gliederung macht sich das Gesetz der Demokratie, der ununterschiedenen Masse, und jene Freiheit und Gleichheit geltend, welche das natürliche Leben vor dem zivil-geordneten auszeichnet, und das der leiblich-stofflichen Seite der menschlichen Natur angehört. Die Alten sind sich über diese Verbindung völlig klar, heben sie in den entschiedensten Aussprüchen hervor, und zeigen uns in bezeichnenden historischen Angaben die fleischliche und die politische Emanzipation als notwendige und stets verbundene Zwillingsbrüder. Die dionysische Religion ist zu gleicher Zeit die Apotheose des aphroditischen Genusses und die der allgemeinen Brüderlichkeit, daher den dienenden Ständen besonders lieb und von Tyrannen, den Peisistratiden, Ptolemaiern, Cäsar im Interesse ihrer auf die demokratische Entwicklung gegründeten Herrschaft besonders begünstigt. Alle diese Erscheinungen entspringen derselben Quelle, sind nur verschiedene Seiten dessen, was schon die Alten das dionysische Weltalter nennen. Ausfluß einer wesentlich weiblichen Gesittung, geben sie auch dem Weibe von neuem jenen Zepter in die Hand, den in Aristophanes' Vogelstaat Basileia führt, begünstigen sie seine Emanzipationsbestrebungen, wie sie die Lysistrata und die Ekklesiazusen im Anschluß an wirkliche Zustände des attisch-ionischen Lebens darstellen, und begründen so eine neue Gynaikokratie, die dionysische, die weniger in rechtlichen Formen als in der stillen Macht eines das ganze Dasein beherrschenden Aphroditismus sich geltend macht.

Eine Vergleichung dieser späten mit der ursprünglichen Weiberherrschaft ist besonders geeignet, die Eigentümlichkeit einer jeden in helles Licht zu stellen. Trägt jene den demetrisch-keuschen Charakter eines auf strenge Zucht und Sitte gegründeten Lebens, so ruht diese wesentlich auf dem aphroditischen Gesetze der fleischlichen Emanzipation. Erscheint jene als die Quelle hoher Tugenden und eines, wenn auch auf enge Gedankenkreise beschränkten, so doch festbegründeten und wohlgeordneten Daseins, so verbirgt diese unter dem Glanze eines materiell reich entwickelten und geistig beweglichen Lebens den Verfall der Kraft und eine Fäulnis der Sitten, die den Untergang der alten Welt mehr als irgendeine andere Ursache befördert hat. Geht mit der alten Gynaikokratie Tapferkeit des Mannes Hand in Hand, so bereitet ihm die dionysische eine Entkräftung und Entwürdigung, von welcher sich das Weib selbst zuletzt mit Verachtung abwendet. Es ist keines der geringsten Zeugnisse für die innere Kraft des lykischen und elischen Volkstums, daß diese beiden Stämme unter allen ursprünglich gynaikokratischen Völkern die demetrische Reinheit ihres Mutterprinzips entgegen dem auflösenden Einflusse der dionysischen Religion am längsten ungeschmälert sich zu erhalten vermochten. Je enger sich die orphische Geheimlehre trotz der hohen Entwicklung, die sie dem männlich-phallischen Prinzipe lieh, an den alten Mysterienprinzipat der Frau anschloß, um so näher lag die Gefahr des Unterliegens. Bei den epizephyrischen Lokrern und den Aiolern der Insel Lesbos vermögen wir den Übergang zu beobachten und seine Folgen am deutlichsten zu übersehen. Insbesondere aber ist es die afrikanische und die asiatische Welt, welche ihrer angestammten Gynaikokratie die vollendetste dionysische Entwicklung zuteil werden ließ.

Die Geschichte bestätigt vielfach die Beobachtung, daß die frühesten Zustände der Völker am Schlusse ihrer Entwicklung wiederum nach der Oberfläche drängen. Der Kreislauf des Lebens führt das Ende von neuem in den Anfang zurück. Die folgende Untersuchung hat die unerfreuliche Aufgabe, diese traurige Wahrheit durch eine neue Reihe von Beweisen über allen Zweifel zu erheben. Insbesondere den orientalischen Ländern angehörend, sind die Erscheinungen, in welchen sich dieses Gesetz kundgibt, dennoch keineswegs auf sie beschränkt. Je mehr die innere Auflösung der alten Welt fortschreitet, um so entschiedener wird das mütterlich-stoffliche Prinzip von neuem in den Vordergrund gestellt, um so entschlossener seine umfassende aphroditisch-hetärische

Auffassung über die demetrische erhoben. Nochmals sehen wir jenes *ius naturale*, das der tiefsten Sphäre des tellurischen Daseins angehört, zur Geltung gelangen, und nachdem man die Möglichkeit seiner historischen Realität sogar für die unterste Stufe der menschlichen Entwicklung in Zweifel gezogen hatte, eben dasselbe nunmehr auf der letzten mit bewußter Vergötterung der tierischen Seite unserer Natur wiederum in das Leben eingeführt, ja zum Mittelpunkt von Geheimlehren erhoben, und als Ideal aller menschlichen Vollendung gepriesen. Zugleich treten eine große Zahl von Erscheinungen hervor, in welchen die rätselhaften Züge der ältesten Tradition völlig entsprechende Parallelen erhalten. Was wir beim Beginn unserer Untersuchung in mythischem Gewand finden, nimmt am Ende die Geschichtlichkeit sehr neuer Zeit an, und beweist durch diesen Zusammenhang, wie durchaus gesetzmäßig, trotz aller Freiheit der Handlung, der Fortgang der menschlichen Entwicklung sich vollzieht.

Ich habe in der jetzt beendigten Darstellung der verschiedenen Stufen des Mutterprinzips und ihres Kampfes untereinander zu wiederholten Malen die *amazonische Steigerung* der Gynaikokratie hervorgehoben, und dadurch auf die wichtige Rolle, welche dieser Erscheinung in der Geschichte des Geschlechterverhältnisses zukommt, hingedeutet. Das Amazonentum steht in der Tat mit dem Hetärismus in der engsten Verbindung. Diese beiden merkwürdigsten Erscheinungen des weiblichen Lebens bedingen und erläutern sich gegenseitig. In welcher Weise wir uns ihre Wechselbeziehung zu denken haben, soll hier wiederum in genauem Anschluß an die erhaltenen Überlieferungen angedeutet werden. Klearch knüpft an Omphales amazonische Erscheinung die allgemeine Bemerkung an, daß eine solche Steigerung der weiblichen Macht, wo immer sie sich finde, stets eine vorausgegangene Entwürdigung der Frau voraussetze und aus dem notwendigen Wechsel der Extreme erklärt werden müsse. Mehrere der berühmtesten Mythen, die Taten der lemnischen Frauen, der

Danaïden, selbst Klytaimnestras Mord schließen sich bestätigend an. Überall ist es der Angriff auf die Rechte des Weibes, der dessen Widerstand hervorruft, und seine Hand erst zur Verteidigung, dann zu blutiger Rache bewaffnet. Nach diesem in der Anlage der menschlichen, insbesondere der weiblichen Natur begründeten Gesetze muß der Hetärismus notwendig zum Amazonentum führen. Durch des Mannes Mißbrauch entwürdigt, fühlt das Weib zuerst die Sehnsucht nach einer gesicherten Stellung und einem reinern Dasein. Das Gefühl der erlittenen Schmach, die Wut der Verzweiflung entflammt es zu bewaffnetem Widerstande, und erhebt es zu jener kriegerischen Größe, die, indem sie die Grenzen der Weiblichkeit zu überschreiten scheint, doch nur in dem Bedürfnis ihrer Erhebung wurzelt.

Zwei Folgerungen ergeben sich aus dieser Auffassung, und beiden steht die Bestätigung der Geschichte zur Seite. Das Amazonentum stellt sich danach als eine ganz allgemeine Erscheinung dar. Es wurzelt nicht in den besondern physischen oder geschichtlichen Verhältnissen eines bestimmten Volksstammes, vielmehr in Zuständen und Erscheinungen des menschlichen Daseins überhaupt. Mit dem Hetärismus teilt es den Charakter der Universalität. Die gleiche Ursache ruft überall die gleiche Wirkung hervor. Amazonische Erscheinungen sind in die Ursprünge aller Völker verwoben. Aus dem innern Asien bis nach dem Okzident, aus dem skythischen Norden bis in den Westen Afrikas lassen sie sich verfolgen; jenseits des Ozeans sind sie nicht weniger zahlreich, nicht weniger sicher, und selbst in sehr naheliegenden Zeiten mit dem ganzen Gefolge der blutigsten Rachetaten gegen das männliche Geschlecht beobachtet worden. Die Gesetzmäßigkeit der menschlichen Natur sichert gerade den frühesten Stufen der Entwicklung am meisten den typisch-allgemeinen Charakter. Eine zweite Tatsache schließt sich dieser ersten an. Das Amazonentum bezeichnet trotz seiner wilden Entartung eine wesentliche Erhebung der menschlichen Gesittung. Rückfall und Ausartung inmitten späterer Kulturstufen, ist es in seiner ersten Ausbildung Fortschritt des Lebens zu einer reinern Gestaltung, und nicht nur ein notwendiger, sondern auch ein in seinen Folgen wohltätiger Durchgangspunkt der menschlichen Entwicklung. In ihm tritt das Gefühl der höhern Rechte des Muttertums zuerst den sinnlichen Ansprüchen der physischen Kraft entgegen, in ihm liegt der erste Keim jener Gynaikokratie, welche auf die Macht des Weibes die staatliche Gesittung der Völker gründet. Gerade hierfür liefert die Geschichte die belehrendsten Bestätigungen. Läßt es sich auch nicht in Abrede stellen, daß die geordnete Gynaikokratie allmählich selbst wieder zu amazonischer Strenge und amazonischen Sitten entartete, so ist doch in der Regel das Verhältnis ein umgekehrtes, die amazonische Gestaltung des Lebens eine frühere Erscheinung als die der ehelichen Gynaikokratie, und selbst Vorbereitung der letztern. Dies Verhältnis finden wir namentlich in dem lykischen Mythus, der uns Bellerophontes zugleich als Besieger der Amazonen und als Begründer des Mutterrechts, durch beides als den Ausgangspunkt der ganzen Gesittung des Landes darstellt. Gegenüber dem Hetärismus kann also die Bedeutung des Amazonentums für die Erhebung des weiblichen und dadurch des ganzen menschlichen Daseins nicht bestritten werden. In dem Kulte zeigt sich dieselbe Stufenfolge. Teilt das Amazonentum mit der ehelichen Gynaikokratie den innigsten Anschluß an den Mond, in dessen Vorzug vor der Sonne das Prototyp der weiblichen Hoheit erkannt wird, so leiht doch das Amazonentum dem Nachtgestirn eine zugleich düstere und strengere Natur als die demetrische Gynaikokratie. Dieser gilt es als das Bild des ehelichen Vereins, als der höchste kosmische Ausdruck jener Ausschließlichkeit, welche die Verbindung von Sonne und Mond beherrscht; der Amazone dagegen ist es in seiner nächtlich-einsamen Erscheinung die strenge Jungfrau, in seiner Flucht vor der Sonne die Feindin dauernder Verbindung, in seinem grinsenden, ewig wechselnden Antlitz die grause Todes-Gorgo, deren Name selbst zur amazonischen Bezeichnung geworden ist. Kann das höhere Alter dieser tiefern vor jener reinern Auffassung nicht geleugnet werden, so ist auch die dem Amazonentum angewiesene geschichtliche Stellung gesichert. In allen Traditionen tritt die innige Verbindung beider Erscheinungen, des Kultes und der Lebensformen, deutlich hervor; das notwendige Entsprechen der Religion und des Lebens offenbart von neuem seine ganze Bedeutung. Jene großen, von weiblichen Reiterscharen unternommenen Eroberungszüge, deren geschichtliche Grundlage durch die Möglichkeit vielfältig unbegründeter Ausspinnung nicht erschüttert wird, stellen sich nun in einem neuen Lichte dar. Sie erscheinen vorzugsweise als kriegerische Verbreitung eines Religionssystems, führen die weibliche Begeisterung auf ihre mächtigste Quelle, die vereinte Kraft des kultischen Gedankens und der Hoffnung, mit der Herrschaft der Göttin die eigene zu befestigen, zurück und zeigen uns die Kulturbedeutung des Amazonentums in ihrer gewaltigsten Erscheinung.

Das Schicksal der aus den weiblichen Eroberungen hervorgegangenen Staaten ist besonders geeignet, die Richtigkeit unserer Auffassung zu bestätigen und in die Geschichte der gynaikokratischen Welt innern Zusammenhang zu bringen. Mythische und historische Überlieferungen treten in den engsten Verein, ergänzen und bestätigen sich, und lassen eine Folge von Zuständen erkennen, die sich untereinander voraussetzen. Von dem Krieg und kriegerischen Unternehmungen gehn die siegreichen Heldenscharen zu fester Ansiedelung, zum Städtebau und zur Pflege des Ackerbaus über. Von den Ufern des Nils bis zu den Gestaden des Pontus, von Mittelasien bis nach Italien sind in die Gründungsgeschichten später berühmter Städte amazonische Namen und Taten verwoben. Wenn das Gesetz der menschlichen Entwicklung diesen Übergang aus dem Wanderleben zu häuslicher Niederlassung notwendig mit sich bringt, so entspricht er in besonderem Grade der Anlage der weiblichen Natur, und wird, wo diese ihren Einfluß geltend macht, mit doppelter Schnelligkeit eintreten. Beobachtung noch lebender Völker hat die Tatsache außer Zweifel gesetzt, daß die menschliche Gesellschaft vorzüglich durch die Bemühung der Frauen zu dem Ackerbau, den der Mann länger von sich weist, hinübergeführt wird. Die zahlreichen Traditionen des Altertums, in welchen Weiber durch das Verbrennen der Schiffe dem Wanderleben ein Ende machen, Weiber vorzugsweise den Städten ihre Namen gaben, oder wie zu Rom und in Elis mit der ältesten Grundeinteilung des Landes in nahe Verbindung gesetzt werden, haben durch die Idee, der sie entspringen, Anspruch darauf, als Anerkennung derselben geschichtlichen Tatsache betrachtet zu werden. In der Fixierung des Lebens erfüllt das weibliche Geschlecht seine Naturbestimmung. Von der Gründung und Schmückung des häuslichen Herdes hängt die Hebung des Daseins und alle Gesittung vorzugsweise ab. Es ist ein ganz konsequenter Fortschritt derselben Entwicklung, wenn nun die Richtung auf friedliche Gestaltung des Lebens immer entschiedener sich geltend macht, und die Pflege kriegerischer Tüchtigkeit, welche anfänglich die einzige Sorge bildet, nach demselben Verhältnis in den Hintergrund drängt. Obwohl die Waffenübung den Frauen gynaikokratischer Staaten nie gänzlich fremd wurde, obwohl sie zum Schutze ihrer Macht an der Spitze kriegerischer Völker unentbehrlich scheinen mußte, obwohl auch die besondere Vorliebe für das Pferd und seine Schmückung noch spät in bezeichnenden, selbst kultlichen Zügen bemerkbar ist, so finden wir doch die Kriegführung bald als ausschließliches Geschäft der Männer, bald wenigstens mit ihnen geteilt. Letzteres so, daß hier die Männerheere im Gefolge weiblicher Reiterscharen auftreten, dort, wie es die Erscheinung der mysischen Hierai zeigt, in umgekehrter Rangordnung. Während so die ursprünglich vorherrschende Lebensrichtung immer mehr zurücktritt, bleibt doch die weibliche Herrschaft im Innern des Staates und im Kreise der Familie noch lange ungeschmälert. Aber auch hier konnte eine fortschreitende Beschränkung derselben nicht ausbleiben. Von Stufe zu Stufe zurückgedrängt, zieht sich die Gynaikokratie in immer engere Kreise zusammen. In dem Fortgang dieser Entwicklung zeigt sich große Mannigfaltigkeit. Bald ist es die staatliche Herrschaft, die zuerst untergeht, bald umgekehrt die häusliche. In Lykien findet sich nur noch die letztere, von der ersten ist keine Nachricht auf uns gekommen, obwohl wir wissen, daß auch die Herrschaft nach Mutterrecht vererbt wurde. Umgekehrt erhält sich anderwärts das weibliche Königtum, sei es ausschließlich, sei es neben dem der Männer, während das Mutterrecht früher aufhört, die Familie zu beherrschen. Am längsten widerstehen dem Geiste der Zeit diejenigen Teile des alten Systems, welche mit der Religion in unlösbarem Zusammenhange stehen. Die höhere Sanktion, welche auf allem Kultlichen ruht, schützt sie vor dem Untergange. Aber auch noch andere Ursachen haben mitgewirkt. Wenn für die Lykier und Epizephyrier die Isolierung ihrer geographischen Lage, für Ägypten und Afrika überhaupt die Landesnatur ihren Einfluß geltend machte, so finden wir anderwärts das weibliche Königtum zuletzt durch seine Schwäche selbst geschützt, oder unterstützt durch künstliche Formen, wie sie in der Zurückführung der Briefe auf die Übungen asiatischer, im Innern des Palastes abgeschlossener Regentinnen angedeutet werden.

Neben diesen einzelnen Resten und Bruchstücken eines ursprünglich viel umfassenderen Systems gewinnen die Nachrichten chinesischer Schriftsteller über den innerasiatischen Weiberstaat, der sich bis in das achte Jahrhundert unserer Zeitrechnung die staatliche sowohl als die bürgerliche Gynaikokratie ungeschmälert zu erhalten wußte, ganz besonderes Interesse. Sie stimmen in allen charakteristischen Zügen mit den Berichten der Alten über die innere Anlage der amazonischen Staaten, und in dem Lobe der Eunomie und der friedlichen Richtung des ganzen Volkslebens mit dem Resultate meiner eigenen Betrachtung vollkommen überein. Nicht gewaltsame Zerstörung, die die Mehrzahl der amazonischen Gründungen früh vernichtete, und auch die italische Niederlassung der Kleiten nicht verschonte, sondern der geräuschlose Einfluß, welchen die Zeit und die Berührung mit dem mächtigen Nachbarreiche ausübte, hat der modernen Welt den Anblick eines gesellschaftlichen Zustandes entzogen, welcher für die europäische Menschheit zu den ältesten und dunkelsten Erinnerungen ihrer Geschichte gehört, und noch heute als ein vergessenes Stück Weltgeschichte bezeichnet werden muß. Auf einem Forschungsgebiete, das, wie das vorliegende, einem ungeheuern Trümmerfelde gleicht, ist die Benützung volklich und zeitlich weit auseinanderliegender Nachrichten gar oft das einzige Mittel, Licht zu gewinnen. Nur durch die Beachtung aller Fingerzeige kann es gelingen, das fragmentarisch Überlieferte gehörig zu ordnen. Die verschiedenen Formen und Äußerungen des mütterlichen Prinzipats bei den Völkern der alten Welt erscheinen uns jetzt als ebenso viele Stufen eines großen historischen Prozesses, der, in den Urzeiten beginnend, sich bis in ganz späte Perioden verfolgen läßt, und bei den Völkern der afrikanischen Welt noch heute mitten in seiner Entwicklung begriffen ist. Von dem demetrisch geordneten Mutterrechte ausgehend, sind wir in das Verständnis der hetärischen und amazonischen Erscheinungen des alten Frauenlebens vorgedrungen. Nach der Betrachtung dieser tiefern Stufe des Daseins wird es uns nun möglich, auch die höhern in ihrer wahren Bedeutung zu erkennen, und dem Sieg des Vaterrechts über die Gynaikokratie seine richtige Stellung in der Entwicklung der Menschheit anzuweisen.

Der Fortschritt von der *mütterlichen* zu der *väterlichen* Auffassung des Menschen bildet den wichtigsten Wendepunkt in der Geschichte des Geschlechtsverhältnisses. Teilt die demetrische Lebensstufe mit der aphroditisch-hetärischen den Prinzipat des gebärenden Muttertums, das nur durch die größere oder geringere Reinheit seiner Auffassung zu der Unterscheidung jener beiden Formen des Daseins hinführt, so liegt dagegen in dem Übergang zu dem Paternitätssysteme ein Wechsel des Grundprinzips selbst, eine vollständige Über-

Vorrede und Einleitung

windung des frühern Standpunkts. Eine ganz neue Anschauung bricht sich Bahn. Ruht die Verbindung der Mutter mit dem Kinde auf einem stofflichen Zusammenhange, ist sie der Sinnenwahrnehmung erkennbar und stets Naturwahrheit, so trägt dagegen das zeugende Vatertum in allen Stücken einen durchaus entgegengesetzten Charakter. Mit dem Kinde in keinem sichtbaren Zusammenhange, vermag es auch in ehelichen Verhältnissen die Natur einer bloßen Fiktion niemals abzulegen. Der Geburt nur durch Vermittlung der Mutter angehörend, erscheint es stets als die fernerliegende Potenz. Zugleich trägt es in seinem Wesen als erweckende Ursächlichkeit einen unstofflichen Charakter, dem gegenüber die hegende und nährende Mutter als *hyle* [Materie], als *chora kai dexamene geneseos* [Ort und empfangender Stoff des Werdens], als *tithene* [Amme] sich darstellt. Alle diese Eigenschaften des Vatertums führen zu dem Schlusse: in der Hervorhebung der Paternität liegt die Losmachung des Geistes von den Erscheinungen der Natur, in ihrer siegreichen Durchführung eine Erhebung des menschlichen Daseins über die Gesetze des stofflichen Lebens. Ist das Prinzip des Muttertums allen Sphären der tellurischen Schöpfung gemeinsam, so tritt der Mensch durch das Übergewicht, das er der zeugenden Potenz einräumt, aus jener Verbindung heraus und wird sich seines höhern Berufs bewußt. Über das körperliche Dasein erhebt sich das geistige, und der Zusammenhang mit den tiefern Kreisen der Schöpfung wird nun auf jenes beschränkt. Das Muttertum gehört der leiblichen Seite des Menschen, und nur für diese wird fortan sein Zusammenhang mit den übrigen Wesen festgehalten; das väterlich-geistige Prinzip eignet ihm allein. In diesem durchbricht er die Bande des Tellurismus und erhebt seinen Blick zu den höhern Regionen des Kosmos. Das siegreiche Vatertum wird ebenso entschieden an das himmlische Licht angeknüpft, als das gebärende Muttertum an die allgebärende Erde, die Durchführung des Rechtes der Paternität ebenso allgemein als Tat der uranischen Sonnenhelden dargestellt als andererseits die Verteidigung und ungeschmälerte Erhaltung des Mutterrechts den chthonischen Muttergottheiten als erste Pflicht zugewiesen.

In Orests und Alkmaions Muttermord hat der Mythus den Kampf des alten und des neuen Prinzips in dieser Weise aufgefaßt und den großen Wendepunkt des Lebens mit einer Erhebung der Religion in den engsten Zusammenhang gesetzt. Auch in diesen Traditionen haben wir die Erinnerung an wirkliche Erlebnisse des Menschengeschlechts zu erkennen. Kann der historische Charakter des Mutterrechts nicht bezweifelt werden, so sind auch die Ereignisse, die seinen Fall begleiten, mehr als dichterische Fiktion. In Orests Schicksalen erkennen wir das Bild der Erschütterungen und Kämpfe, aus welchen die Erhebung des Vatertums über das chthonische Mutterprinzip hervorgegangen ist. Welchen Einfluß immer wir der schmückenden Dichtung einräumen mögen: der Gegensatz und der Kampf der beiden aufeinandertreffenden Prinzipe, wie ihn Aischylos und auch Euripides darstellen, hat historische Wahrheit. Der Standpunkt des alten Rechtes ist der der Erinnyen, nach diesem Orest schuldig, der Mutter Blut unsühnbar; Apoll und Athene dagegen führen ein neues Gesetz zum Siege: das der höhern Väterlichkeit des himmlischen Lichts. Es ist kein Kampf der Dialektik, sondern der Geschichte, den die Götter selbst entscheiden. Ein Weltalter geht unter, ein neues erhebt sich auf dessen Trümmern, das apollinische. Eine neue Gesittung bereitet sich vor, der alten durchaus entgegengesetzt. Auf die Göttlichkeit der Mutter folgt die des Vaters, auf den Prinzipat der Nacht der des Tages, auf den Vorzug der linken Seite der des rechts, und erst durch den Gegensatz tritt der Unterschied beider Lebensstufen in seiner vollen Schärfe hervor. Leitet die pelasgische Kultur das Gepräge, welches sie auszeichnet, von der überwiegenden Bedeutung des Muttertums ab, so ist dagegen der Hellenismus mit dem Hervortreten der Paternität aufs engste verbunden. Dort stoffliche Gebundenheit, hier geistige Entwicklung; dort unbewußte Gesetzmäßigkeit, hier Individualismus; dort Hingabe an die

Natur, hier Erhebung über dieselbe, Durchbrechung der alten Schranken des Daseins, das Streben und Leiden des prometheischen Lebens an der Stelle beharrender Ruhe, friedlichen Genusses und ewiger Unmündigkeit in alterndem Leibe. Freie Gabe der Mutter ist die höhere Hoffnung des demetrischen Mysteriums, das in dem Schicksal des Samenkorns erkannt wird; der Hellene dagegen will alles, auch das Höchste sich selbst erringen. Im Kampfe wird er sich seiner Vaternatur bewußt, kämpfend erhebt er sich über das Muttertum, dem er früher ganz angehörte, kämpfend ringt er sich zu eigner Göttlichkeit empor. Für ihn liegt die Quelle der Unsterblichkeit nicht mehr in dem gebärenden Weibe, sondern in dem männlich-schaffenden Prinzip, dieses bekleidet er nun mit der Göttlichkeit, die die frühere Welt jenem allein zuerkannte.

Der Ruhm, der Zeusnatur des Vatertums ihre reinste Entwicklung gegeben zu haben, kann dem attischen Stamme nicht abgesprochen werden. Ruht Athen auch selbst auf dem pelasgischen Volkstume, so hat es doch im Laufe seiner Entwicklung das demetrische Prinzip dem apollinischen gänzlich untergeordnet, Theseus als zweiten weiberfeindlichen Herakles verehrt, in Athene das mutterlose Vatertum an die Stelle des vaterlosen Muttertums gesetzt, und selbst in seiner Legislation der Paternität in ihrer prinzipiellen Allgemeinheit jene Unantastbarkeit gesichert, welche das alte Recht der Erinnyen dem Muttertum allein zuerkannte. Wohlgewogen allem Männlichen, hilfreich allen Helden des väterlichen Sonnenrechts heißt die jungfräuliche Göttin, in welcher das kriegerische Amazonentum der alten Zeit in geistiger Auffassung wiederkehrt; feindlich dagegen und unheilbringend ihre Stadt allen jenen Frauen, die ihres Geschlechts Rechte verteidigend an Attikas Gestaden hilfesuchend der Schiffe Taue befestigen. Der Gegensatz des apollinischen zu dem demetrischen Prinzip zeigt sich hier in seiner schärfsten Durchführung. Dieselbe Stadt, in deren Urgeschichte Spuren gynaikokratischer Zustände deutlich hervortreten, dieselbe hat dem Vatertum die reinste Entwicklung gebracht, und in einseitiger Übertreibung der eingeschlagenen Richtung das Weib zu einer Unterordnung verurteilt, die besonders durch ihren Gegensatz zu der Grundlage der eleusinischen Weihen überrascht. Das Altertum wird dadurch besonders lehrreich, daß es seine Entwicklung fast auf allen Gebieten des Lebens zum Abschluß gebracht, jedem Prinzipe seine vollkommene Durchführung geliehen hat. Fragmentarisch und zerrissen in seiner Überlieferung, ist es doch in dieser wichtigsten Beziehung durchaus ein Ganzes. Seine Erforschung gewährt dadurch einen Vorteil, den keine andere Zeit zu bieten vermag. Sie sichert unserm Wissen seinen Abschluß. Die Vergleichung des Ausgangs und des Endpunktes wird die Quelle der reichsten Aufklärung über die Natur beider. Nur durch den Gegensatz erhalten die Eigentümlichkeiten jeder Stufe ihre volle Verständlichkeit.

Es ist also keine ungebührliche Ausdehnung, vielmehr notwendiger Teil meiner Aufgabe, wenn ich der Ausbildung der Paternität und der damit verbundenen Umgestaltung des Daseins eingehende Betrachtung widme. Auf zwei Gebieten wird der Wechsel des väterlichen und des mütterlichen Standpunktes besonders verfolgt werden: auf dem der Familienergänzung durch Adoption und auf jenem der Mantik [des Sehertums]. Die Annahme an Kindesstatt, undenkbar unter der Herrschaft rein hetärischer Zustände, muß neben dem demetrischen Prinzipe eine ganz andere Gestalt annehmen als nach apollinischer Idee. Dort von dem Grundsatze mütterlicher Geburt geleitet, kann sie sich von der Naturwahrheit nicht entfernen; hier dagegen wird sie, getragen von der Fiktionsbedeutung der Paternität, zu der Annahme rein geistiger Zeugung emporsteigen, ein mutterloses, aller Materialität entkleidetes Vatertum verwirklichen, und dadurch der Idee der Sukzession in gerader Linie, welche dem Muttertum fehlt, die zu apollinischer Geschlechtsunsterblichkeit führende Vollendung bringen. Für die Mantik läßt sich das gleiche Entwicklungsprinzip besonders in der Ausbildung der iamidischen Prophetie nachweisen. Mütterlich-tellurisch auf ihrer untersten melampodischen Stufe wird sie auf der höchsten ganz väterlich-apollinisch und vereinigt sich in der Idee der geraden Linie, die sie jetzt hervorhebt, mit der höchsten Vergeistigung der Adoption, welcher dasselbe Bild angehört. Doppelt belehrend aber wird ihre Betrachtung dadurch, daß sie uns mit Arkadien und Elis, zwei Hauptsitzen der Gynaikokratie, in Verbindung bringt, und so die Gelegenheit bietet, den Parallelismus der Entwicklung des Familienrechts und jener der Mantik, der Religion überhaupt, in unmittelbarer Nähe zu betrachten.

Die Gesetzmäßigkeit in der Ausbildung des menschlichen Geistes erhält durch die Zusammenstellung dieser verschiedenen Gebiete des Lebens einen hohen Grad objektiver Sicherheit. Überall dieselbe Erhebung von der Erde zum Himmel, von dem Stoffe zur Unstofflichkeit, von der Mutter zum Vater, überall jenes orphische Prinzip, das in der Richtung von unten nach oben eine sukzessive Läuterung des Lebens annimmt und hierin seinen prinzipiellen Gegensatz zu der christlichen Lehre und zu ihrem Ausspruch: ›Denn nicht ist der Mann vom Weibe, sondern das Weib vom Manne‹, besonders zu erkennen gibt.

Die zweite Hauptrichtung meiner Untersuchung, welche ich als die historische bezeichnet und auf den Kampf des Mutterrechts mit höhern und tiefern Lebensstufen bezogen habe, findet ihre tiefere Begründung in der Betrachtung des innern Zusammenhangs, der den allmählichen Fortschritt der geistigen Entwicklung des Menschen mit einer Stufenfolge immer höherer Erscheinungen des Kosmos verbindet. Der absolute Gegensatz unserer heutigen Denkweise zu der des Altertums tritt nirgends so überraschend hervor, als auf dem Gebiete, das wir nun betreten. Die Unterordnung des Geistigen unter physische Gesetze, die Abhängigkeit der menschlichen Entwicklung von kosmischen Mächten erscheint so seltsam, daß man sich versucht fühlt, sie in das Reich philosophischer Träume zu verweisen, oder »als Fiebergesicht und höhern Blödsinn« darzustellen. Und doch ist sie keine Verirrung alter oder neuer Spekulation, keine grundlose Parallele, überhaupt keine Theorie, vielmehr, wenn ich mich so ausdrücken darf, objektive Wahrheit, Empirie und Spekulation zugleich, eine in der geschichtlichen Entwicklung der alten Welt selbst geoffenbarte Philosophie. Alle Teile des alten Lebens sind von ihr durchdrungen, auf allen Stufen der religiösen Entwicklung tritt sie als leitender Gedanke hervor, jeder Erhebung des Familienrechts liegt sie zugrunde. Sie trägt und beherrscht alles und ist der einzige Schlüssel zum Verständnis einer großen Zahl noch nie erklärter Mythen und Symbole. Schon unsere frühere Darstellung gibt die Mittel an die Hand, dem antiken Standpunkt näherzutreten. Indem sie die Abhängigkeit der einzelnen Stufen des Familienrechts von ebensovielen verschiedenen Religionsideen nachweist, führt sie zu dem Schlusse, daß dasselbe Verhältnis der Unterordnung, in welchem die Religion zu den Naturerscheinungen steht, folgeweise auch die Familienzustände beherrschen muß. Die Betrachtung des Altertums bringt mit jedem Schritte neue Bestätigungen dieser Wahrheit. Alle Stufen des geschlechtlichen Lebens von dem aphroditischen Hetärismus bis zu der apollinischen Reinheit der Paternität haben ihr entsprechendes Vorbild in den Stufen des Naturlebens von der wilden Sumpfvegetation, dem Prototyp des ehelosen Muttertums, bis zu dem harmonischen Gesetz der uranischen Welt und dem himmlischen Lichte, das als *flamma non urens* [als Flamme ohne Brand] der Geistigkeit des sich ewig verjüngenden Vatertums entspricht. So durchaus gesetzmäßig ist der Zusammenhang, daß aus dem Vorherrschen des einen oder des andern der großen Weltkörper in dem Kulte auf die Gestaltung des Geschlechtsverhältnisses im Leben geschlossen, und in einem der bedeutendsten Sitze des Monddienstes die männliche oder weibliche Benennung des Nachtgestirns als Ausdruck der Herrschaft des Mannes oder jener der Frau aufgefaßt werden konnte.

Von den drei großen kosmischen Körpern: Erde, Mond, Sonne, erscheint der erste als Träger des Muttertums, während der letzte die Entwicklung des Vaterprinzips leitet; die tiefste Religionsstufe, der reine Tellurismus, fordert den Prinzipat des Mutterschoßes, verlegt den Sitz der Männlichkeit in das tellurische Gewässer und in die Kraft der Winde, welche, der irdischen Atmosphäre angehörend, vorzugsweise in dem chthonischen Systeme eine Rolle spielen, ordnet endlich die männliche Potenz der weiblichen, den Ozean dem *gremium matris terrae*, ›dem Schoß der Mutter Erde‹ unter. Mit der Erde identifiziert sich die Nacht, welche als chthonische Macht aufgefaßt, mütterlich gedacht, zu dem Weibe in besondere Beziehung gesetzt und mit dem ältesten Zepter ausgestattet wird.

Ihr gegenüber erhebt die Sonne den Blick zu der Betrachtung der größern Herrlichkeit der männlichen Kraft. Das Tagesgestirn führt die Idee des Vatertums zum Siege. In dreifacher Stufenfolge vollendet sich die Entwicklung, und zwei derselben schließen sich wiederum genau an die Naturerscheinung an, während die dritte es versucht, über sie hinauszudringen. An den Aufgang der Sonne knüpft die alte Religion den Gedanken siegreicher Überwindung des mütterlichen Dunkels, wie sie in dem Mysterium als Grundlage der jenseitigen Hoffnungen vielfach hervortritt. Aber auf dieser morgendlichen Stufe wird der leuchtende Sohn noch ganz von der Mutter beherrscht, der Tag als ›nächtlicher Tag‹ bezeichnet, und als vaterlose Geburt der Mutter Matuta [Mutter der Frühe], dieser großen Eileithyia, mit auszeichnenden Eigenschaften des Mutterrechts in Verbindung gesetzt. Die völlige Befreiung aus dem mütterlichen Vereine tritt erst ein, wenn die Sonne zu der größten Entfaltung ihrer Lichtmacht gelangt. Auf dem Zenitpunkte ihrer Kraft, gleich entfernt von der Stunde der Geburt und der des Todes, dem eintreibenden und austreibenden Hirten, ist sie das siegreiche Vatertum, dessen Glanz die Mutter sich ebenso unterordnet, wie sie der poseidonischen Männlichkeit herrschend entgegentritt. Das ist die dionysische Durchführung des Vaterrechts, die Stufe desjenigen Gottes, der zugleich als die am reichsten entwickelte Sonnenmacht und als Begründer der Paternität genannt wird. Beide Äußerungen seiner Natur zeigen das genaueste Entsprechen. Phallisch-zeugend, wie die Sonne in ihrer üppigsten Manneskraft, ist die dionysische Paternität; stets den empfangenden Stoff suchend, um in ihm Leben zu erwecken, so Sol, so auch der Vater in seiner dionysischen Auffassung. Ganz anders und viel reiner stellt sich die dritte Stufe der solarischen Entwicklung dar, die apollinische. Von der phallisch gedachten, stets zwischen Aufgang und Niedergang, Werden und Vergehen auf- und abwallenden Sonne erhebt sich jene zu der wechsellosen Quelle des Lichts, in das Reich des solarischen Seins, und läßt alle Idee der Zeugung und Befruchtung, alle Sehnsucht nach der Mischung mit dem weiblichen Stoffe tief unter sich zurück. Hat Dionysos das Vatertum nur über die Mutter erhoben, so befreit sich Apollon vollständig von jeder Verbindung mit dem Weibe. Mutterlos, ist seine Paternität eine geistige, wie sie in der Adoption vorliegt, mithin unsterblich, der Todesnacht, in welche Dionysos, weil phallisch, stets hineinblickt, nicht unterworfen. So erscheint das Verhältnis der beiden Lichtmächte und der beiden in ihnen begründeten Paternitäten in dem Ion des Euripides, der, den delphischen Ideen genau sich anschließend, für den Gegenstand der folgenden Untersuchung in höherm Grade noch als Heliodors Liebesroman besondere Bedeutung gewinnt.

Zwischen den beiden Extremen, der Erde und der Sonne, nimmt der Mond jene Mittelstellung ein, welche die Alten als Grenzregion zweier Welten bezeichnen. Der reinste der tellurischen, der unreinste der uranischen Körper, wird er das Bild des durch das demetrische Prinzip zur höchsten Läuterung erhobenen Muttertums, und als himmlische Erde der chthonischen entgegengesetzt, wie der hetärischen die demetrisch geweihte Frau. Übereinstimmend hiermit erscheint das eheliche Mutterrecht stets und ausnahmslos an die kultische

Bevorzugung des Mondes vor der Sonne angeknüpft; übereinstimmend ebenso der höhere Weihegedanke des demetrischen Mysteriums, das der Gynaikokratie zur Grundlage dient, als Gabe des Mondes. Mutter zugleich und Quelle der Lehre ist Luna, wie wir sie auch in dem dionysischen Mysterium finden, in beiden aber Prototyp der gynaikokratischen Frau. Nutzlos wäre es, die Ideen des Altertums über diesen Punkt hier weiter zu verfolgen; meine Untersuchung wird zeigen, wie unerläßlich sie zum Verständnis von tausend Einzelheiten sind. Für jetzt genügt der Grundgedanke. Die Abhängigkeit der einzelnen Stufen des Geschlechtsverhältnisses von den kosmischen Erscheinungen ist keine frei konstruierte Parallele, sondern eine historische Erscheinung, ein Gedanke der Weltgeschichte. Sollte der Mensch, die größte Erscheinung des Kosmos, allein seinen Gesetzen entzogen sein? Zurückgeführt auf die Gradation der großen Weltkörper, die nacheinander die erste Stelle im Kultus und in den Gedanken der alten Völker einnehmen, erhält die Entwicklung des Familienrechts den höchsten Grad innerer Notwendigkeit und Gesetzmäßigkeit; die vorübergehenden Erscheinungen der Geschichte zeigen sich als Ausdruck göttlicher Schöpfungsgedanken, welche die Religion zu ihrer Grundlage macht.

Die eben geschlossene Betrachtung befähigt uns, die Geschichte des Geschlechterverhältnisses auch in ihrem letzten Teile richtig zu würdigen. Nachdem wir alle Teile der Entwicklung von dem ungeregelten Tellurismus bis zu der reinsten Gestaltung des Lichtrechts der Betrachtung vorgeführt und nach der Reihe in ihrer geschichtlichen, religiösen und kosmischen Erscheinung untersucht haben, bleibt noch eine Frage, ohne deren Beantwortung die folgende Abhandlung ihren Gegenstand nicht erschöpfen würde. Welches ist die *Schlußgestaltung* die das Altertum auf diesem Gebiete dem Leben zu geben vermochte? Von zwei Mächten schien das Vaterrecht seine Durchführung und Behauptung erwarten zu können: von dem delphischen Apoll und von dem römischen Staatsprinzip des männlichen Imperium. Die Geschichte lehrt, daß die Menschheit der erstern weniger zu danken hat als der letztern. Mag die politische Idee Roms einen geringern Grad der Geistigkeit in sich tragen als die delphisch-apollinische, so besaß sie doch in ihrer rechtlichen Gestaltung und innigen Verbindung mit dem ganzen öffentlichen und privaten Leben eine Stütze, an welcher es der rein geistigen Macht des Gottes durchaus gebrach. Während also jene allen Angriffen siegreich zu widerstehen vermochte, und durch den Verfall des Lebens ebensowenig als durch die immer entschiedenere Rückkehr zu den stofflichen Anschauungen sich überwinden ließ, war es dieser nicht gegeben, siegreich die Kämpfe zu bestehen, welche tiefere Auffassungen mit stets wachsender Entschiedenheit ihr bereiteten. Wir sehen die Paternität von ihrer apollinischen Reinheit zu der dionysischen Stofflichkeit zurücksinken, und dadurch dem weiblichen Prinzipe einen neuen Sieg, den mütterlichen Kulten eine neue Zukunft bereiten. Schien der innige Verein, welchen die beiden Lichtmächte zu Delphi untereinander schlossen, dazu angetan, des Dionysos phallische Üppigkeit durch Apollons wechsellose Ruhe und Klarheit reinigend und läuternd gleichsam über sich selbst zu erheben, so war die Folge doch eine gerade entgegengesetzte: der höhere sinnliche Reiz des zeugenden Gottes überwog seines Genossen mehr geistige Schönheit und riß die Macht, welche diesem gebührte, immer ausschließlicher an sich. Statt des apollinischen Weltalters bricht sich das dionysische Bahn, und an niemand hat Zeus den Zepter seiner Macht abgetreten als an Dionysos, der alle übrigen Kulte sich unterzuordnen wußte, und zuletzt als Mittelpunkt einer die Gesamtheit der alten Welt beherrschenden Universalreligion erscheint. Bei Nonnos streiten sich vor der Versammlung der Götter Apollon und Dionysos um den Preis; siegesgewiß erhebt jener den Blick, da bietet sein Gegner den feurigen Wein zum Genusse dar, und errötend schlägt Apoll die Augen zur Erde nieder, denn solcher Gabe hat er keine ähnliche an die Seite zu stellen. In diesem Bilde liegt die Erhabenheit zugleich und die Schwäche der apollinischen Natur, in ihm das Geheimnis des durch Dionysos errungenen Sieges. Die Begegnung der griechischen und der orientalischen Welt, welche Alexander herbeiführt, gewinnt in dieser Verbindung besondere Wichtigkeit. Wir sehen die beiden großen Gegensätze des Lebens im Kampfe sich messen, zuletzt aber durch den dionysischen Kult gewissermaßen versöhnt. Nirgends hat Dionysos mehr Pflege, nirgends einen üppigern Kult gefunden, als in dem Hause der Ptolemaier, das in ihm ein Mittel erkannte, die Assimilation des Einheimischen und des Fremden wesentlich zu erleichtern.

Die folgende Abhandlung wird diesem welthistorischen Kampfe, soweit er sich in der Gestaltung des Geschlechterverhältnisses zu erkennen gibt, besondere Aufmerksamkeit schenken, und den hartnäckigen Widerstand, welchen das einheimische Isisprinzip der griechischen Paternitätstheorie entgegensetzte, in vielen einzelnen Spuren verfolgen. Zwei Traditionen fesseln die Aufmerksamkeit in besonderm Grade, eine mythische und eine historische. In der Erzählung von Alexanders Weisheitskampf mit der indisch-meroïtischen Kandake hat die gleichzeitige Menschheit ihre Anschauung von dem Verhältnis des männlich-geistigen Prinzips, das in Alexander seiner schönsten Verkörperung teilhaftig schien, zu dem mütterlichen Prinzipat der asiatisch-ägyptischen Welt niedergelegt, der höhern Göttlichkeit des Vatertums ihre Huldigung dargebracht, zugleich aber angedeutet, daß es dem Heldenjüngling, der vor den erstaunten Blicken zweier Welten rasch über die Bühne schritt, nicht gelang, das Recht des Weibes, dem er überall die höchste Anerkennung entgegenzubringen sich genötigt sah, jenem des Mannes dauernd zu unterwerfen. Der zweite streng historische Bericht führt uns in die Zeit des ersten Ptolemaiers und wird durch die einzelnen Umstände, welche er über die Wahl des sinopensischen Sarapis und seine Einführung in Ägypten mitteilt, insbesondere durch die Hervorhebung des absichtlichen Umgehens der delphischen Gottheit und ihrer aus dem weiblichen Vereine ganz befreiten Paternität für die Kenntnis des Standpunktes, den die griechische Dynastie zur festen Begründung ihrer Herrschaft von Anfang an einzunehmen genötigt war, in hohem Grade belehrend. Es läßt sich also nicht in Abrede stellen, daß die Zeugnisse der politischen mit denen der Religionsgeschichte durchaus übereinstimmen. Das geistige Prinzip des delphischen Apoll vermochte es nicht, dem Leben der alten Welt sein Gepräge mitzuteilen und die tiefern stofflichern Auffassungen des Geschlechterverhältnisses zu überwinden. Die dauernde Sicherstellung der Paternität verdankt die Menschheit der römischen Staatsidee, die ihr eine juristisch strenge Form und konsequente Durchführung auf allen Gebieten des Daseins brachte, das ganze Leben auf sie gründete, und ihre volle Unabhängigkeit von dem Verfalle der Religion, von dem Einfluß verderbter Sitten und der Rückkehr des Volksgeistes zu gynaikokratischen Anschauungen zu sichern wußte. Siegreich hat das römische Recht sein hergebrachtes Prinzip gegen alle Angriffe und Gefahren, die ihm der Orient bereitete, die an das gewaltige Vordringen des Mutterkultes einer Isis und Kybele und selbst an das dionysische Mysterium sich anknüpften, durchgeführt, siegreich die innern Umgestaltungen des Lebens, die von dem Verfall der Freiheit unzertrennlich waren, siegreich das von August zuerst in die Gesetzgebung eingeführte Prinzip der Fruchtbarkeit des Weibes, siegreich den Einfluß der kaiserlichen Frauen und Mütter, die, den alten Geist höhnend, sich der *fasces* [Ruten, Gerichtsgewalt] und *signa* [Feldzeichen, Militärgewalt] nicht ohne Erfolg zu bemächtigen strebten, siegreich endlich Justinians entschiedene Vorliebe für die ganz natürliche Auffassung des Geschlechterverhältnisses, für völlige Gleichberechtigung der Frauen und Hochachtung des gebärenden Muttertums zu bestehen, und auch in den Provinzen des Orients den nie erloschenen Widerstand gegen die römische Mißachtung des weiblichen Prinzips mit Erfolg zu bekämpfen vermocht.

Vorrede und Einleitung 147

Die Vergleichung dieser Kraft der römischen Staatsidee mit der geringen Widerstandsfähigkeit eines rein religiösen Prinzips ist geeignet, uns die ganze Schwäche der sich selbst überlassenen, durch keine strengen Formen geschützten menschlichen Natur zum Bewußtsein zu bringen. Das Altertum hat Augustus, der als Adoptivsohn den Mord seines geistigen Vaters rächte, als zweiten Orest begrüßt, und an seine Erscheinung den Beginn eines neuen, des apollinischen Zeitalters angeknüpft. Aber die Behauptung dieser höchsten Stufe verdankt die Menschheit nicht der innern Kraft jenes Religionsgedankens, sondern wesentlich der staatlichen Gestaltung Roms, welche die Grundideen, auf denen es ruhte, wohl vielfältig modifizieren, nie aber ganz aufgeben konnte. Die merkwürdigste Bestätigung findet mein Gedanke in der Betrachtung des Wechselverhältnisses, das die Verbreitung des römischen Rechtsprinzips und die des ägyptisch-asiatischen Mutterkults beherrscht. Zu derselben Zeit, in welcher mit dem Fall der letzten Kandake die Unterwerfung des Orients sich vollendet, erhebt sich das auf staatlichem Gebiet überwundene Muttertum mit doppelter Kraft zu einem neuen Triumphzuge, um seinerseits auf dem religiösen Boden das über den Okzident wieder zu gewinnen, was es auf dem des bürgerlichen Lebens durch jenen unrettbar bedroht sah. So übertrug sich der Kampf, auf einem Felde beendigt, auf ein anderes höheres, um von diesem später wiederum zu jenem zurückzukehren. Die neuen Siege, welche das Mutterprinzip jetzt selbst über die Offenbarung des rein geistigen Vatertums zu erringen wußte, zeigen, wie schwer es den Menschen zu allen Zeiten und unter der Herrschaft der verschiedensten Religionen wird, das Schwergewicht der stofflichen Natur zu überwinden, und das höchste Ziel ihrer Bestimmung, die Erhebung des irdischen Daseins zu der Reinheit des göttlichen Vaterprinzips, zu erreichen.

Der Gedankenkreis, in welchem sich die folgende Abhandlung bewegt, findet in der letzten Betrachtung seinen natürlichen Abschluß. Nicht willkürlich gezogen, sondern gegeben sind die Grenzen, vor welchen die Untersuchung stille steht. Ebenso unabhängig von freier Wahl ist die Methode der Forschung und Darstellung, über welche ich hier an letzter Stelle dem Leser noch einige Aufklärung schulde. Eine geschichtliche Untersuchung, welche alles zum erstenmal zu sammeln, zu prüfen, zu verbinden hat, ist genötigt, überall das einzelne in den Vordergrund zu stellen und nur allmählich zu umfassendern Gesichtspunkten emporzusteigen. Von der möglichst vollständigen Beibringung des Materials und der unbefangenen rein objektiven Würdigung desselben hängt alles Gelingen ab. Damit sind die beiden Gesichtspunkte gegeben, welche den Gang der folgenden Abhandlung bestimmen. Sie ordnet den gesamten Stoff nach den Völkern, welche das oberste Einteilungsprinzip bilden, und eröffnet jeden Abschnitt mit der Betrachtung einzelner besonders bedeutender Zeugnisse. Es liegt in der Natur dieses Verfahrens, daß es den Ideenkreis des Mutterrechts nicht in logischer Entwicklung mitteilen kann, vielmehr je nach dem Inhalt der Berichte bei dem einen Volke diese, bei dem anderen jene Seite vorzugsweise ins Auge fassen und auch wohl derselben Frage öfters gegenübertreten muß. Auf einem Gebiete der Forschung, das des Neuen und gänzlich Unbekannten so vieles bietet, darf weder jene Scheidung, noch diese Wiederholung beklagt oder getadelt werden. Beide sind unzertrennlich von einem Systeme, das sich durch entschiedene Vorzüge empfiehlt. In allem, was das Völkerleben bietet, herrscht Reichtum und Mannigfaltigkeit. Unter dem Einfluß lokaler Verhältnisse und individueller Entwicklung erhalten die Grundgedanken einer bestimmten Kulturperiode bei den einzelnen Stämmen mannigfaltig wechselnden Ausdruck; die Gleichartigkeit der Erscheinung tritt immer mehr zurück, bald überwiegt das Partikuläre, und unter der Mitwirkung tausend verschiedener Umstände verkümmert hier frühzeitig eine Seite des Lebens, die dort die reichste Entwicklung findet. Es ist unverkennbar, daß nur die gesonderte Betrachtung der einzelnen Völker diese Fülle geschichtlicher Bildungen vor Verkümmerung, die Untersuchung selbst vor dogmatischer Einseitigkeit zu bewahren vermag. Nicht die Herstellung eines hohlen Gedankengebäudes, sondern die Erkenntnis des Lebens, seiner Bewegung, seiner vielfältigen Manifestation kann das Ziel einer Forschung sein, welche das Gebiet der Geschichte und den Umfang unserer historischen Kenntnisse zu bereichern strebt. Sind umfassende Gesichtspunkte von hohem Wert, so erscheinen sie doch nur auf der Unterlage eines reichen Details in ihrer ganzen Bedeutung, und nur wo das Generelle mit dem Speziellen, der Gesamtcharakter einer Kulturperiode mit dem der einzelnen Völker sich richtig verbindet, findet das doppelte Bedürfnis der menschlichen Seele nach dem Einheitlichen und der Mannigfaltigkeit seine Befriedigung. Jeder der Stämme, die nach der Reihe in den Kreis unserer Betrachtung eintreten, liefert neue Züge zu dem Gesamtbilde der Gynaikokratie und ihrer Geschichte, oder zeigt uns schon bekannte von einer andern, früher weniger beachteten Seite. So wächst mit der Untersuchung selbst die Erkenntnis; Lücken füllen sich aus; erste Beobachtungen werden durch neue bestätigt, modifiziert, erweitert; das Wissen schließt allmählich sich ab, das Verstehen erhält innern Zusammenhang; immer höhere Gesichtspunkte ergeben sich; zuletzt finden alle in der Einheitlichkeit eines obersten Gedankens ihre Vereinigung. Größer als die Freude über das Ergebnis ist die, welche die Betrachtung seiner stufenweisen Heranbildung begleitet. Soll die Darstellung diesen Reiz der Forschung nicht verlieren, so darf auch sie nicht darauf vorzugsweise bedacht sein, die Resultate mitzuteilen, sondern ihre Gewinnung und allmähliche Entwicklung darzulegen. Die folgende Abhandlung verlangt eben deshalb überall Mitarbeit und Mitstudium, und trägt stets Sorge, daß ihr Verfasser nicht störend zwischen die eigene Beobachtung des Lesers und den dargebotenen antiken Stoff in die Mitte trete und dadurch die Aufmerksamkeit von dem Gegenstande, dem sie allein gebührt, auf sich ablenke. Nur Selbsterworbenes hat

Wert, und nichts stößt die menschliche Natur weiter von sich ab als fertig Dargebotenes. Das vorliegende Buch nimmt keinen andern Anspruch in die Öffentlichkeit mit als den, der gelehrten Forschung einen neuen, nicht leicht zu beendigenden Stoff des Nachdenkens vorzulegen. Besitzt es diese Kraft der Anregung, so wird es gerne in die bescheidene Stellung einer bloßen Vorarbeit zurücktreten, und dann auch dem gewöhnlichen Schicksal aller ersten Versuche, von den Nachfolgern geringgeschätzt und nur nach den Mängeln und Unvollkommenheiten beurteilt zu werden, mit Gleichmut sich unterwerfen.

Lykien

Jede Untersuchung über das Mutterrecht muß von dem lykischen Volke ihren Ausgang nehmen. Für dieses liegen die bestimmtesten und auch an Inhalt reichsten Zeugnisse vor. Unsere Aufgabe wird es also zunächst sein, die Nachrichten der Alten in wörtlicher Übertragung mitzuteilen, um so für alles Folgende eine sichere Grundlage zu gewinnen.

Herodot (1, 173) berichtet, die Lykier stammten ursprünglich aus Kreta, sie hätten unter Sarpedon Termiler geheißen, wie sie von den Nachbarn noch später genannt worden seien; als aber Lykos, des Pandion Sohn, von Athen in der Termiler Land zu Sarpedon gekommen, da seien sie nach ihm Lykier genannt worden. Dann fährt der Geschichtschreiber also fort: »Ihre Sitten sind zum Teil kretisch, zum Teil karisch. Jedoch eine sonderbare Gewohnheit haben sie, die sonst kein anderes Volk hat: sie benennen sich nach der Mutter und nicht nach dem Vater. Denn wenn man einen Lykier fragt, wer er sei, so wird er sein Geschlecht von Mutterseite angeben, und seiner Mutter Mütter herzählen, und wenn eine Bürgerin mit einem Sklaven sich verbindet, so gelten die Kinder für edelgeboren; wenn aber ein Bürger, und wäre es der vornehmste, eine Ausländerin oder ein Kebsweib nimmt, so sind die Kinder unehrlich.« Diese Stelle ist darum so merkwürdig, weil sie uns die Sitte der Benennung nach der Mutter in Verbindung mit der rechtlichen Stellung der Geburten, folglich als Teil einer in allen ihren Folgen durchgeführten Grundanschauung darstellt.

Herodots Erzählung wird durch andere Schriftsteller bestätigt und ergänzt. Aus Nicolaus Damascenus' Schrift über die merkwürdigen Gebräuche ist uns folgendes Fragment erhalten: »Die Lykier erweisen den Weibern mehr Ehre als den Männern; sie nennen sich nach der Mutter und vererben ihre Hinterlassenschaft auf die Töchter, nicht auf die Söhne.« Herakleides Pontikos (›Über Staaten‹, Fragm. 15) hat die kurze Angabe: »Sie haben keine geschriebenen Gesetze, sondern nur ungeschriebene Gebräuche. Von altersher werden sie von den Weibern beherrscht.«

Zu den angeführten Zeugnissen kommt die merkwürdige Erzählung des Ptutarch (›Frauentugend‹ 9), wofür der Herakleote Nymphis als Gewährsmann angeführt wird. Sie lautet in wörtlicher Übersetzung: »Nymphis erzählt im vierten Buche über Herakleia, einst habe ein Wildschwein das Gebiet von Herakleia verwüstet, Tiere und Früchte vernichtet, bis es von Bellerophon erlegt wurde. Als aber der Held für seine Wohltat keinerlei Dank erhielt, habe er die Xanthier verflucht und von Poseidon erfleht, daß alles Erdreich Salz hervorbringe. So ging alles zugrunde, da das Erdreich bitter geworden, und dies habe gedauert, bis Bellerophon aus Achtung vor den Bitten der Frauen wiederum zu Poseidon flehte, er möge seiner Verheerung ein Ende machen. Daher stammt den Xanthiern der Gebrauch, sich nicht nach dem Vater, sondern nach der Mutter zu nennen.« Nymphis' Erzählung zeigt uns die Benennung nach der Mutter als Ausfluß einer religiösen Anschauung; die Fruchtbarkeit der Erde und die Fruchtbarkeit des Weibes werden auf die gleiche Linie gestellt.

Dies letztere wird in einer andern Version desselben Mythus noch deutlicher hervorgehoben. Plutarch erzählt nämlich an der gleichen Stelle folgendes: »Die Geschichte, die sich in Lykien zugetragen haben soll, sieht zwar einer Fabel sehr ähnlich, aber sie gründet sich doch auf einen alten Mythus. Amisodaros, oder wie ihn die Lykier nennen, Isaras, kam, dieser Sage zufolge, aus der lykischen Pflanzstadt bei Zeleia mit einigen Raubschiffen, die Chimairos, ein kriegerischer, aber dabei wilder und grausamer Mann, kommandierte. Er fuhr auf einem Schiffe, das am Vorderteil einen Löwen, am Hinterteile aber eine Schlange zum Zeichen hatte, und tat den Lykiern großen Schaden, so daß sie weder das Meer befahren, noch die Städte an der Küste bewohnen konnten. Bellerophon tötete denselben, indem er ihn mit dem Pegasos verfolgte; er vertrieb auch die Amazonen, konnte aber seinen verdienten Lohn nicht erhalten, sondern wurde von Iobates aufs ungerechteste behandelt. Er ging deshalb ins Meer und betete zu Poseidon, daß dieses Land öde und unfruchtbar werden möchte. Als er nach verrichtetem Gebete wieder wegging, erhob sich eine Welle und überschwemmte das Land. Es war ein schrecklicher Anblick, wie das aufgetürmte Meer hinter ihm her folgte und die Ebene überdeckte. Die Männer konnten bei Bellerophon mit ihrer Bitte, daß er dem Meere Einhalt tun sollte, nichts ausrichten, als aber die Weiber, ›ihre Gewänder emporraffend‹, ihm entgegenkamen, so ging er aus Schamhaftigkeit zurück, und zugleich wich auch, wie man sagt, das Meerwasser mit zurück.«

In dieser Erzählung erscheint Bellerophon in einem doppelten Verhältnis zu dem Geschlechte der Frauen. Einerseits tritt er uns als Bekämpfer und Besieger der Amazonen entgegen. Anderseits weicht er vor dem Anblick der Weiblichkeit zurück und kann dieser die Anerkennung nicht versagen, so daß das lykische Mutterrecht geradezu auf ihn, als dessen Begründer, zurückgeführt wird. Dieses Doppelverhältnis, das einerseits Sieg, anderseits Unterliegen in sich schließt, ist in hohem Grade beachtenswert. Es zeigt uns das Mutterrecht im Kampfe mit dem Männerrechte, diesen Kampf jedoch nur durch einen teilweisen Sieg des Mannes gekrönt. Das

Amazonentum, diese höchste Ausartung des Weiberrechts, wird durch den Sisyphos-Sprößling, den korinthischen Helden, vernichtet. Die männerfeindlichen, männertötenden, kriegerischen Jungfrauen erliegen. Aber das höhere Recht des der Ehe und seiner geschlechtlichen Bestimmung wiedergegebenen Weibes geht siegreich aus dem Kampfe hervor. Nur die amazonische Ausartung der weiblichen Herrschaft, nicht das Mutterrecht selbst, findet seinen Untergang. Dieses ruht auf der stofflichen Natur der Frau. In den mitgeteilten Mythen wird das Weib der Erde gleichgestellt. Wie Bellerophon vor dem Zeichen der mütterlichen Fruchtbarkeit sich beugt, so zieht Poseidon seine verwüstenden Wogen von dem bedrohten Fruchtlande zurück. Die männlich zeugende Kraft räumt dem empfangenden und gebärenden Stoffe das höhere Recht ein. Was die Erde, aller Dinge Mutter, gegenüber Poseidon, das ist das irdische, sterbliche Weib gegenüber Bellerophon. *Ge* [Erde] und *Gyne* [Frau] oder Gaia erscheinen als einander gleichgeordnet. Die Frau vertritt die Stelle der Erde und setzt der Erde Urmuttertum unter den Sterblichen fort. Andererseits erscheint der zeugende Mann als Stellvertreter des allzeugenden Okeanos. Das Wasser ist das befruchtende Element. Wenn es sich mit dem weiblichen Erdstoffe mischt, ihn zeugend durchdringt, so wird in dem dunkeln Grunde des Mutterschoßes alles tellurischen Lebens Keim entwickelt. So steht Okeanos der Erde, so der Mann dem Weibe gegenüber. Wer hat in dieser Verbindung die erste Stelle? Welcher Teil soll den andern beherrschen, Poseidon die Erde, der Mann das Weib, oder umgekehrt? In dem mitgeteilten Mythus wird dieser Kampf dargestellt. Bellerophon und Poseidon suchen dem Vaterrecht den Sieg zu erringen. Aber vor dem Zeichen der empfangenden Mütterlichkeit weichen sie beide besiegt zurück. Nicht zur Verwüstung, sondern zur Befruchtung des Stoffes soll das Salz des Wassers, der Inhalt und das Symbol der männlichen Kraft, dienen. Dem stofflichen Prinzip der Mütterlichkeit bleibt der Sieg über die unstoffliche, erweckende Kraft des Mannes. Die weibliche *kteis* [Scham] herrscht über den männlichen Phallus, die Erde über das Meer, die Lykierin über Bellerophontes. Wir konnten also mit Recht sagen, der Kampf, den Bellerophontes gegen das Weiberrecht unternahm, sei nur durch einen halben Sieg gekrönt worden …

Dasselbe liegt in andern Zügen des Mythus angedeutet. Bellerophon muß sich zuletzt mit der Hälfte der Herrschaft begnügen. Auf seine Siege folgt Niederlage. Mit Hilfe des unter Athenes Beistand gebändigten Pegasos hatte er die Amazonen bekämpft und vernichtet. Von oben herab aus den kühlen Lufträumen hatte der Aiolide sie getroffen. (Pindar Ol. 13, 125.) Aber als er es unternahm, mit dem Flügelrosse noch höher zu steigen und die himmlischen Lichthöhen zu erreichen, da traf ihn Zeus' Grimm. Zurückgeschleudert fiel er hinab in die Aleische Flur. – Durch sein Unterliegen unterscheidet sich Bellerophon von den übrigen Bekämpfern des Weiberrechts, von Herakles, Dionysos, Perseus und den apollinischen Helden Achill und Theseus. Während sie zugleich mit dem Amazonentum jegliche Gynaikokratie vernichten und als vollendete Lichtmächte das unkörperliche Sonnenprinzip des Vatertums über das Stoffliche des tellurischen Mutterrechts erheben, vermag Bellerophontes nicht, die reinen Höhen des himmlischen Lichtes zu erreichen. Die männliche Kraft erscheint in ihm noch rein als das poseidonische Wasserprinzip, das in lykischen Kulten eine so hervorragende Rolle spielt. Die physische Unterlage seines Wesens ist das tellurische Wasser und der die Erde umgebende Äther, der aus jenem seine Feuchtigkeit schöpft und sie in stetem Kreislauf an dasselbe wieder zurückgibt. Über diesen tellurischen Kreis hinaus die Sonnenregion zu erreichen und das Vaterprinzip aus dem Stoffe in die Sonne zu verlegen, ist ihm nicht gegeben. Dem Fluge des himmlischen Rosses vermag er nicht zu folgen.

Auch dieses gehört zunächst dem tellurischen Wasser, Poseidons Reich. Aus seinem Hufe quillt die befruchtende Quelle. *equus – epus* und *aqua – apa* sind auch etymologisch

Lykien 155

Eins ... Ebenso hat Pegasos jene unterste Stufe der Kraft überwunden. Flügel tragen ihn zum Himmel empor, wo er Auroren dienstbar allmorgendlich das Nahen des glänzenden Sonnengottes verkündet. Er ist aber nicht die Sonne selbst, sondern nur ihr Bote. Auf Erden und am Himmel gehorcht er dem Weibe, dort Athenen, hier der Mater Matuta, der Eos der Griechen. Er steht selbst noch in dem Weiberrechte, gleich Bellerophon; aber wie Aurora auf die nahende Sonne, so weist er auf das höhere Sonnenprinzip, in dem das Vaterrecht ruht, hin. Hat er die unterste Stufe der Kraft überwunden, so ist er doch zu der höchsten nicht durchgedrungen ...

In der bisherigen Darstellung ist nur diejenige Seite des lykischen Mythus berührt worden, welche mit der Gynaikokratie enge zusammenhängt. Aber derselbe enthält noch eine andere Beziehung, deren Erörterung zum Verständnis unseres Gegenstandes wesentlich beitragen wird. Von drei Kindern, welche der Held mit Philonoë-Kassanda, der Iobates-Tochter, gezeugt, Isandros, Laodameia und Hippolochos, wurden die beiden ersteren durch der Götter Wille ihm entrissen. Den Himmlischen verhaßt, irrt nun der Vater einsam durch die Aleische Flur und meidet, von Kummer verzehrt, die Pfade der Sterblichen, bis den Vereinsamten selbst das traurige Todeslos trifft. So sah der Held, der Unsterblichkeit zu erringen vermeinte, sich und seinen Stamm dem Gesetze des irdischen Stoffs verfallen. Gleich dem delischen Anios, dem Manne des Kummers (*ania*), muß er den Tod seiner Kinder überleben, um ihm zuletzt selbst zu erliegen. Darin wurzelt sein Schmerz, darin das Gefühl, den Himmlischen verhaßt zu sein. Von ihm gilt, was Ovid (Met. 10, 298) von Cinyras hervorhebt: si sine prole fuisset, inter felices Cinyras potuisset haberi. [›Wenn er ohne Nachkommen wäre, könnte Cinyras zu den Glücklichen gezählt werden‹]. Wir sehen hier Bellerophon wieder in dem Lichte, in welchem wir ihn zuvor dargestellt haben. Der Poseidonssohn gehört dem Stoffe, in dem der Tod herrscht, nicht den Lichthöhen, in welchen die Unsterblichkeit thront. Zu diesen durchzudringen ist ihm nicht gegeben. Er sinkt zur Erde zurück und findet hier seinen Untergang. Er gehört der ewig werdenden, nicht der seienden Welt. Was die Kraft des Stoffes hervorbringt, ist alles dem Tode verfallen. Mag auch die Kraft selbst unsterblich sein, so unterliegt doch, was sie erzeugt, dem Lose der Sterblichkeit. In Poseidon ist jene, in dem Sohne Bellerophon-Hipponoos diese dargestellt.

Unsterblich ist das Geschlecht nur in der Reihenfolge der Generationen. »Dies wächst und jenes verschwindet« (Il. 6, 149). »Der Sterblichen Geschlecht geht wie das Pflanzenreich, im Kreise stets. Der eine blüht zum Leben auf, indes der andere stirbt und abgemäht wird« (Plutarch, Trostschreiben an Apollonius 6). Sehr schön singt Virgil (Georg. 4, 206) von den Bienen, in deren Staat die Natur das Mutterrecht am reinsten vorgebildet hat,

> ›Wenn sie daher auch selbst in schmalen Grenzen ihr Dasein
> Führen – denn keine gewönne wohl mehr als den siebenten
> Sommer –,
> Wird ihr Geschlecht unsterblich blühn; und Jahr über Jahre
> Dauert des Hauses Glück und zählt die Ahnen der Ahnherrn.‹

Der Tod selbst ist Vorbedingung des Lebens, und dieses löst sich wieder in jenen auf, damit so in ewigem Wechsel zweier Pole das Geschlecht selbst seine Unvergänglichkeit bewahre. Diese Identität von Leben und Tod, die wir in unendlichen Mythenbildungen wiederfinden, hat auch in Bellerophon ihren scharfen Ausdruck erhalten. Er, der poseidonische Zeugungskraft in sich trägt, ist zu gleicher Zeit und, wir dürfen nun sagen, gerade deshalb auch Diener des Todes und Vertreter des vernichtenden Naturprinzips. Als solchen bezeichnet ihn sein Name Bellerophontes oder Laophontes. Er, Poseidons zeugungskräftiger Sohn, heißt der Mörder des Volks. Unfreiwillige Tötung seines Bruders, der ›Mord am eignen Stamm‹, eröffnet seine Laufbahn. Die zeugende Kraft erscheint zugleich als die vernichtende. Wer Leben erweckt, arbeitet für den Tod. Entstehen und Vergehen laufen in der tellurischen Schöpfung als Zwillingsbrüder gleiches Schrittes neben einander her. In keinem Augenblicke des irdischen Daseins verlassen sie sich. In keinem Zeitpunkte, in keinem tellurischen Organismus ist Leben ohne Tod zu denken. Was dieser wegnimmt, ersetzt jenes, und nur wo Altes verschwindet, kann wieder Neues entstehen …

Die äußere Darstellung der Kraft verfällt stetem Untergang, nur die Kraft selbst bleibt ewig. Wie die Chimaira, so ist auch Bellerophons dreifaches Geschlecht dem Tode gezeugt. Dasselbe Gesetz, dem jene unterliegt, ergreift auch dieses. Hatte es der Vater in der Jugend verkannt, so muß er es nun im Alter an seiner eigenen Nachkommenschaft erfahren. Gleich Thetis schmeichelt er sich vergeblich, das, was der sterbliche Mann erzeugt, mit Unsterblichkeit ausgerüstet zu sehen. Vergebens ist er dem Hinterhalt, den ihm Iobates gelegt, entgangen, während Molionens Söhne dem des Herakles bei Nemea erliegen. Er wird jetzt inne, daß *ein* Los, *ein Fatum,* die diomedeische Notwendigkeit, die niedere und die hohe Schöpfung trifft, daß die Götter in gleichem Zorn alles Irdische umschließen. Auch der lykische Daidalos, der männliche Bildner des Lebens, wird von der Schlange des Sumpfes zum Tode gebissen, dem er sich entrückt glaubte. Darum klagt Bellerophon die Himmlischen der Undankbarkeit an. Darum ruft er Poseidons Rache über die lykische Erde herbei. Er will den mütterlichen Stoff, der ihm vergebens gebiert, der nur Sterbliches hervorbringt, nur dem Tod Nahrung gibt, mit Unfruchtbarkeit gestraft wissen und führt deshalb fortan, wie Pygmalion, ein vereinsamtes Leben. Lieber keine Geburten, als solche, die stets dem Untergange verfallen. Was nützt die ewig vergebliche Arbeit? Wozu soll Oknos über dem Seildrehen altern, wenn es die Eselin doch stets wieder auffrißt? Wozu soll die Danaide ewig Wasser schöpfen in ein durchlöchertes Faß? Das Salz soll fortan nicht zeugen, sondern verderben, den mütterlichen Stoff nicht fruchtbar, sondern unfruchtbar machen. So fleht verzweiflungsvoll der getäuschte Sisyphide. Der Tor! Er verkennt das innerste Gesetz alles tellurischen Lebens, das Gesetz, dem er selbst angehört, das Gesetz, das den Mutterschoß beherrscht. Nur in den Sonnenräumen, wohin er vergebens sich zu erheben versucht, thront Unsterblichkeit und unvergängliches Dasein, unter dem Monde herrscht das Gesetz des Stoffes, das allem Leben den Tod als Zwillingsbruder beigesellt. »Wer, mit Vermögen begabt, vor andern strahlt an Schönheit, Preise im Ringen gewonnen und Heldenkraft zeigte, der denke daran: sein schmucker Leib ist Todesraub, und ein Erdmantel wird ihn decken am endlichen Schluß« (Pindar. Nem. 11,13).

Weiser als der Vater ist Hippolochos' edler Erzeugter Glaukos, der den Poseidonsnamen selbst trägt. Er ist es, der dem im Streite ihm begegnenden Diomed auf die Frage nach seiner Abstammung das Gleichnis von den Blättern, das Homer der Darstellung des Bellerophon-Mythus vorausgehen läßt (Il. 6, 145), als Bild des auch die Menschengeschlechter beherrschenden Gesetzes in Erinnerung ruft.

»Gleich wie Blätter im Walde, so sind die Geschlechter der
Menschen;
Blätter verweht zur Erde der Wind nun, andere treibt dann
Wieder der knospende Wald, wann neu auflebet der Frühling:
So der Menschen Geschlecht, dies wächst und jenes
verschwindet.«[1]

Was Bellerophon verkannt hatte, das spricht hier Hippolochos' Sohn in der ergreifendsten Weise aus. *Ein* Gesetz beherrscht die höchste und die niedrigste Schöpfung, wie die Blätter des Baumes, so die Geschlechter der Menschen. Sisy-

---

[1] Ein Hauch tiefer, dem Altertum sonst fremder Wehmut liegt auf diesem Naturbilde, dem schönsten der vielen schönen, durch die Homeros entzückt. Erfüllt von dem Stolze der Jugendkraft, hat der glänzende lykische Held dennoch vorzugsweise den Todesgedanken gegenwärtig. Die düstere Seite des irdischen Lebens hebt er hervor, in dem Schicksal der unbeweinten Schöpfung erkennt er das Los der höhern. Aus Bachofen »Das lykische Volk«.

phos wälzt ewig den Stein, der ewig mit unüberlistbarer Tücke zu des Aïdes Wohnung herabrollt. So erneuern sich die Blätter, die Tiere, die Menschen in ewiger Arbeit der Natur, doch ewig umsonst. Das ist des Stoffes Gesetz und des Stoffes Bestimmung, das auch Bellerophon endlich beim Anblick der mütterlichen Furche als aller Mutterkinder Los erkennt. Im Munde des Lykiers hat das Gleichnis doppelte Bedeutung, denn in ihm ist die Grundlage des lykischen Mutterrechts unverkennbar enthalten. So oft auch jenes berühmte Wort des Dichters Anführung fand, so ist sein Zusammenhang mit der Gynaikokratie doch immer unbemerkt geblieben. Soll ich ihn ausführen? Es genügt ihn anzudeuten, um ihn jedermann fühlbar zu machen. Die Blätter des Baumes entstehen nicht auseinander, sondern alle gleichmäßig aus dem Stamme. Nicht das Blatt ist des Blattes Erzeuger, sondern aller Blätter gemeinsamer Erzeuger ist der Stamm. So auch die Geschlechter der Menschen nach der Anschauung des Mutterrechts. Denn in diesem hat der Vater keine andere Bedeutung als die des Sämanns, der, wenn er den Samen in die Furche gestreut, wieder verschwindet. Das Gezeugte gehört dem mütterlichen Stoffe, der es hegt, der es ans Licht geboren hat und nun ernährt. Diese Mutter aber ist stets dieselbe, in letzter Linie die Erde, deren Stelle das irdische Weib in der ganzen Reihenfolge der Mütter und Töchter vertritt. Wie die Blätter nicht auseinander, sondern aus dem Stamme, also entspringen auch die Menschen nicht einer aus dem andern, sondern alle aus der Urkraft des Stoffes, aus Poseidon Phytalmios oder Genesios, dem ›erzeugenden Gebärer‹, dem Stamme des Lebens. Darum, meint Glaukos, habe Diomed unverständig gehandelt, da er ihn nach seinem Geschlechte frug. Der Grieche freilich, der in Vernachlässigung des stofflichen Gesichtspunkts den Sohn von dem Vater ableitet und nur die erweckende Kraft des Mannes berücksichtigt, geht von einer Anschauungsweise aus, welche seine Frage erklärt und rechtfertigt. Der Lykier dagegen antwortet ihm aus dem Standpunkte des Mutterrechts, das den Menschen von der übrigen tellurischen Schöpfung nicht unterscheidet und ihn, gleich Pflanzen und Tieren, nur nach dem Stoffe, aus dem er sichtbar hervorgeht, beurteilt. Der Vatersohn hat eine Reihe von Voreltern, die kein sinnlich wahrnehmbarer Zusammenhang verbindet; der Muttersohn durch die verschiedenen Geschlechter hindurch nur *eine* Ahnin, die Urmutter Erde. Was würde es frommen, die ganze Blätterfolge aufzuzählen? Haben sie doch für das letzte Blatt, das noch grün am Stamme hängt, so wenig Bedeutung als für Glaukos seine männlichen Vorfahren, Hippolochos, Bellerophon, Halmos, Sisyphos. Ihre Existenz verliert mit dem Tode jedes einzelnen alle Bedeutung. Der Sohn stammt nur von der Mutter, und diese ist der Urmutter Erde Stellvertreterin.

Der Gegensatz wird durch folgende Bemerkung noch deutlicher. Im Systeme des Vaterrechts heißt es von der Mutter: *mulier familiae suae et caput et finis est*, ›das Weib ist seiner Familie Anfang und Ende‹. Das ist: so viel Kinder das Weib auch geboren haben mag, es gründet keine Familie, es wird nicht fortgesetzt, sein Dasein ist ein rein persönliches. In dem Mutterrecht gilt dasselbe von dem Manne. Hier ist es der Vater, der nur für sich ein individuelles Leben hat und nicht fortgesetzt wird. Hier erscheint der Vater, dort die Mutter als verwehtes Blatt, das, wenn es abgestorben ist, keine Erinnerung zurückläßt und nicht mehr genannt wird. Der Lykier, der seine Väter nennen soll, gleicht dem, der die gefallenen und vergessenen Blätter des Baumes aufzuzählen unternehmen wollte. Er ist dem stofflichen Naturgesetz treu geblieben und hält dem Tydiden [Diomedes] die ewige Wahrheit desselben in dem Gleichnis vom Baume und dessen Blättern entgegen. Er rechtfertigt die lykische Auffassung, indem er ihre Übereinstimmung mit den stofflichen Naturgesetzen nachweist, und wirft dem griechischen Vaterrecht seine Abweichung von demselben vor.

Vergleichen wir nunmehr die beiden Teile unserer bisherigen Ausführung, das was über Bellerophons Beziehung zu dem Mutterrecht und das was über seine stoffliche Natur überhaupt bemerkt worden ist, so tritt der innere Zusammenhang der Idee, die beides beherrscht, sogleich entgegen. Das mütterlich-tellurische Prinzip ist es, was die gemeinsame Grundlage beider Mythenteile bildet. Die Vergänglichkeit des stofflichen Lebens und das Mutterrecht gehen Hand in Hand. Anderseits verbindet sich das Vaterrecht mit der Unsterblichkeit eines überstofflichen Lebens, das den Lichtregionen angehört. Solange die Religionsauffassung in dem tellurischen Stoffe den Sitz der zeugenden Kraft erkennt, so lange gilt das Gesetz des Stoffes, Gleichstellung des Menschen mit der unbeweinten, niedern Schöpfung, und Mutterrecht in der menschlichen wie in der tierischen Zeugung. Wird aber die Kraft von dem Erdstoffe getrennt, und mit der Sonne verbunden, so tritt ein höherer Zustand ein. Das Mutterrecht verbleibt dem Tiere, die menschliche Familie geht zum Vaterrecht über. Zugleich wird die Sterblichkeit auf den Stoff beschränkt, der in den Mutterschoß, aus welchem er stammt, zurückkehrt, während der Geist, durch das Feuer von des Stoffes Schlacken gereinigt, zu den Lichthöhen, in denen Unsterblichkeit und Unstofflichkeit wohnt, sich emporschwingt. So ist Bellerophon zugleich sterblich und Vertreter des Mutterrechts, Herakles dagegen Begründer des Vaterrechts und in den Lichträumen Tischgenosse der olympischen Götter. Alles führt zu dem Schlusse, den wir in dem folgenden stets bestätigt finden: das Mutterrecht gehört dem Stoffe und einer Religionsstufe, die nur das Leibesleben kennt, und darum, wie Bellerophon, verzweifelnd vor dem ewigen Untergang alles Gezeugten trauert. Das Vaterrecht dagegen gehört einem überstofflichen Lebensprinzip. Es identifiziert sich mit der unkörperlichen Sonnenkraft und der Anerkennung eines über allen Wechsel erhabenen, zu den göttlichen Lichthöhen durchgedrungenen Geistes. Das Mutterrecht ist das bellerophontische, das Vaterrecht das herakleische Prinzip; jenes die lykische, dieses die hellenische Kulturstufe; jenes der lykische Apoll, der die in dem Sumpfgrunde waltende Latona zur Mutter hat und nur die sechs toten

Wintermonde in seinem Geburtslande weilt, dieses der zu metaphysischer Reinheit erhobene hellenische Gott, der die lebensvollen Sommermonde auf der heiligen Delos waltet.

Um in dem so wenig verstandenen und doch so inhaltsreichen lykisch-korinthischen Mythus keine dunkele Ecke, wo Zweifel von neuem sich festsetzen könnten, zurückzulassen, soll jetzt noch eine Reihe einzelner Punkte berührt werden.

In der mitgeteilten Erzählung Plutarchs vertreibt Bellerophon die Amazonen aus Lykien, das sie gleich dem übrigen Vorderasien aus Norden her heimgesucht hatten. Andere Zeugnisse gehen noch weiter. Nach der Ilias (6, 186), nach Pindar (Ol. 13, 123), Apollodor, nach den Scholien zu Pindar, zu Lykophron, wird das weibliche Schützenheer von dem Helden ganz vertilgt, und diese Tat gilt nicht geringer als der Sieg über das dreigestaltete Ungetüm Chimaira, über das verwüstende Wildschwein, oder über der Solymer verheerende Horden. Damit nun scheinen Denkmäler der bildenden Kunst im Widerspruche zu stehen; denn hier wird Bellerophon in seinem Kampfe gegen die Chimaira von den Amazonen unterstützt. Aus Gegnerinnen sind sie Kampfesgenossen geworden. Dieser Übergang aus feindlichem zu freundlichem Verhältnis, wie er hier erscheint, wiederholt sich in den Mythen der großen Amazonenbekämpfer, namentlich in denen des Dionysos und Achill. Bei den Schriftstellern sowohl als auf Kunstdenkmälern erscheinen sie gar oft im Gefolge der Helden, denen sie erst kämpfend gegenüberstanden. Ja auf sehr bekannten Darstellungen geht der Krieg in ein Liebesverhältnis über. Der Kampf endet mit Einigung. Achill wird durch den Anblick der in seinen Armen sterbenden Penthesileia, deren vollendete Schönheit er jetzt erst erkennt, zur Leidenschaft für seine besiegte Gegnerin hingerissen. Der Gedanke ist in allen diesen, auf die verschiedenste Weise modifizierten Darstellungen derselbe. In dem siegreichen Helden erkennt das Weib die höhere Kraft und Schönheit des Mannes. Gerne beugt es sich dieser. Müde seiner amazonischen Heldengröße, auf der es sich nur kurze Zeit zu halten vermag, huldigt es willig dem Manne, der ihm seine natürliche Bestimmung wiedergibt. Es erkennt, daß nicht männerfeindlicher Kriegsmut, daß vielmehr Liebe und Befruchtung seine Bestimmung ist. In diesem Gefühl folgt es nun willig demjenigen, der durch seinen Sieg ihm die Erlösung brachte. Es schützt den gefallenen Gegner gegen der wütenden Schwestern erneuten Anlauf, wie wir dies auf einem Relief des Apollontempels von Bassai in ergreifendem Kontraste dargestellt sehen. Gleich der Danaïde, die allein von allen Schwestern des Bräutigams schont, will das Mädchen jetzt lieber weich als grausam und tapfer erscheinen. Die Jungfrau fühlt, daß der Sieg des Feindes sie ihrer wahren Natur zurückgibt, und entsagt darum dem Gefühle der Feindschaft, das sie früher zu dessen Bekämpfung anfeuerte. Jetzt in die Schranken der Weiblichkeit zurückgekehrt, erregt auch sie des Mannes Liebe, der nun erst ihre volle Schönheit erkennt und ob der tödlichen Wunde, die er selbst gezwungen beibrachte, von wehmütiger Trauer ergriffen wird. Nicht Kampf und Mord, nein, Liebe und Ehe sollte zwischen ihnen herrschen. So verlangt es des Weibes natürliche Bestimmung. In der Verbindung des Bellerophontes mit den Amazonen liegt also kein Widerspruch gegen jene Nachrichten, die uns beide im Kampfe zeigen. Vielmehr enthält sie, gleich dem Schlußakt der Tragödie, die Wiederherstellung des natürlichen Verhältnisses, das in dem Amazonentum eine gewaltsame Unterdrückung gefunden hatte.

Blühend in Kraft und jugendlicher Schönheit wird uns Bellerophon von Pindar dargestellt. Aber keusch ist er auch, und darum von Stheneboia-Anteia verleumdet und verfolgt. Die Namen des Proitosweibes deuten klar genug die der Befruchtung harrende und sie sehnlich wünschende Natur des mütterlichen Erdstoffes an. Wir erkennen in dem korinthischen Weibe die Platonische Penia [Bedürftigkeit] wieder, die stets neuen Männern nachgeht, um von ihnen stets frische Befruchtung, stets neue Kinder zu erhalten. Unter Penia versteht Plato, wie Plutarch (Is. u. Os. 56) erklärend hinzufügt, »die Materie, die an und für sich des Guten bedürftig ist, aber von demselben angefüllt wird, sich stets nach ihm sehnt und dessen teilhaftig wird«, mithin die Erde in ihrem Hetärismus. In diesem Zuge erscheint Bellerophon als Vertreter der Heiligkeit ehelicher Verbindung. Wie das männerfeindliche Amazonentum, so weist er auch den Hetärismus zurück. Beiden Ausartungen des weiblichen Geschlechts, der Entfremdung von seiner natürlichen Bestimmung und regelloser Überlassung an dieselbe, tritt er mit gleicher Entschiedenheit entgegen. Durch das eine sowohl als durch das andere ist er Lykiens Wohltäter geworden. Durch beides hat er sich zumal des Weibes Dankbarkeit erworben. Um so williger folgt ihm der Amazonen besiegtes Heer. In der Ehe und ihrer Keuschheit finden die Artemisdienerinnen Erfüllung ihrer höheren Bestimmung, welcher sie ungeregelte Männerliebe nicht weniger entfremdet als männerfeindlicher Sinn. So erscheint Bellerophon als der Bekämpfer jeder ungeregelten, wilden, verwüstenden Kraft. Durch die Vernichtung der Chimaira wird des Landes geregelter Ackerbau, durch die des Amazonentums und des Hetärismus die Ehe mit ihrer strengen Ausschließlichkeit möglich gemacht. Beide Taten gehen Hand in Hand, weshalb der Held bei Homer durch Philonoës Hand und das Geschenk fruchtbarer Äcker belohnt wird.

Das Prinzip des Ackerbaues ist das der geordneten Geschlechtsverbindung. Beiden gehört das Mutterrecht. Wie das Korn des Ackerfeldes aus der durch die Pflugschar geöffneten Furche ans Tageslicht tritt, so das Kind aus dem mütterlichen *sporium* [Schoß]; denn *sporium* nannten die Sabiner das weibliche Saatfeld, den *kepos* [Garten, weibliche Scham], woher *spurii*, die Gesäten, von *speiro* [ich säe]. So berichtet Plutarch (Quaest. Rom. 103). Demselben gehört der Gedanke, daß das Prinzip der Liebe in der Verwundung liege, weshalb Amor den Pfeil führt. Verwundet wird durch die Pflugschar die Erde, verwundet durch des Mannes *aratrum* [Pflug] des Weibes Mutterschoß. In beiden Beziehungen rechtfertigt sich der Pflugschar Verbindung mit dem zeugenden Wassergotte Poseidon, wie wir sie bei Philostrat (Im. 2, 17) finden. Was aus dem *sporium* geboren wird, hat nur eine Mutter, sei es die Erde, sei es das Weib, das jene Aufgabe übernimmt. Der Vater kommt nicht mehr in Betracht als die Pflugschar, nicht mehr als der Sämann, der über das gearbeitete Feld hinschreitend das Korn in die geöffnete Furche streut und dann in Vergessenheit sinkt. Das römische Recht hat diesen Satz juridisch formuliert und rechtlichen Entscheidungen zugrundegelegt. Julian spricht mehrfach den Grundsatz aus: ›Jede Frucht wird nicht nach dem Recht des Samens, sondern nach dem Recht des Bodens gewonnen‹, oder: ›Beim Gewinn der Früchte wird mehr nach dem Recht des Körpers gesehen, aus dem sie gewonnen werden, als nach dem des Samens, aus dem sie entstehen‹. Cujacius erkennt diesen Grundsatz ganz richtig auch in der Kinderzeugung, die nach dem außerehelichen *ius naturale* demselben unterliegt. ›Es ist geltendes Recht, daß die Geburt von einer Sklavin dem Stand der Mutter folge und die Stellung des Vaters in dieser Hinsicht nicht in Betracht komme.‹ Für die Sklavin gilt eben das *ius naturale* der stofflichen Schöpfung, welches die Frau dem *solum* [Boden], den Vater dem Sämann gleichstellt, nicht das *ius civile,* welches stets eine Abänderung und Beeinträchtigung jenes enthält ... ›Nicht die Erde ahmt dem Weibe‹, bemerkt Cujacius, ›sondern das Weib der Erde nach.‹ Auch nimmt wohl der Same des Bodens Natur an, niemals der Boden die des Samens. »Ein ausländischer Same in ein anderes Land gestreut, vermag sich nicht zu halten, sondern pflegt überwältigt in das einheimische auszuarten.« (Platon ›Staat‹ 6; 497 b). Also *ein* Gesetz beherrscht den Ackerbau und die Ehe, das stoffliche Recht der Gynaikokratie.

Es verdient besondere Beachtung, daß das Mutterrecht mit der Ehe und strengsten Keuschheit derselben in Verbindung steht. Sind auch die Folgerungen, die sich aus dem Mutterrecht ergeben, insbesondere Benennung der Kinder und ihres Status [Standes] nach der Mutter, solche, die im Systeme des Vaterrechts die uneheliche Geschlechtsverbindung kennzeichnen und voraussetzen, so erscheinen sie doch unter der Herrschaft des Mutterrechts als Folge und Eigentümlichkeit der Ehe selbst, und mit strengster ehelicher Keuschheit verbunden. Gynaikokratie besteht nicht außerhalb, sondern innerhalb des *matrimonium* [der Ehe]. Sie ist kein Gegensatz, sondern notwendige Begleiterin desselben.

Ja der Name *matrimonium* [eigentlich Mutter-Ehe] selbst ruht auf der Grundidee des Mutterrechts. Man sagte *matrimonium,* nicht *patrimonium* [Vater-Ehe, Vater-Erbe], wie man zunächst auch nur von einer *materfamilias* [Familien-Mutter] sprach. *Paterfamilias* [Familien-Vater] ist ohne Zweifel ein späteres Wort. Plautus hat *materfamilias* öfters, *paterfamilias* nicht ein einziges Mal. Nach dem Mutterrecht gibt es wohl einen *pater,* aber keinen *paterfamilias. Familia* ist ein rein physischer Begriff und darum zunächst nur der Mutter geltend. Die Übertragung auf den Vater ist ein *improprie dictum* [ein abgeleiteter Ausdruck], das daher zwar im Recht angenommen, aber in den gewöhnlichen nichtjuristischen Sprachgebrauch später erst übertragen wurde. Der Vater ist stets eine juristische Fiktion, die Mutter dagegen eine physische Tatsache. ›Die Mutter ist immer gewiß, auch wenn sie von aller Welt empfangen hat, der Vater dagegen ist nur der, den die Eheurkunde nennt‹ (Paulus, Dig. 2, 4, 5) … Das Mutterrecht ist *natura verum* [von Natur wahr], der Vater bloß *iure civili* [durch bürgerliches Recht], wie Paulus sich ausdrückt. *Natura* aber ist das physische Gesetz des Stoffes, daher die mütterliche Seite der Naturkraft. Daraus folgt, daß das Recht der Adoption der Mutter nicht zustehen kann. *Mater naturae vocabulum est, non civile, adoptio autem civilis* [Mutter ist ein Ausdruck der Natur, nicht des bürgerlichen Rechts, Adoption jedoch ein rechtlicher. Cujacius, Opp. 5, 85 E]. Wegen der rein natürlichen Grundlage des Muttertums ist der Mutter die Liebe des Kindes vorzüglich erworben. ›Ist doch dem Kinde die Mutter lieber‹ (Menander [fr. 657 1K]), wie umgekehrt Homer singt: ›Am liebsten ist die Tochter dem alternden Manne.‹ In der

Odyssee (1, 215) sagt Telemachos: ›Mutter sagt, ich sei sein Sohn, ich selbst weiß es ja nicht; denn niemand kennt selbst seinen Vater.‹ Daher sind auch die *uterini* [die leiblich, von *einer* Mutter Geborenen] untereinander näher verbunden als die *consanguinei, eodem patre nati* [die von dem gleichen Vater Gezeugten]. So führt in der Ilias (3, 238) Helena ihre Liebe zu den Dioskuren darauf zurück, daß *eine* Mutter sie geboren. Im 21. Gesang [95] aber sucht Lykaon, des Priamos Sohn, in der Todesgefahr Achilleus dadurch zu erweichen, daß er ihm zuruft: ich bin kein leiblicher Bruder Hektors, welcher den Freund Patroklos dir erschlug. Denn mit Laothoë, des Lelegerfürsten Altes Tochter, hatte Priamos den Lykaon gezeugt (Ovid, Met. 5, 140). Die *uterini* galten mithin als näher verwandt und inniger befreundet als die *consanguinei*, ganz im Sinne des auf Naturwahrheit gegründeten Mutterrechts. *Matrimonium* erscheint als ein Ausdruck höherer Liebe und entspricht so dem kretischen Ausdruck ›liebes Mutterland‹, von welchem Plato [Staat 9, 3 p. 575 d] sagt, er enthalte einen ganz besonderen Grad von Anhänglichkeit, wie er in der Bezeichnung ›Vaterland‹ nicht liege.

Unrichtig wäre es, wollte man diejenigen Völker, welche Gynaikokratie zeigen, auf jene unterste Lebensstufe zurückführen, in welcher noch gar keine Ehe, sondern nur natürliche Geschlechtsverbindung, wie unter den Tieren, besteht. Die Gynaikokratie gehört nicht vorkulturlichen Zeiten, sie ist vielmehr selbst ein Kulturzustand. Sie gehört der Periode des Ackerbaulebens, der geregelten Bodenkultur, nicht jener der natürlichen Erdzeugung, nicht dem Sumpfleben, mit welchem die Alten die außereheliche Geschlechtsverbindung auf eine Linie stellen (Plutarch, Is. u. Os. 38), so daß die Sumpfpflanze dem *nothus* [unehelichen], die Ackersaat dem *legitimus* [ehelichen Kinde] gleich steht. Ist das Mutterrecht auch *iuris naturalis*, weil es aus den Gesetzen des Stoffes hervorgeht, so ist dies *ius naturale* doch schon durch die positive Institution der Ehe beschränkt und nicht mehr in seinem vollen Umfange, wie es die Tierwelt regiert, unter den Menschen anerkannt. Es herrscht nur noch innerhalb des *matrimonium* und schließt die freie Geschlechtsmischung aus.

Hier sollen, um des Gegensatzes willen, einige Nachrichten der Alten über solche Völker, die kein Matrimonium anerkennen, sondern das Mutterrecht in Verbindung mit voller Natürlichkeit der Geschlechtsverhältnisse zeigen, mithin das Ius naturale in seinem ganzen Umfange beibehalten, zusammengestellt werden. Unter den hieher gehörenden Erscheinungen offenbart sich eine beachtenswerte Mannigfaltigkeit der Einzelheiten. Eine größere Anzahl Übergänge verbindet den vollen Naturzustand mit der Anerkennung des ausschließlich ehelichen Lebens, das zuweilen durch Reste jenes früheren tierischen Zustandes verdunkelt wird. Ich werde in meiner Darstellung die Stufenfolge der Erhebung des Menschengeschlechts aus völlig tierischen Zuständen zu ehelicher Gesittung besonders hervorheben und dadurch die allmähliche Umbildung des Ius naturale in ein positives Ius civile anschaulich zu machen suchen.

Auf der tiefsten Stufe des Daseins zeigt der Mensch neben völlig freier Geschlechtsmischung auch Öffentlichkeit der Begattung. Gleich dem Tiere befriedigt er den Trieb der Natur ohne dauernde Verbindung mit einem bestimmten Weibe und vor aller Augen. Gemeinsamkeit der Weiber und öffentliche Begattung wird am bestimmtesten von den Massageten berichtet. »Jeder ehelicht eine Frau, allen aber ist erlaubt, sie zu gebrauchen. Denn was die Griechen den Skythen zuschreiben, tun nicht die Skythen, sondern die Massageten. So oft einen Mann nach einem Weibe gelüstet, hängt er seinen Köcher vorn an dem Wagen auf und wohnt ihm unbesorgt bei« (Herod. 1, 216). Dabei steckt er seinen Stab in die Erde (Herod. 4, 172), ein Abbild seiner eigenen Tat. Über die Massageten enthält Strabo (11, 513) folgendes: »Es heiratet jeder eine, sie gebrauchen aber auch die der andern, und zwar nicht im Verborgenen. Wer sich so mit einer Fremden begattet, hängt seinen Köcher vorn an dem Wagen auf und übt den Beischlaf ganz offen.« – Mit den Massageten stellt Herodot öfters die Nasamonen zusammen. So 4, 172: »Sie haben nach Gebrauch jeder viele Frauen und begatten sich mit ihnen insgemein. Beim Beischlaf beobachten sie das gleiche was die Massageten; sie stecken nämlich ihren Stab in die Erde.« Hier und dort haben wir nicht nur Gemeinsamkeit, sondern auch Öffentlichkeit der Geschlechtsmischung. Beides findet sich auch bei einigen indischen Stämmen ...

Öffentlichen Beischlaf mit ehelichem Leben verbunden finden wir bei Mosynoiken, über welche Dionysius (Per. 766 p. 735 Bernhardy) und Diodor (14, 30, 7) Bericht erstatten. »Die Soldaten (des Cyrus) sagten, daß dies das ungebildetste Volk gewesen sei von allen, die sie auf ihrem Marsche angetroffen hätten; die Männer hätten vor aller Augen ihren Weibern beigewohnt.« Dasselbe erzählt Xenophon (Anab. 5, 4, 34). – Daran schließen sich die aethiopischen Auser, welche an dem tritonischen Sumpfsee wohnen: »Sie bedienen sich der Weiber insgemein und begatten sich mit ihnen nach Art des Viehes, ohne mit ihnen häuslich zusammenzuwohnen« [Herodot 4, 180]. – Von den Garamanten, einem andern großen aethiopischen Stamme, wird zunächst nur die Gemeinsamkeit der Frauen hervorgehoben[2]. Ist hier von Öffentlichkeit der Begattung auch keine Rede, so wird sie doch aus dem Hundesymbol, welches die Aethiopier als höchste Gottheitsdarstellung anerkannten, sehr wahrscheinlich. Bezeugt finden wir es bei Plinius, Aelian, Plutarch[3]. Der Hund ist der hetärischen, jeder Befruchtung sich freuenden Erde Bild. Regelloser, stets sichtbarer Begattung hingegeben, stellt er das Prinzip tierischer Zeugung am klarsten und in seiner rohesten Form dar. Es ist daher nicht daran zu zweifeln, daß *kyon* [Hund] und *kyein* [befruchten], welche Plu-

---

[2] Solinus 30, 2.3; Mela 5, 8; Plinius, H. n. 5, 45; Martianus Capella 6, 67.
[3] Plin. H. n. 6, 192. Aelian H. A. 7, 40; Plut. adv. Stoic. de commun. notit. 11 [p. 1064 b].

tarch [Is. u. Os. 44] zusammenstellt, wirklich auf demselben Grundstamme beruhen, ohne daß darum das eine Wort von dem andern abgeleitet werden dürfte. In Ägypten genoß, sagt Plutarch, der Hund von Alters her die größte Verehrung …

Ich verbinde hiemit eine Nachricht des Nicolaus von Damascus, welche aus dessen Sammlung seltsamer Sitten Stobaeus im Florilegium erhalten hat: »Die Aethiopier halten vorzüglich ihre Schwestern in Ehren. Ihre Herrschaft überlassen die Könige nicht ihren eigenen, sondern ihrer Schwester Kindern. Ist kein Erbe mehr da, so wählen sie zum Anführer den Schönsten und Streitbarsten.« Das letztere bestätigen Herodot (3, 20) und Strabo (17, 822). Die Hervorhebung der Schwesterkinder ist eine notwendige Folge des Mutterrechts und kömmt daher auch anderwärts vor.

Andere aethiopische Völker beschränken den Hetärismus des Weibes auf die Brautnacht. Von den Augilen, die keine andere Gottheit kennen als die Verstorbenen, schreibt Mela I, 46: ›Bei ihren Weibern ist es feierlicher Brauch, daß sie in ihrer Hochzeitsnacht allen in unehelichem Beischlaf zu Diensten stehen, die mit einem Geschenk kamen, und dann gilt diejenige für die schönste, die mit den meisten zusammengekommen ist; im übrigen zeichnet sie Zurückhaltung aus.‹ Zur Vergleichung mag folgender Bericht über die Bewohner der Balearischen Inseln dienen: »Bei ihren Hochzeiten haben sie einen seltsamen Brauch. Nämlich beim Hochzeitgelag wohnt der älteste von den Freunden und Bekannten zuerst der Braut bei, und so die übrigen der Reihe nach, je nachdem einer jünger ist als der andere, und der Bräutigam ist der letzte, dem diese Ehre zu Teil wird« (Diodor 5, 18, 1). – Von den afrikanischen Gindanen erzählt Herodot (4, 176): »Ihre Weiber tragen Bänder um die Fußknöchel, jede eine große Anzahl. Sie sind aus Fellen gefertigt und haben folgende Bedeutung: Bei jeder Mischung mit einem Manne legt die Frau ein solches Band um. Die nun die meisten hat, wird für die trefflichste gehalten, da sie von den meisten geliebt worden ist.« – Aus Sextus Bemerkungen über die Entstehung der Dos [des Heiratsgutes], womit das bekannte Plautinische ›*du* erwirbst dir dein Brautgut mit dem Körper‹ von dem etruskischen Weibe [Cist. 563] übereinstimmt, erhält das Geschenk, das jeder Augiler der Braut bringt, seine Erklärung. Es ist das Hetärengeld, das die Ausstattung bildet, wie auch in den Mysterien der Eingeweihte Aphroditen ein solches *aes meretricium* [Dirnengeld], die *stipes* [Taxe], in den Schoß legt, dagegen von ihr den Phallus erhält (Arnob. 5, 19). Die nachfolgende *pudicitia insignis,* ›die Zurückhaltung, die sie auszeichnet‹, zeigt uns die Augiler im Stande der Ehe und den anfänglichen Hetärismus nicht nur durch sie nicht ausgeschlossen, sondern selbst als Sicherstellung ihrer späteren Strenge und Keuschheit. Wir finden alle diese Züge bei Babyloniern, Lokrern, Etruskern wieder. Nur der Thraker muß hier noch gedacht werden. Auch diese verbinden Strenge der Ehe mit Hetärismus der Jungfrau: »Die Jungfrauen bewachen sie nicht, sondern lassen ihnen volle Freiheit, sich mit wem sie mögen zu vermischen. Die Frauen dagegen bewachen sie streng; sie kaufen sie von ihren Eltern um großes Gut« (Herod. 5, 6).

Den Aethiopiern reihen sich die kyrenaiischen Nomaden an: ›Obwohl sie in Familien ohne Ordnung und Gesetz zerstreut sind, beraten sie doch nichts zu gemeinsamem Zweck; dennoch sind sie, weil den einzelnen [Sippen, Geschlechtern] die Frauen gemeinsam gehören und mehrere dadurch Kinder und Verwandte sind, nirgends wenige‹ (Mela I, 42). Wir sehen hier die Gemeinsamkeit der Weiber auf ein einzelnes bestimmtes Geschlecht beschränkt. Nur die Verwandten bleiben zusammen; diese sind aber durch die Mehrzahl der Frauen stets zahlreich. Hier erscheint die Freiheit der Geschlechtsmischung als das erste Band einer größeren menschlichen Gemeinschaft. – Einen ähnlichen Zustand berichtet Strabo (16, 783) von den Arabern. »Die Brüder werden höher geschätzt als die Kinder. Nach der Erstgeburt richten sich Herrschaft im Geschlechte und andern Würden. Alle Blutsverwandten haben gemeinsamen Besitz. Herrscher aber ist der Älteste. *Eine* Frau haben alle. Wer zuerst kömmt, geht hinein und wohnt ihr bei. Er läßt seinen Stab vor der Türe stehen; denn alle pflegen Stöcke zu tragen. Des Nachts weilt sie bei dem Ältesten. So sind alle unter einander Brüder. Sie wohnen auch ihren Müttern bei. Auf dem Ehebruch steht der Tod. Ehebrecher ist der eines andern Geschlechts. Einer ihrer Könige hatte eine Tochter von ausgezeichneter Schönheit, diese aber fünfzehn Brüder, welche alle die Schwester liebten und sie, einer nach dem andern, ohne Aufhören besuchten. Diese nun, durch den ununterbrochenen Beischlaf ermüdet, ersann folgende List. Sie verfertigte sich Stöcke, ähnlich denen der Brüder. Wenn nun einer wegging, stellte sie den ihm entsprechenden Stock vor die Türe und bald darauf einen andern und wieder einen andern, stets Sorge tragend, daß nicht der, an welchen die Reihe kam, den seinen finden möchte. Einst nun, als alle auf dem Markte beisammen waren, wollte einer von ihnen zu ihr kommen, fand aber vor der Tür seinen Stock. Er schloß daraus, es müßte ein Ehebrecher bei dem Mädchen sein. Er lief nun zu dem Vater, führte ihn herbei, kam aber bald zu der Entdeckung, wie er von der Schwester hintergangen worden.« Daß in dieser Erzählung nicht ein bestimmtes einzelnes Ereignis, sondern das Bild eines allgemeinen Zustandes enthalten ist, macht sie nur in höherem Grade beachtenswert. Wir sehen hier das rein tierische Naturrecht auf den Kreis eines bestimmten Geschlechts, einer Blutsgenossenschaft beschränkt, innert den Grenzen desselben jedoch im vollsten Umfange anerkannt …

Dem Naturgesetz des Stoffs ist eheliche Verbindung fremd und geradezu feindlich. Der Ehe Ausschließlichkeit beeinträchtigt das Recht der Mutter Erde. Nicht dazu ist Helena mit allen Reizen Pandoras ausgestattet, daß sie nur *einem* zu ausschließlichem Besitz sich hingebe. Wenn sie die Ehe verletzt und dem schönen Alexander [Paris] nach Ilium folgt, so gehorcht sie weniger ihrem eigenen als Aphroditens Gebot und dem Zug der weiblichen Natur, der mit Helena das Sprichwort verband, das Plutarch auch auf Alkibiades anwendet: ›Das ist das ewige Weib‹ (Alcib. 23, 6). Darum muß das Weib, das in die Ehe tritt, durch eine Periode freien Hetärismus die verletzte Naturmutter versöhnen und die Keuschheit des Matrimonium durch vorgängige Unkeuschheit erkaufen. Der Hetärismus der Brautnacht, wie wir ihn bei den augilischen und balearischen Frauen und bei den Thrakerinnen fanden, beruht auf dieser Idee. Er ist ein Opfer an die stoffliche Naturmutter, um diese mit der späteren ehelichen Keuschheit zu versöhnen. Darum wird dem Bräutigam erst zuletzt die Ehre zuteil. Um das Weib dauernd zu besitzen, muß es der Mann erst andern überlassen. Nach dem *ius naturale* ist die Frau buhlerischer Natur, eine Acca Larentia, die ›dem Zufälligen‹ sich hingibt, wie der Erdstoff, der als Penia nach immer erneuter Befruchtung sich sehnt. Das Weib soll, gleich der arabischen Königstochter, bis zur Ermüdung dem Manne sich hingeben, wie Hortas Tempel bei den Römern immer offen stand. Sünde ist es ihr, durch List und Verfertigung falscher Stäbe sich Ruhe zu verschaffen. Sie soll eine Obsequens [Willfährige], eine Lubentina, eine stets aufmunternde, nie zaudernde, sondern antreibende wahre Horta sein. Diesem Naturrechte, das die Frau des Augilers bricht, aber durch den Hetärismus der ersten Nacht zu sühnen sucht, ist das arabische Geschlecht treu geblieben. Ehebrecher ist nur der Geschlechtsfremde, niemals der Blutsverwandte.

Eine solche Familie pflanzt sich durch stete Selbstumarmung fort. Sie wird erst dadurch des Erdstoffs vollkommenes Bild. Denn auch dieser zeugt durch ewig fortgehende Selbstbegattung. Schon im Dunkel des Mutterleibes Rheas umfangen sich zeugend Isis und Osiris. In den beiden Geschwistern tritt die Naturkraft in ihre beiden Potenzen auseinander. Ihre Wiedervereinigung durch Begattung ist des Stoffes Gesetz. Daher sind die Geschwister zunächst auf einander angewiesen. Dieser stofflichen Anschauung gilt die Geschwisterehe nicht nur als zulässig, sondern als das natürliche Gesetz, das nach Plato auch die delphische Pythia bestätigt. Auf dem Geschwistertum ruht Isis' und Osiris', Zeus' und Heras, Janus' und Camisas eheliche Verbindung, und welche tiefe Wurzel dieses stoffliche Recht in der Anschauungsweise der Alten hatte, zeigen, auch bei Hebräern und Griechen, manche Nachklänge in Sitten und Gesetzen …

In der Selbstfortpflanzung des arabischen Geschlechts verbindet sich der höchste Grad von Verwandtschaft im Innern desselben mit dem höchsten Grade des Abschlusses gegen außen. Sind die Mitglieder jeder einzelnen Sippe durch das engste Verhältnis, das des ersten Grades der Blutsgemeinschaft, untereinander verbunden, alle Brüder, alle Geschwister, alle Söhne und Väter, so werden dagegen die verschiedenen Sippen einander durch keine Beziehung genähert. Dem Prinzip der Liebe tritt das der Feindschaft gegenüber, und beide steigern sich zu dem höchsten Grade der Ausbildung. Die Vereinigung liegt auf der Seite des Weibes, die Trennung auf der des Mannes. Von diesem Gesichtspunkte aus erscheint die freie Geschlechtsverbindung im Innern des einzelnen Stammes als ein dem Menschen jener Kulturstufe notwendiges Mittel, zu irgend größerer und dauernder Verbindung zu gelangen.

Alle hier hervorgehobenen Züge kehren in dem Bienenstaate wieder. Wir dürfen auf diesen um so eher verweisen, als das Vorbild der Biene auch von den Alten vielfältig angeführt wird und in der Entwicklung des Menschengeschlechts eine hohe Stellung einnimmt … Das Bienenleben zeigt uns die Gynaikokratie in ihrer klarsten und reinsten Gestalt. Ja, Aristoteles stellt die Bienen höher als die Menschen jener ersten Zeit, weil das große Naturgesetz in ihnen viel vollkommener und fester zum Ausdruck gelange als bei den Menschen selbst, ein Gedanke, der bei Virgil wiederkehrt. Daher erscheint nun die Biene mit Recht als Darstellung der weiblichen Naturpotenz. Mit Demeter, Artemis und Persephone ist sie vorzugsweise verbunden, und hier eine Darstellung des Erdstoffes nach seiner Mütterlichkeit, seiner nie rastenden, kunstreich formenden Geschäftigkeit, mithin das Bild der demetrischen Erdseele in ihrer höchsten Reinheit ... Das reinste Erzeugnis der organischen Natur, dasjenige, in welchem tierische und vegetabilische Produktion so innig verbunden erscheint, ist auch die reinste Mutternahrung, deren sich die älteste Menschheit bediente, und zu welcher priesterliche Männer, die Pythagoreer, Melchisedek, Johannes, wieder zurückkehrten. Honig und Milch gehören dem Muttertum, der Wein dem männlichen dionysischen Naturprinzip.

Über die libyschen Völker, deren Namen selbst auf eine *gyne autochthon* [erdentsprossene Frau] zurückgeführt wird, von welchen die bisherigen Nachrichten vorzugsweise handeln, findet sich bei Aristoteles eine beachtenswerte Angabe. Unter den Gründen, mit welchen der Stagirite die Platonische Lehre von der Liebe und Brüderlichkeit befördernden Gemeinschaft der Weiber und Kinder bekämpft, nimmt die Bemerkung, daß jene Gemeinschaft ihren Zweck, nämlich jeden individuellen Zusammenhang zu vernichten, gar nicht einmal erreiche, eine bedeutende Stelle ein. »Denn«, so fährt er fort (Pol. 2, 1, 13), »es läßt sich sicherlich auch nicht einmal vermeiden, daß nicht hin und wieder einige ihre Brüder und Kinder und Väter und Mütter erraten sollten; von den Ähnlichkeiten nämlich, welche zwischen den Kindern und Erzeugern obwalten, werden sie notwendig gegenseitig die Beweisgründe entnehmen. Wie dies auch als in der Erfahrung bestätigt diejenigen berichten, welche über Länder- und Völkerkunde in Schriften handeln. Es seien nämlich bei einigen Stämmen des obern Libyens die Weiber gemeinschaftlich; die erzeugten Kinder jedoch würden nach den Ähnlichkeiten ausgesucht ...« Das Zuteilen der Kinder nach der Ähnlichkeit bemerkt Herodot (4, 180) von den tritonischen Ausern. »Wenn das Kind bei der Mutter groß geworden ist, kommen die Männer zusammen, was jeden dritten Monat geschieht, und welchem von ihnen nun jedes gleicht, für dessen Sprößling gilt es.«

In dieser Sitte offenbart sich ein Übergang aus dem Mutterrecht des reinen *ius naturale* zu dem Prinzip der Ehe. Das Kind soll außer der Mutter auch noch einen Vater erhalten. Die Mutter ist nun stets sicher und von physischer Gewißheit umgeben, *mater natura vera*; der Vater dagegen ruht auf bloßer Vermutung, und zwar sowohl bei der Ehe als bei freier Geschlechtsmischung. Das Vatertum ist immer Fiktion. Bei der Ehe liegt diese in der Ehe selbst und in ihrer angenommenen Ausschließlichkeit. Hier gilt der Grundsatz *pater est quem nuptiae demonstrant* [der Vater ist derjenige, den die Ehe als solchen bezeichnet]. In dem ehelosen Zustande tritt eine andere Wahrscheinlichkeit an die Stelle der Rechtsfiktion: die körperliche Ähnlichkeit des Kindes mit dem Vater. Die Fiktion ist dort rein rechtlicher, hier rein physischer Natur. Jene Fiktion entspricht dem positiven *ius civile*, diese dem *ius naturale*, dem die Gemeinschaft der Weiber und das Mutterrecht angehört. Wir sehen auch hier wieder das Muttertum als das einigende, das Vatertum als das trennende Prinzip. Was unter viele Väter verteilt wird, verbindet die Mutter zur Einheit …

Gegenüber dem in voller Natürlichkeit herrschenden Mutterrecht erscheint die Sonderung nach Ähnlichkeiten schon als eine Beeinträchtigung des *ius naturale* und als ein Anfang, sich der Herrschaft desselben zu entziehen.

Mit der Gemeinschaft der Weiber hängt die Tyrannis eines einzelnen notwendig zusammen. Diese trat uns bei den Arabern, Troglodyten, Aethiopiern, den Iberern am Kaspischen Meere entgegen. Jeder Stamm hat seinen Tyrannos. Es ist das Recht der Zeugung, auf welcher diese Herrschaft beruht. Da in der Geschlechtsverbindung keine Sonderung eintritt, mithin auch das individuelle Vatertum wegfällt, so haben alle nur *einen* Vater, den Tyrannos, dessen Söhne und Töchter sie alle sind, und welchem alles Gut gehört, worüber Ephoros bei Strabo 10, 480[1] eine beachtenswerte Bemerkung macht. Tyrannos steht hier in seiner eigentlichen physischen Bedeutung, wie Papaeus (Herod. 4, 59). Denn es ist von *tyros* oder *tylos*, der Bezeichnung der zeugenden Naturkraft, abgeleitet, wie wir an einer spätern Stelle dieses Werkes genauer dartun werden.

In der Anerkennung der Herrschaft eines Mannes liegt keine Abweichung von dem Ius naturale, das jenen Zustand beherrscht. Denn der Tyrannos hat all sein Recht von dem Weibe. Die Herrschaft erbt nur durch den Mutterleib. Nicht seinen, sondern der Schwester Kindern hinterläßt der Aethiopier sein Königtum. Das jedesmalige Stammeshaupt wird also, wie der Lykier, sein Recht herleiten nicht von des Vaters, sondern von der Mutter Seite und daher der Mütter Mütter oder, was dasselbe ist, der frühern Könige Schwestern herzählen, wenn es sich um Legitimation seiner Machtstellung handelt. Seine Gemahlin hat er also nicht, um Nachfolger zu zeugen, die ja nicht zur Sukzession gelangen, vielmehr sich in der Masse des Volkes verlieren, sondern nur, weil dem männlichen Naturprinzip ein weibliches zur Seite treten muß, soll die stoffliche Kraft in ihrer Totalität, wie sie die androgyne Gestalt gewisser Libyer darstellt, zur Anschauung kommen, und der Gedanke des Doppelbeils, wie es die Amazonen führen, und die Tenedier wie die lydischen Herakliden und nach etruskischer Sitte die Römer als Zeichen des Imperium gebrauchen, verwirklicht werden. Durch diese Verbindung erhält der Tyrannos seinen physischen Zusammenhang mit dem Stamme, den der kephallenische Tyrannos durch Beiwohnen mit jeder Braut vollständiger erreicht. Für die Vererbung der Königsgewalt hat die Ehe keine Bedeutung, und deshalb kann auch ihre Verletzung mit der Leistung eines oder weniger Schafe gesühnt werden.

Die Verbindung der Herrschaft eines Tyrannos mit der Gemeinschaft der Frauen erklärt uns einen beachtenswerten Zug aus der oben mitgeteilten Erzählung über die arabische Königstochter. Das Mädchen, durch den fortgesetzten Beischlaf ermüdet, nimmt zu einer List seine Zuflucht. Der getäuschte Bruder dagegen wendet sich, um zu seinem Rechte zu gelangen, an den königlichen Herrn. Der Mißbrauch des Männerrechts, das in dem Tragen des Stabs seinen Ausdruck gefunden hat, ist die notwendige Folge jener gedoppelten Macht. Aus diesem entwickelt sich der Widerstreit des Weibes, aus welchem die Gynaikokratie hervorgeht. Seiner Betrachtung der lydischen Weiberherrschaft fügt Klearch (bei Athen. 12, 11) folgende Erklärung bei: »Von Weibern beherrscht zu werden, sei stets die Wirkung gewaltsamer Erhebung des weiblichen Geschlechts gegen frühere ihm angetane Schmach; bei den Lydern sei es Omphale, die solche Rache zuerst geübt und die Männer der Gynaikokratie unterworfen habe.« Die hier angedeutete Entwicklung ist ohne Zweifel die historisch richtige. Das Mutterrecht zwar, soweit es nur die einseitige Mutterabstammung des Kindes festhält, ist *iuris naturalis*, daher auch dem Zustande freier Geschlechtsmischung nicht fremd, und so alt als das Menschengeschlecht; die mit jenem Mutterrecht verbundene Gynaikokratie, welche die *Herrschaft* in Familie und Staat der Mutter in die Hand gibt, ist dagegen erst spätern Ursprungs und durchaus positiver Natur. Sie entsteht durch Reaktion des Weibes gegen den regellosen Geschlechtsumgang, von dem sie zuerst sich zu befreien bestrebt ist. Dem tierischen Zustande allgemeiner, ganz freier Geschlechtsmischung setzt zuerst das Weib entschiedenen Widerstand entgegen. Sie ist es, die nach Erlösung aus jener Erniedrigung ringt und durch List oder Gewalt sie endlich zu erringen weiß. Dem Manne wird der Stab entrissen, das Weib gelangt zur Herrschaft. Dieser Übergang kann ohne eheliche Verbindung mit einem Einzelnen nicht gedacht werden. Beherrschung des Mannes und der Kinder ist in dem Naturzustand freier Geschlechtsmischung unmöglich, und die Vererbung der Güter sowie des Namens nach der mütterlichen Abstammung nur in der Ehe selbst von Bedeutung. Sind Weiber und Kinder gemeinsam, so sind es auch notwendig die Güter. Einem solchen Zustande fehlen auch Eigennamen, wie es für die libyschen Atarantes Nicolaus Damascenus (3, 463) bezeugt. Sonderrecht und eine bestimmte Erbordnung setzen Aufhebung jenes Naturzustandes voraus. Diese erfolgt aber nun selbst in einer gewissen Stufenfolge. Zwischen der ausschließlichen Ehe und der völlig ehelosen Geschlechtsgemeinschaft liegen mehrere Grade in der Mitte. Bei Massageten und Troglodyten sehen wir die Ehe selbst mit gemeinschaftlichem Gebrauch der Frauen verbunden. Jeder hat eine Gemahlin, aber allen ist erlaubt, auch der des andern beizuwohnen. Augiler, Balearen, Thraker stehen höher: sie halten die Keuschheit der Ehe und beschränken den Hetärismus auf die Brautnacht. Jene mit gemeinsamem Gebrauch verbundene Ehe ist reiner als die völlig ehelose Gemeinschaft, unreiner als die zur Ausschließlichkeit entwickelte eheliche Verbindung. Dennoch hat sie auch in der spätern Zeit noch bei den Lakedaimoniern Anerkennung gefunden. Nach Nicolaus Damascenus erlauben sie ihren Gemahlinnen, von den Schönsten der Bürger und der Fremden sich befruchten zu lassen[4].

Der aus Ehe und Weibergemeinschaft zusammengesetzte Mittelzustand zeigt Sondereigentum und eine abgeschlossene Familie, welche beide auf der untersten Stufe eheloser Begattung fehlen. Ihm gehört das Mutterrecht, welches für den Erbgang der Güter von Bedeutung wird und daher auf der untersten Stufe eheloser Begattung, wo Gütergemeinschaft notwendig herrscht, gänzlich inhaltslos bleibt, außer in Beziehung auf die Vererbung des Königtums selbst. Aber mit dem Mutterrecht ist noch keine Gynaikokratie verbunden. Wie auf der untersten Stufe, so herrscht auch hier noch der Mann; an der Spitze jedes Stammes steht der Tyrannos, dessen Herrschaft nach Mutterrecht vererbt. Bei den Abyllen Libyens herrschte ein Mann über die Männer, eine Frau über die Frauen. Wir sehen dort das Muttertum noch ohne Gynaiko-

---

4 Plut. Alcib. 23, 7; Pyrrh. 27, 4. Aristot. Pol. 2, 6 [(9) p. 1269b 12ff.], womit vorzüglich Plutarch. in Lycurgo 14–16 zu vergleichen ist. Hier wird des Nicolaus Erzählung bestätigt und genau ausgeführt, auch des Lycurgus Grundsatz, daß die Kinder nicht den Vätern, sondern dem Staate gehören, besprochen.

kratie. Ja, es stellt sich dar in Verbindung mit der tiefsten Erniedrigung des Weibes, das willenlos dem Gelüste jedes Mannes zu dienen verpflichtet ist und vor dem Stabe, den nur der Mann führt, rechtlos sich beugt. Daher ist es beachtenswert, daß das Stabführen für Araber und Massageten ausdrücklich als allgemeine Volksübung bezeugt wird. Der Mann führt den *skipon*, und dieser gibt ihm Zutritt bei jeder Frau seines Volks. Er ist der Ausdruck der männlichen, rein physischen Tyrannis. Diese Mannesgewalt nun wird gebrochen, das Weib findet in der ausschließlichen Ehe jenen Schutz, welchen die arabische Königstochter von ihrer List vergebens erwartet hatte. Nun erweitert sich das Mutterrecht zur Gynaikokratie. Die Vererbung der Güter und des Namens nach mütterlicher Abstammung wird verbunden mit dem Ausschluß der männlichen Nachkommen von jedem Anspruche und mit der Herrschaft der Frauen im Geschlechte wie im Staate. Diese vollendete Gynaikokratie ist also nicht nur keine Eigenschaft jenes ersten gänzlich ehelosen Zustandes, sondern vielmehr in entschiedenem Kampfe gegen denselben entstanden. Ja, auch dem Mittelzustande eines aus Ehe und Weibergemeinschaft gemischten Lebens blieb sie fremd, und kam erst mit Überwindung desselben zu voller Anerkennung. Die Gynaikokratie setzt also in der Regel die vollendete Ehe voraus. Sie ist ein ehelicher Zustand, mithin wie die Ehe eine positive Institution, wie sie eine Beschränkung des völlig tierischen Ius naturale, dem jedes Gewaltverhältnis wie jedes auf Anerkennung des Sondereigentums beruhende Erbrecht fremd ist. In dieser Verbindung stellt sich die Begründung der Gynaikokratie als ein Fortschritt des Menschengeschlechts zur Gesittung dar. Sie erscheint als eine Emanzipation aus den Banden des roh-sinnlichen tierischen Lebens. Dem auf dem Obergewicht physischer Stärke beruhenden Mißbrauch des Mannes setzt das Weib das Ansehen seines zur Herrschaft erhobenen Muttertums entgegen, wie dies der Mythus von Bellerophon und seiner Begegnung mit den lykischen Frauen zu erkennen gibt. Je wilder die Kraft des Mannes, desto notwendiger ist jener ersten Periode des Weibes zügelnde Macht. Solange der Mensch dem rein stofflichen Leben verfallen ist, solange muß das Weib herrschen. Die Gynaikokratie nimmt eine notwendige Stelle in der Erziehung des Menschen, des Mannes zumal, ein. Wie das Kind seine erste Zucht von der Mutter erhält, ebenso die Völker von dem Weibe. Dienen muß der Mann, bevor er zur Herrschaft gelangt. Der Frau allein ist gegeben, des Mannes urerste ungezügelte Kraft zu bändigen und in wohltätige Bahnen zu lenken. Athene allein besitzt das Geheimnis, dem wilden Skythios Zaum und Gebiß anzuziehen. Je gewaltiger die Kraft, desto geregelter muß sie sein. Durch den Tanz läßt Hera ihres wilden Sohnes Ares übermäßige Manneskraft zügeln, wie die bithynische Sage bei Lukian (De salt. 21) meldet. Dies Prinzip harmonischer Bewegung liegt in der Ehe und ihrem von dem Weibe aufrechterhaltenen strengen Gesetz. Darum mag auch Bellerophon sich ohne Zaudern den Matronen unterwerfen. Gerade hiedurch ist er seines Landes erster Gesitter geworden.

Die bildende, wohltätige Macht des Weibes wird in einer merkwürdigen und mit unserem Gegenstand zusammenhängenden Bemerkung Strabos auf die *deisidaimonia* [Gottesfurcht] zurückgeführt, welche zunächst der Frau inwohnt und von ihr auch den Männern eingepflanzt wird ... Gewiß ist, daß in dem Weibe eine nähere Beziehung zu der Gottheit erkannt und ihm ein höheres Verständnis ihres Willens beigelegt wurde. Sie trägt das Gesetz, das den Stoff durchdringt, in sich. Unbewußt, aber völlig sicher, nach Art des Gewissens, spricht aus ihr die Gerechtigkeit; sie ist durch sich selbst weise, von Natur Autonoe [durch ihr eigenes Wesen verständig], von Natur Dikaia, von Natur Fauna oder Fatua, die das Fatum verkündende Prophetin, die Sibylla, Martha, Phaennis, Themis. Darum galten die Frauen als unverletzlich, darum als Trägerinnen des Richteramts, als Quelle der Prophezeiung. Darum weichen die Schlachtlinien auf ihr Gebot auseinander, darum schlichten sie als priesterliche Schiedsrichter den Völkerstreit: eine religiöse Grundlage, auf welcher die Gynaikokratie fest und unerschütterlich ruhte. Von dem Weibe geht die erste Gesittung der Völker aus, wie die Frauen überhaupt an jedem Verfall und jeder Wiedererhebung besonderen Anteil haben, ein Gedanke, den der Graf Leopardi in einem herrlichen Hochzeitsgesang seiner Schwester Paolina zu Gemüte führt.

Den frühern Beispielen ehelosen Lebens schließen Liburner und Skythen sich an. Von den Liburnern berichtet Nicolaus (458): »Die Liburner haben ihre Frauen gemeinschaftlich und ziehen alle Kinder bis zum fünften Altersjahre gemeinschaftlich auf. Im sechsten versammeln sie dieselben, suchen die Ähnlichkeiten mit den Männern aus und teilen darnach jedem seinen Vater zu. Wer so von der Mutter einen Knaben erhält, der betrachtet ihn als seinen Sohn.« Auf die Agathyrsen bezieht sich Herodot (4, 104). »Sie wohnen den Weibern gemeinschaftlich bei, damit sie alle unter einander blutsverwandt und durch ihren häuslichen Zusammenhang dahin gebracht würden, weder Neid noch Feindschaft gegen einander zu üben.« Von den Galaktophagen handelt Nicolaus: »Sie zeichnen sich aus durch Gerechtigkeit und haben Güter und Weiber gemeinschaftlich. Daher nennen sie alle Bejahrten Väter, die Jüngern Söhne, die Altersgenossen Brüder.« Strabo (7, 300) schreibt ihnen gemeinsamen Besitz zu, von welchem nur Schwert und Trinkschale, wie bei den Sardolibyern, ausgenommen sind. Weiber und Kinder gehören allen. In dieser Gemeinschaft der Güter, Frauen und Kinder sucht Strabo die Grundlage jener Gerechtigkeitsliebe, die so allgemein als die Auszeichnung der Skythen und Geten galt, und um welcher willen Aischylos sie *eunomoi* [mit guten Gesetzen und diese beachtend] nannte. Im Gegensatz zu der hellenischen Entartung erschien die skythische Ursprünglichkeit des Lebens als Verwirklichung alles dessen, was philosophische Theorien, was ein Plato selbst vergebens zu erreichen suchten. Mit Sehnsucht und unter Verwünschung der so gepriesenen Kultur blickten gerade die Besten der Alten auf jener Nomaden Unkenntnis aller verfeinerten Sitte ... So suchte Tacitus in dem Gemälde der germanischen Sitten Trost für die Erscheinungen, welche ihm die römische Welt darbot.

Aber es ist ebenso töricht, am Ende menschlicher Entwicklung sehnsüchtig nach deren Anfängen zurückzublikken, als es unverständig erscheint, aus dem Standpunkte späterer Kultur die frühesten Zustände zu verurteilen oder sie im Gefühl höherer Menschenwürde als unmöglich und nie dagewesen in Abrede zu stellen. Von der fortgeschrittenen Zivilisation gilt allerdings, was Plato von dem Golde sagt, daß es das schönste und glänzendste aller Metalle sei, daß aber mehr Schmutz an ihm hänge als an dem geringsten. Dennoch dürfen wir sie nicht verurteilen, noch weniger sie an vorkulturliche Zustände dahingeben. Es ist mit der höheren menschlichen Bildung wie mit der Seele. »Wir sehen sie«, um mit Plato (Polit. 5 p. 457 a – 461 e) zu reden, »nur in solchem Zustande wie die, welche den Meergott Glaukos ansichtig werden, doch nicht leicht seine ehemalige Natur zu Gesicht bekommen, weil sowohl seine alten Gliedmaßen teils zerschlagen, teils zerstoßen und auf alle Weise von den Wellen beschädigt sind als auch ihm ganz Neues zugewachsen ist, Muscheln, Tang und Gestein, so daß er eher einem Ungeheuer ähnlich sieht als dem, was er vorher war.« Stärke und Schwäche der menschlichen Zustände liegen stets in demselben Punkte. Wenn Plato den Egoismus und die daraus hervorgehende Zerrüttung der Staaten durch Wiedereinführung der vollsten Gemeinschaft von Gütern und Weibern, die notwendig immer verbunden sind, aus seinem Staate auszutilgen und so jene höchste *eunomia* [gesetzliche Ordnung] und *dikaiosyne* [Gerechtigkeit] wiederherzustellen sucht, die Strabo bei den platonisch lebenden Skythen so hoch preist, so wendet ihm Aristoteles in dem hiezu eigens bestimmten Abschnitt seiner Politik (2, 1) mit Recht ein, nicht nur daß dasjenige, was für die Staaten als das höchste Gut ausgegeben wird, nämlich die höchste Einheit, den Staat selbst aufhebt, indem es ihn zu einer Familie, die Familie selbst wieder zu einem Individuum macht, sondern auch daß darauf, was möglichst vielen gemeinsam gehört, stets die geringste Sorgfalt verwendet wird. Der Fortschritt menschlicher Gesittung liegt nicht in der Zurückführung der Vielheit zur Einheit, sondern umgekehrt in dem Übergang des ursprünglichen Einen zur Vielheit. Den arabischen, libyschen, skythischen Stamm haben wir als Einheit, und in dem Tyrannos, der jedem vorsteht, sogar als Individuum gefunden. Aber der Übergang zur Ehe bringt feste Gliederung in jene chaotisch-einheitliche Masse der Menschen und Güter. Er leitet die Einheit zur Vielheit hinüber. Damit ist dies größte Prinzip der Ordnung in die Welt eingeführt. Darum gilt jener Kekrops, der zuerst der Mutter einen Vater an die Seite stellte und dem Kinde eine doppelte Abstammung, eine androgyne Doppelnatur gab, wie sie die Aethiopier in der Sage von den Menschen mit männlicher und weiblicher Brust sinnbildlich veranschaulichten, als der erste Gründer eines wahrhaft menschlichen Lebens …

Mit dem Fortschritt von der Einheit zur Vielheit, von chaotischen Zuständen zur Gliederung fällt derjenige von rein stofflicher zu höherer geistiger Existenz zusammen. Mit jener beginnt das Menschengeschlecht, diese ist sein Ziel, zu welchem es durch alle Senkungen und Hebungen hindurch unablässig fortschreitet. »Nicht das Geistige ist das Erste, sondern das Seelische, nachher das Geistige« (Paulus, 1. Korinther 15, 46). In diesem Entwicklungsgange nimmt die Ehe mit Gynaikokratie die Mittelstufe ein. Ihr voran geht das reine *ius naturale* der ununterschiedenen Geschlechtsverbindung, wie wir dasselbe in einer großen Mannigfaltigkeit von Modifikationen und Abstufungen bei einer Reihe von Völkern gefunden haben. Sie selbst weicht hinwieder dem reinen *ius civile*, das heißt der Ehe mit Vaterrecht und väterlicher Herrschaft. Auf der Mittelstufe der ehelichen Gynaikokratie verbindet sich beides, das stoffliche und das geistige Prinzip. So wie einerseits das stoffliche nicht mehr ausschließlich herrscht, so ist andererseits das geistige noch nicht zu voller Reinheit durchgedrungen. Aus dem stofflichen *ius*

Lykien

naturale ist das Vorwiegen der mütterlichen, stofflichen Geburt mit allen ihren Folgen, dem Vererben der Güter in der mütterlichen Linie und dem ausschließlichen Erbrecht der Töchter, beibehalten; dem geistigen *ius civile* aber gehört das Prinzip der Ehe selbst und das einer sie zusammenhaltenden Familiengewalt. Auf dieser Mittelstufe erbaut sich zuletzt die höchste des rein geistigen Vaterrechts, das dem Manne die Frau unterordnet und die ganze Bedeutung, die die Mutter besaß, auf den Vater überträgt. Seine reinste Ausbildung hat dieses höchste Recht bei den Römern gefunden. Kein anderes Volk hat die Idee der *potestas* [Gewalt] über Frau und Kind so vollkommen entwickelt, kein anderes daher auch die entsprechende des staatlich-einheitlichen *imperium* vom ersten Tage an so klar bewußt verfolgt. Von dieser Höhe herab schildert Cicero (de invent. 1, 2) jenen ersten Zustand, den Plato als ideale Vollendung der menschlichen Verhältnisse hinstellt, als die Negation nicht nur jedes staatlichen, sondern überhaupt jedes geistigen Prinzips, als reinen Ausdruck der stofflichen Seite unserer Menschennatur: ›Es gab nämlich eine gewisse Zeit, da die Menschen wie Bestien im Lande umherstrichen und ihr Leben mit wilder Kost fristeten, nicht nach Vernunft und Geist, sondern meist nach Körperkräften handelten; noch wurde nicht die Ordnung der Gottesfurcht oder menschlicher Moral gepflegt, niemand hatte rechtmäßige Ehen gesehn oder Nachkommen, die mit Sicherheit jemandes Kinder waren; niemand hatte verstanden, was gleichmäßiges Recht für Nutzen bringt.‹

Auf den Kosmos übertragen – ich nehme das Wort in demjenigen Sinne, in welchem es die Pythagoreer zuerst gebrauchten –, stellen sich die drei genannten Stufen der menschlichen Entwicklung dar als Erde, Mond, Sonne. Das reine außereheliche Naturrecht ist das tellurische Prinzip, das reine Vaterrecht das Sonnenprinzip. In der Mitte zwischen beiden steht der Mond, die Grenzscheide der tellurischen und der solarischen Region, der reinste Körper der stofflichen, vergänglichen, der unreinste der unstofflichen, keinem Wechsel unterworfenen Welt; Anschauungen, welche unter den Alten besonders Plutarch in seinen Schriften über Isis und Osiris und über das in der Mondscheibe erscheinende Gesicht ausgeführt hat. Der Mond, diese ›andre himmlische Erde‹, ist androgyn, Luna und Lunus zugleich, weiblich gegenüber der Sonne, männlich hinwieder gegenüber der Erde, dieses aber nur in zweiter Linie, erst Weib, folgeweise auch Mann. Die von der Sonne empfangene Befruchtung teilt er weiter der Erde mit. Er erhält so die Gemeinschaft des Weltalls, ist der Dolmetsch der Unsterblichen und der Sterblichen. Durch solche Doppelnatur entspricht er der Ehe mit Gynaikokratie: der Ehe, weil in ihm sich Mann und Frau verbinden; der Gynaikokratie, weil er erst Weib, dann Mann ist, also das weibliche Prinzip zur Herrschaft über den Mann erhebt. Diese Anschauungsweise liegt dem ganzen Religionssystem der alten Welt zugrunde, wofür die Beweise später beigebracht werden, wie sie auch im Christentum Nachklänge zurückgelassen hat.

Der Mond aber beherrscht die Nacht, wie die Sonne den Tag. Das Mutterrecht kann also mit gleicher Wahrheit dem Mond und der Nacht wie das Vaterrecht der Sonne und dem Tage beigelegt werden. Mit andern Worten: in der Gynaikokratie beherrscht die Nacht den Tag, den sie aus sich gebiert, wie die Mutter den Sohn; in dem Vaterrecht der Tag die Nacht, welche jenem sich anschließt wie die Negation der Bejahung. Ausdruck jenes Systems ist die Zeitrechnung, welche von Mitternacht, dieses diejenige, welche von dem Tage ihren Ausgangspunkt nimmt. Jenem entspricht das Monat-, diesem das Sonnenjahr ...

Stets hat das Verhältnis der beiden Geschlechter in demjenigen von Mond und Sonne seinen kosmischen Ausdruck gefunden. Der Kampf der Geschlechter ist ein Kampf von Sonne und Mond um den Vorrang im Verhältnis zur Erde. Alle großen Besieger der Gynaikokratie werden wir in entsprechender Stellung am Himmel als Sonnenmächte wieder

Lykien 187

finden. Die irdischen Ereignisse knüpfen sich an kosmische an. Sie sind ihr tellurischer Ausdruck. Es ist eine alles beherrschende Grundanschauung der alten Welt, daß Irdisches und Himmlisches den gleichen Gesetzen gehorchen und eine große Harmonie Vergängliches und Unvergängliches durchdringen muß. Die irdische Entwicklung ringt solange, bis sie das kosmische Vorbild der Himmelskörper in voller Wahrheit verwirklicht. Dieses letzte Ziel ist erst mit der Herrschaft des Mannes über die Frau, der Sonne über den Mond, erreicht.

Hieraus erhält der indisch-ägyptische Mythus von dem Myrrhen-Ei des Vogels Phönix sein Verständnis und seine tiefere Bedeutung. In den bisherigen Erklärungen ist die schon von den Alten so bestimmt hervorgehobene Beziehung zu der Sonne und zu dem großen Phönix- oder Sothisjahre, nach dessen Ablauf eine neue Weltperiode, ein *novus saeclorum ordo* anhebt, festgehalten und auf die einzelnen Teile der Sage und die vielen Attribute jenes Wundervogels angewendet worden. Ein Punkt jedoch hat keine Berücksichtigung gefunden: die Beziehung der Sonne zu dem Vaterrecht. In diesem Sonnenmythus wird keiner Mutter, sondern nur eines Vaters gedacht. Auf den Vater folgt der Sohn, sich stets aus sich selbst erneuernd. Im Tempel zu Heliopolis, auf dem Altar des höchsten Sonnengottes, legt der Wundervogel seine Bürde nieder. Aus Myrrhen hat er sich ein Ei gebildet. Das höhlt er aus und birgt darin seinen Vater. Dann klebt er die Öffnung wieder zu, und das Ei ist jetzt nicht schwerer als zuvor. In diesem Ei ist das mütterliche Naturprinzip, aus dem alles seine Entstehung hat, in das auch alles wieder zurückkehrt, dargestellt. Aber das Ei erscheint hier nicht mehr als letzter Grund der Dinge. Es enthält seine Befruchtung von einer höhern Macht, von der Sonne. Die *vis genitalis* [Zeugungskraft], aus welcher der *foetus* entsteht, wird ihm von der Sonne eingepflanzt. So drückt sich Tacitus aus [Ann. 6, 28, 5]. Durch diese Einwirkung wird es nicht schwerer; denn unkörperlich und durchaus immateriell ist die zeugende Sonnenkraft. Dadurch unterscheidet sich diese höchste Stufe der männlichen Naturpotenz von der tiefern, auf welcher das stoffliche Wasser die physische Unterlage bildet. Zwar ist auch das Wasserprinzip dem Phönix nicht fremd, denn Epiphanius im Physiologus läßt ihn im Morgenlande an einer Bucht des Flusses Okeanos wohnen, und bei Philostrat erscheint er in der Natur des Sumpfgewässer bewohnenden Schwanes, der sich selbst sein Abschieds- und Sterbelied singt. Aber aus dem Wasser erhebt er sich und begleitet die Sonne, purpurn und golden ist sein Gefieder; auf seinen Flügeln steht geschrieben ›lichtgleich‹; unter seiner Lichtnatur verschwindet der Wasserursprung ganz. Das Stoffliche ist von dem Unstofflichen völlig überwunden. Durch das Feuer werden alle Schlakken der Sterblichkeit getilgt. Aus der Asche ist der Sohn erstanden. Die Sonne verleiht Myrrhen und Weihrauch ihre Kraft, die das verzehrende Feuer am schönsten entwickelt. In dieser Natur ist der Sonnenvogel des helio-politanischen Zeus völlig entsprechendes Bild, wie der goldhütende Greif das der apollinischen Sonnenmacht. Darum eben kann an Phönix' Einkehr in Ägypten der Abschluß des alten großen Jahres, der Beginn eines neuen geknüpft werden. In seiner rein metaphysischen Natur wird der Sonnenvogel zur Idee der abstrakten Zeit, wie der in seiner höchsten Entwicklung ebenso metaphysische Apollo mit dem Beginn des großen Weltjahres in Verbindung tritt. Wir sehen also in Phönix die Idee der großen Lichtmacht zu ihrer reinsten Unkörperlichkeit entwickelt, und diese selbst mit dem Vatertum identifiziert. Überwunden ist das Muttertum. Aus dem Feuer allein ist der junge Phönix geboren, mutterlos, wie Athene aus Zeus' Haupt, ein ›feuergeborner‹ in weit höherer Klarheit als Dionysos. Das mütterliche Ei ist nicht mehr das Prinzip des Lebens, über ihm waltet befruchtend die Sonnenmacht, deren Natur es selbst angenommen hat … In keinem Mythus ist der Sieg des väterlichen Sonnenprinzips über das mütterliche Mondprinzip zu solcher Reinheit durchgeführt als in der indisch-ägyptischen Priesterlehre von dem großen Phönixjahr …

Lykien 189

Das Reich der Idee gehört dem Manne, wie das des stofflichen Lebens der Frau. In dem Kampfe, der zwischen beider Geschlecht um den Vorrang geführt wird und der zuletzt mit dem Siege des Mannes endet, knüpft sich jeder große Wendepunkt an die Übertreibung des frühern Systems an. Wie der Mißbrauch des Weibes von Seite des Mannes die eheliche Gynaikokratie herbeiführt, so erzeugt hinwieder die amazonische Entartung der Frau und die naturwidrige Steigerung ihrer Gewalt eine neue Erhebung des männlichen Geschlechts, die bald, wie in Lykien, mit Wiederherstellung naturgemäßer Ehe, bald aber auch mit dem Sturz der Gynaikokratie und Einführung des Männerrechts, wie es sich an Herakles, Dionysos, Apollo anknüpft, endet. So wahr ist es, daß in allen Dingen der Mißbrauch und die Ausartung das meiste zur Entwicklung beiträgt.

In allen mit unserem Gegenstande zusammenhängenden Mythen ist die Erinnerung an wirkliche Ereignisse, die über das Menschengeschlecht ergangen sind, niedergelegt. Wir haben nicht Fiktionen, sondern erlebte Schicksale vor uns. Die Amazonen und Bellerophon ruhen auf einer realen, nicht auf poetischer Unterlage. Sie sind Erfahrungen des sterblichen Geschlechts, Ausdruck wirklich erlebter Geschicke. Die Geschichte hat Größeres zu Tage gefördert, als selbst die schöpferischste Einbildungskraft zu erdichten vermöchte.

Die lykische Gynaikokratie ist also kein vorehelicher, sondern ein ehelicher Zustand. Aber noch in einer andern Beziehung ist sie besonders belehrend. Wie nahe liegt es nicht, aus der anerkannten Herrschaft des Weibes auf Feigheit, Verweichlichung, Entwürdigung des männlichen Geschlechtes zu schließen. Wie unrichtig diese Folgerung, zeigt uns das lykische Volk am besten. Seine Tapferkeit wird besonders gerühmt, und der xanthischen Männer Heldentod gehört zu den schönsten Beispielen aufopfernden Kriegsmuts, die uns das Altertum hinterlassen hat. Und erscheint nicht auch Bellerophon, an dessen Namen sich das Mutterrecht knüpft, als untadeliger Held, dessen Schönheit die Amazonen huldigen, keusch zugleich und tapfer, der herakleische Taten vollbringt, in dessen Stamm auch das Losungswort gilt, das Poseidonios dem ihm auf Rhodos begegnenden Pompeius nachrief: »Immer der erste zu sein und vorzustreben vor andern« (Strabo 11, 492; Il. 6, 208). Was wir bei den Lykiern vereinigt finden, Gynaikokratie und kriegerische Tapferkeit der Männer, erscheint auch anderwärts, zumal bei den mit Kreta und Lykien so nahe verbundenen Karern. Ja Aristoteles gibt derselben Verbindung die Bedeutung einer ganz allgemeinen geschichtlichen Erfahrung. Aus Anlaß der lakonischen Weiberherrschaft, die ihm als so großer Mangel der Lykurgschen Gesetzgebung erscheint, nimmt er die allgemeine Bemerkung auf, »die meisten kriegerischen und streitbaren Völkerstämme ständen unter Weiberherrschaft« (Pol. 2, 6) ... Weit entfernt, die kriegerische Tapferkeit auszuschließen, ist die Gynaikokratie im Gegenteil ein mächtiger Hebel derselben. Zu allen Zeiten geht ritterliche Gesinnung mit dem Frauenkulte Hand in Hand. Furchtlos dem Feinde begegnen und dem Weibe dienen ist jugendlich kräftiger Völker stets vereinigte Auszeichnung.

So erscheint die lykische Gynaikokratie in einer Umgebung von Sitten und Zuständen, die geeignet sind, sie als Quelle hoher Eigenschaften erscheinen zu lassen. Strenge, Keuschheit der Ehe, Tapferkeit und ritterlicher Sinn des Mannes, gebietendes, ernst waltendes Matronentum der Frau, dessen religiöse Weihe anzutasten selbst Unsterbliche nicht wagen: das sind Elemente der Kraft, durch welche ein Volk seine Zukunft sichert. Daraus mag es sich erklären, wenn solche geschichtliche Tatsachen überhaupt erklärt werden können, daß die Lykier ihr Mutterrecht so lange festhielten. Es ist eine gewiß nicht zufällige Erscheinung, daß zwei Völker, welche wegen ihrer *eunomia* [Gesetzlichkeit] und *sophrosyne* [Besonnenheit] im Altertum besonderen Ruhm genossen, Lokrer und Lykier, eben auch diejenigen sind, welche Gynaikokratie so lange bei sich aufrechterhielten. Ein stark konservatives Element ist in der hohen Machtstellung der

Frau nicht zu verkennen. Während das Mutterrecht bei andern Volksstämmen so frühe dem Vaterrecht weichen mußte, war Herodot nicht wenig erstaunt, es in Lykien erhalten zu sehen. Seine politische Bedeutung hatte es freilich verloren. Bei Strabo (14, 665) wenigstens steht der lykische Städtebund unter einem männlichen Lykiarches ...

Die Verbindung der Gynaikokratie mit kriegerischer Unternehmungslust der Männer rechtfertigt sich noch von einer andern Seite. In jenen Urzeiten, in welchen die Männer so ausschließlich kriegerischem Leben obliegen, und durch dieses in weite Fernen weggeführt werden, kann nur das Weib über Kinder und Güter walten, die meist seiner ausschließlichen Obhut anvertraut bleiben. Das klarste Bild solcher Zustände geben die alten Nachrichten über der skythischen Stämme weite Eroberungszüge. Verheerung bezeichnet ihre Bahn. Gleich den Kimmeriern vermögen sie nicht, befestigte Städte zu erobern. Nur um Beute ist es ihnen zu tun. Den Sitten nomadischer Hirtenstämme sind Unternehmungen solcher Art allein entsprechend. Bald ist es innerer Zwist, bald das Vordringen benachbarter Stämme, das den Auszug veranlaßt. Die Weiber aber bleiben zu Hause, hüten die Kinder, warten des Viehs. Der Glaube an ihre Unverletzlichkeit hält die Feinde fern. Die Sklaven werden des Augenlichts beraubt. Solchen Zuständen entspricht Gynaikokratie vollkommen. Jagd, Streifzüge und Krieg erfüllen des Mannes Leben, halten ihn von Weib und Kind fern. Der Frau bleibt die Familie, der Wagen, der Herden, der Sklaven Menge anvertraut. In dieser Aufgabe des Weibes liegt die Notwendigkeit seiner Herrschaft. Aus derselben folgt sein ausschließlicher Anspruch auf das Erbrecht. Durch Jagd und Krieg soll der Sohn sein Dasein fristen. Die Tochter, von diesem Selbsterwerbe ausgeschlossen, wird auf der Familie Reichtum angewiesen. Sie allein erbt, der Mann hat seine Waffen, trägt sein Leben in seinem Bogen und Speer. Für Weib und Tochter erwirbt er, nicht für sich, nicht für seine männlichen Nachkommen. So unterstützen sich Gynaikokratie und kriegerisches Leben. Die Wirkung wird Ursache, die Ursache Wirkung. In dem Ausschluß von allem ererbtem Besitz findet der Mann immer neuen Antrieb zu kriegerischen Unternehmungen; in der Entbindung von jeder häuslichen Sorge die Möglichkeit, auf weiten Zügen von Raub und Krieg zu leben. Nach den thrakischen Küsten setzen die lemnischen Männer über und legen sich nach der Heimkehr die gefangenen Mädchen bei. Statt des Krieges ist nun Handwerksarbeit des Mannes Los. So werden wir die Minyer, so die ozolischen Lokrer finden. In dem Namen der Psoloëis sowohl als in dem der Ozolai liegt eine die männliche Beschäftigung und die durch sie herbeigeführte Erniedrigung des Männergeschlechts andeutende Bezeichnung. Von Krieg und Raub ausgeschlossen, verfällt der Mann einem Dasein, das dem Weibe selbst im Lichte der Verächtlichkeit erscheint. Am Webstuhl steht der Ägypter, in der rußigen Schmiede der Minyer, von dem Geruch der Schaffelle hat der lokrische Hirte seinen Namen. Aber das Weib, durch Herrschaft gehoben, durch ausschließliches Erbrecht bevorzugt, ragt über den Mann hervor. Die Frau steigert den Adel ihrer Natur in demselben Verhältnis, in welchem der des Mannes unter dem Einfluß doppelter Erniedrigung sinkt. So läßt die Änderung der Lebensweise eine und dieselbe Sitte in ganz verschiedenem Lichte erscheinen.

Aus den Zuständen des früheren kriegerischen Lebens wird von den Alten die Entstehung des Amazonentums abgeleitet. Dieses ist selbst nur eine bis zur Unnatürlichkeit gesteigerte Gynaikokratie, herbeigeführt durch entsprechende Entartung des männlichen Geschlechts. Durch der Männer Verbindung mit thrakischen Mädchen, die sie auf ihren Streifzügen erbeuten, werden die Lemnerinnen zu ihrer sprichwörtlich gewordenen Untat getrieben. Alles Männliche mordend gehen sie zu amazonischem Leben über. Auf der männerlosen Insel finden die Argonauten günstige Aufnahme. Die skythischen Frauen des Thermodon sehen ihre Männer im Kampfe aufgerieben. Nun sind sie selbst genötigt, zu den Waffen zu greifen, und Scharen kriegsgeübter Jungfrauen ergießen sich siegreich über ganz Vorderasien, nach Hellas, nach Italien, nach Gallien, und wiederholen in diesen Weltteilen, was auch Afrika, wie es scheint, unabhängig von jenen nordischen Ereignissen, in gleicher Weise erlebt hatte. Während andere, der langen Abwesenheit ihrer Männer müde, mit Sklaven und Fremdlingen sich verbinden, Ereignisse, die wie für die Skythen, so auch für die Lakedaimonier und wiederum für die Zeiten des Trojanischen Kriegs bezeugt werden, entsagen jene der Ehe, und legen den Grund zu Erscheinungen, die nicht nur durch die Verwüstungen, welche sie über die Welt brachten, in der Geschichte unseres Geschlechts eine hervorragende Stelle einnehmen, sondern namentlich auch zu dem gänzlichen Untergang der Gynaikokratie das meiste beitrugen. An der Amazonen Bekämpfung knüpft sich die Einführung des Vaterrechts. Durch die Lichtmächte wird das amazonische Mondprinzip vernichtet, die Frau ihrer natürlichen Bestimmung wiedergegeben, und dem geistigen Vaterrechte für alle Zeiten die Herrschaft über das stoffliche Muttertum erworben. Die größte Übertreibung führt zu dem gänzlichen Sturze. Nur in Verbindung mit dem Mutterrechte und der damit vereinigten Kriegsübung wird das Amazonentum Asiens und Afrikas eine begreifliche Erscheinung; denn trotz aller Verschönerung, mit der Sage und Kunst um die Wette es ausgeschmückt haben, ist die historische Grundlage der alten Nachrichten, die Strabon (11, 505) mit so nichtigen Gründen anficht, nicht zu bezweifeln. Man hat geleugnet, wo es sich darum handelte, zu verstehen. Darin liegt die Schwäche heutiger Forschung: sie bemüht sich weniger um die antike als um die moderne Idee, bringt Erklärungen, die mehr der heutigen als der alten Welt entsprechen, und endet so notwendig in Zweifel, Verwirrung und trostlosem Nihilismus. Amazonischer Staaten Existenz zu beweisen, ist unmöglich. Aber das bringt die Natur der Historie überhaupt mit sich. Keine einzige geschichtliche Überlieferung ist je bewiesen worden. Wir horchen allein dem Gerüchte. Traditionen solcher Art anfechten, heißt, um mit Simonides zu reden, wider Jahrtausende streiten; sie nach dem Stande der heutigen Welt beurteilen, mit Alkaios ›nicht den Löwen nach der Klaue malen, sondern nach Docht und Lampe All und Himmel zurechtmachen‹.

Mit dem lykischen Mutterrecht steht noch eine andere Nachricht im Zusammenhang. Plutarch schreibt in dem Trostbrief an Apollonius: »Der Gesetzgeber der Lykier, erzählen sie, habe seinen Bürgern verordnet, so oft sie trauerten, Weiberkleidung anzuziehen.« Da der Name dieses Gesetzgebers nicht beigefügt wird und auch sonst alle Nachrichten von einem lykischen Nomotheten fehlen, so kann mit Sicherheit behauptet werden, daß das Tragen von Weiberkleidung durch die Männer zu jenen ungeschriebenen ›Bräuchen‹ (*ethesi*) gehört, welche Herakleides bei den Lykiern statt geschriebener Gesetze gefunden haben will (De rebus publicis Fr. 15). Dadurch erhält jene Sitte die höhere Bedeutung eines aller Willkürlichkeit enthobenen Herkommens. Plutarch führt sie auf eine ethische Bedeutung zurück. Das Trauern, meint er, sei etwas Weibisches, Schwaches, Unedles, dazu wären die Weiber mehr geneigt als die Männer, Barbaren mehr als die Hellenen, gemeine Leute mehr als vornehme. Aber der lykische Brauch hat eine tiefere Wurzel. Er verbindet sich mit der stofflichen Religionsanschauung, wie wir sie oben dargestellt haben. An der Spitze alles tellurischen Lebens steht das weibliche Prinzip, die große Mutter, welche die Lykier Lada, gleichbedeutend mit Latona, Lara, Lasa, Lala, nennen. Dieses Prinzipes physische Unterlage ist die Erde, ihre sterbliche Stellvertreterin das irdische Weib. Aus ihm ist alles geboren, zu ihm kehrt alles wieder zurück. Der Mutterschoß, aus welchem das Kind hervorgeht, nimmt es im Tode wieder auf. Darum sind auf dem bekannten lykischen Grabmonumente die Harpyen in mütterlicher Eiform dargestellt[5]. Darum ist bei der Trauer auch zunächst nur die Mutter beteiligt. Über

---

5 [F. Winter, Kunstgeschichte in Bildern 208, 4].

Lykien 195

des Stoffes Untergang trauert nur das Weib, das durch Empfängnis und Geburt des Stoffes Bestimmung erfüllt. Niobe vergießt von der hohen Felsfluh des Sipylos nie versiegende Tränen über aller ihrer Kinder Untergang. Ein Bild der durch Zeugung erschöpften Erde, weint sie darüber, daß von allen ihren Geburten auch nicht eine einzige der Mutter zum Troste verblieb. So ist die Trauer selbst ein Religionskult, der Mutter Erde gewidmet. In unterirdischen, sonnenlosen Räumen wird er von barbarischen Völkern geübt, wofür Plutarch, im Anschluß an den lykischen Brauch, des Tragikers Ion Zeugnis beibringt [Trostbrief an Apollonius 22]. Will der Mann sich daran beteiligen, so muß er selbst erst die mütterliche Erdnatur anziehen. Wie die Toten Demetrier werden und heißen, so kann auch der Erde Schmerz nur von der Mutter und in Muttergestalt dargelegt werden ... Nun sieht man leicht, wie nahe die Weibertracht der lykischen Männer mit der lykischen Gynaikokratie zusammenhängt. Hat der Vater für das lebende Kind keine Bedeutung, so hat er auch keine Berechtigung, um das tote zu trauern. Nicht des Vaters, sondern der Mutter Sprößling ist ja der lykischen Erde Sohn. Hat das Vatertum keine weitere Bedeutung als die physische erweckender Befruchtung, so hat es mit dem Tode des Gezeugten vollends jeden Anspruch auf Beachtung verloren. Dem Toten tritt nur noch der wiederaufnehmende mütterliche Stoff gegenüber; die erweckende Manneskraft sinkt mit dem verschwindenden Leben ganz in Vergessenheit. Darum gebraucht Virgil (G. 4, 475) in der Beschreibung der Unterwelt den Ausdruck *matres atque viri* [Mütter und Männer] und nicht *matres atque patres*. Nach dem Tode gibt es nur *viri*, keine *patres*. Daher holen auch einzelne Helden ihre Mütter, nie ihre Väter aus dem Totenreiche. Auf dem lykischen Grabmonumente wird nur die Mutter und der Mutter Mutter genannt, nicht der Vater, wie auch Strabo der Amaseer stets seine mütterliche Abstammung hervorhebt, und ebenso kann an demselben nur die Mutter, nicht der Vater trauern. Beides ist notwendig verbunden. Darum erscheint des Vaters mütterliche Kleidung als der höchste Ausdruck der Gynaikokratie. Der darin liegende Kleiderwechsel begegnet uns in vielen Kulten. In näherer Verbindung mit dem Totendienste und den Trauerzeremonien wird er aber nur für die Lykier berichtet. In Verbindung mit der Gynaikokratie blieb er hier bis in die spätesten Zeiten üblich.

Fassen wir nun die Angaben der Alten über das lykische Mutterrecht zusammen, so ergeben sich folgende Hauptsätze: Seine äußere Darstellung findet es in der Benennung des Kindes nach der Mutter. Seine Bedeutung aber äußert sich in mehreren Punkten: erstens in dem Status der Kinder: die Kinder folgen der Mutter, nicht dem Vater; zweitens in der Vererbung des Vermögens: nicht die Söhne, sondern die Töchter beerben die Eltern; drittens in der Familiengewalt: die Mutter herrscht, nicht der Vater, und dieses Recht gilt in folgerichtiger Erweiterung auch in dem Staate.

Man sieht, wir haben es nicht nur mit einer ganz äußerlichen Eigentümlichkeit der Nomenklatur, sondern mit einem durchgeführten Systeme zu tun, einem Systeme, das mit religiösen Anschauungen im Zusammenhange steht und einer ältern Periode der Menschheit angehört als das Vaterrecht.

Athen

Aber nicht nur mit Kreta, auch mit Athen steht Lykien in nahem Zusammenhang. Denn in der eingangs[6] angeführten Stelle berichtet Herodot, nach ihm auch Strabon: Lykos, des Pandion Sohn, sei durch seinen Bruder Aigeus aus Athen vertrieben worden, und dann von da in das Land der Termilen zu Sarpedon gekommen. Sollte etwa auch zu Athen das Mutterrecht gegolten haben? Daß dies in der Tat der Fall gewesen, dafür sprechen mehrere Anzeichen.

---

6 Seite 150 dieser Ausgabe.

Ich mache zuerst auf eine Erzählung Varros aufmerksam, die uns bei Augustinus (›Gottesstaat‹ 18, 9) erhalten ist. Unter Kekrops' Regierung nämlich geschah ein doppeltes Wunder. Es brach zu gleicher Zeit aus der Erde der Ölbaum, an einer andern Stelle Wasser hervor. Der König, erschrocken, sandte nach Delphi und ließ fragen, was das bedeute und was zu tun sei? Der Gott antwortete, der Ölbaum bedeute Minerva [Athene], das Wasser Neptun, und es stehe nun bei den Bürgern, nach welchem Zeichen und nach welcher der beiden Gottheiten sie es für passend erachteten, ihre Stadt zu benennen? Da berief Kekrops eine Versammlung der Bürger, und zwar der Männer und der Frauen, denn es war damals Sitte, auch die Frauen an den öffentlichen Beratungen teilnehmen zu lassen. Da stimmten die Männer für Neptun, die Frauen für Minerva, und da es der Frauen eine mehr war, so siegte Minerva. Da ergrimmte Neptun, und alsobald überflutete das Meer alle Ländereien der Athener. Um des Gottes Zorn zu beschwichtigen, sah sich die Bürgerschaft genötigt, ihren Weibern eine dreifache Strafe aufzuerlegen: sie sollten ihr Stimmrecht verlieren, ihre Kinder sollten nicht länger der Mütter Namen erhalten, sie selbst sollten nicht mehr (nach der Göttin Namen) Athenaierinnen genannt werden. Daran knüpft Augustinus die Betrachtung: ›In den bestraften Frauen wurde zugleich Minerva, die erst gesiegt hatte, besiegt; und sie ließ ihre Freundinnen, die ihr die Stimme gaben, so völlig im Stich, daß sie nicht nur ihr Stimmrecht verloren und ihre Kinder nicht mehr nach dem mütterlichen Namen benennen, sondern sich nicht einmal als Athenaierinnen bezeichnen und so nicht der Göttin Namen tragen durften, der sie durch ihre Abstimmung den Sieg über den männlichen Gott verschafft hatten.‹ In diesem Mythus stellt Neptun das Vaterrecht, Athene das Mutterrecht dar. Solange das letztere galt, so lange trugen die Kinder der Mutter Namen, die Weiber insgesamt den der Göttin. So lange heißen sie Athenaierinnen, so lange waren sie wahre Bürgerinnen der Stadt. Später sind sie nur Bürgersfrauen.

Später sagte die Frau: *ubi tu Gaius, ibi ego Gaia* [wo du, der Bräutigam Gaius, bist, da bin ich, die Braut Gaia]. Nach dem alten Recht hatte umgekehrt der Mann sagen müssen: *ubi tu Gaia, ibi ego Gaius*. Jenes war das alte Recht, das Recht der vorkekropischen Zeit, das nachher dem Vaterrechte weichen mußte. Aristophanes hat also in den Ekklesiazusen mit Unrecht bemerkt, das Weiberrecht sei das einzige, welches zu Athen noch nicht dagewesen. Es ist in der Tat dagewesen, ja es ist vor allem andern in Übung gestanden. Die lykische Sitte ist also für das alte Attika bezeugt. Hier wie in Asien erscheint sie als das Urrecht des Volkes, hier wie in Asien steht sie mit der Religion in engem Zusammenhang, sie schließt sich an den Kult der weiblichen Gottheit Athene, und an den weiblichen Stadtnamen selbst an.

Außer Varro gibt es noch ein anderes sehr merkwürdiges Zeugnis für das Mutterrecht der attischen Vorzeit. Ich will die Aufmerksamkeit auf Aischylos' Eumeniden richten. Wie in dem oben angeführten Mythus die beiden Prinzipien, das Mutterrecht und das Vaterrecht, durch Minerva und Neptun dargestellt werden, so bei Aischylos durch die Erinnyen einerseits, Apoll und Athene andererseits. Orest tötet seine Mutter, um den Vater zu rächen. Wer gilt nun mehr, Vater oder Mutter? Wer steht dem Kinde näher, jene oder dieser? Athene ordnet das Gericht. Die angesehensten ihrer Bürger sollen entscheiden. Die Erinnyen treten gegen den Muttermörder auf; Apoll, der ihm die Tat geboten, ihn auch von dem Blute gereinigt, führt seine Verteidigung. Die Erinnyen nehmen Klytaimnestra, Apoll nimmt Agamemnon in Schutz. Jene vertreten das Mutterrecht, dieser das Vaterrecht. Den Standpunkt der Erinnyen bezeichnet folgendes Zwiegespräch derselben mit Orest (v. 565):

> »Erinnys: Dich hat der Seher angeführt zum Muttermord?
> Orestes: Und noch bis jetzt nicht schalt ich über mein
>   Geschick.
> Erinnys: Doch faßt der Spruch dich, anders reden wirst du bald!

Orestes: Ich glaub's; doch Beistand schickt mein Vater aus dem
 Grab.
Erinnys: Hoff auf die Toten, der du die Mutter tötetest!
Orestes: Zwiefachen Frevel lud sie auf ihr schuldig Haupt.
Erinnys: Wie das? Belehre dessen doch die Richtenden.
Orestes: Den Mann erschlug sie, und erschlug den Vater mir.
Erinnys: *Du* aber lebst noch, während *sie* den Mord gebüßt.
Orestes: Warum denn hast im Leben du sie nicht verfolgt?
Erinnys: *Sie war dem Mann nicht blutsverwandt, den sie erschlug.*
Orestes: *Ich aber, sagst du, bin von meiner Mutter Blut?*
Erinnys: *Trug denn, du blutger, unter ihrem Herzen sie*
  Dich nicht? Verschwörst du deiner Mutter teures Blut?«

Man sieht deutlich, die Erinnyen kennen hier nicht das Recht des Vaters und Mannes, *denn Klytaimnestras Tat bestrafen sie nicht*. Sie kennen nur das Recht der Mutter, das Recht des Mutterbluts, und nehmen den Muttermörder nach altem Recht und altem Brauch für sich in Anspruch. Ganz anders Apoll. Er hat, um den Vater zu rächen, den Muttermord geboten, denn so hat es ihm Zeus der Himmlische geoffenbart. Er übernimmt jetzt auch, den Erinnyen entgegen, seine Verteidigung. Er stellt das Vaterrecht dem Mutterrecht gegenüber und erkennt ihm vor diesem den Vorzug zu. Er zeigt sich darin ganz besonders als *Patroos* [Väterlicher], welchen Beinamen er gerade zu Athen in seiner Eigenschaft als Schutzherr der Stadt führte. So spricht er zu den Richtern (v. 627):

»Drauf sag ich also, mein gerechtes Wort vernimm:
Nicht ist die Mutter ihres Kindes Zeugerin,
Sie hegt und trägt das auferweckte Leben nur;
Es zeugt der Vater, aber sie bewahrt das Pfand,
Dem Freund die Freundin, wenn ein Gott es nicht verletzt.
Mit sicherm Zeugnis will ich das bestätigen;
Denn Vater kann man ohne Mutter sein; Beweis
Ist dort die eigne Tochter des Olympiers Zeus,
Die nimmer eines Mutterschoßes Dunkel barg,
Und dennoch kein Gott zeugte je ein edler Kind.«

Also das Recht der Zeugung wird von Apoll geltend gemacht, wie von den Erinnyen das des Blutes und des Stoffes, welchen das Kind von der Mutter erhält. Jenes ist das neue, dieses das alte Recht. Denn wie die Erinnyen Apolls Gründe angehört, so sprechen sie (v. 696): »Darnieder stürzest du die Mächte grauer Zeit« und nachher (v. 701): »Du, der junge Gott, willst uns, die greisen, niederrennen.«

Nun treten die Richter, aufgeklärt über die beiderseitigen Ansprüche, zu der Stimmurne. Athene ergreift auch ihrerseits den Stimmstein vom Altar, behält ihn in der Hand und spricht (v. 704):

> »Mein ist es, abzugeben einen letzten Spruch,
> Und für Orestes leg ich diesen Stein hinein;
> Denn keine Mutter wurde mir, die mich gebar,
> Nein, vollen Herzens lob ich alles Männliche,
> Bis auf die Ehe, denn des Vaters bin ich ganz.
> Drum acht' ich minder sträflich jetzt den Mord der Frau,
> Die umgebracht hat ihren Mann, des Hauses Hort.
> Es sieg' Orestes auch bei stimmengleichem Spruch!«

Also der Vater, des Hauses Hort, nicht die Mutter, hat das vorzüglichere Recht. Nach diesem Recht, das von Zeus stammt, dem Vater beider, Apolls und Athenens, wird Orest bei gleicher Stimmenzahl durch den *calculus Minervae* [den Stimmstein der Athene] freigesprochen im Blutgericht, dem ersten, das unter den Sterblichen gehalten worden ist. Aber das ist der neuen Götter neues Recht. ›Vernichter der uralten Moiren, Zertrümmerer der Urdämonen‹ wird Apoll genannt (v. 696). Der Halbchor der Erinnyen singt (v. 748):

> »O neue Götter, alt Gesetz und uraltes Recht,
> Ihr reißt sie nieder, reißt sie fort aus meiner Hand.«

Jede Stütze ist nun dem alten Rechtszustand der Menschheit geraubt, vernichtet die Grundlage alles Wohlergehens. Keiner rufe mehr: ›O Recht, o Thron der Erinnyen.‹ Wutschnaubend will sich die Götterschar, die kinderlosen Töchter der Nacht, in der Erde Tiefen bergen, dem Boden seine Fruchtbarkeit, der Leibesfrucht ihr Gedeihen verderben. Aber Athene weiß sie zu gewinnen und mit dem neuen

Recht zu versöhnen. An ihrer Seite sollen sie fortan frommen Dienst finden. Nicht geächtet, nicht gestürzt sind sie. Nein (v. 816):

> »In ehrender
> Wohnung, Erechtheus' Tempel nah, wirst du dereinst
> Von Männern hochgeachtet und von Weibern sein,
> Wie dir in andern Ländern nimmer ward zuteil.«

Haus und Dienst neben Pallas nehmen sie nun gerne an; rüsten fortan, den Mädchen lieb und hold, die bräutlichen Freuden, sie die Urgöttinnen, sie jetzt Mächte der friedlichen Ruhe und jeglichem Bunde vertraut. Der frommen Mädchen Schar und der greisen Mütter Zug geleitet nun die versöhnten Mitherrinnen des Landes zurück in ihr Reich, hinab zum Hades, zu der Toten dunkelm Sitz. In Athenes Volk vereinen sich froh Moira und Zeus, der Allschauer.

Die überwiegende Verbindung des Kindes mit seiner Mutter wird aufgegeben. Der Frau tritt mit höherm Recht der Mann zur Seite. Dem geistigen Prinzip wird das stoffliche untergeordnet. Damit erst hat die Ehe ihre wahre Höhe erreicht. Bei den Erinnyen war ja, wie Apoll ihnen vorwirft, Heras Satzung, der heilige Ehebund, ehrenlos und nicht geachtet. Klytaimnestras Verletzung desselben galt ihnen nichts, konnte des Sohnes gerechte, wenn auch blutige Tat bei ihnen nicht entschuldigen. In diesem Sinne erscheint das Vaterrecht gleichbedeutend mit Eherecht, und eben darum als der Ausgangspunkt einer ganz neuen Zeit, einer Zeit fester Ordnung in Familie und Staat, einer Zeit, welche die Keime mächtiger Entfaltung und reicher Blüte in sich trägt.

Um den Gegensatz zwischen Vaterrecht und Mutterrecht nach allen Seiten in volles Licht zu stellen, wollen wir nun noch bei einigen wichtigen Einzelheiten der aischylischen Darstellung verweilen. Zuerst folgender Punkt. Der Areshügel, welchen Athene für immer als den Ort des Blutgerichts bezeichnet, und wo in Klytaimnestra das alte Recht der Erde unterliegt, ist dieselbe Öffentlichkeit, wo die Amazonen ihr Lager aufschlugen (v. 655).

> »Als sie gegen Theseus neidempört
> Zu Felde zogen, unsrer neugebauten Stadt,
> Der hochgetürmten, gegentürmten ihre Burg,
> Und sie dem Ares weihten, dessen Namen nun
> Der Berg Areiopagos trägt.«

Hier sehen wir das Männerrecht und Weiberrecht in einem neuen Gegensatz. Wie Theseus den Männerstaat, so vertreten die Amazonen den Weiberstaat. Neidempört türmen sie ihre Burg der neugegründeten Stadt des Theseus entgegen. Neidempört: denn Theseus hat Antiope besiegt und ihren Gürtel gewonnen; in Theseus ersteht ein neues Prinzip, dem ihrigen völlig entgegengesetzt und innerlich feindlich. Der Amazonenstaat – wenn man das Wort ›Staat‹ auf ein Weibervolk anwenden darf – enthält die vollendetste Durchführung des Weiberrechts. Theseus dagegen gründet seinen neuen Staat auf dem entgegengesetzten Prinzip. Der Kampf zwischen beiden eröffnet Athens Geschichte. Eben darum nimmt Theseus' Sieg über die Amazonen eine so hervorragende Stelle ein. Mit stolzem Selbstgefühl blicken die Spätern auf dies Ereignis zurück. Sie nennen es das glänzende Verdienst, das Athen sich um ganz Hellas erwarb (Herod. 9, 27; Pausan. 5, 11, 7). Es ist der erste Akt in jenem Kampfe, den Asien mit Europa führt, und der recht eigentlich die griechische Geschichte bildet.

Theseus ist für Attika, was Bellerophon in Lykien. Er besiegt das Amazonentum, das freudig und gerne zur Ehe übergeht. Aber er steigt noch höher als der korinthisch-lykische Held. Nicht nur der Untergang des Amazonentums, auch der der ehelichen Gynaikokratie wird an seinen Namen geknüpft. Er hat völlig die Lichtnatur angezogen. Er erscheint in apollinischer Reinheit.

Aber ich kann Aischylos noch nicht verlassen, ohne aus seinem Werke noch weitere Belehrung über unsern Gegenstand zu schöpfen. Der Gegensatz des Vaterrechts und des Mutterrechts äußert sich bei ihm noch in einer andern Fassung. *Das neue Recht ist das himmlische des olympischen Zeus, das alte das chthonische der unterirdischen Mächte.* Daß das neue Recht von dem Olympier ausgeht, verkündet Orest, der unmittelbar nach seiner Freisprechung durch Athene folgendes spricht (v. 724):

> »O Pallas, o du meines Hauses Retterin!
> Du hast zur Heimat auch dem Landesflüchtigen
> Gebahnt die Rückkehr; und in Hellas sagt man wohl,
> Argiver ist er wieder, wieder wohnet er
> Im Haus des Vaters, Pallas gab's und Loxias
> Ihm wieder, und *der dritte allvollendende*
> *Erretter*, der vielehrend meines Vaters Los,
> Wohl sieht der Mutter Vertreter dort, doch mich bewahrt!«

Das verkündet auch Athene selbst (v. 764):

> »Jedoch von Zeus selbst trat ein Zeugnis leuchtend auf,
> Und der's geboten, eben der bezeugte,
> Es sei Orestes für die Tat der Strafe frei.«

Dagegen ruft die Erinnye (v. 367):

> »Wo ist ein Mensch, welcher nicht entsetzte, nicht bangte,
> wann er mein Gesetz anhört?
> Das gottbeschieden Moira mir zu endigen gebot;
> Doch es gehören *alte Würden* mein, ich gelte nicht ehrlos,
> Ward mir auch unter der Erden die Heimat,
> Tief in sonnenleerer Nacht.«

Und dann nach erfolgter Freisprechung des Orest (v. 773):

> »O neue Götter, alt Gesetz und uraltes Recht,
> Ihr rennt sie nieder, reißt sie fort aus meiner Hand!
> Und ich Unselge, schmachbeladen, bitterempört,
> Zur Erde nieder, weh!
> Rächend zu Boden hier trief ich des Herzens Gifttropfensaat!«

> »Ich das erdulden, weh!
> Unter der Erden ich mich verbergen, die Urweise? Weh!
> Von Zorn schwillt die Brust; von Groll ganz erfüllt.« (v. 801)

Also der Gegensatz ist klar: Himmlisch, olympisch ist das Recht des Vaters, von Zeus wird es verkündet, ob er gleich, wie die Erinnyen ihm vorwerfen, selbst nicht danach handelte, sondern seinen alten Vater Kronos fesselte; *chthonisch, unterirdisch* dagegen ist das Recht der Mutter; wie die Erinnyen, die es vertreten, so stammt es aus der Erde Tiefen. Auch der Name der Erinnyen weist auf die Erde. Erinnys heißt: die in der Erde wohnende Gottheit. Es ist so viel als *theos katachthonios*, ›unterirdischer Gott‹. Die Erinnyen sind die in der Erde Tiefen wirkenden Mächte; in dem finstern Grunde des Stoffes schaffen sie, die Kinder der Nacht, alles Leben; was die Erde an Gewächsen hervorbringt, ist ihre Gabe, ihre Zeugung. Menschen und Tieren senden sie die Nahrung, sie lassen die Frucht des Mutterleibes gedeihen. Zürnen sie, so verdirbt alles, das Gewächs des Bodens, die Geburt der Menschen und Tiere. Die Erstlinge des Landes werden ihnen dargebracht, für der Kinder, für der Ehen Heil. Was brauchen wir andere Zeugnisse, wenn sie selbst bei Aischylos es uns also verkünden (v. 899):

> »Wehen soll waldverwüstend Wetter nie!
> Das ist mein Geschenk dem Land;
> Und nie pflanzenaugesengender Brand heimsuchen
> dieses Landes Au'n;
> Nie ersticke Mißwachs jammervoll der Saaten Blühn;
> Schafe froh in Sattigkeit
> Zwillingslämmer um sie her,
> Ernähr' zu seiner Zeit der jungen Erde Grün;
> Der Grasung lieber Ort;
> Steter Göttergaben reich!«

Tief unter der Erde in ogygischen Tiefen empfangen sie Ehr und Opfer und Festfeuer, daß alles Unheil sie dem Lande abwehren, daß jegliches Heil sie emporsenden zum Segen der Stadt. Sie sind also die *freundlichen Götter*, die für der Menschen Gedeihn und Wohlfahrt sorgen, sie sind wahre Eumeniden, ›Gütige‹, ihrem ganzen chthonischen Wesen nach dem

Agathodaimon, der römischen Bona Dea, der ›guten Göttin‹ verwandt.

Wie sie nun in der Erde ogygischen finstern Tiefen alles Leben wirken und es über die Oberfläche des Bodens hinauf ans Licht der Sonne senden, so kehrt auch alles im Tode wieder zu ihnen zurück. Das Lebende zahlt der Natur, d.h. dem Stoffe, seine Schuld zurück. So sind die Erinnyen gleich der Erde, der sie angehören, wie des Lebens so auch des Todes Herrinnen. Das stoffliche, das tellurische Sein umschließt beides, Leben und Tod. Alle Personifikationen der chaotischen Erdkraft vereinigen in sich diese beiden Seiten, das Entstehen und das Vergehen, die beiden Endpunkte, zwischen welchen sich, um mit Plato zu reden, der Kreislauf aller Dinge bewegt. So ist Venus, die Herrin der stofflichen Zeugung, als Libitina [Leichengöttin] die Göttin des Todes. So steht zu Delphi eine Bildsäule mit dem Zunamen Epitymbia [›auf dem Grabe‹], bei welcher man die Abgeschiedenen zu den Totenopfern heraufruft (Plut. qu. rom. 23). So heißt Priapus in jener römischen Sepulkralinschrift, die in der Nähe des Campanaschen Kolumbariums gefunden wurde, *mortis et vitai locus*. So ist auch in den Gräbern nichts häufiger als priapische Darstellungen, Symbole der stofflichen Zeugung ...

Nach der zweiten Seite hin sind die freundlichen Eumeniden die schrecklichen, grausen Göttinnen, allem irdischen Leben feind und verderblich. Nach dieser Seite hin haben sie Gefallen an Untergang, an Blut und Tod. Nach dieser Seite hin heißen sie verhaßte, gottverfluchte Ungeheuer, eine blutige, scheußliche Schar, die Zeus bannte, »fern seiner Nähe stets zu sein«. Nach dieser Seite hin geben sie jedwedem den verdienten Lohn.

> Denn aller Menschen Richter ist der große Tod.

Als Göttinnen des Untergangs sind sie auch Göttinnen des stets gerecht vergeltenden Schicksals, von Moira haben sie ihr Amt empfangen (v. 349):

> Als wir geboren, da wurde befohlen uns dies Amt,
> Aber zugleich, den Unsterblichen nimmer zu nahen;
> Ihr Mahl teilen wir niemals.
> Und weißglänzend Gewand,
> Mir ist es versaget, gemißgönnt!
> Untergang gehöret mein,
> Wenn im Geschlecht, das ihn genährt,
> Ares dahinmordet den Freund:
> Hinter ihm her fliegen wir schwer;
> Wie er in Kraft auch blüht, wir vertilgen ihn blutig

Alle diese Seiten ihres Wesens einen sich in *einer* Grundidee, sie folgen alle aus ihrer stofflichen, tellurischen Natur. Die Erinnyen sind, was Era selbst, der Ausdruck des irdischen, körperlichen, leiblichen Lebens, des tellurischen Daseins.

In der Geschichte der Entwicklung des athenischen Eherechtes nimmt die herodotische Erzählung (5, 82–88) von der Freundschaft der Aigineten und Athener eine hervorragende Stelle ein. Sie soll hier erst mitgeteilt und dann genauer erörtert werden. Als nämlich einst der Epidaurier Land keine Frucht tragen wollte, und Pythia geweissagt hatte, sie sollten der Damia und Auxesia aus dem Holze eines zahmen Ölbaumes Bilder errichten, dann würde der Unsegen weichen: so wandten sich die Epidaurier an die Athener mit der Bitte, einen ihrer heiligen Ölbäume fällen zu dürfen. Das Ansuchen wurde erfüllt, unter der Bedingung, daß die Epidaurier alljährlich der athenischen Pallas und dem Erechtheus Opfer darbrächten. Die Bedingung wurde erfüllt, solange die Epidaurier im Besitz der beiden Götterbilder waren. Als aber die Aigineten sich von ihren bisherigen Herrn, den Epidauriern, frei machten und ihnen auch die Götterbilder raubten, da leisteten die Epidaurier nicht mehr, was sie versprochen hatten, so daß nun die Athener auf die Auslieferung der Götterbilder drangen, und als sie nicht erfolgte, Aigina mit Krieg überzogen. Aber das Unternehmen hatte einen unglücklichen Ausgang. Denn trotz angewendeter Gewalt wollten die Götterbilder nicht von ihren Gestellen weichen, und die gelandeten Athener fielen unter den Streichen der Aigineten und herbeigeeilten Epidaurier, oder, wie die Athener sagten, unter der Verfolgung der erzürnten Gottheiten selbst. Ein Einziger kam nach Athen zurück, aber auch dieser verlor daselbst sein Leben. »Nämlich als er nach Athen kam, verkündigte er die Niederlage, und als das die Weiber der nach Aigina in den Streit gezogenen Männer erfuhren, wären sie ergrimmt worden, daß jener allein von allen davongekommen, und hätten den Menschen rings eingeschlossen und ihn gestachelt mit ihren Mantelspangen und dabei hätten sie immer gefragt, eine jegliche, wo ihr Mann wäre, und auf diese Weise wäre der Mensch ums Leben gebracht worden; und den Athenern wäre diese Tat der Weiber noch schrecklicher vorgekommen als die Niederlage, und sie hätten nicht gewußt, wie sie die Weiber anders bestrafen sollten; nur ihre Tracht änderten sie in die ionische. Denn vorher trugen die athenischen Frauen die dorische Kleidung, die der korinthischen sehr ähnlich ist; sie änderten sie also in leinene Röcke, damit sie keine Spangen brauchten. Eigentlich genommen, ist diese Kleidung ursprünglich nicht ionisch, sondern karisch; denn die alte hellenische Kleidung der Weiber war überall eine und dieselbe, nämlich die, welche wir jetzt die dorische nennen. Die Argiver aber und die Aigineten hätten noch dazu folgendes Gesetz eingeführt bei sich, daß sie die Spangen noch halbmal so groß machten, als das vorher bestehende Maß, und daß die Weiber in die Tempel jener Göttinnen vornehmlich Spangen weihten; etwas Attisches sollten sie fortan nicht in den Tempel bringen, nicht einmal irdenes Geschirr, sondern es sollte in Zukunft allda Sitte sein, aus kleinen inländischen Töpfen zu trinken. Und die Weiber der Argiver und Aigineten behielten von jener Zeit an aus Haß gegen die Athener die Sitte bei, daß sie noch zu meiner Zeit größere Spangen trugen denn zuvor.«

In der herodotischen Erzählung nimmt die Verschiedenheit der karisch-ionischen und der dorisch-hellenischen Kleidung eine religiöse Bedeutung an. Besonders sind es die Nadelspangen, an welche sich eine symbolische Bedeutung knüpft. Sie werden den athenischen Frauen genommen, während die der Argiver und Aigineten sie um die Hälfte vergrößern und vorzugsweise den mütterlichen Gottheiten Auxesia und Damia weihen. Welches ist nun diese Bedeutung? Der aphroditisch-erotische Sinn kann nicht bezweifelt werden. Die Weihung der Nadelspange (*perone, porpe*, von welchem das letztere den Ring an der Spange, das erstere die sie durchschneidende Nadel bezeichnet), welche das Gewand zusammenhält, hat mit der Weihung des weiblichen Gürtels dieselbe Bedeutung. Beides deutet auf die Hingabe der Jungfräulichkeit. Die Weihung der Spange bezeichnet den Übergang zum Muttertum, den Eintritt in die Ehe, die Erfüllung der weiblichen Bestimmung, die in dem ›Ziel der Heirat in der Jugendblüte‹ ihre Vollendung findet. Das geschlossene Kleid wird jetzt eröffnet. Die Spange, früher Symbol der keuschen Jungfräulichkeit, wird Bild der Ehe. Der von der Nadel durchschnittene Kreis ist selbst das Bild des zur Zeugung vereinigten Geschlechts. Mit dieser erotischen Beziehung stimmen alle Einzelheiten der herodotischen Erzählung überein. Vorerst die Mutternatur der beiden Gottheiten Damia und Auxesia, deren cerealische Beziehung nicht verkannt werden kann. Beide Göttinnen sind Darstellungen des tellurischen Muttertums, wahre Thaleiai [Göttinnen der Fülle; Plut. Symp. 9, 14] und geben sich als solche schon in ihren Namen zu erkennen. Denn Auxesia ist von *auxano* [mehren], wie Aucnus-Oknos, der mantuanische Pluton, von augere auctare, das die Alten, insbesondere auch Lucretius, so häufig von der nährenden und mehrenden, Wachstum verleihenden Naturkraft gebrauchen, abgeleitet. In Damia dagegen liegt ein Stamm vor, der in einer großen Anzahl von Bezeichnungen wiederkehrt und stets die stoffliche Erdmaterie zur Grundlage hat. Daher sind jene Götterbilder aus dem Stamme eines die Erdfruchtbarkeit in besonderem Grade darstellenden Baumes angefertigt. Wie die Erde an steter Befruchtung ihre Freude findet, so wecken

Athen

Damia und Auxesia auch in des Weibes Schoß den Keim des Lebens. Sie sind Beförderinnen der ehelichen Verbindung und allem Männlichen geneigt …

In der Zweizahl der Mütter liegt dieselbe Doppelbeziehung der Naturkraft, welche wir schon früher in dem Zwillingspaar zweier Brüder, wie der Dioskuren, der Molioniden, der beiden Attines, gefunden haben. Tod und Leben, Vergehen und Werden sind die zwei Seiten der Kraft, die sich ewig zwischen zwei Polen bewegt. Als Bruder- oder Schwesterpaar stehen sie nebeneinander, *einer* Mutter entsprossen und nie sich verlassend. Während Auxesia das Leben emporsendet, nimmt Damia es wieder in ihren Schoß zurück. In jener ist mehr die Licht-, in dieser die Nachtseite des Naturlebens zum Ausdruck gekommen. Darin zeigt sich Damia als Lamia, die große, grausame Buhlerin. Beide Bezeichnungen fallen zusammen.

Die Zweizahl hat aber noch eine andere Bezeichnung. Sie zeigt die Einheit der Naturkraft in ihre beiden Potenzen aufgelöst. Sie entsteht, indem zu dem Weibe der Mann hinzutritt. Vollkommener als die Zwei ist die Drei, weil in ihr zu Mutter und Vater die Geburt hinzukommt, also die Naturkraft zur Einheit zurückgeführt erscheint. Die Eins ist die kleine, die Drei die große Einheit, jene die geschlossene, diese die entwickelte Unität, die Einheit in der Dreiheit. Das Kind vereinigt in sich die in Vater und Mutter getrennten Naturen. In jeder Geburt kehren die beiden Geschlechtspotenzen zur Unlösbarkeit und zu ihrer ursprünglichen Einheit zurück. Durch das Kind werden die beiden Eltern aneinandergekettet. Wenn die Argiver und Aigineten das Maß ihrer Nadelspangen um die Hälfte vergrößern, so erscheint dies als ein solcher Fortschritt von der Zwei zur Drei, von der Weiblichkeit zur Männlichkeit, und ganz im symbolischen Geiste der alten Religion gedacht. In der Zehnzahl der Chorführer, welche den Reigen der Frauen am Feste der Göttinnen anführen (Herod. 5, 83), erscheint jedes Glied der Zweiheit zur Fünfzahl entwickelt. Die Fünf aber heißt den Alten die Ehe.

Sie kommt durch die Verbindung der weiblichen Zwei mit der männlichen Drei zustande. In der Fünfzahl zeigen sich die beiden Mütter recht eigentlich als zusammenführende und verbindende »Ehegötter«, wie die argivische Hera. In der Verbindung mit dieser Gottheitsnatur erscheint die erotisch-aphroditische Bedeutung der Mantelspange vollkommen begreiflich und gerechtfertigt. Die *perone* in Verbindung mit der *porpe* ist der eigentliche Ausdruck der Idee zeugungslustiger, dem Manne hingegebener Mütterlichkeit. Darum eben mußte es als besonderer Frevel erscheinen, wenn die athenischen Frauen sich gerade ihrer Mantelspangen als Mordinstrumente bedienten. In den Händen der athenischen Matronen war das Sinnbild der Generation [Geburt] ein Mittel des Untergangs geworden. Und doch soll das Weib nicht an dem Untergang, sondern an dem Genuß der Männlichkeit seine Freude finden. Weil Leukomantis, die Kyprerin, und Gorgo, die Kreterin, eine andere Gesinnung gezeigt hatten, wurden sie zu Steinbildern verwandelt. Weil die Athenerinnen jenen Grundsatz ebenfalls verkannten und den Einzigen, welchen die Göttinnen verschont hatten, dem Untergange weihten, mußten sie gezüchtigt und der Ehre, die durch sie entweihte Spange, das Symbol des ehelichen Muttertums, zu tragen, für verlustig erklärt werden. Ist durch diese Bemerkung der innere Zusammenhang der herodotischen Erzählung nachgewiesen und ihr Sinn dem Verständnis geöffnet, so ergibt sich nun auch leicht die Bedeutung derselben für die Stellung der athenischen Ehefrau gegenüber dem Manne. Der Wechsel der Kleidung ist von einer Umgestaltung des häuslichen Verhältnisses der Athenerin begleitet. Die höhere Ehre, welche sie bisher genossen, wurde ihr genommen. In dem Kulte der großen Naturmütter fand auch das irdische Weib seine Heiligung und gegenüber der Herrschaft des Mannes seinen Schutz. Der männlichen Potestas setzt die Ehefrau den religiösen Charakter ihres Matronentums entgegen, und diese ruht auf dem Vorbilde der großen tellurischen Urmutter, die sich zum Schutz ihrer sterblichen Stellvertreterinnen erhebt. Dieser Schutz ist nun den athenischen Frauen entzogen. Damia und Auxesia haben ihre Rückkehr nach Athen verweigert, die Matronen durch ihren Mißbrauch der Spange allen Anspruch auf ihre Hilfe verwirkt. Schutzlos sind sie jetzt dem Recht der Männer hingegeben. Das Sinnbild der Muttergottheit, das sie bisher trugen, wird ihnen entzogen. In gleichem Verhältnis erhebt sich die absolute Gewalt des Mannes. Je mehr zu Athen der Kult der weiblichen Naturpotenz vor jenem der zeugenden Männlichkeit in den Hintergrund tritt, in gleichem Maße sinkt auch das Recht des Weibes ...

In der Vertauschung der dorischen Kleidung mit der ionischen liegt ein entscheidender Fortschritt dieser Entwicklung. Sie gibt denselben äußerlich zu erkennen, ohne selbst dessen Ursache zu sein. Die hohe, fast übermächtige, männlich gebietende Stellung der dorischen Frau hat in ihrer wenig verhüllenden, freier Bewegung günstigen, die Schenkel entblößenden, ärmellosen, durch Haften auf den Schultern zusammengehaltenen Kleidung einen von den Ioniern oft unziemlicher Nacktheit geziehenen Ausdruck gefunden. In der Vertauschung dieses dorischen Anzuges mit dem ganz entgegengesetzten ionischen, der die weibliche Gestalt in lang herabwallendem, leinenem Kleide sorgsam verhüllt und die aufgeschlitzten Ärmel mit Ärmelschnallen zusammenhält, liegt eine Zurückführung des weiblichen Geschlechts aus der frühern Öffentlichkeit und Männlichkeit des Lebens zu jener Verborgenheit und Unterordnung, welche orientalische Sitte kennzeichnet und bald auch orientalische Ausartung im Gefolge hat.

Im Gegenteil zu Athens ionischer Lebensrichtung erhält sich dorische Frauensitte und Kleidung bei den Aigineten und Argivern. Diese bleiben dem alten stofflich-weiblichen Naturprinzip getreu. Daher die Entzweiung der beiden Systeme. Die Dorier behalten die alte Weiberkleidung und die Spange in ihrer früheren hieratischen Bedeutung bei. Ja, um den Gegensatz noch schärfer auszuprägen, vergrößern sie die Länge der Spangennadel um das halbe Maß und führen so den dualistischen Streit zu der Dreieinheit des triopischen Religionssystems hindurch. – In das Heiligtum der Muttergöttinnen darf kein attisches Geschirr eingebracht werden. Die attische Erde hat ihre Heiligkeit verloren, ihr Recht ist gebrochen. Aus einheimischem Ton muß die Trinkschale gefertigt sein. Die Erde, welche die physische Grundlage, den Mutterleib Damias bildet, kann allein der Göttin gefallen. Zu ihr steht der gebrannte Ton in demselben engen Verhältnis, in welchem wir ihn zu Demeter und den Erd- und Grabesmüttern überhaupt finden, weshalb der vom Backsteine zum Tode getroffene Pyrrhos Demeters Geweihter zu sein schien (Paus. 1, 13, 7). Wenn aus inländischen Schalen Wasser getrunken werden soll, so erscheint darin die einheimische Muttererde als Behälter und Spender des auch in ihrem Schoße das Leben erweckenden Wassers. Wir sehen also den Kult Damias und Auxesias umgeben von Satzungen und Gebräuchen, die auf dem Prinzip des stofflichen Muttertums der allgebärenden Erde ruhen und dieses an die Spitze der Natur und Religion stellen. Während Athen den stofflichen Gesichtspunkt immer mehr in den Hintergrund rückt und das weibliche Prinzip in Religion und Familie von dem männlichen überstrahlen läßt, bleiben die Dorer dem alten Recht der Erde ergeben und bewahren auch in diesem Punkte ihre Anhänglichkeit an das Hergebrachte und jene Stetigkeit, welche bei den Ioniern dem Drang nach rastlos vorwärtsstrebender Entwicklung weichen muß.

In der Beibehaltung der alten dorischen Tracht zeigt sich jene Richtung, der das Recht der Vergangenheit am höchsten gilt, besonders schlagend. Die spartanische Jungfrau erscheint auch unter Männern in ihrem einfachen, wenig verhüllenden Gewand. Ohne Überkleid, bloß im Chiton, schenkt die schöne Epidaurerin Melissa den Arbeitern ihren Wein. So sah sie der Korinthier Periandros und gewann sie lieb (Pythainetos, Aeginetica 63). So auch tanzen die dorischen Mädchen. Nackt, heißt es bei Plutarch (Lykurg 14), führen sie singend den Reigen auf. Den Athenern erschien das anstößig; sie urteilten darüber, wie die Römer über das Erscheinen der germanischen Weiber. Und doch ist es gewiß, daß die strengste Verhüllung meist erst eintritt, wenn alles unrettbar verloren und verwerflicher Lüsternheit anheimgefallen ist. Was Tacitus (Germ. 17, 18) von den deutschen Weibern sagt, gilt ebenso von den dorischen; sie tragen die Arme bis zur Schulter nackt, selbst der nächste Teil der Brust ist bloß; dessen ungeachtet ist das Eheband ihnen unverletzlich und kein Teil ihrer Sitten mehr des Lobes wert. Als die Pythagoreerin Theano durch die Nacktheit ihres Armes jemanden zu der Bemerkung veranlaßte: wie schön ist dein Arm! antwortete sie: ja, doch nicht für jedermann. Bekannt ist die Antwort, welche Geradas, ein Spartaner der ältesten Zeit, einem Fremden gegeben haben soll, als dieser ihn fragte, was die Ehebrecher für eine Strafe zu Sparta erleiden müßten? »Fremdling«, antwortete der Spartaner, »bei uns gibt es keine Ehebrecher.« – Jener erwiderte: »Wenn aber nun einer wäre?« – »So muß er zur Strafe«, sagte Geradas, »einen Ochsen geben, so groß, daß er mit seinem Kopfe über den Taygetos reicht und aus dem Eurotas saufen kann.« Da jener in Verwunderung darüber geriet und antwortete: »Wie ist's möglich, daß ein Ochse so groß sein kann?« so lachte Geradas: »Wie ist's möglich, daß zu Sparta ein Ehebrecher sein kann?« (Plut. Lyk. 14.) Daran knüpft derselbe Schriftsteller einen Tadel des Aristoteles, der (Pol. 2, 6, 8) die lykurgische Verfassung in Ansehung der großen Freiheit, die sie den Weibern ließ, als sehr unvollkommen darstellte. Sein Urteil dringt tief in den Geist des altdorischen Lebens ein, wenn er sich über die freie Sitte und die hohe Stellung der spartanischen Frau also äußert: »Das Nakkendgehen der Jungfrauen hatte nichts Schändliches, indem sie beständig die Schamhaftigkeit begleitete und die Wollust verbannt war. Vielmehr brachte es ihnen Geschmack für Einfachheit und Sorgfalt für äußerlichen Anstand bei. Das weibliche Geschlecht gewöhnte sich an männliche Tapferkeit, da es gleichen Anspruch auf Ehre machen konnte. Daher konnten sich auch die Spartanerinnen so rühmen, wie Gorgo, des Leonidas Gemahlin, getan haben soll, da eine fremde Frau zu ihr sagte: Ihr Lakedaimonerinnen seid die einzigen Frauen, die über ihre Männer herrschen. Wir sind auch die einzigen, antwortete sie, welche Männer zur Welt bringen.« Ähnliche Antworten stolzen Selbstgefühls sind noch manche berichtet. Auch hat die Erfahrung späterer Zeit gezeigt, welche Frucht die spartanische Freiheit des Weibes nicht nur für das Haus, sondern auch für den Staat zu bringen vermochte und dadurch Aristoteles' Tadel, sie hätten dem Vaterlande nie genützt, glänzend widerlegt. Die Ehrentitel *mesodoma* [Hausherrin] und *despoina* [Gebieterin] sind besonders für die Spartanerinnen bezeugt.

Die Schlechtigkeit der Frau beginnt gewöhnlich mit der Verachtung des Mannes und eines mit zunehmender Bildung einreißenden männlichen Geckentums, für welches die Verfeinerung unserer Zeit so viele beschönigende Ausdrücke erfunden hat. Dem Weibe ist der Fortschritt der Zivilisation nicht günstig. Am höchsten steht die Frau in den sogenannten barbarischen Zeiten, die folgenden tragen ihre Gynaikokratie zu Grabe, beeinträchtigen ihre körperliche Schönheit, erniedrigen sie aus der hohen Stellung, die sie bei den dorischen Stämmen einnahm, zu der prunkhaften Knechtschaft des ionisch-attischen Lebens und verurteilen sie zuletzt, im Hetärentum jenen Einfluß wieder zu gewinnen, der ihnen im ehelichen Verhältnis entzogen worden ist. Der Entwicklungsgang der alten Welt zeigt uns, was den heutigen, namentlich den Völkern romanischen Stammes, bevorsteht ...

In allen Erscheinungen zeigt sich dasselbe Gesetz: je ursprünglicher ein Volk, desto höher steht in der Religion das weibliche Naturprinzip, im Leben die Macht und das Ansehen der Frau. Die Gynaikokratie ist das Erbteil jener Stämme, welche Strabon als Barbaren, als die ersten vorhellenischen Bewohner Griechenlands und Vorderasiens darstellt, und deren stete Wanderungen die alte Geschichte ebenso eröffnen, wie die Züge nordischer Stämme ein Weltalter später die Geschichte unserer Zeit. Karer, Leleger, Kaukoner,

Pelasger nehmen unter den *planetikoi* [Wandervölkern] die erste Stelle ein. Sie verschwinden oder gehen in andere Namen über. Mit ihnen finden auch die Gedanken und Sitten der Urzeit ihren Untergang. Nur hier und da erhalten sich kenntliche Reste eines Systems, das überall auf der Voranstellung eines weiblichen Naturprinzips ruhte, das seine teilweise Erhaltung auch vorzugsweise dieser kultlichen Grundlage zu danken hatte, dessen vollkommene Gestalt aber nur noch aus der Zusammenstellung einzelner, bei verschiedenen Völkern getrennt erhaltener Züge wieder hergestellt werden kann.

Lemnos

Die bisherige Betrachtung umfaßte drei Länder. Von Lykien ausgehend, gelangten wir nach Kreta, von da nach Attika und zu dem benachbarten Megara. Daran schließt sich nun die Insel Lemnos an. Die Tat der lemnischen Frauen ist schon oben erwähnt und mit Klytaimnestrens Gattenmord zusammengestellt worden. In Aischylos' Choëphoren (v. 621) singt der Chor:

> »Vor allen Untaten ragt die lemnische,
> Als ganz verflucht wird in aller Sage sie nachgeklagt,
> doch dieses Greuel
> Wohl wird's mit Recht dem von Lemnos gleichgenannt.«

Apollodor (1, 9, 17) erzählt das Ereignis folgendermaßen: »Unter Iasons Anführung schifften die Argonauten zuerst nach Lemnos. Damals war die Insel ganz männerlos und von Hypsipyle, Thoas' Tochter, beherrscht. Die Veranlassung dieses Zustandes war folgende: Die Lemnerinnen verabsäumten Aphroditens Dienst. Die Göttin behaftete sie zur Strafe mit Dysosmie [üblem Geruch]. Aus Abscheu verbanden sich die Männer mit kriegsgefangenen Mädchen aus dem benachbarten Thrakien. Die Lemnerinnen, über diese Zurücksetzung erzürnt, morden ihre Väter und ihre Männer. Nur allein Hypsipyle verbirgt ihren Erzeuger Thoas und schont desselben. So war also damals Lemnos von den Weibern beherrscht. Mit ihnen mischten sich die herbeigekommenen Argonauten. Hypsipyle teilt Iasons Lager und gebiert von ihm Eunaios und Nebrophonos.«

Apollodors Zeugnis gewinnt dadurch besondere Wichtigkeit, daß es den Ausdruck *gynaikokratumene* [von Weibern beherrscht] für die Insel Lemnos gebraucht. Die Gynaikokratie erscheint hier in ihrer höchsten Übertreibung als männermordendes Amazonentum. Die mitgeteilte Erzählung gibt uns aber nicht nur Gewißheit über die Existenz amazonischen Lebens auf Lemnos, sondern belehrt auch über die Ereignisse, welche die Umgestaltung ehelicher Gynaikokratie zu ehefeindlichem Amazonentum herbeiführten. Ja gerade hierin liegt der besondere Gewinn, welchen wir aus der Geschichte des lemnischen Männermordes schöpfen. Der Mythus spricht von einer Feindschaft Aphrodites gegen die lemnischen Frauen. Diese hätten der Göttin Kult verabsäumt. Das ist ein Zug, dessen Bedeutung niemand entgehen kann. Die lemnischen Frauen finden an amazonischem Leben und kriegerischer Tüchtigkeit mehr Gefallen, als an der Erfüllung weiblicher Bestimmung. Aphrodites Gebot, welches dem Weibe Ehe und Kinderzeugung als höchstes Ziel seines Lebens zuweist, findet keine Erfüllung. Kriegerische Tüchtigkeit gilt höher als Mütterlichkeit. An die Stelle eines dem Manne geneigten, ihm treu ergebenen Matronentums tritt amazonisches Leben, das der weiblichen Bestimmung sich immer mehr entfremdet, und mit vollem Rechte als Verletzung des Aphroditekultes bezeichnet werden kann. Dieser Gestaltung des weiblichen Lebens folgt notwendig Entfremdung und Abneigung der Männer. Aphrodite rächt die Versäumung ihres Kultes an den Frauen durch Entziehung des weiblichen Liebreizes. Die Dysosmie, welche sie den Lemnerinnen sendet, bezeichnet eben die im Amazonentum und dessen männlicher Übung untergehende Schönheit echter

Weiblichkeit und den Verlust aller jener Reize, durch welche Pandora den Mann an sich fesselt. Der gleiche Gedanke liegt in jener Angabe, welcher zufolge Achill Penthesileias, Perseus der Gorgone volle Schönheit erst erkennt, da sie verwundet in ihres Überwinders Armen das Leben aushaucht. In der kriegerischen Größe geht aller Liebreiz des Weibes unter. Aber der Tod macht dieser Entartung ein Ende, und nun erst erregt die Königin des Gegners Leidenschaft, die jetzt keine Erfüllung mehr finden kann.

Durch die Dysosmie ihren Frauen abwendig gemacht, legen sich die Lemnier Thrakerinnen bei. Es sind gefangene Mädchen, die sie von ihren Streifzügen auf dem benachbarten Festlande als Beute mit nach Hause bringen. Hier erscheint uns die lemnische Gynaikokratie in der Umgebung solcher Sitten und Zustände, wie wir sie früher als den ursprünglichen Hintergrund gynaikokratischen Lebens erkannten. Krieg und Beutezüge führen die Männer in weite Entfernungen und entziehen sie auf längere Zeit dem Hause und der Familie. Solchem Leben ist des Weibes Herrschaft eine Notwendigkeit. Die Mutter pflegt der Kinder, besorgt das Feld, regiert das Haus und der Diener Schar, verteidigt auch, wenn es die Not erfordert, mit gewaffneter Hand Heimat und häuslichen Herd, wie denn die Lykierinnen bewaffnet zur Ernte ausziehen. Besitz und Übung der Herrschaft, verbunden mit der Tüchtigkeit in Führung der Waffen, steigern in dem Weibe das Bewußtsein seiner Würde und Macht. Hoch ragt es über den Mann hervor, und in der körperlichen Schönheit, durch die sich namentlich die Lemnerin auszeichnet, spiegelt sich der Glanz ihrer Stellung. Umgekehrt haftet an dem Volksnamen der Sintier der Ausdruck der Verachtung, welche das Räuberleben der Männer traf. In dieser Beziehung schließt sich die Benennung des ältesten lemnischen Volksnamens an Ozolai und Psoloeis an. Der Vorwurf, der aus diesen Bezeichnungen spricht, hebt den Kontrast, der bei jenen gynaikokratischen Völkern die herrschende Frau von dem dienenden Manne sondert, mit besonderem Nachdruck hervor. Als schmutzige, mit Ruß bedeckte Schmiedeknechte erscheinen die psoloischen Minyer. Nach dem Geruch der Ziegenfelle sollen die lokrischen Hirten Ozolai genannt worden sein. Für die Sintier wird eine doppelte Erklärung aufgestellt. Während einige ihren Namen als Bezeichnung des wilden Räuberlebens auffassen, sieht Hellanikos darin eine Beziehung auf das Schmiedehandwerk und die Anfertigung kriegerischer Waffen, die zuerst von den Sintiern der hephaistischen Lemnos ausging. Nach der einen wie nach der anderen Erklärung erscheinen die Männer in einer Stellung, welche bei der Frau das Bewußtsein der höhern Macht und der Überlegenheit an geistiger und körperlicher Vollendung immer mehr zum Bewußtsein bringen mußte. Halten wir dieses Verhältnis fest, so wird es begreiflich, wie die eheliche Gynaikokratie immer entschiedener zu amazonischem Leben sich ausbilden mußte, und wie zuletzt die vereinte Gewalt jener mächtigen Leidenschaften, des Rachegefühls gegen glücklichere Nebenbuhlerinnen, und der Herrschsucht, die lemnischen Frauen zu ihrer blutigen Tat anreizen mochten. Wer den Männermord in das Gebiet der Dichtung verweist, verkennt den Charakter des in seinem Blutdurste unersättlichen Weibes (Eur. Ion. 628. Med. 264), schlägt den Einfluß, welchen Besitz und Übung der Herrschaft auf Steigerung ihrer natürlichen Leidenschaft ausübt, nicht richtig an, und entzieht der Geschichte des Menschengeschlechts die Erinnerung einer Prüfung, die gebildetern, aber auch schwächlichern Zeiten und zahmern Geschlechtern als ›alberne Possen‹ erscheinen mag, und dennoch unleugbar unter die Zahl der wirklichen Erlebnisse gehört.

In der blutigen Tat der lemnischen Frauen tritt uns die Gynaikokratie in ihrem höchsten, gewaltigsten Ausdruck entgegen. Die Vollbringung des Männermordes zeigt die Macht des Weibes auf dem Gipfelpunkt. Gerächt ist die Verletzung des ehelichen Bandes, die Nebenbuhlerin geschlachtet, ihr Stamm vertilgt. Im Glanze des höchsten Heldentums erscheinen die Lemnerinnen, hehre amazonische Gestalten, die ihres Geschlechtes Schwäche ganz abgelegt. Aber dieser höchste Triumph ist die höchste Entartung. Solche Heldengröße ist des Weibes nicht. Der Mythus hat angedeutet, wie gerade aus der höchsten Durchführung der Gynaikokratie ihr Untergang sich entwickelt. Mitten unter den bluttriefenden Frauen erscheint schuldlos und kindlicher Liebe folgend die Königin, deren Erscheinung dem Bilde amazonischer Heldengröße das andere weiblicher Liebe und Weichheit an die Seite stellt. Hypsipyle, die, wie Hypermnestra und Klytaimnestra, die Hoheit ihrer Macht schon durch den Namen verkündet[7], vermag es nicht, dem Interesse der Herrschaft die Stimme natürlicher Zuneigung unterzuordnen. Sie schont ihren Vater Thoas. Wir werden die Bedeutung dieses Zuges am besten verstehen, wenn wir ihn mit dem andern verbinden, wonach Iason mit derselben Hypsipyle zwei Söhne zeugt, deren einer, Euneos, bei Homer (Il. 7, 468) Iasonide heißt. An Hypsipyle knüpft sich der Übergang aus dem Mutterrecht zum Vaterrecht. Das Amazonentum bereitet sich durch seine eigene Übertreibung den Untergang. In Hypsipyle verbindet sich beides. Als Amazone dem Weiberrecht angehörend, wird sie doch Mutter eines Geschlechts, das seinen Ursprung auf den Vater zurückführt, und diesem Prinzip huldigt sie selbst, indem sie allein von allen Frauen die Hände von dem Vatermorde rein erhält. Bei Apollonios verspricht die Königin dem scheidenden Helden [Iason], wenn er einst wiederkehren werde, den Zepter ihres Vaters, nicht ihren eigenen. Diesen führte später der Iasonide Euneos, wie wir aus Strabon (1, 45) lernen. Bedeutungsvoll wird in dieser Verbindung die Bemerkung Hygins, welche entschieden alter Überlieferung angehört: Die Lemnerinnen hätten alle Sprößlinge, die sie von den Argonauten empfangen, nach ihren Vätern benannt [f. 15]. Ihren Schwerpunkt hat diese

---

7 Ihre Namen bedeuten etwa ›Hohe Tür‹, ›Erhaben Gesinnte‹, ›Hochgesinnte‹.

Bemerkung in dem Gegensatz, in welchem eine solche Benennung zu der Grundidee des Amazonenstaates steht. Von den Amazonen heißt es ›von den Müttern zählten sie ihren Ursprung her‹ [Arrian F. gr. Hist. 156 Er. 85]. Eine *Mutter* allein hat die Amazone, der Vater ist ohne Bedeutung. Nur als Befruchter steht er mit der Mutter in vorübergehender Verbindung. Nach vollbrachtem Beilager verläßt er das gastliche Gestade und sinkt in Vergessenheit. Wenn nun die Lemnerinnen ihren Kindern den Vaternamen erteilen, und auch Hypsipyles Sprößlinge als Iasoniden auftreten, so erscheint hierin das Amazonentum und jedes Mutterrecht überhaupt überwunden und das Prinzip der Paternität hergestellt.

Aus der Verbindung Hypsipyles mit Iason ergibt sich mit großer Wahrscheinlichkeit, daß die Einführung des Vaterrechts auf Lemnos an die Einwanderung einer von Hause durch ähnliche Verhältnisse vertriebenen Minyerschar sich anschließt. In der Tat wird mehrfach bezeugt, daß Iasoniden oder Minyer die Insel bevölkerten. Gerade diese Tatsache mag die Veranlassung gewesen sein, die Insel Lemnos mit in die argonautischen Dichtungen aufzunehmen.

Sehr bezeichnend ist es, daß Herakles allein von allen Helden an Bord der Argo zurückbleibt und seine Gefährten wegen des mit den Amazoninnen gehaltenen Beilagers tadelt. Ist dieser vorübergehende Besuch ganz im Geiste des amazonischen Lebens gedichtet, so erscheint andererseits Herakles nicht weniger in demjenigen Charakter, den ihm der Mythus durchweg verleiht. Er ist der unversöhnliche Gegner der Weiberherrschaft, der unermüdliche Bekämpfer des Amazonentums, daher *Misogynes*, an dessen Opfer kein Weib Teil hat, bei dessen Namen keines schwört, der durch des Weibes giftgetränktes Gewand zuletzt seinen Tod findet. Diesen Charakter bewahrt er auch unter den Argonauten. In der Gesellschaft der das Männerrecht begründenden Minyer hat er seine passende Stelle, aber die männerlose, weiberbeherrschende Insel kann der Weibersieger, der Amazonenvertilger nicht betreten.

Hypsipyles Vater hat in Achilleus ein lehrreiches Analogon. Auch dieser ist ein wahrer Thoas [Läufer]. Sein schneller Lauf wird als auszeichnende Eigenschaft hervorgehoben und kehrt in den *Achilleos dromoi* [Achilleus-Rennen] wieder. Diese Eigenschaft trägt er vorerst als Wassermacht, als welche er sich schon in seinem Namen zu erkennen gibt[8]; dann auch als Deus Lunus, als welcher er mit Helena geeint die Mondinsel Leuke bewohnt und laufend umkreist, wie Talos die ihm anvertraute Kreta; endlich als apollinischer Sonnenheld, in welcher Eigenschaft er Hemithea auf Tenedos verfolgend dargestellt ist. Belehrend wird diese Parallele namentlich dadurch, daß an den Renner Achilleus die Besiegung des Amazonentums nicht weniger als an Dionysos und die übrigen Lichthelden sich anknüpft. Er, in dessen Abstammung die Mutter über den Vater hervorragt, bringt das Vaterrecht der männlichen Naturkraft zur Anerkennung und führt noch auf der Mondinsel Leuke den im Leben begonnenen Kampf gegen das amazonische Prinzip siegreich durch. Als apollinischer Sonnenheld übertrifft er alles an Schnelligkeit des Laufs, und so wird gerade diese Eigenschaft ein Ausdruck der Herrschaft, die das männliche Prinzip über das weibliche erringt.

Darin wurzelt die sich öfter wiederholende mythologische Fiktion einer im Wettlauf gewonnenen, früher amazonischem Leben ergebenen Jungfrau. So ist Hippodameia der Preis, den sich Pelops erringt. Besiegt ist die amazonische Jungfrau; gerne folgt sie dem männlichen Helden, dessen höhere Natur sie erkennt. Ehe tritt an die Stelle der Feindschaft, und in dem neu begründeten Geschlecht herrscht der Vater. Die Pelopiden tragen das neptunische Vaterzeichen auf dem rechten, das mütterliche Symbol auf dem linken Arm. Dadurch erhält nun die Bedeutung des Hypsipyle-Vaters Thoas in dem lemnischen Mythus ihre volle Bestätigung. Sein Name und seine

---

8 Bachofen setzt den Stamm *ach* zu *aqua* in Beziehung. Über die Rennen vgl. S. 35 ff.

genealogische Verbindung mit Dionysos-Ariadne [er gilt als ihr Sohn] sind eben so viele Zeugnisse für seine Stellung zu dem amazonischen Weiberrechte, das in ihm und seinem Stamme dem höhern dionysischen Prinzip erliegt.

Ägypten und Ödipus

… Fassen wir nun das Bisherige zusammen, so läßt sich die Stufe, zu welcher sich das ägyptische Eherecht erhob, als die lunarische bezeichnen.

Diese Religionsstufe kennt die eheliche Verbindung, welche ihre Grundlage bildet. In dem Verhältnis von Sonne und Mond ist das ausschließliche Verhältnis von Gatte und Gattin gegeben und den Menschen als Vorbild hingestellt. Auf dieser Stufe überragt die Frau den Mann, das stoffliche Prinzip die erweckende Ursache. Auf ihr sind die Kinder nicht mehr *unilateres* [von *einer* Seite], nicht mehr ausschließlich Mutterkinder, wie die Sumpfpflanzen, sondern *diphyeis, bilateres, tam patris, quam matris* [zweinaturig, von zwei Seiten, ebensosehr des Vaters als der Mutter]. Auf dieser Stufe zuerst zeigt sich der Begriff der echten Geburt, dem gegenüber nun die Kinder des rein tellurischen Muttertums als unechte sich darstellen. Der Gegenstand wird in dem Isismythus bestimmt hervorgehoben. Nach Osiris' Tod bestreitet Typhon des Horos echte Geburt, welche unter Hermes' Beistand die himmlischen Götter zur Gewißheit erheben. Auf Typhons tellurischem Standpunkt gibt es keine Echtheit. Auf dem höhern der kosmisch-himmlischen Ordnung dagegen stellt sich Horos als echter Sprößling dar. Denn Isis hat ihn nicht als Terra, nicht als Sumpfmutter, sondern als Luna von dem himmlischen Gatten Osiris geboren. Durch die Mondnatur der Mutter wird der Sohn zum *diphyes*, mithin zum echten, ehelichen Sprößling. Durch das *matrimonium* [die Ehe] der Mutter hat der Sohn auch einen bestimmten Vater. Aber dieser Vater wird ihm nur durch die Vermittlung der Mutter zuteil. Horos ist zunächst

Ägypten und Ödipus

Isis' Sohn, und nur als Isissohn auch Osiris' Sprößling. Der Vater tritt hinter die Mutter zurück, ist zwar die höhere, aber doch die entferntere Ursächlichkeit. Ist also die Mondstufe darin über die tellurische erhaben, daß sie das Matrimonium und die ehelich-echte Geburt des Sohnes mit sich bringt, so steht sie hinwieder darin tiefer als die Sonnenstufe, daß sie uns die Mutter als das Vorherrschende, den Vater als das Sekundäre zeigt. Osiris geht in den Mond ein, wird durch Luna Lunus, nicht umgekehrt. Apollon-Athene zeigen das mutterlose Vatertum, Isis-Osiris das nur in dem Muttertum enthaltene Vaterprinzip. Demnach stellen sich die drei Stufen also dar: die tellurische entspricht dem unehelichen, die lunarische dem ehelichen Muttertum mit echten ehelichen Geburten; die solarische dem Vaterrecht der ehelichen Verbindung.

Die Mondstufe der Naturreligion kennt nur Vergänglichkeit. Sie ist von der Sterblichkeit der Kreatur noch nicht zu der Unsterblichkeit der Kraft emporgestiegen. Osiris selbst ist noch sterblich, wie der kretische Zeus. Darum ruht der Schwerpunkt des Lebens und das Übergewicht noch ganz auf der Mutterseite. Das Sonnenprinzip liegt verborgen hinter ihr. Aber wie der Mond in keuscher Ehe der Sonne verbunden und von niemand, als von ihr, befruchtet ist, so ist auch das sterbliche Weib in Ehe dem Manne hingegeben; ihre Geburt daher echte, eheliche Geburt, ein Eteokles ›Echtgenannt‹]. Das Mutterrecht verbindet sich mit der Gewißheit des Vaters. Horos, des Osiris echter Sprößling, ist doch zunächst der Mutter Isis Sohn. Ehe und Mutterrecht stehen nebeneinander; ihre Vereinigung ist der Ausdruck der lunarischen Religionsstufe, die das Leben nur in seiner vergänglichen Erscheinung, nicht in der Unwandelbarkeit der männlichen Sonnenkraft auffaßt ... Nur erst die mittlere, noch nicht die höchste apollinische Stufe ist von den Menschen erstiegen. Wie aber auch diese letzte große Erhebung durch die Aufnahme des Ödipus-Mythus in den pythischen [apollinischen] Religionskreis zum Ausdruck gelangte, das soll noch genauer erörtert werden.

Wenn ich nun eine einlässliche Betrachtung des Ödipusmythus folgen lasse, so liegt die Veranlassung hierzu in der Stelle des Sophokles, in welcher die Ödipustöchter, die liebetreu dem Vater in die Ferne folgen, mit den ägyptischen Frauen verglichen werden[9]. Diese Zusammenstellung in dem Werke eines griechischen Tragikers müßte sehr auffallend erscheinen, fände sie nicht in der Tradition selbst ihre bestimmte Veranlassung. Auf Ägypten weist die Sphinx zurück, welche in diesem Ödipusmythus eine so entscheidende Stellung einnimmt. Nicht weniger die Verbindung des Ödipus und des Hauses der Labdakiden, welchem er angehört, mit Kadmos, der von Diodor und Pausanias aus Ägypten hergeleitet wird (1, 23; 9, 12). Durch solche Verknüpfung ward die Erwähnung ägyptischer Frauensitte dem Dichter nahe gelegt. Durch sie gewinnt der Ödipusmythus auch für Ägypten Bedeutung. Seine vollständige Betrachtung ist nicht dieses Orts. Einige leitende Gesichtspunkte werden genügen, sein Verhältnis zu unserer Untersuchung ins rechte Licht zu stellen. Nach welchen Religionsanschauungen Ödipus ›Schwellfuß‹ in der Sage gedacht ist, läßt sich nicht verkennen. Der geschwollene Fuß, von welchem er seinen Namen hat, zeigt ihn als den Träger der männlich zeugenden Naturkraft, deren tellurisch-poseidonische Auffassung nicht selten an den Fuß oder den Schuh geknüpft erscheint. Der Wagen, der die Geschwulst verursacht, hat bekannte neptunische Bedeutung.

---

9   Im ›Oidipus auf Kolonos‹ (377 ff.) sagt Oidipus über seine Töchter Antigone und Ismene:

> Ha, wie sie ganz die Sitten des Ägyptervolks
> Nachahmen in des Sinnes und des Lebens Art!
> Dort hält das Volk der Männer sich zu Haus und schafft
> Am Webestuhle, und die Weiber fort und fort
> Besorgen draußen für das Leben den Bedarf.
> Und die von Euch, o Kinder, welchen hier geziemt
> Zu sorgen, wie die Mädchen hausen sie daheim:
> Statt ihrer kümmert Ihr euch hier um meine Not,
> des Jammervollen.

Ägypten und Ödipus

Darum heißt Ödipus bei Hygin *fortissinus praetor ceteros* [der kräftigste über alle, f. 67]; darum wird er von Periboia, als sie Kleider wusch, am Meeresstrande gefunden, darum auf Laios zurückgeführt. Denn dieser Name geht wie Laertes auf La, die Bezeichnung der zeugenden Kraft, zurück, und kommt seiner Bedeutung nach so sehr mit Ödipus überein, daß die Sage den Zug aufnehmen konnte, an dem geschwollenen Fuße sei das Sohnsverhältnis zu Laios erkannt worden.

Ödipus heißt bei Hygin *impudens* [schamlos, 1, 1], und zwar ohne Bezug auf das Verhältnis zu seiner Mutter. Darin liegt die Andeutung der in üppigster Sinnlichkeit gedachten Kraft und Zeugungslust, wie sie das tellurische Leben in der regellosen Begattung des Sumpfes darstellt, wodurch auch die geschwollenen Füße ihre prägnantere Bedeutung erhalten. Dieser Stufe der Naturkraft gilt, wie manche Mythen zeigen, die Mutter auch als Gemahlin, selbst als Tochter des Mannes, der ihr als Befruchter gegenübertritt: an dem mütterlichen Erdstoff gehen der Reihe nach alle Geschlechter der Männer befruchtend vorüber. Der Sohn wird Gatte und Vater, dasselbe Urweib heute von dem Ahn, morgen von dem Enkel begattet. Daher das aenigma [Rätsel] über Iokaste: *Avia filiorum est, quae mater mariti* [Großmutter ihrer Söhne ist, die die Mutter ihres Gatten, Diomed. L. 2]. Nach dieser Bedeutung gehört Ödipus zum Geschlechte der *Spartoi*, dem *genus dracoteum* [der Drachensaat, der Thebaner]. Von dem zeugungskräftigen Drachen, dem Ladon der feuchten Tiefe, ins Leben gerufen, haben die Spartoi keinen erkennbaren Vater, sondern nur eine Mutter, wie die *Spurii*, deren Name mit jenem völlig gleiche Bedeutung hat. Aus diesem Verhältnis ergibt sich die Möglichkeit des Vatermordes, da das Kind seinen Erzeuger nicht kennt. Iokaste (sehr bezeichnend auch Epikaste genannt), des Menoikeus' Tochter, ist die Ödipusmutter. Menoikeus aber wird bestimmt auf das draconteum genus der Spartoi zurückgeführt. Dem Sinne nach richtig könnte man sie auch Parthenopaii, Jungfrauenkinder, nennen. Parthenopaios heißt Atalantes Sohn, Schoineus', des

Binsenmannes Enkel. In diesem Geschlecht der Spartoi muß das Recht der weiblichen Abkunft herrschen. Das Muttersystem tritt in der Tat sehr kenntlich hervor. Kreon, der in dem Mythus als Usurpator dasteht, kehrt auf die Bahn des Rechts zurück, indem er an seiner Schwester, der Laiosgemahlin Iokaste Hand den Eintritt in das Königtum knüpft, wie er denn nach demselben Rechtssystem seine jüngste Tochter Glauke an Iason verheiratet. Hier tritt das Schwesterverhältnis in derselben Bedeutung hervor, in welcher wir es schon früher gefunden haben.

Als Darstellung des tellurischen Muttertums erscheint die typhonische Sphinx, welche das weibliche Erdrecht in der finstern Bedeutung des unentrinnbaren Todesgesetzes darstellt. Als Schildzeichen des Parthenopaios, der auf die Mutter Atalante und den mütterlichen Ahn Schoineus, den Binsenmann, zurückgeführt wird, gewinnt die Sphinx doppelte Bedeutung. Sie kommt aus den entlegensten Gegenden Aethiopiens, dem Lande, welchem auch Aso, die Typhonsverbündete, als Königin zugewiesen wird, und das bis in die späteste Zeit Kandake als den Namen der weiblichen Regenten zeigt. Das Rätsel, woran Sphinx die Dauer ihrer Macht knüpft, faßt den Menschen nur nach der Seite seiner Vergänglichkeit und zeigt den Untergang des dem Grabe zureifenden Sterblichen als den letzten und alleinigen Gedanken seiner Existenz. Das ist die Religionsstufe, auf welcher der tellurische Stoff allein herrscht; das der Zustand, dem die Menschheit, die nur eine Mutter, noch keinen Vater kennt, angehört. Das Lebensgesetz des dracónteum genus liegt in dem Spruche der Sphinx; der Augenblick, in welchem es in seiner ganzen Trostlosigkeit erkannt wird, bringt ihm den Untergang. Das Geschlecht der Spartoi, die nur eine Mutter haben und von dem Drachen der finstern Tiefe gezeugt sind, erkennt die typhonische Sphinx als ihre Beherrscherin an. Derselbe Stoff, der sie aus der Finsternis ans Licht gesendet, wird sie wieder verzehren. Ihr Los ist von jenem der Sumpfgewächse, die unbeweint entstehen, wachsen, vergehen, in nichts verschieden. Noch

Ägypten und Ödipus

hat der Mensch sich nicht über den Zustand der niedrigsten Region tellurischer Zeugung erhoben.

An Ödipus erst knüpft sich der Fortschritt zu einer höhern Stufe des Daseins. Er ist eine jener großen Gestalten, deren Leiden und Qual zu schönerer menschlicher Gesittung führen, die, selbst noch auf dem alten Zustand der Dinge ruhend und aus ihm hervorgegangen, als letztes großes Opfer desselben, dadurch aber zugleich als Begründer einer neuen Zeit dastehen. Mit der Sphinx findet der letzte des draconteum genus, Iokastes Vater, seinen Untergang. Der Sturz von der Mauer, der in so manchen Mythen sich wiederholt, zeigt immer denselben Zusammenhang mit dem mütterlichen Tellurismus, dessen Reich die Mauer als Erderzeugnis, mithin der chthonischen *sanctitas* [Unantastbarkeit] teilhaftig, angehört. Der gleichzeitige, gemeinsame Untergang der Spartoi und der Sphinx beweist die Gleichheit des Prinzips, auf dem sie beide ruhen, und das nun den Hintergrund bildet, vor welchem Ödipus auftritt.

In dem Laiossohne kommt die männliche Kraft neben dem weiblichen Stoffe zu selbständiger Bedeutung. Die Männlichkeit tritt in dem Namen Ödipus herrschend hervor. Dazu kommt, daß einzelne Züge seines Mythus vorzugsweise die männliche Abkunft hervorheben. Über seines vermeintlichen Vaters Polybos Tod trauert der Sohn, und der Füße Zustand verrät Laios' Vatertum. Mit Ödipus beginnt der Kinder echte Geburt ... Die Menschen dieses neuen Geschlechts sind nicht mehr Spartoi oder Spurii, sondern Ödipussöhne, oder, mit Zurückgehen auf die ersten Stammeshäupter, Kadmeionen und Labdakiden, echte Söhne und *diphyeis*: ein Übergang, der auch über das Verhältnis von Sparter und Lakoner oder Lakedaimonier Aufschluß gibt. Jetzt beginnt die »eteokleische Macht« (Il. 4, 386). Entsprach der frühere Zustand des ausschließlichen Muttertums der tellurischen Sumpfzeugung, in welcher nur der weibliche Stoff Beachtung findet, so erscheint der neue, auf eheliches Leben gegründete, als demetrische Lebensstufe. Aus der hetärischen

Verbindung tritt Ödipus heraus, um im Verein mit Demeter Ruhe zu finden. In ihrem Heiligtum liegt er begraben; der Tempel heißt nach ihm Oidipodeion. Den Leichnam von da zu entfernen verbot das Orakel.

Die gleiche Bedeutung liegt in der Rolle, welche der Mythus Iokastes Mantelspange anweist. Die aphroditische Beziehung derselben, die in der oben behandelten athenisch-aiginetischen Tradition sich kundgab, kehrt auch hier wieder. Mit der Spange, dem Zeichen aphroditischer Geschlechtsverbindung, beraubt Ödipus sich des Augenlichts, weil er durch die Begattung seiner Mutter das reinere Gesetz der Lichtmächte verletzt hat. Darin liegt die Verurteilung jenes unreinen hetärisch-tellurischen Muttertums, dem Ödipus alle seine Leiden verdankt, und über dessen Untergang er nunmehr zu dem reinen demetrischen Gesetz fortschreitet. Eben dadurch erscheint er den Völkern als wohltätiger Dämon, der alles Unheil von ihnen abwendet. Zu Kolonos sowohl als in dem attisch-boiotischen Grenzorte Eteonos wurde sein Grab als ein Schutz gegen räuberische Einfälle der Nachbarn angesehen. Insonderheit ist es das Weib selbst, das Ödipus als den Stifter seines höhern Zustandes ehrt. Durch die Begründung des demetrischen Lebens ist er sein Wohltäter, sein Erlöser geworden. Knüpft sich an Harmonias Halsband und an Iokastes Mantelspange, wie an Helenas Schleier der Fluch des hetärisch-aphroditischen Lebens, so bringt nun Demeters Gesetz dem Weibe Ruhe und Versöhnung, und alles Glück des durch ausschließliche Ehe geregelten, aus dem Hetärismus zum Muttertum durchgedrungenen Geschlechtslebens. Ismenes und Antigones Aufopferung haben darin ihren tiefern Grund. Das Weib, das in dem frühern Zustand alles Fluches Quelle ist, wird jetzt sich selbst und dem Manne zum Segen. An die Stelle hetärischer Lust, die nur Aphrodites sinnlichem Gesetze folgt, der hingegeben Laios durch des Pelopiden Chrysipp Schändung den Fluch auf sein Geschlecht bringt, tritt die Aufopferung der Liebe, die pflegend und versöhnend der Männer Streit zu schlichten sucht.

Ägypten und Ödipus

Zu Eumeniden [›Gnädigen‹] gestalten sich die bluttriefenden Erinnyen. Versöhnt öffnen sie dem Dulder, der des frühern Geschlechts ganzes Verhängnis trägt, ihren Hain. Bei ihnen findet er Ruhe.

In seiner oidipodeischen Trilogie hatte Aischylos Gelegenheit, das alte blutige Erdrecht, das aus Mord Mord erzeugt, nur das Gesetz der Talion [Vergeltung] kennt, den Frevel durch Frevel vergilt, keine Sühne, sondern nur der Sphinx menschenverderbendes Rätsel vor sich sieht, und ganze Geschlechter mit der Wurzel vertilgt, zu dem neuen, milden Gesetz, das Apoll verkündet, in denselben Gegensatz zu bringen, der uns in der Oresteïs entgegengetreten ist. Wie es dort die Erinnyen sehnt, ihr bluttriefendes Amt abzuwerfen, und aus rächenden Erdgöttinnen Mütter alles Segens zu werden, so nehmen sie auch in der Oidipodeia den, welchen sie so lange verfolgt (Il. 23, 679), selbst in ihren schützenden Verein. Wie neben Demeter, so wird Ödipus auch neben den Erinnyen verehrt. Auf des Orakels Geheiß errichten die thebanischen Aigiden, da der Zorn der tellurischen Erdmütter den Kindersegen ihres Geschlechts bedroht, Ödipus und den Erinnyen ein gemeinsames Heiligtum. Hier tritt der Mütter Unterordnung unter das reinere apollinische Gesetz recht deutlich hervor. Denn der Aigiden Gott ist Apoll, dessen Karneiisches Fest von Theben über Sparta und Thera bis zu den Battiaden Kyrenes reicht. Von Apoll stammt das Heil, seinem höhern Gesetz ordnen die Erinnyen willig sich unter; ihm bringen sie ihr Blutamt gerne zum Opfer. *Des Laios Erinnyen und Ödipus* zu sühnen, hatte der Aigiden Gott geboten. Hier erscheinen die Erdmütter als des *Vaters* Rachegeister, wie in der Oresteïs der *Muttermord* sie aus ihrer Tiefe hervorruft. Darin liegt keine Widerlegung ihrer ausschließlichen Mutternatur, sondern eine Erweiterung derselben, die selbst in dem apollinischen Gesetz ihren Grund hat. Nur durch die Unterordnung unter Apoll ist die Verbindung mit dem Vater möglich geworden. Sie ist selbst schon eine Rückwirkung des Zusammenhangs des Erinnyen-Kults mit dem höhern apollinischen, der in der

Einführung des pythischen Orakels in alle Teile der Oidipodeia seinen Ausdruck gefunden hat. (Pindar, Ol. 2, 39.)

Nach der ältesten Denkweise konnten die Erdmütter so wenig für Laios sich erheben, als Agamemnons Ermordung es vermochte, sie aus ihrem Schlafe aufzuwecken. Erst durch ihre Unterordnung unter Apoll werden sie auch Vertreter des Vaters und seines verletzten Rechts. In dieser neuen Verbindung erscheinen sie nicht als die unversöhnlichen, bluttriefenden Mütter, die nur der Erde Recht kennen, vielmehr als die versöhnten, wohlgewogenen Mächte, die gerne höhere Sühne anerkennen. Wenn das Orakel befiehlt, den Erinnyen des Laios mit Ödipus ein gemeinsames Heiligtum zu gründen, so gilt dies nicht jenen blutigen Urmächten, sondern den, apollinischem Wesen befreundeten, ihm verbündeten, versöhnbaren Müttern, die Haß und Rache mit Liebe und Sorge vertauscht haben. So tritt die Oidipodeia der Oresteïs gleichgeltend zur Seite. In beiden wird der Erinnyen tellurisches Recht als überwunden und dem höhern apollinischen Gesetze unterworfen dargestellt. Die Oidipodeia erscheint als Ergänzung und Fortsetzung der Oresteïs. Hat Apoll in Orest den Kampf gegen die mütterlichen Erinnyen durchgeführt und sie auf dem Gebiete, das ausschließlich ihnen gehörte, besiegt, so ist in Ödipus' endlicher Versöhnung dargetan, daß auch das gegen Apollons väterliches Prinzip begangene Verbrechen Sühne finden kann. Völlig und auf allen Gebieten durchgeführt erscheint jetzt das mildere Gesetz des pythischen Gottes. Laios' väterliche Erinnyen mit Ödipus versöhnt zeigen Apolls wohltätige Macht in ihrer höchsten Vollendung und Durchführung. Die Semnai [die ›Ehrwürdigen‹], in der Oresteïs zwar versöhnt, aber immer noch Vertreter des Muttertums und dadurch von Apoll grundsätzlich geschieden, treten jetzt mit dem väterlichen Gott in den innigsten Verein. In der hehren Mütter Heiligtum verkündet Apoll dem Dulder die endliche Lösung seines Schicksals, und die apollinischen Aigiden erscheinen selbst als Träger und Verbreiter ihres Kults. Ödipus und des Laios' väterliche Erinnyen werden mit in den pythischen Kreis gezogen und gewissermaßen in apollinische Natur aufgenommen, mithin in viel innigere Beziehung zu dem Vaterrecht des Lichtes gesetzt, als die Mutter-Erinnyen Klytaimnestras, die eben durch den Anschluß an das weibliche Prinzip von solchem Vereine mit dem Pythier stets ausgeschlossen blieben …

Die dargelegte Stufenfolge der Entwicklung hat darin ihre vorzügliche Bedeutung, daß sie einem geschichtlichen Fortschritt der menschlichen Zustände entspricht. Dem Ödipusmythus nicht weniger als dem des Orest liegt die Erinnerung an den Übergang aus ältern Religionsstufen in geläuterte Zustände und an alle jene Leiden und Verhängnisse, die den Umschwung herbeiführten und begleiteten, zugrunde. Träger der frühesten nationalen Erinnerungen, werden solche Mythen zugleich auch Erkenntnisquelle für die ursprünglichen Religionsanschauungen. Geschichtliche Ereignisse liefern den Stoff, die Religion Form und Ausdruck. Alles Geschehene nimmt in der Erinnerung sofort religiöse Gestalt an. In jener Urzeit beherrscht der Glaube die ganze Denkweise der Menschen. Die Ereignisse und ihre Helden kleiden sich in das Gewand der Religion. Dasselbe Mythengebilde umschließt kultliche und historische Tatsachen, beide nicht getrennt, sondern identisch. Ödipus und Orest gehören zugleich der Religion und der Geschichte, das eine durch und vermöge des andern. Jeder große Schritt in der Entwicklung des menschlichen Geschlechts liegt auf dem Gebiete der Religion, die stets der mächtigste, in den Urzeiten der einzige Träger der Zivilisation ist. Habe ich mich also bemüht, den Religionsgedanken zu entwickeln, nach welchem die Sage ihr Bild entworfen hat, so ist dadurch der historische Grund in den Schicksalen des Labdakidenstammes nicht geleugnet, das Positive nicht zu Nebelgebilden verflüchtigt, vielmehr nur der Schlüssel zur Lösung der Hieroglyphe geliefert worden. Wer diese zu enträtseln vermag, eröffnet dem menschlichen Bewußtsein den Einblick in Urzeiten unseres Geschlechts, die ihm sonst verschlossen bleiben. Mag das

Gemälde, das sich so vor unsern Augen entrollt, auch gar unerquicklich sein und dem Stolz auf den Adel unserer Abkunft wenig zusagen, so wird doch der Anblick allmählicher stufenweiser Überwindung des Tierischen unserer Natur die Zuversicht fest begründen, daß es dem Menschengeschlechte möglich ist, seinen Weg von unten nach oben, von der Nacht des Stoffes zum Lichte eines himmlisch-geistigen Prinzips durch alle Hebungen und Senkungen seiner Geschicke hindurch siegreich zu Ende zu führen.

Das weibliche Naturprinzip als Ausdruck und Quelle des Rechts ist keine Ägypten ausschließlich angehörende Auffassung. Neben Isis erscheinen auch andere Naturmütter in derselben Bedeutung. Das gleiche Prinzip, das an der Spitze der stofflichen Schöpfung steht, muß auch als Quelle und Grundlage des Rechts erscheinen, das ja seinem Gegenstande nach ausschließlich dem stofflichen Leben des Menschen angehört. Diese Auffassungsweise tritt in der pythagorischen Zahlensymbolik hervor. Grundzahl der Iustitia [der Gerechtigkeit, des positiven Rechts als des Inbegriffs der Gesetze] ist nämlich die weibliche Zwei. Die Zwei eröffnet die Zahlenreihe, wie das Weib an der Spitze der stofflichen Welt, des ›sichtbaren Kosmos‹ steht. Die Eins läßt keine Unterscheidung der geraden und ungeraden Zahlen zu. In ihr liegt also die Einheit der Naturkraft. Mit der Zwei beginnt die Unterscheidung zweier Zahlennaturen, der geraden und der ungeraden; in ihr liegt also der Fortschritt von der Unität der Kraft zu der Dyas [Zweiheit] der Geschlechter, wie sie in der stofflichen Schöpfung sich zeigt. Darum ist die Zwei der Stoff selbst, und als Stoff das Weib, das *hylikon pathetikon* [das Stoffliche, Passive], die *chora kai dexamene geneseos* [der Ort und die Materie des Werdens], zugleich aber die Gerechtigkeit, die in dem Stoffe und dessen gleicher Teilung ihren Sitz und Ausdruck hat. Wir sehen also in der Zweizahl die Vereinigung derselben Eigenschaften, welche in Isis und den Naturmüttern überhaupt miteinander verbunden sind.

Ägypten und Ödipus

Die Idee des Stoffs, des empfangenden Prinzips einerseits, der Gerechtigkeit und der vollkommen gleichen Teilung andererseits, erscheinen nur als verschiedene Seiten derselben Mütterlichkeit, so daß Iustitia und Aequitas [Gleichheit, Billigkeit] als eingeborne Eigenschaft des weiblichen Naturprinzips dastehen. Darnach ergibt sich für die Zwei dieselbe Bedeutung, welche wir oben für die linke Seite gefunden haben. Denn links ist die weibliche Seite und zugleich auch die Seite der Gerechtigkeit. In der Tat stellen die Alten die gerade Zahl und die linke Seite auf eine Linie, wie andererseits die ungerade Zahl und die rechte Seite zusammenfallen. Jene beiden gehören dem Weibe, diese dem Manne, womit übereinstimmt, wenn Platon das Rechte und das Ungerade den olympischen Göttern, das Umgekehrte den Dämonen, also dem Irdischen und Sterblichen, beilegt. Den Göttern der Erde sollen Opfertiere in gerader Zahl, vom zweiten Rang und die Teile der linken Seite, den olympischen Göttern Opfer in ungerader Zahl, vom ersten Rang und die Teile der rechten Seite dargebracht werden. (Platon, Nom. 4; 717.) Hier sehen wir nicht nur die gerade Zahl und die linke Seite zusammengestellt, sondern beide dem Tellurismus, mithin dem weiblich-stofflichen Naturprinzip, zugeschrieben.

Ist durch alle diese Zeugnisse die Verbindung der Gerechtigkeit mit der weiblich-stofflichen Naturseite auch in der Attribution der geraden Zahl und der linken Seite hergestellt, so ergibt sich zugleich, in welcher Weise dieses als Dyas und als linke Seite gedachte Recht aufgefaßt wurde. Die Dyas ist die Zahl der völlig gleichen Teile, welche kein noch so kleines Residuum zurücklässt. Daraus folgt, daß das auf die Zweiheit gegründete Recht notwendig das Recht der Talion [Vergeltung] sein muß. Dem Tun wird das Leiden entsprechen und die Waage so lang in der Schwebe gehalten, bis die beiden Schalen einander völlig gleichstehen. Erwiderung und Vergeltung bilden den ganzen Inhalt solcher zweiheitlicher Gerechtigkeit. Es ist ein Spiel zweier entgegenwirkender Kräfte, die Leiden durch Leiden aufheben, mithin ›das Leiden als Gegengewicht für ein andres‹ des Pythagoras, die ›Leidenschaft der Zahlen‹ des Aristoteles, das Unrecht tun und Unrecht leiden des Plutarch; mithin das auf das Tun folgende Dulden, das aus Eins Zwei macht, der secundus motus [die zweite Kraft, Bewegung], der einem primus motus entgegentritt. Dadurch wird die Gerechtigkeit, welche die Zwei darstellt, zu einem blutigen Recht, welches den unterirdischen Göttern stets zwei Opfer sichert, wie wir dies oben als Prinzip des Erdrechts der Erinnyen gefunden haben. Die zweiheitliche Gerechtigkeit ist Streit und Wagnis, wie die Pythagoreer nach Plutarch die Dyas definieren. Gerechtigkeit und Streit fallen in Eins zusammen. Jene löst sich in diesen auf.

Bild und Ausdruck solcher streitender Dikaiosyne [Gerechtigkeit], für welche die Alten den Ausdruck *Neoptolemeios tisis* [neoptolemische Buße] gebrauchen, ist der Doppelmord der beiden thebanischen Brüder. In jährlichem Wechsel sollten sie die Herrschaft führen, wie Ödipus der Vater es angeordnet hatte. Aber Eteokles weigerte sich, die Regierung Polyneikes abzutreten. Im Zweikampf fielen sie nun beide, Polyneikes ›nach dem Naturgesetz‹, Eteokles ›auch nach dem Recht [dikaion] sein Ende findend‹ (Paus. 5,19,1; Hygin f. 67. 68). Ganz als Dyas erscheint hier das Dikaion: Zuerst in dem Wechsel der Macht, dann in dem Wechselmord, in welchem Eteokles des Polyneikes Tod durch seinen eigenen Untergang sühnt und so das Gesetz der Dikaiosyne durch Talion erfüllt. Aber solche Gerechtigkeit führt nie eine Lösung herbei. Noch nach dem Tode teilen sich die beiden Flammen und wehen ewig nach entgegengesetzten Seiten. Die Dyas erweist sich also als discordia [Zwietracht]. Die in der Zweiheit gedachte Dikaiosyne ist ewiger, nie beendeter Streit. Der Mord gebiert Mord, und bis zu gänzlichem Untergang wütet des Geschlechtes Dämon durch alle Generationen fort. Die Dyas bezeigt sich also auch in ihrer Anwendung auf die Gerechtigkeit als ›unbestimmte Zahl‹, wie sie von den Alten öfter genannt wird. Unbestimmtheit und Unendlichkeit ist dieser Dyas Eigenschaft. Sie führt nie einen Abschluß herbei; ewiges Auseinanderfallen ist ihr innerstes Gesetz. Sie ist also die Zahl des Todes und der Vernichtung, der mortalis numerus. Als Dyas gedacht ist Dikaiosyne selbst das Gesetz des Untergangs. Als Zwei stellt sich das Dikaion als Wiederholung des den ›sichtbaren Kosmos‹ beherrschenden Kampfes zweier ewig widerstreitender Kräfte, der schaffenden und der vernichtenden, dar. Das Recht ist selbst nur Abbild des Naturlebens, das ewig sich zwischen zwei Polen hin und her bewegt; ein doppelter motus, Angriff und Gegenangriff, der nie zum Abschluß gelangt. Das Gesetz des stofflichen Lebens wird zum Rechtsbegriff. Darin hat es seinen Grund, wenn der Tod als ein debitum naturae [als unsre Schuld gegenüber der Natur] aufgefaßt und dargestellt wird. Dies ist mehr als bloßes Bild; es zeigt uns das Naturleben als Recht, Physis und Dikaion als identisch. Die gleiche Verbindung kehrt in den Dioskuren wieder. Ihre Heteremeria [ihr Leben einen Tag um den andern] ist nicht nur ein Bild des die erscheinende Welt regierenden Wechsels von Tod und Leben, Nacht und Tag, sondern auch des höchsten Dikaion, in dessen Anerkennung der überlebende der Brüder seine Unsterblichkeit freiwillig mit dem Verstorbenen teilt ...

Das Todeslos der Geschöpfe ist ein Akt nie endender Gerechtigkeit, Tod und Dikaion identisch, die ewige Vernichtung ewige Strafe.

Die Gerechtigkeit, als ein aus zwei motus zusammengesetzter Akt, kehrt wieder in der Anschauung, welche Platon (Nom. 9; 872) als die Lehre der Mysterien darstellt: »Dem mag noch die Lehre beigefügt werden, welche viele von denen, die sich in den Mysterien hierüber unterrichten lassen, nicht nur hören, sondern fest glauben, nämlich daß diese Verbrechen im Hades bestraft werden, und daß jeder Verbrecher verurteilt werde, in einem zweiten Lebenslauf auf dieser Erde nach dem Recht der Natur gestraft zu werden, indem er eben dasselbe leiden müsse, was er getan hat, so daß er dann jenes Leben auch durch eines andern Hand auf die gleiche Weise enden müsse, wie er zuvor einen andern ums Leben gebracht hat.« (Die ›neoptolemische Buße‹.) Naturleben und Recht erscheinen hier wieder identisch. Jenes dient diesem zur Verwirklichung. Ein doppelter motus bildet die Bewegung des Lebens sowohl als die des Rechts, und dieses Widerspiel zweier Kräfte gelangt nie zum Abschluß, so wenig als der Wechsel von Tod und Leben in der sichtbaren Schöpfung; jedes ›Unrechttun‹ hat ein ›Unrechtleiden‹ zur Folge, das ein neues gleiches Unrecht hervorruft. Die Handlung selbst, welche das Gleichgewicht, das *ison kai dikaion* [das Gleiche und Gerechte], herstellen soll, begründet eine neue Störung in der partium aequa libratio [der Teile gleicher Abwägung]. Das summum ius ist zugleich summa iniuria, Orest der Rächer des Mordes facto pius et sceleratus eodem [durch die gleiche Tat fromm und verbrecherisch].

Aus diesen Zusammenstellungen ergibt sich die rein physische Natur des mit dem weiblich-stofflichen Prinzip verbundenen Rechts. Es erscheint auch hier als wahres Naturrecht. Das Gesetz der natürlichen Freiheit und Gleichheit bildet seinen wesentlichen Inhalt. Das ist jenes ius naturale, dessen die römischen Juristen gedenken. Zufällig ist es gewiß nicht, daß besonders der aus Phoinikien stammende Ulpian das physisch-natürliche Recht am bestimmtesten hervorhebt und ganz im Sinne der alten Mutterreligion definiert. ›Natürliches Recht ist dasjenige, was die Natur alle Lebewesen gelehrt hat; denn dieses Recht ist nicht Eigentum des Menschengeschlechts, sondern allen Lebewesen, die auf der Erde, die im Meere geboren werden, auch den Vögeln, gemeinsam. Aus ihm stammt die Verbindung von Mann und Weib, die wir Ehe nennen, aus ihm der Kinder Zeugung und Ausbildung; wir sehen nämlich auch die übrigen Lebewesen, selbst die wilden Tiere, nach der Kenntnis dieses Rechts eingeschätzt‹ (Dig. 1, 1, 3). In diesen verschiedenen Anwendungen erweist sich das Ulpiansche ius naturale als das aphroditische Gesetz, das den Stoff durchdringt und dessen Befruchtung herbeiführt. Aphrodite ist es, welche die beiden Geschlechter mit Zeugungstrieb erfüllt, die Sorge für Pflege der Kinder einpflanzt, zwischen Mutter und Kind das engste Band schließt und allen Geburten Freiheit und Gleichheit sichert. Derselben Göttin ist jedes Sondereigentum verhaßt. Daher wird das gleiche Recht aller an dem Meere, den Ufern, der Luft, überhaupt die *communis omnium possessio* [der Gemeinbesitz aller] auf das ius naturale zurückgeführt. Wenn derselbe Ulpian das *vim vi repellere* [die Gewalt durch Gewalt zurücktreiben] als Naturrecht anerkennt, so zeigt sich hier wiederum die Sorge für leibliches Gedeihen und physische Existenz, und jenes aus zwei entgegengesetzten *motus* bestehende *Dikaion* [Gerechte] des weiblichen Naturprinzips, das mit dem *Natura iustum* [durch Natur Gerechte] eine weit tiefere Verwandtschaft hat, als das männliche, dem Prinzip der Herrschaft und der positiven Satzung zugänglichere Geschlecht.

Die vielfältige Hervorhebung eines ganz natürlichen Gesichtspunktes im Rechte verdient die höchste Beachtung. Sie erscheint als Reaktion gegen den staatlich-positiven Gesichtspunkt, dem Rom alles unterordnete, und als Bestreben, der Herrschaft der Form mehr und mehr zu entgehen. Darin liegt nun in der Tat wiederum eine Annäherung an das mütterlich-stoffliche Prinzip des alten rein physischen Naturrechts, und eine Bewahrheitung des Satzes, daß Ende und Anfang menschlicher Zustände eine innere Verwandtschaft zeigen.

Ein großes Gesetz beherrscht die Rechtsentwicklung des Menschengeschlechts. Es schreitet vom Stofflichen zum Unstofflichen, vom Physischen zum Metaphysischen, vom Tellurismus zur Geistigkeit fort. Das letzte Ziel kann nur durch die vereinte Kraft aller Völker und Zeiten erreicht werden, wird aber, trotz aller Hebungen und Senkungen, sicherlich in Erfüllung gehen. Was stofflich beginnt, muß unstofflich enden. Am Ende aller Rechtsentwicklung steht wiederum ein ius naturale, aber nicht das des Stoffes, sondern des Geistes, ein letztes Recht, allgemein, wie das Urrecht allgemein war; willkürfrei, wie auch das stofflich-physische Urrecht keine Willkür an sich trug; in den Dingen gegeben, von dem Menschen nicht erfunden, sondern erkannt, wie auch das physische Urrecht als immanente materielle Ordnung erschien. An die Herstellung eines einstigen einheitlichen Rechts wie einer einheitlichen Sprache glauben die Perser. »Wenn Arimanius vernichtet ist, wird die Erde plan und eben sein, und die nun beglückten Menschen werden durchgängig eine Lebensart, Regierungsform und Sprache haben.« (Plut. de Is. et Os. 47.) Dieses letzte Recht ist der Ausdruck des reinen Lichts, dem das gute Prinzip angehört. Es ist nicht tellurisch-physischer Art, wie das blutige, finstere Recht der ersten stofflichen Zeit, sondern himmlisches Lichtrecht, das vollkommene Zeusgesetz, reines und vollendetes Ius, wie es dieser mit Jupiter identische Name verlangt. In seiner letzten Erhebung liegt aber notwendig seine Auflösung. In der Befreiung von jedem stofflichen Zusatz wird das Recht Liebe. Die Liebe ist das höchste Recht. Auch dies Dikaion erscheint wieder in der Zweizahl: aber nicht, wie das alte tellurische, in der Zweizahl des Streites und nie endender Vertilgung, sondern in jener Zweiheit, die nach einem Backenstreiche die zweite Wange darbietet und den zweiten Rock freudig hingibt. Diese Lehre verwirklicht die höchste Gerechtigkeit. Sie hebt in der Vollendung selbst den Begriff des Rechts auf und erscheint so als die letzte und völlige Überwindung des Stoffs, als die Lösung jeder Dissonanz.

Wir haben bisher gezeigt, in welcher Weise sich das Recht an das stofflich-weibliche Naturprinzip anschließt, und diese Verbindung zunächst für die unterste Stufe des tellurischen Lebens, die rein aphroditische nachgewiesen. Regellose Geschlechtsverbindung, Abwesenheit jedes Eigentums, überhaupt jedes Sonderrechts irgendwelcher Art, Gemeinschaft der Weiber, der Kinder, und als notwendige Folge davon auch aller Güter, daneben vollkommene, gestalt- und gliederungslose Freiheit aller Geschöpfe, und als einziges Bindeglied unter denselben die aphroditische Lust, alles das ist so sicher als der vorstaatliche Zustand, und jenes Wanderleben, das erst mit dem Tode schließt, und außer dem Grabe keinen festen Punkt, keine heimatliche Stätte kennt. Ja zu der ersten Verbreitung und dem schnellen Wachstum unseres Geschlechts waren Zustände dieser Art, so tief und so erniedrigend sie jetzt auch erscheinen mögen, ohne Zweifel unerläßlich.

Eine höhere Gestaltung erhielten Religion und Recht durch den Übergang zum Ackerbau. Das rein aphroditische Prinzip weicht dem cerealischen. Mit diesem tritt an die Stelle der Gemeinsamkeit das ausschließliche Recht eines Einzelnen, an die Stelle des Hetärismus die Ehe, an die Stelle der Sumpfzeugung und aphroditisch-selbständiger Vegetation die laborata Ceres [die bearbeitete Erde]. Karpos und Kalamos [Korn und Rohr] treten miteinander in Kampf. Nonnos (11, 370f.) gibt den Mythus gewiß in derjenigen Gestalt, wie ihn alte Tradition überlieferte. Durch den Zauber der goldenen Früchte angezogen, lenkt Atalante ihren Lauf ab, und opfert dem lockenden Besitz Sieg und Freiheit. Die Schoineia virgo, des Binsenmannes Tochter, entsagt der stolzen Ungebundenheit und ergibt sich in ihr neues Los. Es entwickelt sich unter den Menschen eine Kultur, gegen welche die Götter des reinen Naturlebens sich feindlich verhalten. Denn die Ehe und das cerealische Mysterium, in das sie einführt, ist den Urmächten des Stoffs verhaßt. Diese, obwohl Eimütter wie Demeter, und gleich den cerealischen Mächten die lebengebende Kraft nicht weniger als die vernichtende in sich schließend, treten dem neuen Leben gegenüber in die Stellung finsterer, ehelicher Weihe feindlich gesinnter Mächte zurück. So tritt das menschliche Geschlecht aus der Gemeinschaft der übrigen stofflichen Schöpfung heraus. Es findet eine mächtige Erhebung statt, welche zuerst die Harmonie des irdischen Lebens stört. Das ius naturale wird verlassen, um in veredelter Gestalt wieder zur Geltung zu kommen. In dem Ackerbau erhält die Mütterlichkeit eine neue Bedeutung, eine höhere Ausbildung. An die Stelle der wilden

Sumpfzeugung, welche den Stoff in ewiger Selbstumarmung ewig verjüngt, die nur Schilf und Binsen oder ›der Quellen sumpfige Kinder‹ hervorbringt, und ohne des Menschen Zutun nutzlos emporschießt, tritt nun die Tat des Ackermanns, der der Erde Mutterschoß mit dem Pfluge öffnet, der Furche den Samen anvertraut, und nährende Frucht, der Demeter Speise einerntet,

> »Wenn die fröhlichen Schnitter die Glieder der Ceres zerschneiden.«

Die Erde ist jetzt zur Gattin und Mutter, der Mensch, der den Pflug führt und den Samen streut, zum Gatten und Vater geworden. Das Verhältnis der Ehe verbindet den Mann mit dem weiblichen Stoffe, und es ist auch für die Gattung der Geschlechter untereinander das Vorbild einer innigen, bleibenden und ausschließlichen Gemeinschaft gegeben. Die Erde und das sterbliche Weib stehen auf einer Linie, und *gamos*, der Ehebund, ist von *ge*, Erde, abgeleitet so gut wie *gyia*, die Pflugschar und *gyne*, das Weib, Gaia selbst. Der Erde wie des Weibes Schoß öffnet die männliche Pflugschar; diese doppelte Tat ist im Grunde nur *eine*, und gegenüber der Erde sowohl, als gegenüber dem Weibe nicht mehr vorübergehende hetärische Geschlechtsmischung, sondern eheliche Verbindung. Nicht auf Befriedigung sinnlicher Lust, sondern auf Erzielung goldener Früchte ist des Mannes Tat gerichtet. *Liberorum quaerendorum causa* [um Kinder zu bekommen], nicht ›um der Lust willen‹ einigen sich die Geschlechter. In dieser Erhebung erst findet das Weib seine Ruhe. In der dauernden Verbindung mit Eros erlangt Psyche jenes Glück, das sie in regelloser hetärischer Gattung und in niedriger Sumpfpaarung vergebens festzuhalten suchte. Wir sehen die Weiblichkeit vom reinen Tellurismus zu der lunarischen Stufe der Existenz erhoben, und dem Manne zu dauerndem ausschließlichem Besitze, wie Luna Sol-Lunus, hingegeben. Die Kinder haben jetzt neben der Mutter auch einen Vater, sie sind echte Kinder, wie die Nachkommen der idaiischen

Daktylen Eteo-Kreten. Sie sind *diphyeis* [von zwei Seiten], wie seit Kekrops die Athener.

Dieser Stufe des Lebens entspricht ein neues Gesetz. Das aphroditische ius naturale weicht dem cerealischen. Aber auch der neue Rechtszustand knüpft sich ganz an das weibliche Naturprinzip an. Er behält auch auf der neuen Stufe den stofflich-mütterlichen Charakter. Demeter wird Thesmophoros, Ceres Legifera [Gesetzgeberin], wie das reine ius naturale sich an Aphroditen anschließt. Ja auch das demetrische Recht ist ein wahres ius naturale, aber ein solches, das auf der durch Ackerbau geregelten, nicht sich selbst überlassenen Erdzeugung, auf der laborata Ceres, nicht auf der creatio ultronea [dem Wildwuchs] Aphroditens ruht. Auf dieser Stufe herrscht das eheliche Prinzip der Ausschließlichkeit über das hetärischer Allgemeinheit vor. Die Erde, nach ihrem Bilde das sterbliche Weib, gibt sich dem Manne zu ausschließlichem Eigentum hin. Sie ist nicht mehr Mutter in unbeschränkter Allgemeinheit, sie hat jetzt diese Eigenschaft gegenüber einem bestimmten Manne, dessen Samen sie aufnimmt, dem sie die Geburt entwickelt, dem sie zuletzt die Früchte schenkt. Sie ist nicht mehr Penia [Bedürftigkeit], die immer neuen Männern nachgeht, sich jeder Befruchtung freut, und derselben ohne Unterlaß teilhaftig wird, nicht mehr jene Tochter, die vor dem männlichen Szepter willenlos sich beugt. Sie meidet vielmehr alles Männliche, unterliegt der Gewalt und dem Raube, und bewahrt den Mysteriencharakter unentweihten Matronentums. Dadurch eben wird sie die Trägerin eines höhern Rechts, das sich auf alle Verhältnisse des Lebens erstreckt, und als *eheliches Mutterrecht* bezeichnet werden kann. Man hat behauptet, die Thesmoi, die Satzungen Demeters bezögen sich ausschließlich auf die eheliche Verbindung der Menschen. Daran ist soviel wahr, daß die Ehe in der Tat den Mittelpunkt alles demetrischen Rechts bildet. Aber die Ehe selbst darf nicht auf die Menschen beschränkt werden. Sie umfaßt auch des Mannes Verhältnis zu dem tellurischen Saatfeld. Sie hat die doppelte Richtung auf den Ackerbau und auf die geschlechtliche Verbindung, umfaßt in *einem* Begriffe, in *einem* Mysterium, in *einem* Rechte Eigentum und Familie.

Das Recht bildet einen Teil der Religion. Es ist im eigentlichen Sinne *thesmos*, eine Satzung des göttlichen Willens, ›von den Göttern gegeben‹, wie Aischylos (Eumenid. 392) erklärend hinzusetzt. Als cerealische Priester haben die Ädilen Rechtspflege. Ihre verschiedenen Attribute lassen sich insgesamt aus jener Verbindung mit der großen Muttergöttin erklären. Sie stehen zu der Volksgemeinde, zu dem Markte, zu den Gebäuden, zum Verkehr und zu der Rechtspflege in demselben Verhältnis, wie die Göttin selbst. Etwas Ähnliches zeigt sich für die Praetoren. Diese treten zu Bona Dea in ein ähnliches Verhältnis wie die Ädilen zu Ceres. Plutarch berichtet, das Fest der Bona Dea werde stets in dem Hause eines Praetors oder Consuls gefeiert. Diese Wohnung wird zum Tempel der Göttin, welche die Griechen schlechtweg *gynaikeia theos*, ›Frauengöttin‹, nennen.

Hierin liegt der gleiche Gedanke wie in jener Erzählung, welche Kadmos auf der Burg zu Theben in Harmonias Hause wohnen läßt. Bona Dea ist das mütterliche Naturprinzip, das allem stofflichen Leben seine Entstehung und seine Nahrung gibt, und des Volkes leibliche, materielle Wohlfahrt befördert. Sie erscheint also als die mütterliche Grundlage des Staatswohls, der Praetor und Consul in Verbindung mit ihr als Vertreter der materiellen Seite der Volksexistenz. An dieses Verhältnis knüpft sich ihre Rechtspflege an. Das Recht ruht in derselben Urmutter, welcher die Güter ihre Entstehung zu danken haben. Der Praetor hat es zu erkennen und auszusprechen; er ist der Bona Dea-Fanua-Fatua Organ, ihre viva vox. Durch dies Verhältnis zu dem stofflichen Urmuttertum wird es ihm möglich, dem sachlichen aequum der Billigkeit des ius naturale und jener in der linken Hand erkannten aequitas zu folgen, und der strengen formellen Konsequenz des Zivilrechts vielfältig entgegenzutreten. Als ›Frauengöttin‹ nimmt Bona Dea ganz die Natur einer Themis an, in deren Mysterien die Verehrung der weiblichen kteis, des sporium

Ägypten und Ödipus

muliebre [Mutterschoßes], eine so hervorragende Rolle spielt. Der Name ›Frauengöttin‹ gewinnt erst dann seinen prägnanten Sinn, wenn die gleiche physisch-sinnliche Beziehung in ihm erkannt wird. Daraus ergibt sich, daß mit der weiblichen kteis und ihrer Verehrung nicht nur der Gedanke an die mütterliche Fruchtbarkeit, sondern ebenso an das mütterliche Mysterium des Rechts, die *orgia thesmon* [den heiligen Dienst der Satzungen], verbunden wurde. Wie denn auch in dem Ausdruck Ius Quiritium, der auf die Verhältnisse des Privatrechts allein Anwendung fand, das Recht wieder an seinen weiblichen Ursprung angeknüpft erscheint. Denn Quiriten sind die Römer von der weiblich-stofflichen Seite, von ihrer mütterlich-sabinischen Herkunft, mithin in ihrer leiblichen, nicht in ihrer staatlichen Existenz.

Wiederum zeigt sich die Weiblichkeit als Trägerin des Rechts in Iuno Moneta. Diese wird von Suidas mit einer Iustitia in bellis identifiziert. Sie steht dem Verletzten bei und begünstigt seine Unternehmung. Ihr Tempel stand auf der Area M. Manlii Capitolini. Der Angriff auf die Freiheit, den sich dieser erlaubt, verletzte das stofflich-weibliche Rechtsprinzip, dem nun durch Weihung der Stätte des manlischen Hauses die größte Huldigung dargebracht wurde. In dem Beinamen Moneta liegen beide Beziehungen: erstens die zu der Quelle des stofflichen Reichtums, zweitens die zu der mahnenden, strafenden Gerechtigkeit. Überall ist die Mutter der Güter auch die des Rechts, das jene regiert.

Eine merkwürdige Ergänzung zu solcher Auffassung liefert die Verbindung der *ovatio* mit dem weiblichen Naturprinzip. Der Triumph gehört dem patrizischen Staate und dem väterlichen Sonnenprinzip, auf dem dieser beruht. Das wird schon von Livius für Camill aufs bestimmteste hervorgehoben (5, 23). Die ovatio hat einen weiblich-stofflichen Charakter. Sie wird mit Murcia in Verbindung gebracht, durch das tellurische Schafopfer gefeiert, und so oft bewilligt, als die Förmlichkeiten des positiven Rechts irgendeine Ungenauigkeit in der Beachtung zeigen. Dem weiblichen Naturprinzip sind die Bestimmungen des positiven Rechts zuwider. Die ovatio kann mithin als der kleine Triumph des ius naturale, wie der nach der vollkommenen Dreizahl benannte triumphus als jener des positiven patrizischen Staatsrechts bezeichnet werden. Daher nehmen an jenem auch die nicht patrizischen Klassen, insbesondere der Ritterstand, teil. Die Plebs (plethos) wird auf das weiblich-stoffliche Muttertum zurückgeführt, während das Patriziat von dem Vaterrecht und dem patrem ciere [seinen Vater angeben können] seinen Namen und seine höhere Religionsbedeutung herleitet. Ebenso steht Ceres als die große Beschützerin der Plebs da. Die plebeische Gemeinde gehört ihr vorzüglich an, wie auch zu Athen die Volksversammlungen in nächstem Zusammenhang mit Demeter stehen. Dem Cerestempel vertraut die Gemeinde ihre Kasse, ihm die Gesetze und Senatsbeschlüsse, die hier gegen Fälschung sicher sind. Unter Ceres' Schutz tagt die Gemeinde. Der höheren Sonnenweihe, die das Patriziat besitzt, setzt das Volk die Unantastbarkeit der stofflichen Urmutter entgegen. Die plebs tritt von der weiblich-stofflichen Seite in den Staat ein; sie hat also Teilnahme an dem Ius Quiritium, nicht aber an den staatsrechtlichen Befugnissen, die auf der Teilnahme an der höhern väterlichen Weihe, auf dem patrem ciere posse, beruhen. Auf eben diesem Grunde knüpft König Servius, der Muttersohn, die Genossenschaft der Latiner an das aventinische Heiligtum Dianens, die in Italien den Namen Ops führte, an. Nur von der weiblich-stofflichen Seite konnte Rom mit den latinischen Völkern eine Staatsgemeinschaft errichten, nicht von der väterlichen, in welcher das Imperium ruht. Es ist die natürliche, nicht die staatsrechtliche Familie, in welcher das weibliche Element an der Spitze steht. Nach Ops-Diana sind die italischen Opiker genannt, das Volk nach der stofflichen Urmutter, der es entstammt. Denselben Namen könnten wir, ganz im Geiste der alten Zeit, der latinisch-römischen Eidgenossenschaft des aventinischen Heiligtums beilegen. Sie ruht auf der mütterlich-natürlichen, nicht auf der väterlich-staatlichen Grundlage.

So haben wir die Verbindung des Rechts mit dem stofflichen Muttertum für zwei Stufen des Lebens, das tiefere aphroditisch-hetärische und die höhere cerealisch-eheliche, nachgewiesen. Jene entspricht der regellosen Sumpfzeugung, diese dem geordneten Ackerbau. Auf beiden Kulturstufen ist das Naturleben Vorbild und Maß der menschlichen Zustände. Die Natur hat das Recht auf ihren Schoß genommen. Der Ackerbau ist das Prototyp der ehelichen Vereinigung von Mann und Frau. Nicht die Erde ahmt dem Weibe, sondern das Weib der Erde nach. Die Ehe wird von den Alten als ein agrarisches Verhältnis aufgefaßt, die ganze eherechtliche Terminologie von den Ackerbauverhältnissen entlehnt. Alles dies hat nicht nur die Bedeutung bildlicher Redensart, sondern erscheint als Ausfluß der Grundidee, welche den Akkerbau als Vorbild der menschlichen Ehe betrachtet. Daher wird selbst die Entscheidung eherechtlicher Fragen aus dem Ackerbaurecht hergenommen. Jetzt erst erkennen wir die volle Bedeutung jener Nachricht, welche sich im Eingang der Plutarchschen Praecepta coniugalia findet, daß nämlich der Demeter Priesterin sich mit den Neuvermählten in das Brautgemach einschließe und ihnen der Erdmutter Thesmos als höchstes Ehegesetz zu Gemüte führe. Die Ehe ist also ein cerealisches Mysterium, jeder gamos ein telos [jede Vermählung eine Einweihung in das höchste Lebensziel], so daß eheliche Treue bei den eleusinischen Göttern beschworen, Demeter um einen Gemahl angefleht, Ceres Legifera von Dido bei ihrer Hochzeit durch ein Opfer geehrt wird (Aen. 4, 58). Die demetrischen Thesmoi [Satzungen] umfassen das agrarische Recht und ordnen diesem das eheliche unter. Das Mysterium des Saatkorns wird auch das der ehelichen Vereinigung von Mann und Frau. Auf dieser doppelten Grundlage, dem Ackerbau und der ausschließlichen ehelichen Vereinigung, ruht ein Kulturzustand, dessen ganze rechtliche Gestaltung Ausfluß der cerealischen Mütterlichkeit ist. In diesem ausgedehntesten Sinne heißt die Göttin Thesmophoros und Legifera. Nicht nur die ehelichen Thesmoi im eigentlichen

Sinne, sondern alles Recht und alles Gesetz, welches der Kulturstufe des Ackerbaues entspringt, hat seine Quelle in der cerealischen Mutternatur, so daß mit Recht alle leges aere incisae [in Erz geschriebenen Gesetze], welches Inhalts sie immer sein mögen, in dem Cerestempel Aufnahme finden, mit Recht auch die Frauen an der eleusischen Prozession die Gesetzesrollen des Heiligtums tragen.

Wie der Sitten und Gesetze, so wird auch der Städte Ursprung auf Demeter zurückgeführt. Unter cerealischen Gebräuchen werden die Städte gegründet, aus der Erde Mutterschoß erheben sich die Mauern, deren Unverletzlichkeit gerade in jenem Verhältnis zu dem mütterlichen Stoffe wurzelt. Es gibt keinen Teil des Ackerbaulebens, der nicht auf Demeter zurückginge, nicht in der Mütterlichkeit ihrer Natur seine Grundlage hätte. Als Astynome [Stadtschützerin] und Pherepolis [Staatserhalterin] steht sie an der Spitze der Stadt und des ganzen Volksdaseins, der materiellen und der rechtlichen Ordnung des Lebens … Die religiöse Weihe des Muttertums ist die Grundlage dieses ganzen Lebenszustandes. An das Weib knüpft sich das Mysterium, dessen Profanation als eine Rückkehr zu meretricischem Leben aufgefaßt wird. Daher darf an Ceres' Fest weder Vater noch Tochter genannt werden, damit der unentweihte Mysteriencharakter der Mutter durch Erinnerung an Männlichkeit, eheliche Begattung und Vaterrecht keine Störung erleide. Alle cerealische Satzung trägt den Charakter der sanctitas. Dieser liegt in der Unantastbarkeit des Matronentums, in welchem das Recht seinen Grund hat.

Indien

Unter dem Worte ›Alexander‹ wird Kandake [von Suidas] als indische Königin aufgeführt, welche den Makedonier trotz seiner Verkleidung erkannte, und von ihm nun die Zusicherung des Friedens und ungestörten Besitzes ihres

Indien 247

Reiches erhielt. Dasselbe Ereignis wird von mehreren andern Schriftstellern erwähnt (Tzetzes Chil. 3, 885f.; Malalas, Chronogr. 8, p. 194f.).

Nach Poros' Unterwerfung zieht Alexander in die entlegenen Teile Indiens und in Kandakes der Witwe Königreich. Verkleidet nach seiner Sitte, schließt er sich selbst der Gesandtschaft an die Fürstin an. ›Als Kandake dies hörte, ließ sie sich ein Bild seines Gesichts machen, erkannte ihn unter den Königen und sprach: O König Alexander, du hast die Welt in Besitz genommen, und ein Weib hat dich überwunden.‹ Der König, überrascht, schließt Frieden und enthält sich jeder Feindseligkeit gegen die Königin und ihr Land (Georgius Cedrenus, Histor. compend. 1,266 ed. Bonnens).

Die Erzählung des Valerius eröffnet mit einem Briefwechsel. An die alte Verbindung Indiens und Ägyptens erinnernd, fordert Alexander die Kandake zu einem gemeinsamen Besuche des Ammonion und zu gemeinsamer Verehrung des beiden gleich nahe verwandten Gottes, dem Matronen den Dienst versehen, auf. Aber die Fürstin hält ihm des ammonischen Orakels Verbot entgegen und begnügt sich durch reiche Geschenke für beide ihre Freundschaft an den Tag zu legen. Unwiderstehliche Lust ergreift nun den König, die Fürstin selbst zu besuchen. Diese, davon unterrichtet, läßt insgeheim des Fremdlings Bildnis aufnehmen und sichert sich durch dieses Mittel die Möglichkeit späterer Erkennung. Der König selbst sieht sich in der Ausführung seines Planes durch ein unvermutetes Ereignis unterstützt. Von wenigen Reitern begleitet, nähert sich Kandaules, einer von Kandakes Söhnen, dem makedonischen Lager. Ergriffen und vor Ptolemaios Soter geführt, gibt er sich diesem, den er für Alexander hält, zu erkennen, und eröffnet ihm auch Veranlassung und Zweck seines Unternehmens. Kurz zuvor durch amazonische Frauen im Dienste des bebrykischen Häuptlings seiner Gemahlin beraubt, ziehe er hin um für die erlittene Schmach Rache zu nehmen. Alexander, von dem Vorfall unterrichtet, erkennt schnell den Vorteil, den ihm Kandaules' Irrtum darbietet. Ptolemaios wird mit dem königlichen Schmucke angetan. Die Rollen sind gewechselt, Alexander selbst erscheint der Verabredung gemäß unter Antigonos' Namen vor seinem Gebieter in dienender Haltung, und erteilt diesem nach erhaltener Aufforderung den Rat, Kandaules zur Durchführung seines Unternehmens bewaffnete Hilfe zu leisten, um durch solche Tat seiner eigenen Mutter Olympias Ehre zu erhöhen. Der Kriegszug wird beschlossen und auf des falschen Antigonos Rat nächtlicher Überfall der Bebryker verabredet. Kandaules bewundert all' diese Klugheit, die mehr als Gewalt den Erfolg zu sichern geeignet sei, und die niemanden schöner zieren würde als Alexander selbst. Die glückliche Durchführung des Planes führt den König der Erfüllung seines Wunsches entgegen. Auf Kandaules' Gesuch zieht der Befreier des geraubten Weibes hin nach der indischen Königsstadt, um von Kandake selbst die verdiente Belohnung zu erhalten. Doch Alexanders Klugheit wird durch des Weibes höhere List vereitelt. Erstaunt über die Pracht der königlichen Gemächer, in welchen ihn die Fürstin herumführt, vernimmt er plötzlich aus Kandakes Mund seinen wahren Namen, hilflos steht er dem Weibe gegenüber, das im Wettkampf der Schlauheit entschiedenen Sieg über den Helden des Kriegs davongetragen hat. Beruhigt durch die Zusicherung des Geheimnisses, sieht er plötzlich eine neue gefährliche Verwicklung sich vorbereiten; denn Choragos, Kandakes jüngerer Sohn, verlangt von der Mutter das Leben des Abgesandten und blutige Rache für Poros', seines Schwiegervaters, Mord durch den Makedonier. Die Entzweiung der Söhne steigert sich bis zur Anrufung der Waffen. Kandaules gedenkt nur der empfangenen Wohltat, Choragos nur seines häuslichen Verlustes. Kandake, erschreckt durch der Söhne Hader und unfähig, selbst einen Ausweg zu finden, nimmt nun ihre Zuflucht zu Alexanders größerer Weisheit, von der sie allein noch Rettung erwartet. Der König rechtfertigt seinen Ruf. Er erkauft seine Rettung durch das Versprechen, Alexander selbst zum Empfang der

Indien

Geschenke herzusenden, und so den Verhaßten in Choragos' Hände zu liefern. Versöhnt huldigen die eben noch entzweiten Brüder dem nicht erkannten Fremdling. Kandake sieht sich jetzt durch ihres Gastes Klugheit übertroffen. Voll Bewunderung bekennt sie, daß Alexander nicht sowohl durch kriegerische Tapferkeit als im Ruhme der Klugheit allen Völkern vorleuchte. Ihn wünscht sie sich zum Sohne; als Alexanders Mutter, spricht sie, wäre ihr die Weltherrschaft gesichert. Mit Krone und allen Zeichen des Königtums von dem Weibe insgeheim ausgerüstet, tritt der Held, von Kandakes Satrapen geleitet, den Rückweg an.

Aber noch eine weit höhere Belohnung bleibt ihm vorbehalten. Denn in dem Tempel der Götter wird er von den Himmlischen als der Ihrige begrüßt. Beim Eintritt in das Heiligtum wird Alexander von Sesonchosis-Sesostris mit der Verheißung zukünftiger Unsterblichkeit so angeredet: ›Ich bin jener Sesonchosis: doch wie du siehst, feiere ich, zu Tische gezogen, den Zölibat mit den Göttern, was in jedem Fall auch deiner harrt‹ (J.Val. 1, 36). Das Wort celibatus steht hier als Bezeichnung des weiberlosen Daseins, das die zur Unsterblichkeit erhobenen Helden erwartet, wie Sarapis nun selbst ohne Isis erscheint. Die Entfernung des weiblichen Prinzips steht hier mit der Erhebung zur Unsterblichkeit in Verbindung. Über die Grenzen der wechselnden Welt der Erscheinung vermag das stoffliche Weib dem Manne nicht zu folgen. In der Region des wechsellosen Seins waltet nur der männliche Gott. Hier hat Sarapis seine sterbliche Natur abgelegt und die Verbindung mit Isis aufgegeben. Hier ist Sesonchosis weiberlos, während er im Leben auch der weiblichen kteis und dem titulus femineus [weiblichen Zeichen] huldigte. Hier wird Alexander mit jenen ewigen Zölibat feiern und *allein* in seiner Stadt stete Verehrung linden. Mit der Ablegung der sterblichen Natur verschwindet die Verbindung mit dem Weibe, und die geschlechtliche Mischung wird dem Zölibat geopfert.

Diese höchste Stufe der Reinheit eines ganz geistigen Daseins ist die apollinische, wie sie dem delphischen Gotte beigelegt wird; denn dieser thront an der Quelle des nicht zeugenden Lichts in ewig gleicher Klarheit und Selbstgenügsamkeit. Dort naht sich, wie wir nach Plutarch und Euripides früher sahen, dem Heiligsten seines Tempels kein weißer weiblicher Fuß. Dieser reinen Natur des Delphiers ist jenes Orakel entsprungen, mit welchem Ptolemaios' Gesandte entlassen werden: den Apollonvater sollten sie nach Alexandreia überführen, die Schwester aber zu Sinope zurücklassen [Plutarch, De soll. an.]. Darin liegt einerseits eine nicht zu verkennende Parallele mit der Weiberlosigkeit der Unsterblichen; andererseits ein Widerstreben des delphischen Orakels gegen die Absicht des Ptolemaios und seiner Ratgeber, die, um politischen Zwecken zu genügen, einen Anschluß der Hellenen an die Stofflichkeit der alten Nilreligion und an das weibliche Isisprinzip beabsichtigten. Sollte Delphi einwilligen, so konnte es nur unter Geltendmachung des höhern apollinischen Gesichtspunktes geschehen. Wie sehr dieser festgehalten wurde, zeigt schon die Bezeichnung des Sinope-Bildes als Apollonvater, die der Kore (wonach Apollon Koros) als Apollonschwester. Anknüpfungspunkt hierfür bot des hyperboreischen Apollon Verknüpfung mit Sinope, aber während er hier selbst als phallisch zeugender Bezwinger der Amazonen, zu denen auch Sinope gezählt wird, bekannt war, sollte er nun die frühere und tiefere Stufe seiner Natur mit höherer Göttlichkeit vertauschen, und aus dem weiblichen Verbande befreit als Delphier den Ptolemaiern in ihrem neuen Reiche zur Stütze dienen.

So vereinigt sich alles, die Verheißung eines ewigen weiberlosen Daseins, wie es Alexander durch Sesonchosis vorausgesagt wird, als einen absichtlichen und bedeutsamen Zug des Mythus hinzustellen. Die Zusage der Unsterblichkeit und eines ewigen Zölibats erscheint als unmittelbare Folge des von dem König über die meroïtische Fürstin davongetragenen Sieges. Die innere Beziehung beider Ereignisse liegt auf der Hand. Im Wettkampf mit dem Weibe hat Alexander seine geistige Superiorität dargetan. Er ist den Nachstellungen Kandakes entgangen und hat durch seine höhere Klugheit des Weibes Bewunderung erregt. Jetzt ist ihm Unsterblichkeit gesichert, denn diese wird dem Geiste zuteil und trägt notwendig Zölibat in sich.

Durch diesen Zusammenhang wird uns nun der richtige Gesichtspunkt zur Beurteilung des Kandake-Mythus eröffnet. In ihm erblicken wir den Kampf zwischen dem höhern männlichen und dem tiefern weiblichen Prinzip. Im Orient begegnen sich beide. Kandake ist die Vertreterin des mütterlichen Rechts, wie es zumal in Ägypten und Aethiopien Anerkennung fand; ihr gegenüber erscheint Alexander als Träger eines höheren Gesichtspunkts, dem jener erstere untergeordnet wird.

Es ist uns nicht mehr möglich, zu erforschen, ob jene Begegnung auf irgendeinem bestimmten Ereignis beruht und dann durch fabelhafte Zutat allen jenen Schmuck erhielt, in welchem sie bei Pseudo-Kallisthenes auftritt. Gehört dies auch keineswegs zu den Unmöglichkeiten, so bietet doch keiner der Geschichtsschreiber Alexanders, weder Diodor noch Plutarch, noch Curtius, noch Arrian, noch Justin den geringsten Anhaltspunkt. Sind wir dadurch genötigt, die ganze Erzählung als durchaus fabelhaft zu bezeichnen, so wird dieser Charakter ihre Bedeutung nicht zerstören, sondern vielmehr erhöhen. Denn jetzt erscheint der Mythus nicht als Einkleidung irgendeines einzelnen auf sich selbst beschränkten Ereignisses, sondern als Ausdruck einer großen allgemeinen Zeiterscheinung, die in Gestalt eines einzelnen faktischen Begegnisses gedacht, ausgesprochen und überliefert wird. Wir haben also zwei Punkte wohl zu unterscheiden, die Form der Erzählung und den Inhalt oder die Idee derselben. Die Form liegt in der Fiktion eines einzelnen bestimmten Ereignisses, das seinen faktischen Verlauf nimmt und durch eine Verkettung von Umständen sowie durch das Eingreifen einer Mehrzahl von Personen seinem Schlusse entgegengeführt wird. Dieser formelle Teil muß als Erdichtung, als Fabel, als Märchen oder wie immer man solche Fiktionen frei erfindender Phantasie bezeichnen mag, aufgeopfert und aus der Reihe der geschichtlichen Wahrheiten ausgeschlossen werden. Für den leitenden Gedanken der Erzählung aber gilt ein anderer Maßstab. Dieser behält seine Bedeutung, auch wenn das Gewand, in welches er eingekleidet erscheint, keiner Beachtung wert sein sollte. Ja abgelöst von jedem einzelnen Ereignisse, gewinnt er die größere Dimension einer allgemeinen, nicht an bestimmte Örtlichkeiten oder einzelne Personen geknüpften Geschichtlichkeit. In diesem Sinne hat auch der Kandake-Mythus hohe historische Bedeutung.

Alexanders Eintritt in die Länder des afrikanischen und asiatischen Orients führte die Begegnung verschiedener Religionen, verschiedener Anschauungen und Zivilisationen herbei. Zwei Welten treten sich unter die Augen und werden sich in ihren innern Gegensätzlichkeiten jetzt erst recht bewußt. Je schneller derjenige, der diesen Zusammenstoß herbeigeführt hatte, von dem Schauplatze abtrat, desto größerer Spielraum blieb der Tätigkeit des Volksgeistes eröffnet, und dieser ist es, der in so vielen Wundererzählungen seine Anschauung von dem zwischen Orient und Okzident, griechischen und asiatischen Einrichtungen eröffneten Kampfe niederlegte. Darum ist Alexanders Geschichte mehr als irgendeine andere schon an ihrer Quelle aus Wahrheit und Dichtung zusammengesetzt, so daß kein Mensch die Furche zu bestimmen vermag, welche faktische Geschichtlichkeit und Bildungen der Tradition voneinander scheidet. Das Werk, das der Held begonnen, erhielt in dem Volksgeiste seine Fortsetzung und Entwicklung. Was er erschuf, schildert uns am besten, in welchem Lichte die Zeitgenossen und ihre ersten Nachfolger Alexanders Bedeutung für die von ihm durchzogenen Länder auffaßten, und welche Stellung sie ihm und seinen Taten zu den einheimischen Zuständen, Sitten und Einrichtungen anwiesen. In die Zahl der bedeutsamsten Traditionen dieser Art gehört die Dichtung von Alexanders Begegnung mit Kandake. Ihre Entstehung hat sie ohne Zweifel in Ägypten erhalten. Gerade hier mußte sich die Frage von der Stellung des mächtigen Eroberers zu den einheimischen Anschauungen von dem höhern Rechte des weiblichen Geschlechts vorzugsweise darbieten ... Das Wichtigste ist die innere Anlage der Erzählung. Der wahre und einzig richtige Maßstab ihrer Beurteilung liegt nur in ihr selbst. Und da ist es nun äußerst beachtenswert, daß sie in allen ihren Teilen den Standpunkt des Mutterrechts festhält, und nicht nur den Namen Kandake [›Mutter Erde‹], sondern auch die damit verbundene Bedeutung und das ihn umgebende System der Gynaikokratie sich zu eigen macht.

Lesbos

Viel Rätselhaftes birgt Sapphos Heimat. Ohne Erfolg hat die Altertumswissenschaft um das Verständnis der lesbischen Dinge gerungen. Staunend, aber hilflos stehen unsere Schriftsteller vor dem Kreise jener mit männlichem Bemühen aus dem Dunkel des Privatlebens hervortretenden Dichterinnen, an deren Spitze Sapphos bewunderter Name glänzt. Lob und Tadel haben abwechselnd um den Preis gestritten, und zum Maßstab des Urteils die sittlichen Begriffe des Christentums auserkoren. Die einen sprechen das Verdammungsurteil, die andern erschöpfen sich in Lobeserhebungen, die gegenüber den kurzen aber mächtigen Aussprüchen eines Plutarch und Horaz immer noch frostig erscheinen (Erotic. 18; Od. 4, 9, 10). Beides gleich grundlos, und für das Verständnis ohne Frucht. Unbestreitbar ist es nun allerdings, daß keine geschichtliche Erscheinung völlig erklärt werden kann, am wenigsten das, was in seiner Art das Höchste ist, und auf diesen Ruhm hat Sappho nach dem einstimmigen Zeugnis des ganzen Altertums den vollsten Anspruch. Ihr gegenüber fühlen wir stärker als sonst die Ohnmacht eines Wissens, das meist nur an Äußerlichkeiten hinanreicht. Aber das Wenige, das erreicht werden kann, ist nicht geleistet worden. Einen Anknüpfungspunkt für die Erscheinung der lesbischen Frauen hat man in der besondern Naturanlage des pelasgischen und aiolischen Stammes, in den gynaikokratischen Einrichtungen der italischen und griechischen Lokrer, endlich in der hohen Selbständigkeit der dorischen, besonders der spartanischen Weiber gesucht. Unzweifelhaft haben alle diese Gesichtspunkte Gewicht und Berechtigung. Aber derjenige, der die meiste Belehrung in sich schließt, ist unter ihnen nicht enthalten. Wir haben ihn bei der Betrachtung des dionysischen Frauenlebens angedeutet. Er liegt in der *orphischen Religion*, an welche sich das lesbische Frauenleben überhaupt anschließt, und von deren Geist die aiolische von dem Weibe mit höherer Auszeichnung als von dem Manne gepflegte Lyrik durchdrungen ist.

Ich kann mich der Aufgabe überheben, die Reihe der Zeugnisse über die hervorragende Bedeutung des bakchischen Kults auf Lesbos einzeln zu prüfen. Aber reich an Belehrung ist der Mythus, welcher den lesbischen Musenruhm auf die freundliche Aufnahme und Bestattung des aus dem thrakischen Hebros singend an dem Inselgestade anlangenden Orpheushauptes zurückführt. Nach der unerfreulichen Betrachtungsweise unserer Tage wird auch dieser, wie so vieles andere, als eine durch spätere Zustände veranlagte Rückwärtsdichtung behandelt. Wir wollen darüber nicht rechten. Welche Entstehung und welches Alter die Sage auch haben mag: dafür, daß Lesbos als einer der berühmtesten Sitze der dionysischen Orphik betrachtet wurde, bleibt sie, wie diejenige von Terpanders Besitz der orphischen Lyra, und Pythagoras' lesbischem Aufenthalt immer gleich beweisend. So sehr die Berichte in einzelnen Punkten voneinander abweichen, so stimmen sie doch in der Hauptsache, dem Anschluß der lesbischen an die orphisch-thrakische Muse völlig überein. Besonders belehrend wird die Verbindung beider Länder durch das entgegengesetzte Verhalten der thrakischen und der lesbischen Frauen. Während jene der orphischen Lehre feind-

Lesbos

lich entgegentreten, findet sie bei diesen freudige Aufnahme und ihre schönste Entwicklung. Durch die Thrakerinnen wird Orpheus dem Tode geweiht, aber Lesbos bereitet seinem sangreichen Haupte in aiolischer Erde willig das Grab.

Indem der Mythus die Greueltat der kikonischen Mütter mit den Brandmalen der Haut in Zusammenhang bringt, gibt er uns das sicherste Mittel an die Hand, der Grundidee, welcher er folgt, näherzutreten. Die Tätowierung der thrakischen Frauen wird vielfältig und noch für sehr späte Zeiten bezeugt. In ihrer Beschränkung auf die Frauen erscheint die Tätowierung als ein Ausdruck des mütterlichen Adels, als *synthema tes eugeneias* [Zeichen der Wohlgeborenheit], wie dies Chrysostomos [Or. 14, 19] mit besonderer Bestimmtheit hervorhebt. Nur die Königin und die freien Frauen zeigen das Stigma. Ausgedehnt auf die Knaben wird es das Merkmal des von mütterlicher Seite auf sie übertragenen Adels. Die hervorragende Stellung der Mutter erscheint hier wieder als Teil einer tiefern, rein materiellen Stufe des Daseins. Sie verbindet sich mit hetärischen Geschlechtsverhältnissen, mit der Anwendung der Mantelspangen zur Einritzung der Zeichen, worin nach früher schon mitgeteilten Beweisen die Idee der Geschlechtsmischung vorherrscht, endlich mit der Lambdaform der Stigmata, welche, dem Kreuze sich anschließend, nach einer über die Mehrzahl der Völker alter und neuer Welt verbreiteten Symbolik den Zeugungsakt versinnbildet.

Dieser tiefern Religionsstufe tritt Orpheus feindlich entgegen. Die reinere Lichtlehre, welche der apollinische Priester verkündet, erregt der Frauen Rache und entflammt sie zu der Bluttat. Darin, daß das weibliche Geschlecht der Einführung der gereinigten Lehre widerstand, stimmen sämtliche Zeugnisse überein. Alle Wendungen der Sage beherrscht der Gedanke an einen tiefen Widerstreit der neuen Religion mit den Rechten der Weiber. Vom Standpunkt der höhern Lehre mußte nun die Tätowierung der Frauen als eine Strafe für den geleisteten Widerstand erscheinen. Was seinem Ursprunge nach ein Zeichen der ›Wohlgeborenheit‹ war, gestaltete sich jetzt zum Merkmal der Schande und des Verbrechens. Darin findet der Mythus, welcher die Stigmata auf Orpheus' Ermordung zurückführt, seine Erklärung, nicht minder die Beschränkung der Tätowierung auf die Sklaven bei den Geten, und der Gesichtspunkt des bloßen Schmuckes, welchen Klearch und Eustath als den zuletzt allein maßgebenden betonen, volle Rechtfertigung.

Gewinnt somit die von Phanokles (Stobaeus Floril. 62) am ausführlichsten mitgeteilte Sage ihre Verständlichkeit, so treten nun auch die *arrenes erotes* [die Männerlieben] in ihrer ganzen Bedeutung hervor. Sie erscheinen als Gegensatz der auf das Weib gerichteten rein sinnlich-geschlechtlichen Begierde. Durch Orpheus wird dem mächtigsten der Triebe eine neue, edlere Richtung gegeben. Auf die arrenes erotes gründet der apollinische Prophet die Erhebung des Menschengeschlechts aus dem Sumpfe hetärischer Sinnenlust zu einer höhern Stufe des Daseins. Nicht Sinnlichkeit der Liebe, an welche Ovid, der Genosse einer entarteten Zeit, allein denkt (Met. 10, 83f.), sondern Erhebung über dieselbe, Ersetzung des gemeinen durch den höhern Eros, Erzeugung der sittlichen Scham ist der Gedanke der Männerliebe in seiner ursprünglichen Reinheit. In der Geschichte der Religion nimmt sie eine wichtige Stelle ein. Wir haben sie oben in Verbindung mit Pelops gefunden, und Pelops gehört auch Mytilene an. Dem achaiischen Helden tritt Chrysipp in derselben Stellung zur Seite, welche Ganymed neben Zeus, Pelops selbst neben Poseidon einnimmt, und die Knabenliebe der Kreter, Eleier, Megarer, Thebaner, Chalkidier, so wie jene der Phryger mag ursprünglich dieselbe Religionsbedeutung gehabt haben. Je rätselhafter diese Erscheinung uns entgegentritt, um so dringender ist die Aufforderung, nur den Zeugnissen der Geschichte zu folgen. Als Beförderung der Tugend wurde der männliche Eros von den Alten, insbesondere den Aiolern und den Dorern, die ich nur als eine besondere Entwicklung jener betrachten kann, in ihr öffentliches Leben aufgenommen (Plutarch, Lykurg 18), und noch von Spätern in demselben Lichte betrachtet, in welchem ihn Orpheus zum Ausgangspunkte eines höhern apollinischen Daseins machte. An die arrenes erotes knüpft Sokrates die erste Erhebung des Menschen an, in ihnen erkennt er die Befreiung von der Herrschaft des Stoffes, den Übergang von dem Leibe zur Seele, in welchem die Liebe sich über den geschlechtlichen Trieb erhebt; er erklärt sie deshalb als das beste Mittel, sich der Vollkommenheit zu nähern (Sympos. p. 211 b). In die gleiche Auffassung stimmt Xenophon ein; ein großer Teil der Gespräche, mit welchen die Freunde das von Kallias seinem geliebten Autolykos gegebene Gastmahl würzen, bewegt sich um dieselbe Frage und vertritt die gleiche Auffassung. Bei beiden Schriftstellern kehrt der Gedanke, aus welchem der Widerstand der Thrakerinnen hergeleitet wird, mit der größten Bestimmtheit wieder.

Die orphischen arrenes erotes erhalten dadurch ihre gesicherte Stellung in der Entwicklung des Menschengeschlechts zu höherer Gesittung. Jetzt erscheint das Verhältnis der thrakischen und der lesbischen Welt in seiner vollen Bedeutung. Die thrakischen Weiber treten der orphischen Lehre feindlich entgegen und bleiben der sinnlichen Stufe ihres Daseins getreu; die Lesbierinnen dagegen erwählen, entgegen den früheren amazonischen Zuständen ihrer Insel, orphisches Leben und verdanken diesem jene höhere Entfaltung ihres Geistes, welche in Sappho und dem sie umgebenden weiblichen Kreise den Gipfelpunkt erreicht. Am bedeutungsvollsten erscheinen in der sapphischen Poesie Aphrodite und Eros, und wie sich hierin der Anschluß an den ältesten samothrakisch-orphischen Religionskreis offenbart, so erkennt auch die Entwicklung, welche die lesbische Lyrik beiden Gestalten leiht, den orphischen Religionsgedanken als ihren leitenden Stern. Abgerissen von diesem Hintergrunde bleibt die Erscheinung der lesbischen Frauen ein unnahbares Rätsel, in Verbindung mit dem angegebenen kultlichen Gedanken dagegen werden die befremdlichsten Erscheinungen verständlich.

Den orphischen arrenes erotes tritt das Liebesverhältnis des Weibes zu seinem eigenen Geschlechte gleichartig zur Seite. Erhebung aus den tiefern Stufen der Sinnlichkeit, Läuterung der physischen zu psychischer Schönheit ist auch hier das einzige Ziel. Auf Erziehung ihres Geschlechts ist Sapphos Bestreben gerichtet, daraus entstehen alle Freuden und Leiden ihrer durch Eros zu stets neuem Wirken und Schaffen, Ringen und Jagen begeisterten Seele. Ist es nicht die Stimme der sorglichen Mutter, sondern die Erregung der Leidenschaft, aus welcher ihre Feuerworte hervorgehen, so hat diese erotische das Sinnliche und Übersinnliche, Leibliche und Psychische mit gleichem Ungestüm erfassende Begeisterung ihre letzte und reichste Quelle doch nur in der Religion. Was sich ewig auszuschließen scheint, Liebe und Geschlechtsgleichheit, tritt jetzt in den innigsten Verein. Mit ruheloser bebender Seele wirbt Sappho um die Gegenliebe der Mädchen ihres Volks; sie, die größere, bemüht sich dienend um die geringern. Und nicht einer allein widmet sie ihre Sorge, zu allen treibt sie Eros; die Erhebung und Erziehung des ganzen Geschlechts ist ihre Aufgabe. Wo immer sie leibliche Schönheit findet, da treibt sie Eros, auch die geistige zu erzeugen. Seine Tat sind ihre Lieder, seine Wirkung der Wahnsinn ihres Herzens, der Größeres wirkt als menschlich-nüchterne Besonnenheit.

Der religiösen Natur dieser Erregung entspricht das Ziel, auf welches die Dichterin immer und immer wieder hinweist. Dem Ungeregelten, dem Anmutlosen selbst in der Kleidung und äußeren Erscheinung tritt sie entgegen; ihr ist die Schönheit nur *eine*, der Mittelpunkt ihrer ganzen Geisteswelt, der Ausgangspunkt jeder Veredlung. Aber über der leiblichen wird die geistige gepriesen und als letztes Ziel des Strebens hingestellt. Allem Hetärischen, jeder die Harmonie orphischen Lebens störenden Leidenschaft tritt sie strafend entgegen, der züchtige Blick ist ihr Beweis der innern Zucht der Seele, die sie als den höchsten Schmuck des Weibes preist. So von den niedern zu den höhern Erscheinungen aufsteigend, das Körperliche vergeistigend und das sinnliche Leben selbst zur Grundlage des psychischen erhebend, führt sie das Mädchen über die Grenzen des leiblichen Daseins hinaus, eröffnet ihm den Blick in die Unsterblichkeit, die dem höhern Eros angehört, zeigt ihm unter dem Bilde des Goldes den bleibenden Wert jener Schönheit, die weder der Wurm noch der Rost zu zerstören vermag, und entflammt so in des Weibes Seele die Sehnsucht nach der Ewigkeit des Nachruhms, den ihr selbst die Musen, des Vaters goldenes Haus verlassend, durch das Geschenk ihrer Werke gesichert haben. Vor diesem Gedanken erscheint ihr kleinlich alles, was sie sonst wert hielt, und echt mädchenhaft anpries, Geschmeide, Reichtum, jeder Schmuck des äußern süßen Daseins. Wie bejammert sie die reiche Frau, deren Seele, von keinem höhern Streben edel gehoben, ohne Anteil an den Rosen aus Pierien, unter den dunkeln Schatten lautlos und vergessen dahinflattern wird. Am höchsten aber führt sie Eros empor, wenn er, ihre Seele beschwingend, sie über die Trauer des Todes hinweghebt. Dem höchsten Gedanken der orphischen Religion leiht sie Ausdruck, wenn sie es für Sünde erklärt, in dem musendienenden Hause Klage anzustimmen über den Untergang, da doch des apollinischen Propheten [Orpheus] erstorbenes Haupt von der Lyra getragen singend an ihrer Insel Gestade antrieb. ›Ach daß ich, solch Lied hörend, stürbe‹, war Solons Wunsch (Aelian ap. Stob. 29, 58).

Wie weit sind hinter dieser Erhebung diejenigen zurückgeblieben, die in jenem Gedanken nichts als einen neuen Ausdruck des unzerstörbaren Hanges zu stets heiterm Lebensgenuß, den man als den hervorstechenden Zug der sapphischen Lyrik betrachtet, zu erkennen vermögen. So hat die Vernachlässigung der religiösen Idee, welche die lesbische Lyrik durchdringt, die Betrachtung um ihre schönste Frucht betrogen. In der richtigen Auffassung der höhern Mysterienidee, worauf sich auch Sapphos Gesang über Selenes Liebe zu Endymion bezieht, liegt der Schlüssel zu der Erklärung der merkwürdigsten Seite, welche die aiolische Muse darbietet.

Einerseits Wehmut, Klage, Schmerz über den steten Untergang alles Lebens, andererseits die Zuversicht der Unsterblichkeit, welche die Trauer verbannt: in welchem Gedanken findet dieser Widerspruch seine Lösung? Aber die orphische Religion bietet das gleiche Janusgesicht; auf dem einen Antlitz thronen Schmerz und Klage, auf dem andern frohe Zuversicht und Freudigkeit, beide geeint in dem Gedanken, daß über dem steten Untergang alles tellurischen Daseins die Ewigkeit des uranischen Lebens versöhnend wohnt …

Der orphische Charakter der sapphischen Muse begründet jene religiöse Weihe, welche die Alten der Dichterin beilegen. Sprechender noch als dies ist die Art, wie Sokrates der lesbischen Dichterin gedenkt. Im Phaidros (p. 235) nennt er Sappho die Schöne an der Spitze derer, die sein volles Herz wie Ströme ein Gefäß erfüllt, und ihm den Stoff zu seiner begeisterten Lobrede auf Eros geliefert hätten. Als Offenbarung jenes wunderbaren Weibes stellt er all seine Kenntnis von dem höhern Wesen des orphischen Gottes dar, und mit dieser Auffassung stimmt der mystische Flug der Rede, in welcher er das erkundete Geheimnis mitteilt, nicht weniger die echt vestalische Würde, in der Sappho auf Bildwerken erscheint, vollkommen überein. Wie er aber hier in erster Linie der weisen Sappho gedenkt, so legt er im Gastmahl den höchsten, geheimnisreichsten Teil seiner Liebeslehre der Mantineierin Diotima in den Mund. Zu ihr wandelt er, um das ihm selbst Verschlossene zu erkunden. Vor ihrer höhern Weisheit beugt er sich wie vor einer begeisterten Pythia, ohne Scheu es bekennend, daß er nur mit Mühe in die Tiefen des Mysteriums zu folgen vermöge (Symp. p. 210). Beide Frauen tragen denselben Charakter, beiden leiht Sokrates dieselbe Erhabenheit, dieselbe Unmittelbarkeit der Erkenntnis, denselben priesterlich-wahrsagenden Charakter. Ganz religiöser Natur ist ihre Erscheinung und all ihr Wissen, mysteriös der Gott, dessen höchstes Wesen sie enthüllen, mysteriös der Flug ihrer Rede, mysteriös die Quelle ihrer Begeisterung. Die Erhabenheit des Weibes ist eine Folge seiner Stellung zu der Geheimlehre. Der Frau ist das Mysterium anvertraut, von ihr bewahrt, von ihr verwaltet, von ihr dem Manne mitgeteilt.

So zu gleicher Zeit Dichterin des Natur- und des Frauenlebens, umschließt Sappho in der Welt ihrer Gefühle alle Seiten der Göttin, der sie dient, mit welcher sie daher auch in der Volkstradition von dem jetzt menschlich gedachten Phaon und dem leukadischen Sprung zu *einer* Gestalt verschmolzen erscheint. Die Stufe der Geistesentwicklung, die sich in ihr offenbart und das Wesen der aiolischen Welt überhaupt bildet, ist jener Mittelzustand, den im Kosmos der Mond zwischen Sonne und Erde, im Menschen Psyche zwischen Nous und Soma einnimmt, den auch Diotima dem Eros beilegt; denn nicht häßlich und nicht schön nennt sie ihn, sondern etwas zwischen beiden, nicht sterblich und nicht unsterblich, sondern zwischen beiden, nicht Mensch und nicht Gott, sondern beides, nicht weise und nicht unverständig, sondern philosophisch mitten inne, nicht einheitlich und absolut rein, sondern von doppelter Herkunft. Gleich dem Monde zweier Welten verschiedenes Gesetz in sich vereinigend, ist die aiolische Kulturstufe nicht Überwindung des weiblich-stofflichen Prinzips, sondern Läuterung und Verklärung desselben, daher auch auf ihrer größten Höhe gekennzeichnet durch Endlichkeit und eine gewisse Einförmigkeit der Empfindung, sinnlicher Gebundenheit verfallen, weniger durch Schärfe und Freiheit der Umrisse als durch ahnungsreiche Gefühle ausgezeichnet, mehr beherrscht durch Triebe als durch Reflexion, stets verfallen dem ›doppelten Sinn‹ und der Gefahr jenes den Frauen eigentümlichen ziellosen Ringens, über das Sappho klagt, schwebend zwischen ›Raserei‹ und ›Besonnenheit‹, zwischen ›Üppigkeit‹ und ›Tugend‹, mithin in allem weiblich-stofflich, nicht väterlich-apollinisch, ganz beherrscht von Aphrodite, an ihrer Größe und Beschränktheit zugleich teilnehmend, mit ihr wandelnd auf derselben Schwindelhöhe, wo Glut und Vernunft in ewigem Streit sich das Gegengewicht halten.

Die Sage von Tanaquil

Eine Untersuchung über den Orientalismus in Rom und Italien

Vorrede und Einleitung

Ist die Kultur Italiens autochthon oder von außen dem Lande zugeführt? Haben wir von fremden Einflüssen nur den des Hellenismus anzuerkennen oder gibt es eine ältere orientalische Periode? Das ist die Frage, deren Lösung das vorliegende Werk verfolgt. Niemand wird ihre Berechtigung in Abrede stellen. Hängt doch der richtige Gesichtspunkt für die Behandlung der späteren Geschichte wesentlich von der Auffassung der Ursprünge ab. Größere Bedenken erregt die Frage nach der Möglichkeit einer unzweideutigen Lösung. Kann eine Zeit, die mit den Traditionen des Altertums längst gründlich aufgeräumt zu haben sich rühmt, den Berichten über asiatische Einwanderungen irgendeinen Wert zuerkennen? Was hilft es, darauf hinzuweisen, daß die Übereinstimmung der römischen mit der etruskischen Überlieferung und beider mit einer Mehrzahl kleinerer Sagenkreise dem Glauben der beiden wichtigsten Völker Italiens an ihren orientalischen Ursprung erhöhte Wahrscheinlichkeit leiht? Was auch, wenn wir noch so sehr betonen, daß eben diese Völker ihre asiatische Abstammung nicht nur einmal gewußt, sondern auch niemals vergessen und durch alle Wandlungen ihrer Schicksale hindurch mit gleicher Treue bewahrt haben? Über die Anerkennung solcher direkter Beweise ist die kritische Aufklärung unserer Zeit längst hinweggeschritten, und keiner der vielen, die auf Verstand und Talent Anspruch machen, dürfte es wagen, ihnen Gehör zu schenken oder gar ein entscheidendes Gewicht beizulegen. Was man verlangt, ist der Beweis des Beweises, und für diesen notwendigerweise ein erhöhter Grad der Zuverlässigkeit.

Da nun auf solchem Wege nicht weiterzukommen ist, so sieht sich die Forschung auf die Denkmäler als einziges Mittel der Aufklärung verwiesen. Wer wollte auch leugnen, daß Schrift, Sprache, Bauwerke und die mannigfaltigen Schöpfungen der Kunst über Art und Herkunft eines Volkes manchen Aufschluß zu geben vermögen? Gehört doch das Verfahren durch Vergleichung auf allen Gebieten der Wissenschaft zu den erfolgreichsten Werkzeugen des menschlichen Geistes. Aber hier erheben sich neue Schwierigkeiten, teils solche, die aus dem erhaltenen Material, teils andere, die aus den Forderungen des Zeitgeistes entspringen. Was kann die Sprachvergleichung helfen, wo es an hinreichenden Monumenten fehlt? Was Etrurien uns bieten, solange dessen wenig zahlreiche linguistische Reste dunkler sind als die des Euphrat- und Tigrislandes? Zwar stehen die Baudenkmäler und die übrigen Nachlaßstücke, durch welche untergegangene Völker zu den späteren Zeiten reden, in weit größerer Fülle unserer Prüfung zu Gebot, und bei ihnen gibt es weder eine Schwierigkeit der Entzifferung noch erhebliche Bedenken der Fälschung: aber den Anforderungen des Zeitgeistes genügen auch sie nicht. Weder der Nachweis eines unbestreitbaren orientalischen Einflusses in der Wahl mancher mythischen Darstellungen, in zahlreichen Kunstformen, in Auffassung und Darstellung göttlicher Wesen, in den Maß- und Gewichtssystemen, noch die Autorität der geprüftesten, ausdauerndsten und unabhängigsten Beobachter der Originalwerke, eines G. Conestabile, Noël des Vergers, J. de Witte, Micali in seiner späteren Zeit, hat bis heute dem Orientalismus Etruriens irgendeinen Sieg über entgegengesetzte Geschichtssysteme oder erheblichen Einfluß auf unsere Studien zu erringen vermocht. Fehlt es den Verfechtern des Hellenismus an andern Einwendungen, so gilt ihnen die gewöhnliche Beschränkung der akademischen Studien auf das Griechische als hinreichender Grund gegen die Statthaftigkeit ferner liegender Parallelen.

So sehen wir uns um diejenigen Prüfungsmittel betrogen, auf welche die weitestgehenden Hoffnungen sich bauen ließen ... Aber wie aus keiner unserer Geschichtsquellen trotz jahrhundertelanger Benutzung alles gezogen worden ist, was sie enthält, so gibt es auch keine grundlegende Tatsache, deren Wahrheit oder Unwahrheit schon an allen uns zugänglichen Mitteln geprüft worden wäre. Außer der Sprache und den Werken von Menschenhand bietet der vergleichenden Forschung noch eine dritte Klasse von Denkmälern: der Mythus, sich dar. Ja, dieser erteilt über die Frage des Kulturzusammenhangs unter den einzelnen Völkern die reichsten und zugleich die zuverlässigsten Aufklärungen. Denn wenn auswandernde Stämme nicht selten mit der Heimat auch die Sprache wechseln oder infolge schneller Rassenmischung sie bis zur Unkenntlichkeit entstellen, wenn andererseits die Produkte der Kunst und des Gewerbefleißes von den Einflüssen örtlicher und klimatischer Umstände in besonderem Grade abhängig sind, so ändert dagegen kein Volk mit den Sitzen auch seinen Gott, seine religiösen Grundanschauungen und seine überlieferten kultlichen Gebräuche. Der Mythus aber ist nichts anderes als die Darstellung der Volkserlebnisse im Lichte des religiösen Glaubens. Woraus der völlig sichere Schluß sich ergibt, daß die Übereinstimmung der Sagenidee und Sagenform für weitentlegene Länder einen Kulturzusammenhang dartut, der seinerseits ohne eine Wanderung der Völker unerklärt bleiben würde.

Die unglaubliche Wut, mit welcher Rom Etrurien vernichtet und alle Spuren seiner Gesittung vertilgt hat, ist nicht imstande gewesen, uns jedes Denkmal solcher Art zu entziehen. Nach dem Untergange des Volkes, seiner gesamten Literatur, selbst seiner Sprache hat sich in der römischen Geschichte ein Stück der etruskischen erhalten. Während eines Jahrhunderts ist das später siegreiche Volk eine Dependenz des zuletzt besiegten. Drei gewaltige Fürsten etruskischer Abstammung [Tarquinius Priscus, Servius Tullius und Tarquinius Superbus] schließen die Reihe der römischen Könige. In ihrer Geschichte spiegelt sich das Bild des mächtigen Nachbarvolks, in ihren Mythen die ganze Gedankenwelt der Zeit.

Unter den Traditionen dieser Periode nimmt Tanaquils Sagenkreis eine hervorragende Stelle ein. Er ist nicht nur mit der Geschichte des ersten Tarquinius, sondern inniger noch mit jener des Servius Tullius verwoben, bei der Erhebung des Superbus von neuem erwähnt und so über das ganze Jahrhundert der fremden Dynastie verbreitet. Nicht geringere Auszeichnung leiht ihm der Reichtum seiner inneren Entwicklung. Tanaquils Bedeutung bleibt nicht auf die Thronbesteigung ihrer Schützlinge beschränkt, sie tritt auch in der Geburtssage des Königs Servius, also in einer ganz neuen Richtung hervor. Sie zeigt sich endlich in Grab- und Tempelbildern, in Attributen, Gebräuchen, religiösen und bürgerlichen Auszeichnungen, die das Verständnis ihres Ursprungs lange überdauern. Endlich bieten die Quellen der Analyse ein Material dar, wie es für die Überlieferungen der frühesten Zeit sonst kaum irgendwo zu Gebote steht.

Die bisherige Forschung ist an dieser reich ausgestatteten und wohlbezeugten Überlieferung teilnahmlos vorübergegangen. Ausschließlich auf die ewig hoffnungslose Ermittelung der geschichtlichen Wahrheit gerichtet, konnte sie einem Stoffe, der durch Wundergeschichten und Unmöglichkeiten aller Art von dem Gebiete historischer Ereignisse sich ausschließt, kein Interesse abgewinnen. Sie begnügte sich mit der Negation oder mit Stillschweigen. Aber durch die Verneinung der Geschichtlichkeit wird der Sage nicht jede Bedeutung entzogen. Was nicht *geschehen* sein kann, ist jedenfalls *gedacht* worden. An die Stelle der *äußeren* Wahrheit tritt also die *innere*. Statt der Tatsächlichkeiten finden wir Taten des Geistes. Verdrängt aus dem Reiche der Geschichte wird die Überlieferung von Tanaquil ein *Denkmal der Gedankenwelt*. Dieses ideelle Moment ist das einzige, dessen wir zu unserer Beweisführung bedürfen. Nicht das Historische, sondern der *Ideenkreis der Tradition* bildet das Objekt unserer vergleichenden Forschung. Wo dieselbe Gedankenwelt eine entsprechende Ausdrucksweise hervorgebracht hat, da ist die Annahme einer engen Kulturverbindung gerechtfertigt. Läßt sich überdies feststellen, welcher der analogen Mythenkreise der leitenden Grundvorstellung getreuer sich anschließt, welcher hinwieder weiter von ihr sich entfernt, so ist auch die Frage, welches Volk von dem andern empfangen habe, mit beantwortet. Eine Zeit, die der vergleichenden Sprachforschung die Entscheidung über Verwandtschaft und Verschiedenheit der Menschengeschlechter anvertraut, kann der Ideen- und Mythenvergleichung unmöglich geringere Beweiskraft beilegen.

Wir beschränken unsere Forschung auf ein einziges Denkmal. Die Sicherheit der Demonstration soll nicht durch die Zahl der Parallelen, sondern durch die erschöpfende Behandlung einer besonders hervorragenden erreicht werden … Wir geben dem Leser in der folgenden Übersicht zugleich die Geschichte unserer allmählichen Ideenentwicklung und die Darlegung des inneren Zusammenhangs, der alle einzelnen Teile der Beweisführung unter sich verbindet.

Als Tanaquils merkwürdige Erscheinung unsere Aufmerksamkeit auf sich zog, blieben wir zunächst bei dem Sagenzuge stehen, welcher auch in der geschichtlichen Erzählung die erste Stelle einnimmt. Der ältere Tarquin verdankt seine Erhebung auf den römischen Königsthron der Beihilfe einer Frau. Dieselbe Erscheinung wiederholt sich, wenn auch unter anderer Ausdrucksform, bei der Nachfolge des Servius Tullius. Beide Male ist die Krone des Weibes Gabe; beide Male das Glückslos unerwartet. Superbus endlich wird im Anschluss an dieselbe Idee durch die verbrecherische Tullia in den Besitz der höchsten Macht gesetzt, Tullia ihrerseits als Nachahmerin Tanaquils dargestellt. Hier liegt also eine Grundanschauung: der weibliche Ursprung der höchsten

Staatsgewalt, uns vor. Ist dies ein römischer Gedanke? Niemand wird es behaupten. Vielmehr gibt sich ein solcher Gegensatz zu den staatlichen Prinzipien Roms zu erkennen, daß erst in der späteren Kaiserzeit mit dem Eindringen orientalischer Vorstellungen einige Analogien sich entdecken lassen. Auch die hellenische Welt bietet keinen Anknüpfungspunkt dar. Dagegen strömen in der asiatischen Mythengeschichte die Parallelen in solcher Anzahl uns zu, daß ein Zusammenhang der römischen und der orientalischen Anschauungen sogleich sich auferlegt. Die Königssagen der asiatischen Dynastien zeigen mehr als *eine* Tanaquil. Soweit der assyrische Kulturkreis reicht, so weit wird die Erteilung der Krone als die Tat eines Weibes aufgefaßt. Die drei Völker, auf welche die Überlieferung den Zusammenhang Italiens mit dem Orient vorzugsweise zurückführt [Etrusker, Tyrrhener-Lydier, Sabiner], geben zugleich die beachtenswertesten Parallelen. Sie nehmen in unserer Untersuchung billig die erste Stelle ein. Darauf folgen die Traditionen der Karer und Myser, Aramäer und Phönikier, Perser und Assyrer. In den mythischen Formen herrscht großer Wechsel, die Idee bleibt stets dieselbe. Diese Übereinstimmung so vieler Völker beweist, daß die Annahme eines weiblichen Ursprungs der Königsmacht zu den unterscheidenden Kennzeichen einer großen geschlossenen Kulturperiode gehört.

  Die Grundlage für eine genauere, die Einzelheiten verfolgende Entwicklung der Parallelen ist jetzt gegeben. Die Gleichheit der allgemeinen Umrisse genügt uns nicht. Wir zeigen weiter, daß auch die charakteristischen Merkmale der asiatischen Königsfrau in Tanaquil sich wiederholen. Drei solcher Eigenschaften treten überall in den Vordergrund: Die Königsfrau der asiatischen Dynastien wird ausnahmslos als Hetäre gedacht, ausnahmslos mit Herakles verbunden und endlich in ihrer buhlerischen Natur stets als Gebieterin des männlichen Genossen aufgefaßt. Gehört nun Tanaquil in die Reihe der asiatischen Königsfrauen, so müssen dieselben Anschauungen in ihrer Sage sich wiederholen.

Hier stößt unsere Untersuchung auf eine Schwierigkeit. Die römische Tradition hat nämlich die Idee des weiblichen Ursprungs der höchsten Gewalt unverändert aufgenommen, dagegen die Erscheinung Tanaquils aller jener Züge entkleidet, mit welchen die orientalische Welt ihre thronverleihenden Frauen ausstattet. Ja, das Ansehen, welches die hohe Gestalt der Königsgeschichte noch in der spätesten Zeit genießt, ruht vorzugsweise auf dem Ruhme solcher Eigenschaften, welche der niedrig sinnlichen Auffassung des Orients verneinend und feindlich entgegentreten. Ist nun diese letzte Sagengestalt auch die erste und Tanaquil nie etwas anderes gewesen, als was das entwickelte Römertum in ihr erblickt, so fällt die Parallele, trotz aller Übereinstimmung der großen Umrisse, dahin, und um unsern Beweis ist es geschehen. Man sieht also, daß die Arbeit des Forschers hier in eine neue Richtung gedrängt wird. Er ist genötigt, das seiner Betrachtung unterworfene Denkmal von allen Zutaten, mit welchen es die Jahrhunderte belasteten, zu befreien und das, was an ihm ursprünglich ist, von den später beliebten Änderungen zu sondern … So vollständig auch immer die Umgestaltung eines alten Monumentes nach neueren Ideen sein mag: niemand gelingt es, den Grundplan ganz unkenntlich zu machen und alle Ritzen und Lücken so auszufüllen, daß ein Einblick in die erste Anlage zur Unmöglichkeit wird. In einzelnen Teilen der Tanaquilsage geben sich die hetärischen Ideen und Gebräuche des Morgenlandes unzweideutig zu erkennen. Sie werden von dem Römertum soviel wie immer möglich verdeckt, und im Sinn und Geschmack seiner eigenen entgegengesetzten Anschauung umgedeutet. Aber die Erklärungsversuche reichen nirgends aus und zeigen durch ihre Unzulänglichkeit, daß man aus einem neueren Standpunkte zu erläutern versuchte, was aus einem älteren, ganz verschiedenen Bildungsgesetze hervorgegangen war. Auf diesem Wege gelangen wir von der jüngsten Ideenreihe zu der älteren, von der national-römischen Tanaquil zu der ursprünglichen Gestalt des asiatischen Königsweibes, von dem Gegensatze zu der Übereinstimmung zwischen Ost und West. Dieselbe Frau, die der späteren Zeit als Inbegriff aller matronalen Tugenden erscheint, ist von Hause aus eine Gefährtin der buhlerischen Königsweiber Asiens.

Mit nicht geringerer Sicherheit ergibt sich die Konjunktion [Verbindung] Tanaquils mit Herakles. In der historischen Sage hat sie zwar keinen Ausdruck gefunden, aber die Wahl des Heraklestempels auf dem Quirinal zur Aufstellung des wunderkräftigen Tanaquilbildes und zur Bewahrung seines weiblichen Gerätes erklärt sich aus dem Systeme der assyrischen Religion, welche die Trägerinnen und Verleiherinnen der Königsmacht überall als Heraklesgeliebte darstellt … Wenn an letzter Stelle die gynaikokratische Erhebung des buhlerischen Weibes über den ihr beigeordneten Mann als sicheres Erkennungszeichen des orientalischen Gedankenkreises genannt worden ist, so fehlt dem ursprünglichen Tanaquilbilde auch in diesem Punkte das genaue Entsprechen nicht. Was in der späteren römischen Tradition von dem Gedanken weiblicher Macht und Selbständigkeit noch übrig ist, erscheint nur als Rest älterer, viel weitergehender gynaikokratischer Lebensformen. Tanaquil ist nicht nur innerhalb der Schranken des römischen Eherechts eine *imperiosa coniux* [Herrin und Gattin], wofür ihr Name bis in späteste Zeiten sprichwörtlich blieb; ihr ursprüngliches Verhältnis zu Herakles ist das der lydischen Omphale zu dem durch buhlerischen Sinnenreiz beherrschten und entwürdigten Mann. Daß das höhere Moralgefühl des Westlandes gegen keine Seite der orientalischen Welt- und Lebensbetrachtung mit größerem Ernst und mehrerer Entschiedenheit auf trat, daß ebenso der auf die Ausschließlichkeit der väterlichen Gewalt gegründete Staatsgedanke Roms einer solchen Tanaquil keine Stelle unter den ehrwürdigen Erscheinungen der Vorzeit einräumen konnte, läßt sich aus der Sorgfalt erkennen, mit welcher alle auf die Omphale-Idee gegründeten Züge des ursprünglichen Bildes übertüncht oder durch Erklärungen neueren Gepräges unkenntlich gemacht worden sind. Aber das durch die früheren Untersuchungen geübte Auge weiß auch hier die Grenzlinie zwischen dem Alten und Neuen leicht zu entdecken und jeder der beiden übereinandergelagerten Ideenschichten das zuzuteilen, was ihr gehört.

Zum Leitfaden bei dieser Untersuchung haben wir nicht das Ansehen des Omphale-Herakles-Mythus in dem Heimatlande der Tanaquil gewählt, obwohl die Beliebtheit dieser Darstellung in Etrurien schon andere zu der lydischen Auswanderungssage zurückgeführt hat; vielmehr knüpfen wir an die sabinische Zugehörigkeit des mit Tanaquils Bild und Geräte ausgestatteten Heraklestempels an, und suchen in den sabinischen Traditionen den Aufschluß über die älteste Bedeutung der Konjunktion mit Herakles. Die Erwartung wird nicht getäuscht. Der ganze Kreis der orientalischen Ideen von einer machtverleihenden, hetärischen, den Mann zur Knechtschaft nötigenden Königsfrau findet sich in den sabinischen Mythen reiner erhalten als in den Sagen der römisch umgebildeten Tanaquil. Sabinisch sind die Traditionen von der machterteilenden Tarpeia, von Herakles' Buhlschaft mit Larentia, von Floras ähnlichem Verhältnis zu Mars-Herakles und der ersten Gründung ihrer hetärischen Festfeiern, und mit diesen Resten der orientalischen Tradition treten alle jene noch wenig beachteten, stets mißverstandenen Sagenzüge, welche ein zum Amazonentum gesteigertes gynaikokratisches Prinzip für die sabinische Familie unwiderleglich dartun, in die engste Verbindung. Beachten wir nun die Tatsache, daß den frühen Kulturstufen ein Zwiespalt zwischen den Sätzen des Glaubens und den Prinzipien des zivilen Lebens noch durchaus fremd ist, so ergibt sich, daß das Verhältnis Tanaquils zu dem sabinischen Herakles nur als Unterordnung des Mannes unter die Frau, mithin nach der Idee der lydischen Konjunktion Omphale-Herakles gedacht worden sein kann: ein Resultat, das wir durch die Erläuterung der mit Tanaquil zugleich im Heraklestempel aufbewahrten, später völlig umgedeuteten weiblichen Gerätestücke zur vollen Gewißheit erheben. So gelangt die Untersuchung zu dem

Punkte, wo wir sagen können: die orientalische Königsfrau ist in Tanaquil mit Sicherheit erkannt: Denn nicht nur finden wir in ihrem Mythus die Grundidee der asiatischen Königssagen, die weibliche Machtverleihung, wieder, sondern es sind auch alle charakteristischen Kennzeichen der orientalischen Königsfrau, wie sie in der lydischen Omphale am deutlichsten vorliegt, für die älteste Tanaquilerscheinung nachgewiesen.

Es ist ein dritter Punkt übrig, der der Erledigung harrt. Jener Herakles, mit welchem Tanaquil in Konjunktion gesetzt wird, muß dem assyrischen Belos-Herakles ebenso entsprechen, wie Tanaquil der assyrisch-lydischen Buhlerin, soll die Parallele nach allen Seiten hin unanfechtbar dastehen. Nun heißt der sabinische Tanaquilgenosse mit einheimischem, dem Heiligtum auf dem Quirinal stets gebliebenen Namen Semo Sancus Dius Fidius, und so formuliert sich die zunächst zu erörternde Frage dahin: ist die Gottheitsidee, welche die Sabiner, nach ihnen die Römer, mit Semo Sancus verbinden, derjenigen des assyrischen Belos-Herakles an die Seite zu stellen oder von ihr verschieden? In dem ersteren Falle erhält nicht nur die Identität der römischen Konjunktion Tanaquil-Herakles mit der lydisch-assyrischen Omphale-Herakles oder mit entsprechenden Verbindungen ihre Bestätigung, sondern wir erreichen überdies die Gewißheit, daß außer dieser einzelnen asiatischen Tradition das Ganze des orientalischen Herakles-Systems auf Italien überging; – im zweiten sehen wir unsere frühere Beweisführung durch den begründeten Einwand, sie ruhe bloß auf einer äußeren Namensübereinstimmung, nicht auf der sachlichen Identität des sabinischen und lydischen Gottes, entkräftet. Die große Sorgfalt, welche wir auf dieses Stück vergleichender Religionsforschung verwenden, ist also durchaus gerechtfertigt. Man wird Finden, daß die gewöhnliche Behandlungsweise mythologischer Stoffe hier, als durchaus unzureichend, völlig aufgegeben ist. Wir haben es nicht nur mit den Sachen und der möglichst vollständigen Sammlung der darauf bezüglichen alten Zeugnisse, sondern überdies und ganz vorzugsweise mit den Ideen und der Ideenvergleichung zu tun. Es handelt sich darum, erst für den assyrischen Herakles die Stelle aufzufinden, welche er in dem Systeme der Belos-Religion einnimmt, und die verschiedenen Stufen, auf welchen die reinste Heraklesidee in immer fortschreitendem Abfall von der ersten Auffassung zu der Annahme eines dem Sinnenreiz des Tellurismus erliegenden, von der Buhlerin geknechteten Helden herabsinkt, anschaulich zu machen; – dann aber den erkannten Gedankenkreis mit dem des sabinischen Semo Sancus Dius Fidius zu vergleichen und diese Parallele so durchzuführen, daß eine direkte und unvermittelte Abhängigkeit des sabinisch-römischen von dem assyrisch-phönikischen Gotte zur Gewißheit wird.

Nirgends sieht sich die Fähigkeit, in ganz ungewohnte Gedankenkreise einzudringen, auf eine schwerere Probe gestellt. Nirgends aber auch wird die Mühe des Suchens durch ein reicheres Finden belohnt. Die dunkelsten Teile der italischen Religion erhalten ein Licht, das aus dem Standpunkte der hellenischen, durchaus abgeleiteten und in allen Stücken verkümmerten Heraklesidee sich nicht gewinnen läßt und auch bis heute nicht gewonnen worden ist. Ebenso sehen wir das sabinische Volk in die Reihe der bedeutendsten Träger des Orientalismus Italiens eintreten und einen Zusammenhang mit dem etruskischen Herakliduntum gewinnen, der wohl auch früher schon – und zwar von O. Müller – angedeutet, bis heute aber unserm wissenschaftlichen Bewußtsein ferngeblieben ist. Endlich wird nun erst die Parallele Tanaquils mit den Königsfrauen der Sagen des assyrischen Kulturkreises durch die entsprechende ihres männlichen Genossen in Rom und in Asien ergänzt und so der Beweis für die Geschichtlichkeit einer orientalischen Kulturperiode Italiens zu seinem Abschluß gebracht. Ein einziges Sagendenkmal hat uns zu diesem Resultate geführt. Orientalische Ideen in solchem Umfange setzen aber die Anwesenheit orientalischer Völker auf italischem Boden, die tiefen Wurzeln, die die Gedanken hier schlagen, eine lange Dauer der assyrischen Kulturperiode voraus. Die Halbinsel des Apennin erscheint als Kolonialland Asiens lange bevor sie für das erstarkende Hellenentum dieselbe Bedeutung erhält. Zu jeder Zeit bietet Italien die gleiche Erscheinung dar. Es ist die letzte Zufluchtsstätte der anderwärts erliegenden Kulturen, der untergehenden Ideen, der besiegten Parteien. Die religiösen Elemente eignet es sich am tiefsten an, und diese behalten unter seiner Hut eine Bedeutung, welche das Hellenentum auch in der Zeit seines größten Einflusses nicht zu vertilgen vermag.

Die völlige Abhängigkeit der römischen Sagengestalt von dem orientalischen Urbilde einer Königtum verleihenden Aphrodite Mylitta gab bei jedem Schritte unserer Untersuchung mit vermehrter Anschaulichkeit sich zu erkennen. Sie erhielt durch die identische Konjunktion beider weiblichen Erscheinungen mit Herakles ihre Bestätigung, schließlich durch die übereinstimmende Gestaltung der Heraklesidee nach assyrisch-lydischer und sabinisch-römischer Auffassung einen gemeinschaftlichen Hintergrund des weitesten Umfanges. In dem Beweise, dem unsere vergleichende Forschung dient, läßt sich keine Lücke mehr entdecken. Aber erwünscht muß es sein, seine Richtigkeit einer Probe zu unterwerfen. Zu einer solchen ist uns das erforderliche Material erhalten. Es liegt in dem zweiten Sagenkreise, der sich um Tanaquil gebildet hat, nämlich in den Geburtsmythen des Königs Servius Tullius, die wir in der zweiten Abteilung einer genauen Prüfung unterwerfen. Ist nämlich Tanaquils Geltung als thronverleihender Frau in letzter Zurückführung ein Ausdruck der assyrischen Mylittenidee, so kann ihre Stellung zu der Geburtssage auch nur in den Grundsätzen und Gebräuchen des Mylittenkults wurzeln. Beide Traditionen sind so enge miteinander verwoben, daß sie notwendig aus einem und demselben Prototyp hervorgegangen sein müssen. Woraus folgt, daß die Richtigkeit des Resultats, womit unsere erste Untersuchung schließt, durch die Ergebnisse der zweiten entweder außer Zweifel gesetzt oder umgestoßen wird.

Zwar kann nach allem, was die frühere Forschung zutage fördert, der Zusammenhang einer der verbreitetsten Sagen der römischen Königszeit mit der assyrischen Religion, dem Kulte einer in zügellosem Hetärismus sich kundgebenden Naturmutter, nicht mehr überraschen. Was aber auch jetzt noch alle Erwartung weit hinter sich zurückläßt, ist die Wahrnehmung, daß gerade diejenige Sakralübung, welche jener aphroditischen Auffassung des weiblichen Prinzips ihren ausgelassensten, dem gemäßigten okzidentalen Geiste am meisten widerstrebenden Ausdruck leiht, als das nächste, alles einzelne bestimmende Prototyp der römischen Serviussage auf das unzweideutigste sich zu erkennen gibt. Der zweite Mythenkreis, in dem Tanaquil auftritt, ist in der Tat nichts anderes, als die Historisierung jener sakaiischen Festübungen, die wir als den vollendeten Ausdruck des niedrig sinnlichen Mylittenrechts in der ersten Abteilung bei der Darstellung des Aphroditismus der asiatischen Königsfrauen näher betrachten. Die charakteristischen Züge der römischen Sage sind charakteristische Auszeichnungen der hetärischen Sklavenfeste Babyloniens und Assyriens, die Funktionen, welche Tanaquil erfüllt, Nachbildungen jener, die der göttlichen Sakaienkönigin zugewiesen werden. Zurückgeführt auf dieses Vorbild lösen sich die zahlreichen Widersprüche der römischen Sage. Das anscheinend Unvereinbare gewinnt Zusammenhang, das Auffallende die Rechtfertigung völlig gesetzmäßiger Bildung ...

Im Laufe der vielen Untersuchungen, die sich hier aneinanderreihen, wiederholt sich eine Tatsache, die schon aus den Parallelen der ersten Abteilung uns entgegentritt. Was in Italien bruchstückweise, in aufgelösten und zerstreuten Fragmenten, endlich vielfach überarbeitet sich darstellt, liegt in dem Oriente lückenloser, zusammenhängender, erkennbarer und in reiner Ursprünglichkeit uns vor. Nur dem vollständig erhaltenen asiatischen Exemplare haben wir es zu danken, wenn nun das Zerstreute sich ordnet und wir die Stelle finden, wo jede Scherbe ursprünglich hingehörte.

Durch diese Vergleichung sicher geleitet, können wir mit Gleichmut auf die Unbrauchbarkeit der römischen Erläuterungsversuche selbst hinblicken … In unserer Untersuchung dienen sie dazu, den Gegensatz der nationalrömischen Denkweise zu der früheren Ideenwelt recht deutlich zu machen. Eine viel größere Wichtigkeit für den nächsten Gegenstand der Forschung besitzt eine Klasse kultlicher Traditionen, die, wie alles mit religiösen Festgebräuchen Verknüpfte, dem umgestaltenden Einfluß neuer Zeitideen wenig ausgesetzt war. Die Abhängigkeit der servianischen Geburtssagen von den Sakaienzeremonien verliert nämlich nur dann jene Rätselhaftigkeit, die noch immer an ihr haftet, wenn es uns gelingt, die Einbürgerung sakaienartiger Feste in Italien und zunächst in Rom selbst nachzuweisen. Wie hätte der Volksgeist Italiens seine Vorstellungen von der Geburt des geliebten Königs nach einem religiösen Prototyp gestalten können, das ihm nicht aus eigener Übung bekannt war? …

Was unsere Mythologien bieten, geht nicht über die Kenntnisnahme des Tatsächlichen hinaus. Weder die schöpferische Grundidee noch der Ursprung werden ermittelt, und so bleibt alles in Rätsel gehüllt … Beachten wir zunächst die bedeutende Zahl sakaienartiger Feste in Rom und Latium. Da gehen die Nonae caprotinae, die Quinquatrus minores, die Tubilustrien, die Floralien, die Tage der Anna Perenna und der am Tiberufer außerhalb der Stadt verehrten servianischen Fortuna an uns vorüber. Ist mit der alten Idee auch der alte Geist aus ihnen gewichen und das große Ansehen, dessen sie sich noch in sehr neuen Zeiten erfreuten, hauptsächlich eine Folge des Reizes, den lärmende, der Ausgelassenheit günstige Volksvergnügen zu jeder Zeit auf die Masse des geringen wie des vornehmen Pöbels ausüben: so hindert doch das alles nicht, die Sakaienanlage überall mit Sicherheit zu erkennen. Berücksichtigen wir ferner die reiche innere Ausbildung der Kultusgebräuche selbst. Sie entfernt sich von dem orientalischen Vorbilde hauptsächlich infolge der Unterdrückung solcher Übungen, die dem gemäßigten Geiste des Okzidents gar zu anstößig erschienen. Nehmen wir zu diesen beiden Auszeichnungen noch eine dritte hinzu, nämlich die Mannigfaltigkeit bedeutender Mythen, in welchen teils der Ursprung der Kulte dargelegt, teils die Rechtfertigung einzelner auffallender Festgebräuche versucht wird, so ergibt sich für die Herstellung der Parallele ein Material, wie es reicher, zusammenhängender und zuverlässiger nirgends zu Gebote steht. Wiederum lernen wir die Unbrauchbarkeit der späteren römischen Deutungsversuche verschmerzen. Sie sind Notbehelfe, bestimmt, die fremdartig gewordenen Zeremonien, so gut es gehen mochte, mit einem ganz neuen Zeitgeiste zu versöhnen, daher für diesen letzteren eine Quelle der Erkenntnis, für den Urgedanken bedeutungslos. Wie oft erhält sich das Alte nicht kraft des Verständnisses seiner Idee, sondern trotz und infolge des Verlustes derselben. Am Schlusse dieser Untersuchung über die Reste der Sakaienfeste in Rom und Latium steht die Parallele zwischen Ost und West in einer weit größeren Ausdehnung da, als es der Umfang der Tanaquilsage zuerst in Aussicht stellte. Dennoch wird uns niemand vorwerfen, daß wir den Gedankenkreis, dem der genannte Mythus angehört, irgendwie überschritten hätten. So sorgfältig wir dies im Interesse einer strengen Beweisführung meiden, so wichtig ist es uns andererseits, nichts von dem, was mit der Tanaquilsage denselben Ursprung teilt, unberücksichtigt beiseite zu lassen. Ist doch der Wert eines richtigen Gedankens an der Fülle des Lichtes, das er auf rätselhafte Punkte wirft, der Wert einer Untersuchung an der geistigen Vereinigung einer Mehrzahl scheinbar zusammenhangloser Tatsachen zu erkennen.

Das schließliche Ergebnis aller in der zweiten Abteilung enthaltenen Forschungen ist folgendes: König Servius, der Gründer der römischen Gemeinde, der Urheber der Volksfreiheit, ist nach der Auffassung seiner dankbaren Zeitgenossen ein Sprößling jener hetärischen Sklavenfeste, in welchen die Völker des assyrischen Kulturkreises die Rückkehr der Menschen zu den Geboten der großen Mutter des Lebens, zu Freiheit und Gleichheit aller, mit taumelnder Begeisterung feiern. In dieser Idee vereinigen sich alle Sagenwendungen, in ihr finden alle, auch die rätselhaftesten, Angaben ihre Aufklärung … Die über Leben und Thron nach Willkür verfügende Hetäre, welche wir in der Königsfrau des ersten Tarquinius erkannten, ist keine andere als die in der vollen Zügellosigkeit des üppigen Naturlebens aufgefaßte, buhlerische Sakaiengöttin, welche in der Geburtsgeschichte noch als Pflegemutter und Gönnerin des Knaben Servius auftritt. Die Funktionen, die sie dort und hier erfüllt, entspringen aus demselben Religionssysteme und zeigen den gleichen Grundgedanken, wenn auch zu zwei verschiedenen Konsequenzen entwickelt. Der Volksgeist, welcher der Sage ihre Gestalt lieh, ist hier, wie in allen seinen Bildungen, durch und durch folgerichtig. Er übt eine Gesetzmäßigkeit, die mit jener der Naturschöpfungen wetteifert, und offenbart auch hierin die primitive Kulturstufe, über welche er sich noch nicht zu erheben vermag.

In den bis jetzt resümierten Untersuchungen wird der Beweis des orientalischen Ursprungs der Tanaquilmythen ohne alle Einmischung von Etymologien und Wortvergleichungen durchgeführt. Es liegt uns alles daran, die Parallele ausschließlich durch die Übereinstimmung der Ideen zu begründen. Nunmehr aber, nachdem dies Ziel als erreicht betrachtet werden darf, gewinnt die Frage, ob der sachlichen Analogie auch die der Götterbezeichnungen entspreche, ein sehr naheliegendes Interesse …

Auf diese sprachlichen Exkurse folgt, als letzte Untersuchung unserer zweiten Abteilung, die Betrachtung der Geburtsmythen des spartanischen Königs Demaratos. In diesem Fürsten besitzt die lakedaimonische Geschichte eine dem römischen Servius Tullius analoge Persönlichkeit … Unsere Aufgabe besteht hier darin, alle Einzelheiten des von Herodot mit der größten Genauigkeit ausgeführten Mythus auf die Ideen der Herakles-Belos-Religion zurückzuführen und so zu zeigen, daß die spartanische so wenig wie die römische Geburtssage in irgendeinem ihrer Detailzüge auf freier Erfindung beruht, daß vielmehr jeder mit der Regelmäßigkeit einer Naturbildung von der kultlichen Volksanschauung hervorgebracht wurde. Indem wir so verfahren, entwickelt sich die spartanisch-römische Parallele und ihrer beiden Glieder Anschluß an das asiatische Prototyp ganz von selbst. Alle Erscheinungen, mit welchen die Analyse der servianischen Geburtssagen uns vertraut machte, gehen nochmals an uns vorüber. Die Vorstellungen von der mütterlichen und der väterlichen Abstammung sind dieselben. Unter verschiedenen Ausdrucksformen entdecken wir auf jedem Schritte die Gedanken des italischen Mythus.

So wird uns ein volklicher Zusammenhang Spartas einerseits mit dem asiatischen Ostlande, andererseits mit dem italischen Westen nahegelegt, und der Wert, ja die Unentbehrlichkeit der darauf bezüglichen Tradition erkennbar. Denn das, was die Mythenvergleichung schließen läßt, wird von dem Altertum als historischer Glaube bezeugt. Dasselbe sabinische Volk, das wir als einen Hauptträger des Orientalismus in Italien kennenlernten, und mit dessen Stammgotte Semo Sancus Tanaquil, des Servius göttliche Schützerin, in dem Verhältnis der engsten Vertrautheit steht: dasselbe wird mit dem asiatischen Heimatland des Sakaiendienstes, zugleich aber mit Sparta, der Heimat des Demaratosmythus, in Verbindung gesetzt. Dadurch kehrt eine Untersuchung, welche mit den Tanaquilmythen gar keinen Zusammenhang zu haben scheint, zuletzt wieder zu denselben zurück.

Fortan widmen wir unsere ungeteilte Aufmerksamkeit der Darstellung des Schicksals, welchem die orientalische Tradition auf italischem Boden verfällt. Diese Untersuchung, der Gegenstand unserer dritten Abteilung, ist dazu bestimmt, den zweiten der beiden mächtigsten Faktoren, auf welchen die menschliche Kulturentwicklung ruht, in seiner ganzen

Bedeutung zum Bewußtsein zu bringen. Haben wir bisher gesehen, daß das italische Volk orientalische Ideen und Gebräuche im weitesten Umfange bei sich aufnahm, so werden wir uns jetzt überzeugen, daß seiner rezeptiven Kraft die *Macht der Umbildung* aller aus der Fremde zugeführten Elemente und der Unterwerfung derselben unter sein eigenes Denkgesetz vollkommen entspricht. Was kann es in der Tat Merkwürdigeres geben als die Metamorphose der asiatischen Königsfrau, der Gefährtin amazonischer Buhlerinnen von Omphales Geltung, der durch unzüchtige Geschlechtsfeiern verehrten Sakaienmutter Anais in Tanaquil, wie sie uns die römischen Schriftsteller schildern, wie wir sie seit den Bänken der Lateinschule unserm Geiste eingeprägt haben, jenes Vorbild aller matronalen Tugend und Würde, entkleidet jeder Spur hetärischen Hanges, jedes Anklangs an amazonische Überhebung, den vollendeten Ausdruck der sittlichen Auffassung eines reinen Familienlebens. Und ist die Umbildung einer Schöpfung der inneren Glaubensanschauung zu einer historischen Persönlichkeit, religiöser Ideen und Gebräuche zu einem Gewebe menschlicher Verhältnisse und Schicksale ein weniger überraschender Gedankenprozeß?

Unsere Aufgabe kann hier nicht darin bestehen, das Geheimnis dieses Geschichtsganges selbst erläutern und den Schleier, welcher die Lebensentwicklung der Menschheit bedeckt, heben zu wollen. In das Innere des Wachstums vermag weder auf dem geschichtlichen noch auf dem physischen Forschungsgebiete irgendein menschliches Auge einen Blick zu tun, und auch mit den allgemeinen Erfahrungen, wonach jedes Ding mit dem Boden seine Art ändert, jedes Gewächs in einem neuen Erdreich seiner Frucht einen neuen Geschmack leiht, und manches mehr als einmal den Himmelsstrich wechseln muß, bevor es zu vollkommener Entwicklung gelangt, wird die Erkenntnis dieser Phänomene nicht gefördert. Wir vermögen nur eines: die Tatsache der Verwandlung selbst zu konstatieren und in die Reihe unserer wissenschaftlichen Erfahrungen einzuführen. Um dieses Ziel vollkommen zu erreichen, genügt es aber nicht, die Gegensätze der orientalischen und der okzidentalischen Tanaquilauffassung nebeneinanderzustellen; vielmehr ist zu zeigen, daß der jüngere Gedanke aus dem älteren durch einen natürlichen Umformungsprozeß hervorgegangen sein muß … Um der größeren Klarheit willen sondern wir die zwei Richtungen, in welchen die Metamorphose sich vollzieht.

An erster Stelle nimmt die Verwandlung der hetärischen Königsfrau Asiens in das Vorbild aller matronalen Tugenden unsere Aufmerksamkeit in Anspruch. Hier zeigen wir zuerst, wie trotz der Verdrängung des hetärischen Gedankens die Auszeichnungen der orientalischen Buhlerinnen in der römischen Tanaquil sich noch erkennen lassen, wie folgeweise die letzten Ideen nur im Lichte der ältesten ihre volle Verständlichkeit finden. Als Omphale, die in gynaikokratischer Überhebung den Mann knechtet und zum Weibe erniedrigt, konnte Tanaquil in dem Gedächtnis und der Ehrfurcht des römischen Volkes sich nicht festsetzen. Buhlschaft und Amazonentum werden aufgegeben. Was übrigbleibt, ist folgendes: Die sagenberühmte Frau der Königszeit wird als die Schützerin und Vertreterin der mütterlichen Rechte gegenüber den Ansprüchen des Mannes auf schonungslose Geltendmachung des ihm von dem positiven Zivilrecht eingeräumten *imperium* [der Herrschaft] über Gattin und Familie angesehen und in dieser Geltung um so höher geachtet, je vollständiger der staatliche Gesichtspunkt die Maternität ausschließt. In derselben Weise umgedeutet behält auch die Konjunktion mit Herakles ihre Bedeutung. Jeder Gedanke an eine auf den Mißbrauch der körperlichen Reize gegründete Knechtung des Mannes wird aufgegeben: was bleibt, ist der Ruhm und das Ansehn, welches einer auf treue Erfüllung der häuslichen Pflichten sich stützenden Matronalität von Seite des Mannes gebührt. Tanaquil, mit Spindel, Rocken und Sandalen im Tempel des Dius Fidius aufgestellt, gilt nun der Römerin als das Sinnbild des Schutzes, welchen der Rächer jeglicher Unbill dem pflichtgetreuen Weibe gegen die Ausbrüche der männlichen Roheit gewährt. Erhalten ist die traditionelle Konjunktion, aber Rom erfüllt sie mit seinem eigenen Geiste und erklärt sie im Sinne seiner höheren Moralität. Endlich ist die in den Sakaien ausgesprochene Anerkennung des Grundsatzes allgemeiner Freiheit und Gleichheit unter den Menschen, den Kindern einer Mutter, auch aus der neuesten Auffassung Tanaquils nicht verschwunden. Zwar konnte die niedrig sinnliche Ausdrucksform, welche Asien jener Idee lieh, bei dem römischen Volke sich nicht erhalten: aber als Vertreterin des natürlichen Rechts der dienenden Klassen gegenüber den Härten der staatlichen Satzung blieb die Pflegemutter des Sklavenkindes der Volkserinnerung zu allen Zeiten teuer und wert … Je entschiedener der hetärische Aphroditismus aus ihrem Bilde verschwindet, um so nachdrücklicher wird der Gedanke der edleren Liebe und der in ihr wurzelnden Aufopferung mit der Erscheinung der ursprünglichen Sakaienmutter Asiens verbunden. Sie ist überall die Vertreterin des humanen Elementes inmitten einer durch die Strenge der positiven Staatsordnung geknechteten Gesellschaft.

Wir verweisen darauf, wie auch die übrigen Gestalten einer ursprünglich sakaiischen Anlage zu derselben Bedeutung hinübergeleitet wurden, wie das Volk auf Tutela-Philotis, die Anführerin ihrer Schicksalsgenossen an den Nonae caprotinae, auf die phönikische Anna von Bovillae, die gütige Pflegerin des hungernden, seine Freiheit fordernden Plebejats, mit keinen anderen Gefühlen hinblickt, als auf Tanaquil und Okrisia, wie endlich das Bewußtsein einer an den Muttergottheiten durch die Strenge des staatlichen Rechts begangenen Sünde in Kultusgebräuchen, Mythen und selbst in völlig historischen Ereignissen vielfältig sich ausspricht. Von den Sühnfesten solcher Art sind die hetärischen Auswüchse, mit welchen Asien seine Sakaien verunstaltet, meist völlig, wenn auch nicht immer ganz – man denke an die sabinischen Floralia – gereinigt: aber der Gedanke einer zeitweisen Rückkehr zu dem Glücke der älteren naturgemäßen Sozialordnung sucht noch immer in traditionellen Formen seinen Ausdruck. Wir sehen also, die Ideen und kultlichen Gebräuche des Orients werden in Italien nicht abgetan, sondern auf ein bescheideneres Maß zurückgeführt. Das üppigere Asien, das der Welt alle Religionen gegeben, empfindet tiefer und leiht seinen Naturgefühlen einen erhitzteren Ausdruck. In dem schon an sich unproduktiven Westen wird alles abgekühlt, alles einer edleren Lebensbetrachtung dienstbar gemacht und so umgestaltet zur Fortdauer inmitten einer ganz geänderten Geisteswelt befähigt.

Wir dürfen einen so merkwürdigen Gedankenprozeß nicht ohne Parallele lassen. Hat er auch durch die bisher resümierte Untersuchung viel von seiner anfänglichen Rätselhaftigkeit verloren: ganz in unser wissenschaftliches Bewußtsein vermag er nur dann sich einzuwirken, wenn eine analoge Erscheinung seine Gesetzmäßigkeit nachweist. Es ist gewiß keine der geringsten Überraschungen in unserm an unerwarteten Ergebnissen reichen Buche, daß wir die gewünschte Parallele nicht etwa auf einem fernliegenden, wenig eingreifenden Forschungsgebiete, sondern in einem der bedeutendsten Teile des Sakralrechts finden. Kein Priestertum erscheint so national als der Flaminat, keine Sakralsatzung so ursprünglich und so rein römisch wie die der drei großen Flaminate, die in dem *ordo sacerdotum* [der römischen Priesterschaft] die erste Stelle, selbst vor den Pontifices, einnehmen. Und doch ist diese Autochthonie Täuschung. Gleich Tanaquil und ihrem Mythenkreise zeigt der Flaminat mit seinem Zeremoniell den orientalischen Ursprung sowohl durch die Göttertrias, welcher er angehört, als durch eine große Zahl von Zeremonialbestimmungen, die jeder Erklärung aus römischen oder hellenischen Ideen sich entziehen. Aber noch mehr. Das römische Priestertum und seine Satzung entspringt mit Tanaquil und ihrem Mythenkreise demselben Belos-Herakles-Systeme, das wir aus der früheren Untersuchung in seinen höchsten und tiefsten Stufen kennenlernten. Alles, womit wir uns in den beiden ersten Abteilungen bekannt machten, tritt von neuem hervor. Der Prinzipat des Muttertums, seine hetärische Auffassung, die Investitur [Machtbeleihung] des Mannes durch das ihn überragende buhlerische Weib, die Konjunktion einer in Omphales Natur gedachten Herrscherin mit dem als Heraklesgeweihter aufgefaßten männlichen Genossen: jeder dieser charakteristischen Züge der assyrischen Heraklesreligion ist in dem ursprünglichen Verhältnis der Flaminica zu dem Flamen wiederzuerkennen, jeder der Ausgangspunkt von sakralen Bestimmungen, für welche die dem Orientalismus entwachsene spätere Zeit keine zutreffende Erklärung mehr zu finden vermag. Aber diese traditionellen Elemente entgehen dem Schicksale der Neugestaltung ebensowenig als die dem Tanaquilmythus zugrunde liegenden. Auf italischem Boden wird das Alte mit neuem Geiste erfüllt und dadurch etwas ganz anderes ... Aus einem Weibe von Omphales Geltung wird die Flaminica, das Vorbild der römischen Matrone, ihrer Tugenden und ihres Ansehens. Vertilgt sind alle Spuren des hetärischen Amazonentums: was übrigbleibt, ist die hohe Selbständigkeit, welche die Flaminica in ihrem ehelichen Verhältnisse zu dem Flamen bewahrt, und die gleich Tanaquils ähnlicher Geltung als eine Bürgschaft für die Unverletzlichkeit des treuen Weibes gegenüber den strengen Satzungen des Zivilrechts von allen Matronen mit Freude und stolzem Selbstgefühl betrachtet wird. Die Parallele ist eine vollständige ...

Eine Erfahrung von weitestem Umfange liegt in der nun erkannten Wahrheit, daß ohne die Beachtung der Kraft, welche eine bewußte Reaktion gegen unerträglich gewordene fremde Gedanken verleiht, die Strenge so mancher römischen Bestimmungen sich nicht erklären und nicht würdigen läßt. Wir reden so oft von einer angeblichen historischen Ausstattung des römischen Volkes, und bedenken nicht genug, daß das, was wir mit diesem inhaltlosen Worte zu erklären wähnen, zum größten Teile die Frucht eines Kampfes ist, ohne welchen ein Volk ebensowenig wie ein einzelner

Vorrede und Einleitung

Mensch je zur Vollentwicklung seiner Kraft und seiner Eigenart zu gelangen vermag. Entfernen wir in Gedanken den Orientalismus aus Roms Umgebung, vergessen wir die tiefen Wurzeln, welche ihm auf italischem Erdreich die Jahrhunderte liehen, wie steht es alsdann um unsere Einsicht in die Rücksichtslosigkeit, mit welcher die Tiberstadt ihren Staatsgedanken über die religiösen Gebote, die Paternität über das Muttersystem, die dotale [Mitgift-]Ausstattung über den Selbsterwerb des Mädchens durch Prostitution der Leibesblüte zu erheben, endlich die mosaische Ritualstrenge in den Satzungen über das Verhalten und Auftreten der Flaminica zu handhaben stets bemüht war? Es fehlt uns das, was jedes Extrem voraussetzt, jedes zu seinem Verständnis nötig hat, das entgegengesetzte, das durch seine Schroffheit unsern Widerstand weckt und den nicht weniger schroffen Puritanismus aus sich hervorbringt.

Es ist kein Paradoxon, sondern eine der größten Wahrheiten, daß die Entwicklung unseres Geschlechts nur im Kampfe der Gegensätze sich vollzieht. Die Geschichte der Taten und Meinungen bietet der Belege die Überfülle. Sollte das römische Volk, dem so wenig Theorie, so unendlich viel Lebenserfahrung zu Gebote steht, das einzige sein, das hierin nicht klar gesehen hätte? Täusche ich mich nicht, so ist das populärste aller römischen Bücher mit meiner Auffassung der Geschichte des Flaminats und überhaupt der Schicksale des Orientalismus auf italischem Boden vollkommen im Einklang. Wer wollte mir wehren, bei dieser alten Autorität einige Zeit zu verweilen? Virgil stellt in seinem ganzen Epos Äneas als Flamen, Dido als Flaminica dar. Es genügt ihm nicht, der römischen und der karthagischen Nationalgestalt einen geweihten Charakter zu leihen und hinter diesem den staatlichen ganz verschwinden zu lassen: das erste und höchste aller Priestertümer ist dasjenige, welches er seiner Darstellung überall zugrunde legt. Da nun Äneas sowohl als Dido ganz in dem Oriente wurzeln, ja nach Virgils Auffassung durch das verwandtschaftliche Verhältnis der Tyrier und

Troer unter sich nahe verbunden sind, so muß der Dichter dem Flaminate einen vorrömischen asiatischen Ursprung beigelegt haben.

Entscheidend ist die Episode von der Begegnung in Karthago. Sie zeigt, wo die früher verbundenen Kulturwege sich scheiden. Die Tyrierin erscheint ganz in der Natur des orientalischen, auf Knechtung des Mannes durch buhlerische Künste bedachten Königsweibes. Was sie Äneas gegenüber beansprucht, ist die Herrschaft, welche Omphale über Herakles, Semiramis über Ninos, Delila über Simson besitzt, das alte Recht, das Asien der hetärischen Frau über Leben und Thron des Mannes einräumt. Beschuldigt Dido den flüchtigen Buhlen der Treulosigkeit, so ist dieser Vorwurf vom Standpunkte des traditionellen asiatischen Rechts durchaus begründet, und einen andern kennt die Tyrierin nicht. Äneas dagegen vertritt eine neue Lebensbetrachtung, diejenige, zu welcher Rom die Menschheit zu erheben berufen ist. Wurzelt er mit seiner ganzen Vergangenheit in Asiens Kultur und, kraft seines Heraklescharakters, in derselben Religionsidee, aus welcher die Tyrierin ihr Recht ableitet, sein Blick ist doch ganz auf die neue Heimat und auf das kommende Weltalter, dem er nach höherem Beschluß die Entstehung geben soll, gerichtet. Keine weiche Erinnerung, keine Rücksicht auf die Gemeinsamkeit des asiatischen Ursprungs vermag ihn wankend zu machen. Vor dem römischen Nationalhelden sinkt der Thron der orientalischen Hetäre, den Kleopatra-Isis von neuem aufrichten möchte, in Trümmer. Die Pyra der assyrischen Sakaien, die den Zoganes mit seinem Urbild Herakles vereinigen soll, verzehrt die besiegte Dido, Äneas wird nur in lebloser Nachahmung verbrannt. Hier also liegt der Wendepunkt. Auf dem Untergang des alten Flaminats erbaut sich der neue. Äneas führt diesen zum Siege, Dido versucht umsonst, jenen auch im Westen zur Herrschaft zu bringen. Aus einem Weibe von Omphales Ansprüchen wird die Flaminica in Latium zu der reinen Gefährtin des reinen Lichtpriesters; Asiens sinnliche Zeugungsidee gelangt nicht in dies Land, das sich der Weltgeist zur Geburtsstätte eines neuen Weltalters ausersehen.

Virgil gibt diesem Gedanken die weiteste Ausdehnung. Er beschränkt ihn nicht auf die Neugestaltung des *einen* Priestertums. Alles Asiatische geht vor der Ankunft des troischen Helden an der Tibermündung zugrunde. Die Reihe der assyrischen Vorfahren, Dido selbst, die buhlerische Königsfrau, wird von Äneas, der auch hier als Herakles' Ebenbild auftritt, in dem cumäischen Totenreiche aufgesucht. Nur wesenlose Schatten sind sie noch, diese Gestalten der asiatischen Vorzeit. Latium ist für sie und ihre untergegangene Welt keine Stätte abermaligen Gedeihens. Anchises, Crëusa, die Amme Caieta, Palinurus und so manche Repräsentanten orientalischer Ideen gelangen nicht an den Ort der Verheißung. Kirkes, der Buhlerin, verführerische Wohnung wird gemieden, und an Äneas' Statt der der Heimat als Knabe entführte Ascanius Gründer des ersten latinischen Reiches. Wer die Äneide um ihrer Gedanken willen liest, findet überall dieselbe Auffassung. Sie hebt die beiden Momente, auf welchen aller menschliche Kulturgang beruht: den Anschluß an den früheren Erwerb der Menschheit und die Fortentwicklung des Empfangenen, mit gleicher Entschiedenheit hervor. Man würde ganz einseitig urteilen, wollte man, wie gewöhnlich geschieht, nur die eine Seite der Frage, den Anschluß des Westlandes an Asien, ins Auge fassen. Die Emanzipation der römischen Welt aus den Fesseln der orientalischen Tradition ist nicht von geringerer Bedeutung. Ja, das höhere Geschick, zu welchem der im Osten erliegende Orientalismus in dem fernen Westlande berufen wird, bildet offenbar den eigentlichen und wahren Schlußgedanken des ganzen Epos. Rom, auf Asien gegründet, wird dessen endlicher Besieger. Darin liegt der Mittelpunkt der Äneis. *Occidit occideritque sinas cum nomine Troia* [Hin sank, hin sinke Troja für ewig, selbst mit dem Namen. 12, 828].

Hat der Dichter die Geschichte seines Volkes richtig aufgefaßt? Entspricht seine Schöpfung dem Entwicklungsgange der römischen Westwelt? Leiht sie dem Nationalgedanken einen zutreffenden Ausdruck? Diese Frage liegt dem Gegenstand unserer Untersuchung nicht ferne. Ist das Schicksal der orientalischen Traditionen auf italischem Boden so geartet, wie es die Umgestaltung der Tanaquilgeltung und die entsprechende des Flaminats uns zeigt, so muß die Bewegung der römischen Geschichte überhaupt demselben Gesetze folgen. Wie könnte der Teil anders sich gestalten als das Ganze? Wie die äußere Entwicklung von der inneren sich unterscheiden? Wie die geistige Überwindung des Orients ohne einen in gleicher Richtung durchgeführten Völkerkampf überhaupt nur sich denken lassen? In der Tat bildet die Wechselbeziehung Italiens und des Orients die welthistorische Seite der römischen Geschichte, die endgültige Übertragung der leitenden Kulturmacht aus dem Osten nach dem Westen ihr wesentliches Ziel und größtes Ergebnis. Um diesen Zentralgedanken gruppieren sich alle Hauptwendepunkte.

Durch Jahrhunderte hindurch scheint Italien dazu bestimmt, für immer eine Dependenz Asiens zu bleiben. Auf dem Land- und dem Seewege, über den Hellespont, die Adria, die Iberische Halbinsel erreichen orientalische oder orientalisch gebildete Stämme das Apenninland, welches durch die ungemeine Entwicklung seiner Küsten und Inseln, sowie durch seine Lage im Zentrum des Mittelmeerbeckens von der Natur zum Sammelplatz der Völker vorbestimmt scheint. Nach der wechselvollen Periode der großen Züge, welche die älteste italische Geschichte ebenso eröffnen wie die der mittleren Zeit, sehen wir die Völker und Religionen Asiens im Besitze des ganzen Landes vom Fuß der Alpen bis in Kampaniens gesegnete Fluren: im Norden wie im Süden den etruskischen Stamm, das für Italien, zumal für Rom, wichtigste Kulturvolk, ausgerüstet mit jenem Übergewicht, welches der Besitz einer uralten überlieferten Bildung stets verleiht, in dem Gebirge der Mitte die Sabiner, mit jenen näher verwandt, als man anzunehmen gewöhnt ist, und eine der wichtigsten Stützen des Orientalismus, in der Westebene das albanische Zentralreich, ein hervorragendes und doch nur ein einzelnes Glied in der großen Kette gleichartiger Gründungen. Sie alle wissen nur von Asien und asiatischem Ursprung. Aus ihrem Schoß geht Rom hervor, schöpft es seine Kräfte und Ideen. Auch die Tiberstadt knüpft ihre Vergangenheit an das unterliegende Asien, nicht an den siegreichen Hellenismus, an und bewahrt diesen Glauben zu einer Zeit, da griechische Herkunft und griechische Kultur den höchsten Ruhmestitel bilden. Die römische Nationalgestalt, der Troer Äneas, ist in seiner Doppeleigenschaft als Mylittensohn und Priesterkönig der echte Ausdruck des theokratischen Asiens, dies zu jeder Zeit geblieben, durch den hellenisierten Heros nie verdrängt, wie denn auch nördlich des Tiber die griechische Kolonisation nie Fuß zu fassen vermochte. Enthält die Auswanderung aus Alba nach einer unwirtlichen Sumpfgegend, die am wenigsten zu der Erwartung berechtigte, daß in ihr je etwas entstehen würde, den ersten Versuch der Emanzipation aus traditionellen Fesseln, so leiht doch die Dynastie sabinischer Priesterkönige und, nach ihrer Vertreibung, die der etruskischen Fürsten dem Orientalismus in der zukunftreichen Stadt eine neue mächtige Stütze. Zwar wird von Cicero (De rep. 2, 34) berichtet, schon in der Zeit der Tarquinier habe die hellenische Kultur ihren Kampf gegen den Orientalismus auch zu Rom ernstlich eröffnet, zwar beweisen Mastarnas Staatsordnungen, wie reif für den Untergang das frühere Weltalter damals überhaupt war: aber die Serviussage wird dennoch nach einem ausschließlich asiatischen Prototyp gedacht und ausgebildet: zum Beweis, wie innig der italische Stamm den orientalischen Glaubensanschauungen sich hingegeben, wie tief er dieselben ergriffen und im Laufe der Jahrhunderte sich bewahrt hatte. Eine Lehrzeit von ungewöhnlich langer Dauer und an schweren Schicksalen außerordentlich reich ist dem Westland auferlegt und ihm unentbehrlich, soll es zu seinem Berufe, die Menschheit dauernd auf eine höhere Stufe des Daseins zu erheben, genügend vorbereitet werden.

Der erste gewaltige Ausbruch der lange angebahnten Reaktion liegt in dem Sturze des letzten Tarquinius, eines Herrschers von echt orientalischem Gepräge, der von neuem zeigt, was wir so oft bemerken, daß die Geschichte ihre größten Fortschritte den Extremen verdankt … Jeder Schritt der römischen Entwicklung ist ein Sieg der reineren Lebensauffassung des okzidentalischen Geistes. Im Kampfe gegen die Wiederherstellung der etruskischen Dynastie erstarkt der römisch-abendländische Nationalgedanke. Das Volk wird seines Gegensatzes zu den es umringenden Trägern der fremden Kultur, zugleich seiner geschichtlichen Bestimmung immer klarer sich bewußt. Die Vernichtung der asiatischen Elemente ist die Bedingung erst seines Daseins, dann seiner Macht, meist von beidem zugleich.

Daher jene beispiellose Wut, mit welcher alles, was dem neuen Gedanken sich nicht assimilieren läßt, von der Erde weggefegt wird, und jene ebenso ungewöhnliche Zähigkeit und Ausdauer, die, stets auf dasselbe Ziel gerichtet, keine halben Mittel und halben Lösungen kennt. Nichts vermag Porsennas zeitweiliger Erfolg. Er führt weder die Tarquinier zurück, noch gelingt es ihm, Rom zu der Bedeutungslosigkeit eines friedlichen Handels- und Gewerbesitzes herabzudrücken. Wie Alba verschwunden, so fällt Veji, eine Lucumonie nach der andern, in immer weiteren Kreisen jeder Träger des Asiatentums, die durch ihre Nähe doppelt gefährliche üppige Capua, die uns lehrt, mit welcher Verachtung die Geschichte über alle auf Reichtum, Kunst und Verfeinerung der Genüsse stolze Gemeinwesen hinwegschreitet, in *einem* Jahre die aphroditische Korinth, zweier Welten Vermittlerin, und die phönikische Karthago: sie alle zum Heil der Menschheit, deren Erhebung auf eine reinere Lebensstufe die schonungslose Vertilgung der älteren sensualistischen Zivilisationen und aller ihrer kommerziellen und industriellen Hilfsquellen gebieterisch verlangt. Ihre verlassenen Stätten verkünden gleich den Ruinen des Euphrat- und Tigrislandes den Untergang eines verurteilten Weltalters, manche von ihnen vor den Toren Roms.

Wir werden die Bedeutung der Punischen Kriege nie vollständig würdigen, wenn wir sie nicht mit diesem großen Geschichtsgange in Verbindung bringen. Im Westen sind Asiens letzte Kräfte zum Entscheidungskampfe angesammelt. Soll die europäische Menschheit dem orientalischen Lebensprinzip von neuem und nun für immer verfallen? Das Hellenentum, Asien benachbart, schneller und vollständiger von ihm losgerissen, aber in der einseitigen Verfolgung partikulärer Interessen jedem großen Nationalgedanken bald entfremdet, mehr dem Glanze des Genius als der Größe des Charakters huldigend, daher alles auflösend, was es berührt, zuerst und am gründlichsten sich selbst: dieses Hellenentum erscheint in seinen Heldentaten und kühnen Unternehmungen gegen die Mächte des Orients wie jene Sieger der olympischen Spiele, die nach errungenem Jugendruhme schnell in Vergessenheit sinken. Seine Typen sind Achill, Alexander, Pyrrhos, welche gleich leuchtenden Meteoren an dem Horizont der Weltgeschichte auf- und untertauchen. Griechenland beginnt das Werk, aber es zu vollenden fehlt ihm die Kraft, die sittliche, welche in der Geschichte alles entscheidet. Makedoniens unverbrauchte Lebensfülle verwickelt in denselben Ruin die asiatische und die griechische Welt, bald auch sich selbst. Nicht Alexander, wie Lykophron, der Zeitgenosse des Pyrrhischen Krieges, glauben konnte, sondern Rom hat den jahrtausendealten Kampf, den Herodot als leitenden Gesichtspunkt seiner Geschichte zugrunde legt, zum Abschluß gebracht, daher Rom, nicht Griechenland, die Übertragung der Universalmonarchie von dem Osten auf den Westen und damit die Geschichte der alten Welt vollendet. Was ist Marathon, was Salamis und Plataä gegen den hannibalischen Krieg? Verschwindend klein gleich den kurzen Jahrzehnten der athenischen Macht neben römischer Ewigkeit. Was bedeuten Agathokles' Kämpfe gegen Karthago in Vergleich mit den römischen? Dem Griechen schien die Unterjochung der phönikischen Stadt ein leichtes Unternehmen, und was hat er erreicht? Karthagos Vernichtung, dieser größte Wendepunkt in den Geschicken der Menschheit, ist das Werk der unter Roms republikanischer Führung geeinten italischen Volkskraft und mehr als irgendeine andere Tat aus dem Innersten des abendländischen Geistes hervorgegangen. In dieser Zeit vollendet die Stadt recht eigentlich ihre geschichtliche Aufgabe. In dieser ist die Beerbung des Orients durch den Okzident für immer entschieden. In derselben steht das siegreiche Geschlecht auf der Höhe seiner sittlichen Erscheinung.

Ohne Bedauern sehen wir die Verluste an Kenntnissen und Erfahrungen jeder Art, welche die Welt durch den Untergang der Königin Afrikas erleidet; haben doch ihre den ganzen Erdteil umspannenden Unternehmungen erst nach dem Ablauf von mehr denn anderthalbtausend Jahren eine späte Wiederaufnahme gefunden: das Schauspiel des Triumphes, den das höhere Sittlichkeitsprinzip der westeuropäischen Menschheit über Asiens niedrige Sinnlichkeit feiert, läßt alle jene Verarmungen vergessen. Inmitten des Entscheidungskampfes treten dem Volke seine asiatischen Ursprünge mit erneuter Lebendigkeit vor die Seele. Zur Rettung Italiens von dem hannibalischen Geschwür wird der formlose Aërolith aus dem phrygischen Heimatlande herübergeholt. Rom, die Aphroditestadt, erschrickt ob der langen Vernachlässigung der Mutter und seiner ausschließlichen Hingabe an das staatliche Prinzip des väterlichen Imperium. Virgil ist nicht der erste und nicht der einzige, der den Punischen Krieg mit dem Äneasmythus in die engste Verbindung bringt und das, was damals geschah, nur als Abschluß einer vor Jahrtausenden begonnenen Entwicklung darstellt. So dachten schon die Zeitgenossen der Scipionen, und wer heute richtig urteilen will, muß gleich weite Zeiträume umspannen, weil der Gang der Geschichte stets auf große Fernen angelegt ist. Wir Menschen des neunzehnten Jahrhunderts, denen es meist genügt, wenn sie wissen, was sie essen und trinken, wie sich kleiden, wie sich vergnügen sollen, sind kaum imstande, die Gewalt zu ermessen, welche hohe Ziele einem ganzen Volke verleihen, noch weniger die Bedeutung zu würdigen, welche populäre

Traditionen wie die Äneassage für die Entwicklung der Volksgeschichte besitzen. Wir sehen in ihnen literarische Machwerke, betrachten sie als Gegenstände literarischer Streitfragen, halten sie für spät gedichtete Märchen oder mythische Vorbildungen geschichtlicher Ereignisse: dem Altertum sind sie Elemente der Kraft, und gleich unserer Tellsage auf die Gesinnung des Volkes und die Entwicklung seiner Geschichte von maßgebendem Einfluß. Virgils Gedicht ist dem Römer nur darum das beliebteste Volksbuch, weil er in ihm sich, seine Schicksale, seinen leitenden Volksgedanken wiedererkennt.

Nach dem Kampfe mit Hannibal führt Rom nur noch auswärtige Kriege. Was Alexanders östliche, Karthagos westliche Eroberungen auf kurze Zeit gewissermaßen mit Beschlag belegt hatten, wird dauernder Besitz der abendländischen Äneaden. Der höhere Gedanke des Westens auferlegt sich überall kraft seiner inneren Macht, trotz der zunehmenden Korruption seines Trägers. Selbst in dem Ungeheuern Waffengetümmel der bürgerlichen Kämpfe verbindet sich mit dem Parteizwecke stets die Wettfrage, ob Orient, ob Okzident? Mit Pompeius, Brutus, Cassius, zumal mit Antonius erliegt dem Westen der Osten, mit ihrem Untergange vollendet sich Asiens Ruin. Nicht dem Buhlen der ägyptischen Kleopatra, so wenig als früher Alexandern, dem die Sage eine ähnliche Begegnung mit der meroitischen Kandake andichtet, sondern dem zweiten Besieger der orientalischen Königsfrau [Oktavian Augustus], dem neuen Orest, der den Vatermord rächt, überliefert der Geschichtsgeist die Ordnung des Weltreichs, von dessen abendländischem Gedanken die heutige Bildung ihren Ausgang nimmt. Fremdartig und unverständlich stehen unserm Bewußtsein alle Kämpfer der orientalischen Welt entgegen. Wir fühlen die Kluft, welche Naturen wie Hannibal, Mithridat, Jugurtha von der unsern trennt. Aber in den Scipionen, Catonen, Iuliern lebt europäischer Geist, den wir aufzunehmen vermögen, in ihren staatlihen und rechtlichen Schöpfungen ein Kern von Gedanken, dessen Aneignung uns noch heute möglich, meist Bedürfnis, nicht selten Trost ist.

Rom hat etwas durchaus Neues in die Welt eingeführt. Mit Stolz durfte es auf die Ebene am Ida zurückblicken, denn in dem troischen Ursprung seiner ältesten Geschlechter lag kein Wahn. Aber nicht Troja, nicht das assyrische Heraklidentum war am Tiberufer wiedererstanden, wie der Aiakide Pyrrhos sich zu überreden suchte, vielmehr aus den Trümmern der Ostwelt der neue abendländische Staatsgedanke hervorgegangen. Verständnislos urteilten alle jene, welche dem großen Julier die Absicht der Rückkehr nach dem Ausgangspunkte beilegten. Wohl hatte die Wiege seines Geschlechts in Asien gestanden, aber aus dem Sohne der orientalischen Aphrodite war der Vollender und Herr des abendländischen Reiches geworden. Cäsar ist vorzugsweise der okzidentalische Held, das von ihm gegründete kaiserliche Rom ganz auf das Abendland gebaut und daher durch zwei Jahrtausende mit ihm vereinigt geblieben. Nicht die abermalige Überlieferung der Menschheit an ein überwundenes Lebensprinzip, sondern die Sicherstellung und Kräftigung des neuen gegen die mächtig vordringende, durch die Hellenisierung des Orients doppelt gefährliche Reaktion der östlichen Gedankenwelt ist fortan die Aufgabe Roms. Durch seine Religionen sucht das Morgenland dem Abendland nochmals sein Joch aufzuerlegen. Welchen Siegeszug feiern nicht Asiens und Ägyptens Muttergottheiten. Bis in die entlegensten Teile der westlichen Reichshälfte wird der okzidentalische Geist von diesem vorzugsweise weiblichen, vorzugsweise hetärischen Pantheon mit einer Macht ergriffen, welche die veräußerlichten Gestalten des griechischen Volkskultus nie auszuüben vermochten. Hatte man einst der ähnlichen Korruption der asiatischen Dionysos-Sandon-Mysterien durch die Verwüstung Italiens zu begegnen als unabweisliche Notwendigkeit erkannt, so kam es jetzt dahin, daß Heliogabal die Wiederherstellung des babylonischen Mylittaprinzips in seiner nacktesten Form und mit allen Folgen des Semiramidentums im Zentrum des Reichs ernstlich zu versuchen wagen konnte. Erscheinungen von Nitokris' Art umgeben die Throne römischer Kaiser und gefährden die Grundlage des Staatslebens. Aber siegreich wird der Angriff bestanden, dank der inneren Macht, die jedes höhere Prinzip zuletzt über alle Niederlagen triumphieren läßt. Zenobia, die palmyrenische Kandake, von Aurelian im Triumphe aufgeführt, verwirklicht den Wunsch Oktavians, den Kleopatras selbstverhängter Tod drittbalb Jahrhunderte früher vereitelt hatte.

Wir, die wir diesen Entwicklungsgang in seiner inneren Gesetzmäßigkeit erkennen, vermögen nun auch die Stellung zu würdigen, welche das größte Ereignis seit der Vertilgung Karthagos, die Zerstörung Jerusalems, zu dem Ganzen der römischen Geschichte einnimmt. Der Untergang des Jehovatempels sichert der Tiberstadt und durch sie dem Abendlande die Erbfolge in ein neues Prinzipat, das religiöse, und dies zu derselben Zeit, in welcher das Haus der Flavier dem durch die Julier begründeten Cäsarismus seine Vollendung bringt und durch die Niederwerfung des Claudius Civilis den ersten Versuch, dem römischen Reiche ein selbständiges nordisches gegenüberzustellen, vereitelt. Karthagos und Jerusalems Fall sind nicht nur die vorzugsweise tragischen Ereignisse des erstaunlichsten aller Dramen, der römischen Geschichte, sondern auch die zwei wichtigsten Wendepunkte der Weltgeschicke. Wird durch Scipios Tat die politische Emanzipation des Westens von dem Osten auf alle Zeiten gesichert, so verkündet der Flavier Triumph und sein noch heute erhaltenes Denkmal – das bedeutsamste des Altertums [der Titusbogen] – die Befreiung der Religion der Zukunft aus den Banden des mosaischen Orientalismus und die Ansprüche der abendländischen Stadt auf die geistige Beerbung des Morgenlandes. Nicht Byzanz, nicht Antiocheia, weder Alexandreia noch die afrikanische Hippo, sondern Rom tritt an Jerusalems Stelle. Das Christentum wird abendländisch und durch diese Assimilation Rom mit dem Okzident auf ein weiteres Weltalter hinaus so identifiziert, daß alle neuen Kämpfe gegen den Orient als ihr gemeinsames Werk erscheinen.

Wie nun Italien die Innigkeit, mit der es schon in dem früheren Weltalter den aus dem Osten zugeführten religiösen Gedanken bei sich aufnahm und bewahrte, auch dem Christentum gegenüber von neuem offenbart, wie es zum zweiten Male mit der hingehendsten Aneignung des Fremden die entschiedenste Umprägung desselben nach Maßgabe seiner Eigenart verbindet, also daß das Überkommene bald ganz das Aussehen einer nationalen Schöpfung gewinnt, wie es endlich von allen zugebrachten Gedanken den ältesten, den hieratischen und sazerdotalen Typus des orientalischen Geistes, wiederum am längsten, ja bis heute inmitten einer ganz geänderten Weltbetrachtung sich zu erhalten weiß und auf diesem eine Weltherrschaft gründet, die das dem Evangelium früher befreundete Griechentum nicht zu erreichen vermag: diese Parallele, so belehrend sie sein mag, liegt außer den Grenzen unserer Betrachtung. Genug, daß wir in dem Gange der alten Geschichte die merkwürdige Doppelstellung der Tiberstadt zu dem Oriente, einerseits ihre Abhängigkeit von demselben, andererseits die äußere und innere Überwindung der asiatischen Welt- und Menschenbetrachtung, in derselben Weise, wie sie in den Schicksalen des Tanaquilmythus uns entgegentritt, wiedererkennen … Früher als in unseren Alpen stehen seine siegreichen Heere am Euphrat und Tigris. Die nordische Welt dicht vor den Toren Italiens ist ihm bis zuletzt der verschlossene Kern eines neuen vorgeahnten, aber seinem Verständnis stets entrückten höheren Weltalters. Wenn wir bei dieser allgemeinen historischen Betrachtung hier länger verweilen, als es der nächste Gegenstand unserer Untersuchung zu erfordern scheint, so rechtfertigt sich dies durch den letzten Zweck des Buches. Ist es doch dazu bestimmt, durch die Analyse eines einzelnen Denkmals zur Erkenntnis eines allgemeinen Geschichtsgesetzes hinzuleiten und denjenigen Gesichtspunkt festzustellen, der für die Auffassung des römischen Entwickelungsganges auf allen Gebieten des Lebens der maßgebende und dennoch bis heute ganz vernachlässigte ist.

Bei der Verdrängung des hetärischen durch den matronalen Gedanken bleibt die Umgestaltung Tanaquils auf dem italischen Boden nicht stehen. Der neue Geist des Abendlandes macht sich noch in einer andern Richtung geltend. Tanaquil wird nicht nur aus der buhlerischen Königsfrau asiatischer Dynastien das Vorbild der Tugenden und des Ansehens der römischen Ehegattin: sie verwandelt sich überdies aus einem Gebilde der inneren Glaubensanschauung in eine historische Persönlichkeit. Auch dieser Gedankenprozeß ist geeignet, auf das Wesen der römischen Sinnesart und ihr Verhältnis zu der älteren Kulturstufe Asiens ein neues Licht zu werfen. Der Orient huldigt dem Naturstandpunkt, der Okzident ersetzt ihn durch den geschichtlichen. Rom insbesondere bringt alles mit seinem Staatsleben in den engsten Zusammenhang. Im Laufe unserer Untersuchung begegnen zahlreiche Beispiele, in welchen der Übergang von der physischen zu der historisch-politischen Betrachtungsweise sich geltend macht. Gleich Tanaquil erhalten die übrigen Gestalten sakaiischen Ursprungs eine Beziehung zu dem römischen Staate und den Wendepunkten seiner inneren und äußeren Entwicklung. Tutela-Philotis sowohl als Anna Perenna von Bovillae verdanken ihr Ansehn nicht mehr dem Naturgedanken Asiens, aus welchem sie mit ihren Kultzeremonien hervorgegangen sind, sondern vorzugsweise dem Einfluß, den sie dem Mythus zufolge auf den Gang der politischen Ereignisse ausübten, und dasselbe zeigt sich auf allen übrigen Kultusgebieten. Kaum läßt ein Tempel, kaum eine auffallende Sakralübung sich entdecken, die nicht aus einer geschichtlichen Motivierung zuletzt all ihr Ansehn schöpfte. Man könnte sich versucht fühlen, in dieser Unterordnung der göttlichen unter die menschliche Idee die letzte Stufe des Abfalls von einem früheren erhabeneren Standpunkte zu erkennen. Und in der Tat, wer möchte leugnen, daß neben den kosmischen, die Gesamtheit des Weltalls umspannenden Ideen der Belos-Herakles-Religion, aus welchen die Vorstellung eines über Leben und Thron gebietenden Weibes hervorging, die vermenschlichte Tanaquil der römischen Tradition mit ihren dem täglichen Leben angepaßten Schicksalen als eine verkümmerte Gestalt, kaum vergleichbar der kolossalen Anlage der orientalischen Denkweise, dasteht. Und dennoch enthält dieser Rückgang den Keim zu einem sehr wichtigen Fortschritt. Denn als solchen haben wir jede Befreiung unseres Geistes aus den lähmenden Fesseln einer kosmisch-physischen Lebensbetrachtung anzusehen.

Die umfassendsten und erhabensten Natursysteme vermögen an geistiger Bedeutung die Anerkennung des Menschen als erster und wichtigster Geschichtspotenz nicht zu erreichen. Fragen wir: Was hat die Kulturen des Orients jener tiefen Stufe des Sensualismus überliefert, die in der Vergötterung des buhlerischen Weibes sich ausspricht? Was hinwider Rom zu der Überwindung desselben befähigt und mit jener Superiorität ausgerüstet, die sein kolossales Zerstörungswerk als eine berechtigte Tat darstellt? so wird uns niemand widerlegen, wenn wir für jenes die Überlieferung des Menschen an die Herrschaft der Naturkräfte verantwortlich erklären, für dieses dagegen den Bruch erniedrigender Fesseln durch die Erhebung des geschichtlichen Bewußtseins über den Naturgedanken als wesentlichen Grund hervorheben. Auch hier führt Rom etwas ganz Neues in die Welt ein. Der griechische Genius hat auf dem Gebiete, auf welchem er das Höchste leistet, den Zusammenhang mit der äußeren Erscheinung des stofflichen Lebens nie aufgegeben, und darum durch sein Schönheitsideal zu allen Zeiten den Sensualismus geweckt und die ästhetische Beurteilung, den Maßstab sittlich geschwächter Geschlechter, ins Leben gerufen. Roms Zentralgedanke dagegen, die Idee seines geschichtlichen Staates und seines Rechtes, ist von der Materie durchaus unabhängig, daher an sich selbst ein eminent sittlicher Erwerb, und überhaupt das Geistigste, was das Altertum hervorgebracht und dem nachfolgenden Weltalter hinterlassen hat. Von neuem erkennen wir, daß unser okzidentalisches Leben recht eigentlich mit Rom beginnt.

Römisch ist jener Gedanke, durch welchen die europäische Menschheit sich bereitet, dem ganze Erdball das eigene Gepräge aufzudrücken, der nämlich, daß kein stoffliches Gesetz, sondern nur allein das freie Walten des Geistes das Los der Völker bestimmt. Wenn der Etrusker bekümmerten Sinnes an die Endlichkeit seines Stammes glaubt, so freut der Römer sich der Ewigkeit seines Staates, an welcher zu zweifeln er gar nicht fähig ist. Wenn die Sage von Vejis Untergang den Orientalen zu einem energielosen Fatalismus herabgesunken darstellt, so tritt der Römer selbstbewußt der unbegreiflichen Naturerscheinung gegenüber, bricht mit dem Gesetz der stofflichen Notwendigkeit und bezwingt die Wasserfülle, die jenen schreckt. Wenn nach demselben Prinzip der Passivität die asiatische Auffassung vor jedem, auch dem unbedeutendsten Phänomen sich demütigt und alle Kraft des Geistes in ängstlichem Belauschen der leisesten Naturregung mutlos verzehrt, so wahrt der Römer die Superiorität des menschlichen Verstandes durch das Recht, jedes Augurium zu verwerfen. Überall betrachtet er sich als den ersten Faktor des geschichtlichen Lebens, erträgt ungern die Fesseln, welche ihm der Naturalismus des Orients auferlegt, macht die Religion mit all ihren Fiktionen dem Staatszwecke dienstbar, und fühlt dabei doch, daß sie seinem wachsenden Ungestüm immer unentbehrlicher werden. Der Grundsatz, daß nicht das erste, sondern das letzte Wort entscheidet, das nie zur Ruhe sich legende Ringen und Kämpfen, in dem wir die Auszeichnung der europäischen Menschheit erkennen, ist mit Rom zur Herrschaft gelangt, und deshalb sein Sieg über die alte Welt die Einleitung zu jenem großen Kampfe der Freiheit gegenüber der Naturnotwendigkeit, welcher die geschichtliche Richtung des Christentums bildet.

Aus diesem Gesichtspunkte betrachten wir die Historisierung des Tanaquilmythus. Auch sie verwandelt die Unbeweglichkeit einer traditionellen Idee in das lebensvolle Gemälde menschlicher Taten und Schicksale, auch sie verwebt religiöse Anschauungen in die Entwickelungsgeschichte des Staates, auch sie verdrängt den Naturgedanken durch den politischen, der alles nach seinen Erfordernissen gestaltet. Wir können die gleiche Erscheinung an einer Menge naheliegender Geschichtsmythen beobachten. Aber die Tanaquiltradition bietet den großen Vorteil dar, daß sie uns in den Geistesprozeß, aus dem die Historisierung hervorgeht, einen tieferen Einblick gewährt als irgendeine andere Überlieferung. Nirgends sonst können wir die Scheidung des kultlichen von dem geschichtlichen Elemente so genau beobachten. Wir begegnen nämlich der merkwürdigen Erscheinung, daß die religiöse Bedeutung Tanaquils auf eine andere, der Idee und dem Ursprünge nach verwandte Muttergottheit, die pränestinische Fortuna, übertragen und so der Historisierung des etruskischen Königsweibes freie Bahn eröffnet wird. Diese Verdrängung der fremden durch eine einheimische Kultgestalt betrachten wir an erster Stelle. Wir weisen nach, wie das zukunftreiche latinische Volkselement von Tanaquil zu Fortuna sich wendet …, wie es mit dem etruskischen zugleich das verwandte sabinische Element aus der Sage zu verdrängen sucht, und nicht eher ruht, als bis es seinen Liebling, den Gründer seiner Freiheit, König Servius Tullius, aus Tanaquils Verbindung befreit, als Fortunens Sohn und dankbaren Gründer all ihres römischen Dienstes erblickt … Von der Auffassungsweise der Vorzeit sich loszumachen, gelingt dem Volke nicht. Alle auszeichnenden Züge des asiatischen Königsweibes kehren in Fortuna wieder, wie wir sie bei Tanaquil gefunden haben … In dem Mythus von Servius' Verhältnis zu Fortuna liegt die hetärische Grundidee des asiatischen Mylittenprinzips in treuem Ausdrucke vor. Buhlerische Gebräuche, welche die historisierte Tanaquilsage zu belebenden Nebenumständen der Erzählung verarbeitet, bewahren in der Fortunasage ihren kultlichen Charakter. Selbst die Sakaien erhalten sich im Dienste der latinischen Göttin, während sie in dem Tanaquilmythus nur noch trümmerhafte Erinnerungen zurücklassen.

Wir weisen nach, … wie der Kampf des matronalen römischen Gedankens gegen den hetärischen des Orients, der höheren Sittlichkeit gegen den Sensualismus auch in der Geschichte des Fortunadienstes hervortritt, und hier die gleichen Erfolge erringt, wie endlich mit der buhlerischen Auffassung des Muttertums das weibliche Prinzipat selbst nicht vernichtet wird, vielmehr Fortuna Muliebris [Heil der Frauen] mit Tanaquil und der Flaminica dieselbe Bedeutung als Schützerin der treuen Gattin gegen die Anmaßung der Männer teilt. Wie wenig hat es unsere Gedankenlosigkeit noch beachtet, daß derselbe König, welcher mehr als irgendein anderer zu der politischen Entwicklung Roms beiträgt, zugleich derjenige ist, auf welchen das Ansehen der Maternität in Kult und Mythus vorzugsweise zurückgeführt wird … Verdrängt aus dem Gebiete des staatlichen Rechts erhält sich das Ansehn der Maternität auf dem der Religion und der aus religiösen Ideen hervorgegangenen geschichtlichen Mythen. Hier findet sie einen Halt, welcher der rücksichtslosen Ausübung des zivilen Grundsatzes als heilsame Schranke entgegentritt und bei der unbeugsamen Konsequenz des römischen Charakters doppelt notwendig ist. So schließt unsere Untersuchung über die kultliche Vertretung Tanaquils durch Fortuna mit einer Erfahrung, die für die Einsicht in das Wesen Roms große Bedeutung hat. Wir sehen, wie das Volk von seinen Erlebnissen nichts ganz aufgibt. Was seinem Geiste widerstrebt, sucht es zu unterjochen; aber was es zuerst am leidenschaftlichsten bekämpft, das weiß es nach errungenem Siege sich dienstbar zu machen. Untergeordnet dem neuen Staatsgedanken, bleibt das Alte da, wo er nicht hinreicht, in Ansehen und Geltung.

Indem Tanaquils religiöse Bedeutung ganz auf Fortuna übergeht und selbst ihr wundertätiges Bild im Semo-Sancus-Tempel jeder kultlichen Verehrung sich entzieht, wird die Historisierung der traditionellen Glaubensanschauung von jeder hemmenden Fessel befreit … Zwei Stufen der Entwickelung lassen sich unterscheiden. Auf der ersten ist der kultliche Gedanke allein maßgebend, die zweite setzt an seine Stelle den kleinlichen Pragmatismus einer rein menschlichen

Geschichtsprobabilität. Betrachten wir jede dieser Geisteswesen für sich.

Die ursprüngliche Form der geschichtlichen Tanaquiltradition ist der getreue Abdruck des religiösen Originals. Die Genauigkeit der Übertragung läßt sich nicht nur in den größeren Umrissen der Erzählung, sondern auch in ihren unscheinbaren Einzelheiten mit gleicher Bestimmtheit nachweisen ... Noch zeigt der Volksgeist wenig Verlangen, seinem Sagengebilde eine menschlich verständige Motivierung zu leihen. Personen und Ereignisse verraten trotz ihres Eintritts in die irdischen Verhältnisse die übernatürliche Heimat, aus der sie stammen. Göttliches und Menschliches schreitet ungeschieden einher. Die zeitlichen Grenzen des irdischen Daseins sind nicht maßgebend. Die chronologischen Verhältnisse bleiben unbeachtet. Eine Abrundung und Glättung der Erzählung liegt ganz außer dem Bedürfnis. Wie bei den Bauwerken der ältesten Geschlechter ruhen die Massen nebeneinander, durch keine kunstübende Hand zugerichtet, durch keinen Mörtel verbunden. Der Eindruck, den sie hervorbringen, ist der altertümlicher Größe und Dauerbarkeit. Solange der bildende Religionsgedanke seine Macht und Verständlichkeit behält, wird nichts geändert, an keinem Mangel Anstoß genommen. – Die zweite Entwicklungsstufe hebt erst an, wenn mit der Verdunkelung der kultlichen Idee der Schlüssel des Verständnisses sich verliert. Jetzt macht das Bedürfnis nach Herstellung eines menschlichen Pragmatismus sich geltend. Was Obernatürliches, was Wunderbares, was von jenseitigen Glaubensanschauungen noch übrig ist, erregt Widerspruch, wird durch verständige Kausalitäten ersetzt oder als Albernheit einer gedankenlosen Vorzeit verlacht ... Ritzen und Risse des alten Baues werden mit kleinem Gestein ausgefüllt, öde Stellen belebt, Widersprüche, chronologische Unmöglichkeiten entfernt, Genealogien gebessert, Namen eingeführt, wo sie früher fehlten, und durch alle diese Mittel Erzählungen geschaffen, in welchen der moderne Geist sich gefallen mag.

Gegenüber der ersten Stufe der Geschichtsbildung ist diese zweite in ihren Mitteln kleiner, gekünstelt, voll klügelnden Scharfsinns. Statt der göttlichen Wahrheit wird die menschliche gesucht und so weder der einen noch der andern Genüge geleistet. Ein kleinlich empirischer Pragmatismus schließt als letztes Glied die Reihe der Metamorphosen, durch welche die Glaubensgebilde der älteren asiatischen Menschheit zu sterblichen Wesen des neuesten Zuschnittes herabsinken ... Die ursprüngliche Historisierung ist ausschließlich das Werk des Volkes, die spätere Überarbeitung das Produkt einzelner Kritiker, jene eine Schöpfung unbewußter Naturtätigkeit, diese das Ergebnis des räsonierenden Zeitverstandes, jene bei aller Roheit ihrer Massen gesetzmäßig, gleich dem Urgebirge, diese künstlich arrangiert gleich einem Ziergarten in der Tiefe des Tales. Die Betrachtung dieses Gegensatzes wird dadurch besonders belehrend, daß sie uns mit einem für die römische Sinnesart sehr bezeichnenden Kampfesausgang bekanntmacht. Der Rationalismus vermag seine Absicht nicht durchzuführen. Es bleibt bei Einzelversuchen, und auch diese erringen sich keine ungeteilte Anerkennung. Der Volksgeist hütet sein Werk, der religiöse Charakter deckt es mit seiner Unverletzlichkeit. Kein Annalist hätte wagen dürfen, an den nationalen Besitz frevelnd Hand zu legen. So war die Art der damaligen Menschen. Ihre Auffassung des Geschehenen als eine mangelhafte, gefälschte, unsichere Geschichte zu bezeichnen, ist töricht. Sie enthält kein fehlerhaftes Produkt, sondern ist Schöpfung und Kennzeichen einer Kulturstufe, in dem, was diese leisten kann, durchaus vollkommen, und völlig echte, aber religiöse Tradition. Den exakten Realismus gebiert und bevorzugt erst eine spätere Zeit – für Rom begründet ihn der Grieche Polybios, dessen Nation am Ende ihrer Entwicklung angelangt war; – die ältere Geistesstufe erblickt und beurteilt alles im Lichte des Glaubens und setzt die religiöse Wahrheit über die menschliche.

Vollständig überwunden hat Rom diese Anschauung nie. Aber in der früheren Zeit ist sie die allein herrschende.

Nichts von allem, was die betrachteten Sagen enthalten, ruht auf freier Erfindung, kein einziger Zug ist aus dem Nichts gegriffen, keiner aus der regellosen Einbildung griechischer Mythoplasten hervorgegangen. Alles wird nach Maßgabe des kultlichen Gedankens in diejenige Form gegossen, in welcher es die römischen Annalisten vorfinden und für spätere Zeiten aufzeichnen. Das italische Volk besitzt nur *eine* Art der Phantasie, die religiöse, die dichterische ist ihm in bescheidenem Maße zuteil geworden und für die Gestaltung der geschichtlichen Überlieferung nicht im geringsten verantwortlich. Aus der Macht des Glaubens stammt das ernste Gepräge, das die älteste Tradition überhaupt auszeichnet und welches der spätere exakte Geschichtsrealismus nie wieder erreicht. Betrachten wir die Tanaquilsage in ihrem ganzen Umfange, wie folgen sich hier die Ideen von göttlicher Gnade und göttlichem Zorn, von Schuld und Strafe, Frevel und Sturz. Alles ist Gericht, alles Befriedigung des Volksgewissens. Wir stehen mitten in einer Tragödie, die das Irdische nur nach seinem Verhältnis zu dem Göttlichen mißt. Wer möchte behaupten, daß es einer solchen Betrachtungsweise der Volksschicksale an Erhabenheit und darum an Berechtigung fehle? Wir können ihr Einseitigkeit vorwerfen, weil uns Okzidentalen die göttliche Wahrheit ohne die menschliche nicht befriedigt. Aber weit schlimmer ist sicher das entgegengesetzte Extrem, das heute als das Absolute gepriesen wird, die ausschließliche Betonung der menschlichen Wahrheit, da doch ohne die göttliche auch jene nie ihre rechte Befruchtung und Weihe erhält.

Wer der jetzt beendeten Analyse meiner Schrift mit einiger Aufmerksamkeit gefolgt ist, wird den Widerspruch, in welchem sie zu der herrschenden Betrachtungsweise steht, nicht verkennen. Er ist in der Tat kaum schroffer zu denken und sowohl in den Resultaten als in der Methode der Forschung ein durchgreifender. Die Resultate führen uns zu historischen Tatsachen zurück, die ein zum Dogma verhärtetes Vorurteil als abgetan betrachtet, und die doch dem Zusammenhang des großen Weltganges nicht fehlen können. Die Methode ruht auf einer Anschauung von dem Wesen der Geschichte, durch welche dieses höchste Erscheinungsgebiet des göttlichen Gedankens dem tieferen der Naturbildungen nach seinem absoluten Ursprung, seiner Gesetzmäßigkeit, seinem Endzweck, mithin auch nach den Bedingungen seiner Erforschung zur Seite tritt. Es liegt nicht in meiner Absicht, diese Gleichartigkeit gegenüber der älteren Ansicht, welche die beiden Schöpfungsgebiete als durchaus differenziert voneinander scheidet, und der neueren ganz gemeinen, welche auch die Geschichte nur als ein von materiellen Kräften in Bewegung gesetztes Naturgeschiebe betrachtet, und so jeden Unterschied zwischen der göttlich-idealen und der göttlich-realen Offenbarung aufhebt, philosophisch zu begründen, noch des weiteren zu entwickeln, daß und warum die antike Menschheit gegenüber der durch das Christentum und seine Offenbarung des Unendlichen gebildeten späteren vorzugsweise die Naturseite des Daseins darstellt und diesen Charakter auch in ihren Kämpfen um Erlösung aus den stofflichen Banden nicht abzulegen vermag; – nur dazu fühle ich mich jetzt noch verpflichtet, die Konsequenzen, welche der aufgestellte Parallelismus für die Methode der Forschung ergibt, in ihrer logischen Notwendigkeit so deutlich als möglich hervorzuheben.

Die naturforschende Methode unterscheidet sich von der modernen, die sich gern mit dem Namen der kritischen ziert, vornehmlich durch ihre Auffassung des Forschungsobjektes und die Stellung, die sie zu diesem einnimmt. In der ersteren Beziehung scheint mir folgendes unbestreitbar. Da es in der Natur des Menschen liegt, daß all sein Tun auf Erden in schneller Vergänglichkeit vorübereilt, so kann niemals das Ereignis selbst in seinem realen Verlaufe den Gegenstand unserer Beobachtung bilden. Vielmehr muß, um das Flüchtige zu fixieren, die Tradition [Quelle] in das Mittel treten. Aber auch diese teilt die Natur des zugrundeliegenden Ereignisses.

Gleich der äußeren Tat ist die innere der Auffassung und der Überlieferungsgestaltung das Produkt einer vorübergehenden, keiner stabilen, ewig unwandelbaren Potenz, fließend und flüchtig wie die Handlung und daher gleich allem, worin Leben wirkt, selbst der Geschichte verfallen. Hieraus folgt, daß die historische Forschung immer vor einer geistigen, der Entwicklung und Fortbildung unterworfenen Erscheinung steht, daß *die realen und idealen Elemente der Tradition* nicht nebeneinander, sondern *ineinander liegen*, folglich *einer Scheidung* und Aussonderung *sich entziehen*, und daß schließlich *für die Geschichte der Vergangenheit nie eine reale, aber stets eine geistige Wahrheit erlangt werden kann*. Wenn eine prätensionsvolle Forschung mit der Frage, wie ist (beispielsweise bei der Thronbesteigung des älteren Tarquin oder des Königs Servius) alles in Wirklichkeit zugegangen? vor die Überlieferung tritt, und nun ohne andere Mittel als die, welche diese bietet, den tatsächlichen Verlauf in ihrer Weise mit Hilfe der sogenannten kritischen Sichtung des gegebenen Materials festzustellen bemüht ist, so wäre es eine prinzipiell unrichtige und darum wirkungslose Kampfesweise [von mir], der Negation der Tatsächlichkeit [so beurteilt die kritische Methode den Inhalt beider Überlieferungen] die Affirmation entgegenzustellen, oder irgendeinen neu ausgesonnenen Geschichtsgang nach der Probabilität der zugrundeliegenden Kombinationen zu prüfen: denn dieser Widerspruch enthielte eine Billigung des falschen Gedankens, als drehe sich die Erforschung vergangener Zeiten um die Ermittelung der faktischen, nicht um die der geistigen Wahrheit, um die Empirie der Ereignisse, nicht um jene der in der Überlieferung enthaltenen Zeitgedanken.

Es gibt keine Wahrheit, die durch die Erfahrung kräftiger unterstützt würde, als die eben ausgesprochene. Die erhitzten Befehdungen orthodoxer und ketzerischer Geschichtsforscher, die noch niemand von der faktischen Wahrheit der Ereignisse, aber ebensowenig von deren Nichtrealität überzeugt haben und durch alle ihre Beweise und Gegenbeweise den menschlichen Glauben nicht zu bestimmen vermögen, die endlosen subjektiven Geschichtskonstruktionen, in welchen eine vornehmtuende Skepsis alle Tempora durchkonjugiert, ohne etwas anderes als schnell verrauchende Dummheiten hervorzubringen, die ausgeleerten Darstellungen vieler moderner Schriftsteller, die, schwebend zwischen Himmel und Hölle, sowohl den Mut des einfältigen Glaubens als den der entschlossenen Negation verloren haben und durch Annahme einiger Hauptzüge, Verwerfung aller weiteren Angaben, zwei unvereinbare Geistesrichtungen in sich zu versöhnen suchen: – sind sie nicht insgesamt ebenso viele Belege für den Satz, daß es sich in allem Wissen, welches durch das Medium der Tradition, folgeweise des denkenden und gestaltenden Menschengeistes vermittelt wird, nicht um die Realität der Tatsache, sondern um die der Auffassung, mithin niemals um die größere oder geringere Wahrscheinlichkeit, sei es der ganzen Handlung, sei es eines begleitenden Umstandes, sondern nur um die richtige Aufnahme des vermittelnden Faktors handeln kann.

Wie betrachtet nun die naturforschende Methode dieses Objekt, die Überlieferung? Ich könnte mich begnügen, die Antwort in einen einzigen Ausdruck, den der rein objektiven Beobachtung, zu fassen, käme es nicht gerade hier darauf an, das, was diese fordert und was sie ausschließt, genauer zu bezeichnen. Beginnen wir also mit derjenigen Tätigkeit, die allen folgenden zum Ausgangspunkte dient. Die objektive Geschichtsforschung richtet ihre erste Sorge darauf, den Gegenstand der Untersuchung in seiner ungefälschten Reinheit darzustellen. Sie wird, da die Überlieferung in allen ihren Entwicklungsstufen nur aus Schriftwerken zu schöpfen ist, damit beginnen, zu untersuchen, was jeder einzelne Schriftsteller gesagt hat, und das Ergebnis ihrer Arbeit gegen alle Einwendungen, die sich wider die Echtheit des Textes oder die Richtigkeit der Exegese erheben ließen, sicherzustellen. Auf diese Grenzen bleibt die philologische Kritik strenge beschränkt. Nach dem Wesen der naturforschenden Methode ist ihr verboten, Fragen wie die, ob das Gesagte die Wahrscheinlichkeit für sich habe oder nicht, ob es vernünftig sei oder nicht, möglich oder nicht, logisch oder nicht, mit in den Kreis ihrer Erwägungen zu ziehen. Wird doch die Existenz eines Berichtes durch die Unglaublichkeit, Unmöglichkeit, fehlerhafte Logik seines Inhalts nicht aufgehoben. Ausgeschlossen bleiben ebenso alle jene mit Hilfe eines mechanischen Formalismus durchgeführten Operationen, welche man durch den glänzenden Namen der Quellenkritik oder Quellenkontrolle zu empfehlen und als eine der höhern Funktionen des wissenschaftlichen Forschens zu betrachten pflegt. Als da sind die Wertloserklärung einer Überlieferung oder die Verdächtigung eines Schriftstellers aus dem Grunde seines verhältnismäßig späten Lebensalters, der Mangelhaftigkeit, Unnachweislichkeit oder sorglosen Benutzung älterer Quellen, die Auswahl einer einzelnen Autorität auf Kosten aller übrigen, die Verstümmelung der Berichte durch Anpreisung eines einzelnen Zuges, Verwerfung der übrigen oder Kombination der gebilligten Bruchstücke zu einer ganz neuen Erzählung, endlich die wirkliche oder eingebildete Pseudonymität des Autors. Denn alle Fragen, die man durch diese rein äußerlichen Mittel zu entscheiden sucht, finden ihre Lösung nicht auf dem philologischen Gebiete, sondern auf dem höheren der Ideenerklärung, welche die vorgängige ungeschmälerte und rückhaltlose Anerkennung des ganzen, von Verständigen und Unverständigen überlieferten Stoffes gebieterisch voraussetzt. Ich finde eine der obersten Ursachen der die Altertumsforschung immer mehr verwässernden Flachheit in der Herabwürdigung derselben zu einem Appendix der Sprachkunde, wodurch es dahin gekommen ist, daß man Silbenstecherei und Buchstabenkram nicht mehr als das Erste, sondern als das Letzte und Höchste betrachtet, und in den Wortformen eines eingebildeten Indogermanismus das Palladium für die richtige Erkenntnis des Fortgangs der geschichtlichen Entwicklung zu besitzen alles Ernstes vermeint. Gegenüber dieser ungebührlichen Machterweiterung einer in ihrem Jugendmute doppelt anspruchsvollen

Linguistik ist es geboten, die Mittel, durch welche die höchsten Ziele der historischen Forschung zu erreichen sind, genauer zu entwickeln.

Ich gelange dadurch zu der wichtigsten Aufgabe der wahrhaft objektiven Geschichtsbetrachtung, nämlich zu der Frage nach der Behandlungsweise des auf die angegebene Art ermittelten Überlieferungsstoffes. Auch hier würde es mir schwer fallen, die Konsequenzen der naturforschenden Methode ohne Rücksichtnahme auf ihr Gegenteil ganz deutlich zu machen. Ich sage also nicht nur, daß wir jede in der Tradition gebotene Erscheinung als einen selbständigen, durch sein Dasein gerechtfertigten, in sich geschlossenen geistigen Organismus zu betrachten, jede nach dem Gesetze, aus welchem sie geworden ist, aufzufassen, und keine Idee anders als durch sich selbst zu erläutern haben, sondern füge hinzu, daß die größte Versündigung gegen dieses Prinzip darin besteht, wenn wir den Objekten der Beobachtung uns selbst auferlegen, die eigenen Gedanken in die fremden Dinge hineintragen, statt die Ideen dieser in uns aufzunehmen, und so tadelnd und räsonierend gleichsam vor die Natur hintreten, statt uns ihr unterzuordnen und sie in ihrer ganzen Eigentümlichkeit zu erkennen. Soll mit diesen allgemeinen Aussprüchen die Erläuterung der einzelnen Anwendung sich verbinden, so ist wiederum das gegenwärtig zu halten, was über die Natur der Überlieferung früher bemerkt wurde. Da die Fixierung der stets flüchtigen Tat, so schließen wir, die Dazwischenkunft der Tradition verlangt, die Gestaltung dieser aber ein geistiges, von der Denkweise und der intellektuellen Bildung einer bestimmten Zeit, folgeweise von einem festen Gesetz abhängiges Faktum ist, so kann die richtige Objektivität nur darin bestehen, aus der genauesten, rein sachlichen Beobachtung der Erscheinung zu der Erkenntnis des Bildungsgesetzes, aus dem sie hervorgewachsen ist, hindurchzudringen. Da ferner die Tradition infolge ihrer geistigen Natur gleich dem Geiste selbst unmöglich wechsellos und ohne Entwicklung sein kann, vielmehr den Umbildungen der Denkweise folgen muß und dadurch in dem Laufe der Jahrhunderte eine Reihe von Traditionsformen entsteht, deren jede von neuem einem bestimmten Bildungsgesetze folgt, so muß die Aufgabe der Erklärung, wie wir sie als Sache der richtigen Objektivität festgestellt haben, nicht nur einmal, sondern so oft als verschiedene Erscheinungen vorliegen, gelöst werden. Wobei es hauptsächlich darauf ankommt, die einzelnen Glieder dieser Sukzession sorgfältig auseinanderzuhalten, das Bildungsgesetz eines jeden wiederum nur aus ihm selbst zu erkennen und in seiner eigenen Sprache auszudrücken. Da endlich die Fortentwicklung der Tradition wie die des menschlichen Geistes überhaupt nur eine allmähliche, folglich stets nur eine partielle sein kann und deshalb jede folgende Stufe aus alten traditionellen und neu hinzutretenden Gedanken gemischt sein wird, so folgt, daß eine echt objektive Betrachtung nie bei einer einzelnen Erscheinung und einer besonderen Zeit stehenbleiben, sondern jede mit der früheren und der späteren in Verbindung setzen, folglich die Einzeluntersuchung stets im Geiste des Ganzen unternehmen soll. Es läßt sich nicht leugnen, daß die Durchführung der aufgestellten drei Hauptkonsequenzen unseres obersten Grundsatzes eine weit größere Vertiefung des Geistes erfordert und weit ernstlichere Schwierigkeiten darbietet als das beliebte Modernisierungsprinzip einer immer mehr zur Dienerin der Tagesinteressen herabsinkenden Wissenschaft. Aber auf keinem andern Wege läßt sich zu festen Ergebnissen gleich jenen, worauf die neuere Naturkunde nach langem, blindem Herumtappen ihren Fortschritt und ihren Ruhm gründet, jemals gelangen. Der Hauptgewinn unserer Methode liegt darin, daß wir durch sie zu einer inneren Konstruktion der Geschichte emporsteigen. Die historische Naturforschung erkennt die übereinandergelagerten Schichten der allmählich in die Erscheinung getretenen Geistesarten, weist jeder die ihr zugehörenden Reste an, zeigt die Genesis der Ideen, und führt, alle Stufen der Wirklichkeit durchschreitend, unsern Geist zum Anblick dessen, was er in der Sukzession der Zeiten gewesen, aber heute nicht mehr ist. Es entsteht ein wissenschaftlicher Bau, welchen weder Hypothesen, noch Probabilitäten, noch Ahnungen unsicher und wankend machen, der von allem subjektiven Meinen und Raten unabhängig, und von unten bis oben aus lauter Affirmationen zusammengesetzt ist. Das ideale Offenbarungsgebiet erhält eine gesetzmäßige Struktur, so fest und unwandelbar wie das reale der physischen Weltentwickelung. Die Wahrheit wird in der notwendigen Verknüpfung aller Glieder und in dem Zusammenhang des Ganzen, nicht stückweise, erkannt. Sie ist jetzt auch nicht mehr die rein empirische der äußeren Tatsächlichkeit, sondern die höhere, im Grunde einzig reale, geistige, die sich über die flüchtigen Dinge zu der in ihnen erschienenen Idee erhebt. So entspricht das Resultat dem Grundgedanken der Methode. Die Forschung erhält ein wissenschaftliches Prinzip und mit ihm ein festes Ziel, wie es die sogenannte kritische Schule nicht kennt.

Die Untersuchung des Tanaquilmythus soll an einem Bruchstücke zeigen, in welcher Weise die römische Tradition für den Geschichtsbau der Zukunft zu verwerten ist. Sicherlich bleibt sie hinter dem leitenden Ideale zurück. Ist doch die absolute Objektivität auch dem entschlossensten Mute nur allmählich und mit fortschreitender Vervollkommnung erreichbar. Aber was ein Buch nicht ganz zu leisten vermag, kann es fördern, und wo fände sich eines, das seine Ansprüche höher zu steigern wagte? Wir sind ja alle genötigt, unsere Ziele weiter zu stecken, als unsere Kräfte reichen, um am Ende nicht weniger zu leisten, als sie erlauben.

Antiquarische Briefe

*Vornehmlich zur Kenntnis
der ältesten Verwandtschaftsbegriffe*

Brief 27

*Der Brahmanismus und die Schwestersohnsvölker
des Küstenlandes Malabar*

In keinem Teile Indiens hat die Begegnung der brahmanischen Paternität mit der Schwestersohnsfamilie der autochthonen Stämme zu merkwürdigern Gestaltungen des Lebens geführt als in dem Küstengebiete Malayalam-Malabar, das, von dem schwer zugänglichen Ghatgebirge mit seinen weiten Berglandschaften überragt, vom Cap Comorin bis Cananor sich erstreckt und an Ausdehnung, Beschaffenheit und Städtereichtum mit dem phönizischen Gestade sich vergleichen läßt. Zeigte uns die Fluchsage Karnas den Abscheu, mit welchem das arische Priestertum von der Promiscuität der Uttarakurus und der damit verbundenen Schwestersohnsbevorzugung sich abwendete, so finden wir in der äußersten Südspitze Vorderindiens eben jenes Priestertum mit den gleichen Zuständen, dem gleichen Familiensysteme ausgesöhnt, ja zu eigener Teilnahme an demselben entschlossen. Fern von dem Bestreben, das Autochthonentum dem Gesetze der Veden zu unterwerfen und gleich Janamejaya mit Feuer und Schwert der Kultur des Schlangengeschlechts den Untergang zu bereiten, sucht es die Sitten und Gewohnheiten der Urbewohner des Landes dem eigenen Vorteil dienstbar zu machen und zur Stütze seines Einflusses und seiner Macht zu erheben. So wird Malayalam, das Land der brahmanischen Priesterkolonien, zu derjenigen Stätte, auf welcher die Schwestersohnsfamilie am reinsten zugleich und am längsten sich erhält; Grund genug, hier im Lande altertümlicher Ordnungen, der ›Vierundsechzig Anatcharams oder Mißbräuche‹, wie das Volk selbst seine Grundsätze benennt, länger zu verweilen, den geschichtlichen Entwicklungsgang, der zu solchem Ergebnisse führte, zu verfolgen und die innere Ausbildung der Schwesterfamilie in allen Einzelheiten zu erforschen. Nirgends bietet die Geschichte des menschlichen Geistes eine größere Fülle beachtenswerter Erscheinungen dar.

Einer göttlichen Wundertat verdankt Malayalam seine Entstehung. Das malabarsche Volksbuch, der Keral Udpatte, das heißt ›Das Auftauchen des Landes Kerala aus dem Meere‹, erzählt nach der Mitteilung seines Übersetzers Jonathan Duncan, wie Puresram, das ist Paraçu Rama, eine Inkarnation des Gottes Vishnu, geängstigt durch das von ihm bei der Besiegung der Fürsten des Kethrystammes vergossene Blut, den Meeresgott Varuna um die Erschaffung eines neuen Landes zum Wohnsitz für die Brahmanen angerufen habe; wie alsdann der Uferstrich von Mangalor bis zu dem Cap Comorin aus den Gewässern emporgestiegen sei und den Namen Mulyalum, das heißt ›Saum am Fuße der Berge‹, erhalten habe; wie endlich von Gott Rama die Verteilung des neu erschaffenen Landes unter die einzelnen Brahmanengeschlechter und zugleich die Verehrung der Schlangen ausgegangen sei. – Ein ganz brahmanisches Land ist dieser Tradition zufolge Malabar. Für die Brahmanen wird Kerala zuerst erschaffen. Nicht zufrieden mit dem Besitztum, das sie bei der arischen Eroberung des Dekhan erworben, verlangen sie nach einem neuen Lande. Paraçu Rama gewährt ihnen ein solches. Die Kshatriyas erhalten keinen Teil daran, denn in langen Kämpfen haben diese kriegerischen Rivalen den Untergang gefunden. Der ausschließlichen Herrschaft seines Priesterstandes freut sich der Gott. Sind auch einige Familien der Kriegerkaste bei dem Werke der Eroberung mit beteiligt und unter den zahlreichen Raja kleiner Herrschaften vertreten: Malayalam ist das vorzugsweise mit Priesterkolonien bedeckte Land; es kennt nur die brahmanischen Eroberer und die unterworfenen Autochthonen der Dravida- oder Tamulrasse, die in die Stellung der Çudra eintreten und als Mlecchas bezeichnet werden.

Fragen wir, wie es denn nun gekommen sei, daß trotz dieser Macht das arische Priestertum die Grundsätze seines Lebens nicht zum Siege zu führen vermochte, so bieten mehrere Momente unserer Beachtung sich dar. Nicht mit den Veden, sondern mit dem Schwerte in der Hand waren die Brahmanen in dem Lande Paraçu Ramas eingezogen; um die unreinen Çudra sich zu bemühen, hinderte sie der Stolz des Kastengeists. Dazu kam die verderbliche Wirkung der unendlichen Fehden, welche die kleinen Häuptlinge der priesterlichen Oligarchie unter sich führten. Verlust der Selbständigkeit war die Folge. Die Tatsache, daß eines der mächtigen südindischen Reiche das Land der stolzen Priesterkolonien unterwarf und durch Statthalter (Perimals) regierte, läßt in der beschönigenden Darstellung der Besiegten, welcher zufolge sie aus freien Stücken einen Regenten für je zwölf Jahre von dem Könige von Chaldesh erbeten hätten, unmöglich sich verkennen. In der zweiten Hälfte des zwölften Jahrhunderts n. Chr. erfolgte eine Umgestaltung aller Verhältnisse. Ein Perimal mit Namen Cheruman machte sich unabhängig. Die Tradition, welche Barros in Malabar selbst von den Kennern der einheimischen Chroniken erkundete, lautete folgendermaßen: Damals hätten arabische Kaufleute in großer Zahl das Küstenland besucht und von Cheruman viele Begünstigungen erhalten. Zuletzt sei dieser zum mohammedanischen Glauben übergetreten und zu einer Pilgerreise nach Mekka beredet worden. »Von der Ausführung des Planes«, fährt Barros fort, »nahm Cheruman eine Verteilung alles Landes vor. Zwölf Städte mit ihrem Gebiet gab er zwölfen seiner Verwandten, dem ersten Colan [Quilon], seine Residenz, die fortan der geistliche Mittelpunkt Malabars, der Sitz der brahmanischen Religion sein sollte; dem zweiten Cananor, und so der Reihe nach bis zum zwölften ... Da war noch ein Schwestersohn übrig, den er vor allen besonders liebte, der auch von Kindheit auf als Page an seinem Hofe gelebt hatte. Diesem verlieh er die Landungsstelle der Araber, deren künftige Größe er im Geiste vorahnte, gebot ihm, daselbst eine Stadt, die spätere Calicut, zu erbauen, erteilte ihm den Titel Zamorin [Tamuri], um die Oberhoheit des neuen Regierungssitzes über alle übrigen Raja hervorzuheben, und vertraute ihm die Zeichen der höchsten weltlichen Macht, den Leuchter und den Degen.«

Nach derselben Quelle gab es noch eine zweite Überlieferung. Cheruman, berichtet diese, wurde, als er die Teilung vollendet und die Abreise gerüstet hatte, von einem Erary, das heißt einem Manne aus der Raste der Kuhhirten, um ein Stück Landes gebeten; der Erary stammte aus Pundra am Cavery und hatte mit seinem Bruder das meiste zum Siege Cherumans über seinen Oberherrn, den König von Chaldesh, Kishen Rao, beigetragen. Wohl begründet war also seine Forderung. Er erhielt Wohnsitze an der Stelle von Calicut, überdies Cherumans Schwert und eine Armkette. Das sei der Ursprung der Zamorine von Calicut und ihrer mit dem Schwerte erworbenen und verteidigten Macht. – Diese zweite Erzählung ist es, welche uns über die wahre Natur der mit Cherumans Namen verbundenen Neugestaltung Malabars aufklärt. Der Gründer der Dynastie von Calicut gehört in die Samunt- oder Erary-Kaste, dieselbe, welcher Duncan auch die Chericals von Cananor und Travancor zuteilt, mithin zu der autochthonen Bevölkerung, die vor Zeiten dem Schwerte der erobernden Brahmanen erlegen und zu Viehhirten erniedrigt worden war. Das einheimische Volkselement also ist es, das dem Lande seine Freiheit erkämpfte, und Cherumans Geschlecht dasjenige, welches bei den entscheidenden Ereignissen die Führung übernahm. Cheruman muß also selbst jenem Urstamme angehört haben: eine Folgerung, die darin Bestätigung findet, daß ihm das Land der südlichen Pandu, die alte *Pandaea regio*, welche außerhalb des eigentlichen Aryavarta liegt und als ein Çudrawohnsitz betrachtet wird, den wirksamsten Beistand leistete. Gleichzeitig mit dem Siege des autochthonen Volkselements tritt das Recht der Urzeit, die Schwestersohnsfolge, als das herrschende hervor. Vor allen übrigen Verwandten liebt und beschenkt Cheruman seinen Neffen von Schwesterseite, und seit seiner Zeit bis zu der Hyder Alis blieb Malayalam unter den Regentenhäusern, die von den Schwestern der ersten dreizehn Raja ihre Abstammung herleiteten. Jeder der folgenden Fürsten hinterließ seinen Thron dem Schwestersohne mit Ausschluß seiner eigenen Kinder.

Welche Stellung wurde den Brahmanen durch die Wandlung der Verhältnisse bereitet? Seiner alten Herrschaft beraubt, in den ansehnlichsten Fürstentümern mit ganz geringen Ausnahmen aus dem Besitze der Macht verstoßen und denen dienstbar, die einst als Hörige ihm gehorcht hatten, erkannte das arische Priestertum in dem Rechte der Schwesterfamilie ein geeignetes Mittel, das Verlorene wieder zu gewinnen. Für sich selbst dem Paternitätsprinzip des ehelichen Vereins und der Succession in gerader Linie treu ergeben, verzichtete es auf die Bekämpfung der Promiscuität und wählte dieselbe Sitte, die es in der Fluchsage als Brandmal der Schande darstellt, zur Stütze seines Ansehens. Begünstigt durch die Weihe ihres priesterlichen Charakters traten die Brahmanen als Rivalen des alteinheimischen Adels, der Naimars oder Nairen, in Ausübung ihrer Geschlechtsrechte auf und wußten diesem Anspruche selbst eine patriotisch-religiöse Bedeutung zu verleihen. Sei einst das Land durch göttliches Wunder um der Brahmanen willen erschaffen worden, so hänge auch jetzt sein Wohlergehen, sein Fortbestand, ja seine Sicherstellung gegen Angriffe des Meeres von gleich außerordentlichen Taten ab; kein anderer als Brahmanensame vermöge Kerala zu regieren und in dem alten Glückszustande zu erhalten. Von welchem Erfolge diese Lehre begleitet war, zeigt folgende

Bestimmung, die unter den ›Vierundsechzig Mißbräuchen‹ Malayalams eine der ersten Stellen einnimmt. Ein Brahmane, heißt es, läßt nur einen seiner Söhne heiraten, zunächst den ältesten, nach dessen kinderlosem Tode den nächsten und so fort. Alle übrigen bleiben ledig und leben nach Gefallen mit den Frauen der übrigen Stände, der Nairen insbesondere. Denn diese Frauen sind keine das heißt keine *kulastri*, das heißt keine Hausmütter, sondern *parastri*, das heißt Fremdweiber. In welchem Hause nun *kulastri margam* gilt, in dem erben die Söhne (dahin gehören die Familien der Brahmanen, wenige Geschlechter in Pajanur ausgenommen); wo dagegen *parastri margam* in Übung steht, da folgen die Neffen-Schwestersöhne.

Der Wert, den das ganze Volk von den Dynastengeschlechtern bis hinab zu den gemeinsten Klassen auf den Ursprung aus Brahmanensamen legte, zeigt sich in manchen Sitten und Grundsätzen. Lassen Sie mich einige derselben mit den Worten unserer Gewährsmänner hervorheben. Lodovico Barthema schreibt in seinem ›Itinerario‹ über die Zamorine von Calicut: »Die Brahmanen nehmen die Blüte der Königin für sich. Macht der Fürst einen Ausflug, so bleiben die Brahmanen, und wäre einer auch nicht mehr als zwanzig Jahre alt, zur Bewachung der Königin im Palaste zurück und können mit ihr Umgang pflegen, so oft sie wollen, worüber der König große Genugtuung empfindet.« – Sommario dei regni: »Die Könige der malabarschen Fürstentümer ... suchen ihren Schwestern die edelsten Brahmanen, um in ihnen Samen zu erwecken, wo dann [unter den Kindern] der älteste an Jahren den Vorzug genießt. Die Brahmanen also schlafen mit den Schwestern des Königs, und diese Brahmanensöhne werden Könige von Malabar. Der Raja von Cochin ... sucht zuerst nach Brahmanen aus Cambaia, die den Namen Patamari tragen, weil diese Verwandte eines Königs sind, der als heilig im Lande gilt, ... in Ermangelung dieser nach den edelsten und angesehensten unter den einheimischen Brahmanen. Das galt von den ersten Zeiten an und wird so noch heute beobachtet.« Das Beispiel der Fürsten ahmen die Großen des Landes nach. Um hohen Preis gewinnen sie Patamaren für ihre Frauen. Mit einer Nairin, so schließt die Schilderung, darf also ein Brahmane schlafen, nicht aber umgekehrt eine Brahmanin mit einem Nairen. – Pedro Alvares: »Der Zamorin hält zwei Frauen. Jede derselben hat zehn Brahmenen zu ihrer Gesellschaft; und jeder Brahmane schläft mit ihr, um dadurch dem König Ehre zu erweisen. Aus diesem Grunde erben das Reich nicht die Söhne, sondern die Schwestersöhne des Königs«, die ebenfalls aus Brahmanensamen stammen. – Neuere Berichte bestätigen die der Portugiesen. So Alexander Hamilton: »Heiratet der Zamorin, so darf er seiner Braut nicht eher beiwohnen, als bis der Namburi, das heißt der oberste Priester, sie genossen hat. Diesem ist gestattet, drei Nächte bei ihr zu verweilen, weil die ersten Früchte der Ehe ein heiliges Opfer für den Gott, den die Frau verehrt, sein müssen. Viele aus dem Adelstande bezeigen der Geistlichkeit dieselbe Gefälligkeit. Das gemeine Volk dagegen erlangt nicht gleiche Gunst, sondern ist genötigt, die Stelle der Priester selbst einzunehmen.« – Fr. Buchanan: »Alle Frauen der Familie des Zamorin [die sogenannten Tamburetti] werden von den Namburi [so heißen die malabarschen Brahmanen] beschlafen. Sie haben zwar das Recht, den Priestern Männer aus den höhern Abteilungen der Nairen [es werden deren elf angeführt] vorzuziehen, der geweihte Charakter der Namburi aber sichert diesen fast allgemein den Vorrang.« – Forbes: »Namburi heißen die Brahmanen Malabars. Sie betrachten ihre Kaste als die höchste … Nicht zufrieden mit den Tänzerinnen der Tempel, die ihnen sich überall hingeben, haben diese schamlosen Priester Umgang mit den jüngsten und schönsten Frauen der höhern Stände, die es als eine Ehre ansehn, wenn ein Namburi ihr Bett besteigt.« – Endlich bemerkt Duncan in seinen ergänzenden Anmerkungen zu Zeirreddien: »Die Schwestern der Raja gehen keine Ehe ein, wenn man wenigstens diesen Ausdruck in seinem gewöhnlichen Sinne nimmt, sondern treten nur in Verbindung von kürzerer oder längerer Dauer, je nach der Wahl der Beteiligten, und zwar zumeist mit malabarschen Brahmanen, den sogenannten Namburi, die sich sehr wesentlich von den Brahmanen Indiens unterscheiden. Die Fortpflanzung aller malabarschen Fürstengeschlechter geht daher von den Brahmanen aus, die jedoch auf ihre Vaterschaft keine Rechte über die Kinder gründen.«

Was bedarf es mehr, den Sieg, der die Politik des arischen Priestertums krönte, anschaulich zu machen? Die angeführten Berichte sprechen zwar zunächst von den vornehmen Ständen des Landes, den herrschenden Familien, dem kriegerischen Adel der Nairen, den Caimães und dem Stande der Nambirs, aber eine Mitteilung Grauls führt auch in das Innere der Wohnungen des gemeinen Volkes ein: »Die Weiber der Kshatriyas, Vaiçyas, Çudras sind in Kerala den Brahmanen zugänglich, daher findet sich in jedem Çudrahause eine kleine Hintertüre und ein metallenes, den Brahmanen nicht verunreinigendes Gefäß.« Auch dem gemeinen Manne also ist der Besuch des Priesters erwünscht, Brahmanensamen eine frohe Hoffnung, auf deren Erfüllung er aber oft verzichten muß. Nur Priestererzeugung verleiht Ansehen und jene Weihe, deren weder das Königstum noch der Adel entbehren kann.

Gestützt auf diese, keiner Erschütterung zugängliche Suprematie konnte das Priestertum Malayalam von neuem als ein von Gott ihm zum Eigentum bestimmtes Land betrachten und mit Verachtung auf jene herabsehen, die sich als Herren desselben und als Inhaber aller Macht betrachteten. Çudra und Unreine waren ihm alle Stände, so hoch deren gesellschaftliche Stellung sein mochte. »Der Zamorin«, schreibt Fr. Buchanan, »macht Anspruch auf höheren Rang als die Brahmanen; er behauptet, niemandem als allein den unsichtbaren Göttern nachzustehen; seine Untertanen anerkennen diesen Anspruch, die Brahmanen dagegen weisen ihn als blödsinnig von der Hand, da nach ihrer Behauptung die Zamorine Çudra sind.« Nicht mehr galt in den Augen der Priesterschaft das bewaffnete Gefolge der Könige. So erhaben auch die Nairen sich dünkten, so sehr sie im Gefühle ihrer Macht, ihres Ursprungs, ihres alten Ruhms den Rang der Kshatriyas beanspruchten: auch sie bildeten in den Augen der Brahmanen nur einen Bestandteil der großen Çudrakaste, die in Malabar sogleich auf die der Priester folgt. Nicht anders endlich die Nambirs oder geadelten Dorfhäuptlinge und die Vellaler oder freien Landeigentümer, die, trotz ihrer hohen Stellung neben dem kriegerischen Nairenadel, dennoch den Rang echter Vaiçyas nicht anzusprechen hatten.

Die Beteiligung an den Sitten der einheimischen Volkselemente, besonders der Anschluß an die Formen ihres hergebrachten Familienlebens ist es, wodurch der Brahmanismus von der Niederlage, die seiner frühern Herrschaft ein Ende gemacht hatte, sich wieder zu der geschilderten Machtstellung erhob. Unvollständig jedoch würde dies geschichtliche Gemälde bleiben, wollten wir der natürlichen Folgen einer solchen Accommodation an die Çudragebräuche nicht gedenken. Waren die Brahmanen schon ursprünglich nicht mit den Veden, sondern mit dem Schwerte in der Hand in das Land Kerala eingedrungen, so verloren sie seit der Zeit Cheruman Perimals noch gar vieles von ihrem reinen priesterlichen Charakter. Unter dem Namen Namburi werden sie von ihren Kastengenossen im übrigen Indien unterschieden, und ältere wie neuere Schriftsteller sehen sich veranlaßt, auf den großen Unterschied, der die malabarschen und indischen Brahmanen trennt, aufmerksam zu machen. Die Zerrüttung, welche die den priesterlichen Junggesellen eingeräumte geschlechtliche Freiheit dem Familiendasein aller angesehenen Volksklassen bereitete, ergriff auch die Brahmanengeschlechter und untergrub die Befolgung der strengen Satzungen ihrer Kaste. Wir finden daher eine Stufenfolge von Dreiviertel- und Halbbrahmanen, die nicht nur in ihren eigenen Tempeln den geringeren Dienstleistungen obliegen, sondern sich nicht scheuen, selbst in den Heiligtümern der Einheimischen Kulthandlungen, das Opfer allein ausgenommen, zu verrichten. Noch mehr. Das Neffenerbrecht trug in diesen Priesterabteilungen den Sieg über die Sohnesfolge davon, und in Pajanur werden nach Graul sogar siebzehn einheimische brahmanische Häuser höhern Rangs mit *parastri margam* und Schwestersohnserbfolge hervorgehoben. Im Interesse seiner Macht hatte das Priestertum den Landesmißbräuchen Schonung entgegengebracht; bald erlag es selbst ihrem Schwergewicht. Mit dem autochthonen Elemente verschmolz es schließlich nach Blut und Gesinnung zu einer einheitlichen Volksmasse, welcher die wilden, dem übrigen Indien so verderblichen Kämpfe der Brahmanen und Kshatriyas eben deshalb erspart blieben.

Mit dem Verhalten des Brahmanismus in Malabar ist jetzt jenes des dritten Volkselements, des mohammedanisch-arabischen, zu vergleichen. Zur Zeit Cheruman Perimals, so erzählt die früher nach Duncan mitgeteilte Sage, besuchten arabische Kaufleute in großer Zahl das Küstenland. Cheruman erwies ihnen viel Wohlwollen, und nahm schließlich ihre Religion an. Dieser Bericht ist durchaus unverdächtig, der sehr alte Verkehr Indiens mit Arabien eine geschichtliche Tatsache. Von der Zeit um 700 n. Chr. schreibt Kasim Ferishta (geboren um 1570) in seiner Geschichte der Erhebung der mohammedanischen Macht in Indien. »Es wird berichtet, daß damals die Einwohner von Ceylan nach den Küsten von Afrika, dem Roten Meere und dem Persischen Golfe zu segeln pflegten, und daß dieser Verkehr seit den ältesten Zeiten geübt wurde. Hindus gingen als Wallfahrer nach Mekka und Ägypten, um die bei ihnen in großem Ansehn stehenden Götterbilder jener Länder zu verehren. Ferner wird erzählt, die Handelsleute Ceylans hätten schon zur Zeit der ersten Chalifen den Mohammedanismus angenommen, wie denn der König von Ceylan ein mit Kostbarkeiten seiner Insel beladenes Schiff an Walid, Chalifen von Bagdad, habe abgehen lassen.« – Eine arabische Schrift vom Jahre 851 n. Chr. gibt Kenntnis von einem Kaufmann Soleiman, der das Meer von Malabar Larevy (*Larike* des Ptolemaeus) genannt habe. Von dieser Zeit bis zum zwölften Jahrhundert mag der Schiffsverkehr der beiden Länder so zugenommen haben, daß Cherumans Wunsch, die Fremdlinge durch Landanweisung für sich zu gewinnen, alles Auffällige verliert. Er verlieh ihnen, sagt die Überlieferung, die Landstrecke, wo später Calicut sich erhob, zur festen Ansiedelung. Eine Bestätigung dieser Angabe liegt in der engen Verbindung, welche später zwischen dem Zamorin und den Arabern bestand. In den Kämpfen, welche die Ankunft der Portugiesen entzündete, finden wir Calicut stets mit den Mohammedanern vereint, während Cochin ebenso regelmäßig den Christen Beistand leistet. Weiberlos langten die Fremdlinge an dem entfernten Gestade an, Frauen bot ihnen die neue Heimat. Daraus ging das Mischvolk hervor, das Malabar Mapilla, Buchanan Moplays nennt. Zu hoher Bedeutung ward es durch seinen Reichtum und seine Zahl erhoben. Viele Einheimische schlossen sich ihm an, um der lästigen Beschränkung des Kastenwesens zu entgehn. Das ›Sammario dei regni orientali‹ spricht von 800.000 Seelen, Duncan von einer Zahl, welche die der Nairenklasse übertreffe. Cherumans Ahnung ging also in Erfüllung. – Die Zamorine blieben ihren alten Verbündeten stets dankbar. Wenn der Raja von Calicut sich krönen läßt, so ist es das Vorrecht einer Frau des Mapillastammes, den Teppich auszubreiten, auf dem der neue Zamorin sich niederläßt; bei einer Mapillafrau, wird erzählt, habe einst ein flüchtiger Raja Versteck und Rettung gefunden.

Von der Macht und dem Ansehen dieser Moslims ließ sich für die Sitten Malabars, ganz besonders für die Schwestersohnsfamilie, keine geringere Bedrohung als von dem Brahmanismus befürchten. Aber das Volksrecht Keralas triumphierte über den Koran noch entschiedener als über die Veden. Entrüstet schreibt am Schlusse des sechzehnten Jahrhunderts Zeirreddien Mukhdom: »Es ist gewiß, daß in der Klasse der Nairen das Nachfolge- und Erbrecht dem Mutterbruder zusteht oder auf die Schwestersöhne oder andere mütterliche Verwandte übergeht; denn der Sohn ist nicht berechtigt, das Eigentum, das Land oder überhaupt die

Nachfolge des Vaters für sich in Anspruch zu nehmen. Dieser Gebrauch hat lange vorgewaltet, und ich weiß, daß die Moslems von Cananor ihre Erbschaft nicht auf ihre Söhne übergehen lassen, und daß dasselbe in dieser Umgegend [das heißt von Calicut] die Regel ist. Die Menschen, die so ihre eigenen Söhne ausschließen, sind in dem Koran wohl belesen, haben sich dessen Vorschriften angeeignet, sind Leute von Gelehrsamkeit und Frömmigkeit und handeln dennoch so töricht.« In seinem Unwillen trifft Zeirreddien mit Ibn Batuta zusammen, der bei den mohammedanischen Messufiten Nordafrikas derselben Erscheinung begegnete. »Die Hinterlassenschaft nehmen bei ihnen die Söhne der Schwester mit Ausschluß der Söhne des Verstorbenen«, schreibt er in seinem Bericht über Iwalaten. »In keinem anderen Lande der Welt habe ich diesen Gebrauch in Übung gefunden außer bei den ungläubigen Indern Malabars. Und doch sind diese Messufiten Muselmänner, gewissenhaft verrichten sie die vorgeschriebenen Gebete, studieren Jurisprudenz und Theologie und lernen den Koran.« Erfolglose Klage! Noch immer hat das Schwestersohnsrecht bei den Messufiten und in den Familien der Mapilla die Oberhand. Duncan bemerkt zwar, durchschlagend sei das Prinzip zu seiner Zeit nicht mehr; zugleich aber gibt er zu, daß die Moslims von Cananor und Tellicherry es noch genau beobachten, und daß den Vätern kein anderes Mittel zu Gebote stehe, ihren Kindern etwas zuzuwenden, als Schenkung zu Lebzeiten; diese soll nach der Mitteilung eines der ersten Mapilla-Kaufleute, Kariat Moosa, nicht selten sein. – Zu diesem Siege des Landesrechts mag der Einfluß der einheimischen Frauen, die dem Mischvolke Entstehung gaben, nicht wenig beigetragen haben. Hütet doch das Weib die Sitte der Heimat stets mit Entschiedenheit und Erfolg.

Ein ganz verschiedenes Schauspiel bietet das christliche Element Malabars. Schon Vasco da Gama fand in Cranganor 30.000 Seelen unsers Glaubens, wenn Faria y Sousa, der 1529 in Indien anlangte, richtig berichtet. Die erste Niederlassung der Thomas-Christen geht aber in weit frühere Zeit, nach der Chronik Keral Udpatte mindestens zwei Jahrhunderte vor Cheruman zurück. Abschluß gegen das Heidentum jeglicher Form war Grundsatz dieser dem Patriarchen von Armenien gehorsamen Volksklasse. In ihre Reihen vermochte das Recht der Schwesterfamilie nicht einzudringen. Die eheliche Paternität blieb Grundgesetz des Lebens, ja bewußter Reaktion gegen das malabarsche Mutterprinzip haben wir es beizumessen, wenn die christlichen Töchter zu Gunsten der Söhne von jedem Erbrecht ausgeschlossen wurden. Auf die Erhaltung des eigenen Prinzips beschränkte sich der Sieg des Christentums; gegenüber dem einheimischen Volkselement blieb es machtlos. Malabar bewahrte seiner vaterlosen Schwesterfamilie nach wie vor Treue. Auch das zweite Auftreten des christlichen Elements bewirkte keinen Wechsel der Anschauung. Die Festsetzung der Portugiesen seit 1497, die der Holländer seit 1595, der Briten seit 1601 änderte die Geschicke der Fürsten und des Volks, nicht die Gewohnheiten des Lebens, nicht Familie und Erbfolge. Sie blieb, was sie stets war, Schwesterfamilie ohne väterliches Haupt, ohne ehelichen Verein, ohne Sohnesfolge. Politische Klugheit nötigte die Eroberer, das Landesrecht zur Richtschnur ihrer Entscheide zu wählen. Ein Beispiel liefert die Geschichte des Nabeadora, welche Barros erzählt. Sie fällt in die Zeit Almeidas, dessen Nachfolger, der große Albuquerque, dieselbe Politik des Anschlusses seiner ganzen Verwaltung zu Grunde legte.

Trotz der Siege des Herkommens über Veden, Koran und Evangelium gestaltete sich im Laufe der Zeit der Grad der Erhaltung desselben in den einzelnen Landesteilen und bei den verschiedenen Volksklassen verschieden. Am reinsten und allgemeinsten hat die vaterlose Schwesterfamilie in dem südlichsten Teil Keralas, zumal in Travancor, sich behauptet. Keiner der mächtigen Hindu-Raja des Nordens vermochte seine Macht bis hieher dauernd auszudehnen, obwohl es ihren Waffen an zeitweiligen Erfolgen keineswegs fehlte; ebenso wenig konnte irgend einer der mohammedanischen Eroberer die Unterjochung vollenden. Als Tipu Sahibs Absicht, alle Ungläubigen mit dem Schwerte zur Beschneidung zu zwingen, durch das ganze Land eine allgemeine Bewegung hervorrief, wurde Travancor der Sammelplatz aller Bedrohten, die erst nach dem entscheidenden Siege der Briten im Jahre 1792 von da in ihre befreiten Territorien zurückkehrten. Wie hoch hier das Schwesteransehn stand, zeigen noch weitere Berichte. Als Pierre Martin Travancor besuchte, hatten die Minister den Fürsten getötet, zugleich aber für nötig erachtet, seine Schwester auf den Thron zu setzen, um durch sie ihre Usurpation zu decken. Conner, der 1832 über die Provinz die Aufsicht führte, fand das Schwestersohnsrecht in derselben allgemein gültig mit alleiniger Ausnahme der Ilavars oder Tirs aus Ceylan. Auf Travancor, südlich vom Vaypuraflusse, sind nach Baldaeus, Buchanan, Dubois die echten Nairen, wie die ersten Portugiesen sie schildern, beschränkt, nördlich von der genannten Grenze treten sie in wesentlich modifizierter Gestalt auf, wie denn die geänderten Verhältnisse manche derselben genötigt haben, das Waffengewerbe mit einer bürgerlichen Tätigkeit zu vertauschen.

Betrachten wir die verschiedenen Volksklassen, so zeigt sich die auffallende Erscheinung, daß vorzugsweise die höhern Stände das alte autochthone Recht beibehalten, während die geringern der ehelichen Paternität und der Sohnesfolge huldigen. Schon das ›Sommario dei regni orientali‹ schreibt:»In allen niedern Ständen erben die Söhne das Vermögen des Vaters und herrscht die Ehe mit einer einzigen Frau«, und in neuerer Zeit behauptet Duncan dasselbe:»Bei den Goldschmieden, Zimmerleuten, Schmieden und den Teers, das heißt den niedern Landarbeitern, den Fischern usw. folgt der Sohn in des Vaters Rechte und Eigentum; die genannten Volksklassen leben alle in ehelicher Verbindung.« Diese Verteilung der beiden gegensätzlichen Lebensformen auf die höhern und niedern Stände ist wohl geeignet, unsere Aufmerksamkeit einen Augenblick festzuhalten. Nicht auf bewußtem geistigem Fortschritt ruht der bemerkte Übergang zu Ehe und Paternität: er ist die Folge der Lebensstellung des arbeitenden Volkes, dessen verachtete Beschäftigung die brahmanischen Priester und Junggesellen fern hält. »Keinem Manne der tiefern Kasten«, schreibt Duncan, »ist untersagt, für sich so viele Frauen zu halten, als ihm zu ernähren möglich ist. Begnügt er sich dennoch mit einer, so sind Vermögensverhältnisse das bestimmende Moment. Andererseits verschulden diese die Rückkehr derselben Klassen zu der Vielmännerei in Form der Polyfratrie. Bei den niederen Kasten ist die Vereinbarung mehrerer Brüder über den Besitz einer einzigen Frau durch die Absicht geleitet, einer Güterentäußerung in Folge des Erbgangs entgegen zu treten. Das Kind oder die Kinder, welche aus einer solchen Verbindung hervorgehen, erben zusammen das Eigentum einer solchen Bruderschaft.« So Duncan. Nach Graul herrscht die Vielmännerei am häufigsten bei den Kammalern, das heißt den Werkleuten Malabars, wo oft fünf bis sechs Brüder nur eine Frau haben, die ihr gemeinsames Hauswesen führt. Paulin de St. Barthélemy: »Im Lande Malabar [nach Duncan nur in einigen wenigen der südlichen Distrikte] ist es Sitte der Erzgießer und wohl auch anderer geringerer Werkleute, daß der älteste Bruder allein eine Frau nimmt, und die jüngeren während seiner Abwesenheit derselben sich bedienen.« Eine prinzipielle Überwindung des hergebrachten Landesrechts schließt also die Übung der Monogamie nicht in sich. Der Schwesterfamilie auf der Grundlage freien Liebesumgangs bleibt ihr altes Ansehen gesichert. Ja sie gilt als die höhere Lebensform. Als Zeichen des Adels, der Ritterlichkeit und hoher Geburt wird sie im ganzen Lande betrachtet, jedes andere Geschlechterverhältnis als Merkmal niedern Standes und niederer Gesinnung. Die Sitten der Nairen nachzuahmen, bildet das Ziel des Ehrgeizes der Caimães und Nambirs, der Dorfhäuptlinge und freien Landbewohner; von gleicher Nacheiferung getrieben schließen die Mapilla, schließen selbst Brahmanen derselben Lebensform sich an, ja nach Duncans Urteil wurzelt selbst die Übung der Polyfratrie im Stande der Werkleute auf demselben Anschluß an das verführerische Beispiel der Vornehmen.

Unter den Beweisen der unverwüstlichen Lebenskraft des malabarschen Urrechts nimmt dieser Hang aller Volksklassen, zu ihm zurückzukehren, nicht die letzte Stelle ein. Keine Sehnsucht nach Erhebung des Daseins aus dem Schlamme der Barbarei ist je in Paraçu Ramas Schöpfungsland erwacht, von seinem Volke keiner jener Geisteskämpfe durchgestritten worden, ohne welche die Paternität keine prinzipielle Anerkennung zu erringen vermag. Kerala hat keinen Orest, keinen Astika hervorgebracht. Als die Portugiesen das Land und Volk kennen lernten, überraschte sie nicht sowohl der Reichtum seiner Städte, der Glanz des ganzen Daseins, die hohe Ausbildung seiner Marine, die treffliche Organisation seiner Heere, als vielmehr die Verbindung solcher Verfeinerung mit einem Familienzustande und einem Erbrechte, das allen Bedingungen der Gesittung zu widerstehen, die Barbarei erster Zustände zu verewigen schien. Wer von uns sollte dies Erstaunen nicht teilen, wenn er die Lebensform, welche sich anderwärts als Merkmal eines niedrigen Kulturgrades zu erkennen gibt, in jenem Gestadeland der Vervollkommnung jeder materiellen Seite des Daseins geeint erblickt? Wir stehen hier vor einer Tatsache, der keine Erklärung genügt, aber eine ernste Lehre entnommen werden kann. So groß der Fortschritt des materiellen Daseins, so blühend der Handel, so verfeinert der Geschmack, so wohlgerüstet und kriegerisch das zur Verteidigung von Thron und Gebiet stets bereite herrliche Kriegsheer auch sein mag: all diesem Glanze entspringt keine Veredelung des Daseins; der Erdgeist erstickt jede Sehnsucht, lähmt jede Kraft der Wiedergeburt. Mit Verachtung schreitet die Geschichte über die dem Tellurismus dienstbaren Geschlechter hinweg. Erschöpft ist nun jede Entwicklungsfähigkeit, verdunkelt der alte Glanz des Landes, in welchem, wie begeistert Camões singt, alle Schätze von China bis zum Nil sich sammelten. Nur durch die Erhaltung einer Familienorganisation, die nirgends sonst in gleich reiner Altertümlichkeit sich betrachten läßt, vermag Malabar in unsern Tagen die Aufmerksamkeit des Forschers auf sich zu ziehen. Wo böte sich ihm gleich günstige Gelegenheit, den innern Ausbau der Schwesterfamilie in seinen Einzelheiten sowohl als nach seinem Zusammenhang mit der ganzen Lebensgestaltung genau kennen zu lernen?

Brief 29

Die Schwestersohnsfamilie Malabars.
Ergebnisse der Quellenberichte

Womit könnte ich meine Darstellung zweckmäßiger eröffnen als mit der Betrachtung derjenigen Seite des Nairenlebens, welcher die Schwestersohnsfamilie ihren Ursprung verdankt, der Promiscuität als Grundlage der Fortpflanzung? Ehelos, sagen unsere Quellen, ist das Leben des malabarschen Adels. Weder der Naire noch die Nairin anerkennt irgend eine die freie Befriedigung des Geschlechtslebens hemmende Schranke. Gemeinsam sind die Frauen. Kein Vertrag bindet, kein Verein ist ausschließlich, keiner dauernd, keiner von Vaterpflichten begleitet, keiner auf Liebe gegründet, jeder frei von dem Gifte der Eifersucht. Unter den angeführten Berichten lassen nur wenige sich entdecken, die diese Grundlage des Nairenlebens nicht in der einen oder andern Weise hervorhöben, nicht Zeugnis ablegten von dem Erstaunen, mit dem der Anblick eines so gearteten Daseins die fremden Beobachter erfüllte. Doch auf diese allgemeine Wahrnehmung dürfen wir uns nicht beschränken. Die Quellen setzen uns in den Stand, die Entschlossenheit, mit welcher der malabarsche Adel sein geschlechtliches Freiheitsprinzip gegen alle entgegengesetzten Tendenzen, alle drohenden Gefahren zu sichern und aufrecht zu erhalten wußte, im einzelnen zu erkennen. Hierin liegt das größte Interesse unserer Berichte, hierin die wahre Auszeichnung Malabars.

Betrachten wir zuerst das Talifest. Es zeigt die eifersüchtige Wahrung der Geschlechtsfreiheit mit besonderer Bestimmtheit. Die Portugiesen nennen es eine Hochzeitsfeier, sprechen von ›Verlobung‹ und wenden auf die dadurch geschlossene Verbindung selbst die Bezeichnung ›Ehe‹ an. Und in der Tat, wer könnte sie tadeln? Liegt doch manches vor, das auf eine dauernde unlösbare Verbindung der beiden beteiligten Parteien hinweist und mit Promiscuität jeder Art entschlossen bricht. Bleibt uns auch die Symbolik des Goldblättchens und der Seidenschnur, welche dem Mädchen um den Hals gehängt wird, verborgen, so ist doch des Jünglings Erklärung, er wähle die so Geschmückte zu seiner Gattin, sprechend genug, um über den Sinn der Handlung im allgemeinen keinen Zweifel zu lassen. Noch bezeichnender erscheint eine zweite Feierlichkeit. Wenn dem Paare eine goldene Kette so angelegt wird, daß sie beider Teile Nacken umschließt, hat da nicht der Gedanke an unlösbaren Verein von Braut und Bräutigam seinen Ausdruck gefunden? Wenn ferner die Mutter der Jungfrau darauf Gewicht legt, ihre Tochter einem Manne harmonisierender Natur zu verbinden, was leitet sie anders als jener Instinkt, der des Kindes dauerndes Glück von der Harmonie der Geister abhängig weiß? Lebenslänglich trägt die Jungfrau den bedeutsamen Schmuck, nur während der Trauer um den verlorenen Mann legt sie ihn ab, um sogleich sich wieder damit zu zieren. Steht sie nicht als Braut, als Gattin da? Ist das aufs schönste ausgestattete Feste keine Hochzeitsfeier? Niemand wird anders urteilen. Auch der Naire und die Nairin waren des wahren Sinnes sich wohl bewußt. Unter keiner andern Voraussetzung erklärt sich die Entschiedenheit des Widerstandes, welchen sie der Erfüllung der Talipflichten entgegensetzten.

Die Absicht, das Maß ehelicher Gebundenheit auf ein Minimum zurückzuführen, den Geboten derselben eine Scheinerfüllung zu leisten und so die natürliche Geschlechtsfreiheit aus drohenden Fesseln zu retten, leuchtet aus allem hervor, was über die Folgen der Verbindung berichtet wird. Nicht lebenslang weilt der Angetraute bei seinem Weibe. Auf wenige, höchstens auf vier Tage ist ihr örtlicher Verein im Hause der Brautmutter beschränkt. Dieselbe Grenze hat der geschlechtliche Umgang. Anstößig, heißt es, ist jeder spätere Verkehr. Unehre bringt es der Frau, dem in feierlicher Versammlung ihr angetrauten Manne nochmals sich zu überlassen. Der Protest gegen diese Ehe zu Gunsten der Geschlechtsfreiheit hat hierin seinen stärksten Ausdruck gefunden. Zu wesenlosem Schein ist Verlobung und Hochzeit herabgesunken. Festgehalten wird die Form, verworfen der Inhalt. Das Nairenleben bleibt dem Grundsatz geschlechtlicher Ungebundenheit nach wie vor getreu. Ausgeschlossen von der Talifeier ist daher auch jede Geldleistung von Seite des Mannes; als Kaufpreis aufgefaßt würde sie ein Eigentumsrecht an der Person des Weibes, mithin jenen ausschließlichen Anspruch des Mannes begründen, der dem Mädchen das freie Verfügungsrecht über seinen Leib entzieht. Nicht mehr als einen halben Dukaten an Wert besitzt das Goldplättchen, das der Jüngling seiner Braut umhängt. Auf dreißig Reais wird der Halsring geschätzt, der unter dem Namen *quete* den vollzogenen Beischlaf bezeugt. Reiche Gaben werden dagegen dem Manne dargebracht. Am Morgen des fünften Tages nach dem Feste wird der Angetraute mit Geschenken entlassen. Der Bruder oder Mutterbruder des Mädchens gibt ihm ein Festkleid und vier bis fünf Rupien. Das ist ein Entgelt für den Dienst, welchen der Jüngling durch seine Teilnahme an der Fiktion des Hochzeitsfestes dem Mädchen leistet. Denn durch ihn ist es in den Besitz seiner vollen Geschlechtsrechte gelangt, durch ihn nicht zur Dienerin eines Ehemannes, vielmehr zur Herrin ihres Leibes, zur Verfügung über ihre Reize erhoben worden. So schlägt die Bedeutung des Tali in das Gegenteil derjenigen um, die ihm die begleitenden Zeremonien beilegen. Aus einem Zeichen ehelicher Verbindung wird es Freibrief der Hetäre.

Unsere Berichterstatter wissen in die Doppelnatur des Symbols sich nicht recht zu finden. Wie läßt Verlobung,

Hochzeit, Antrauung mit der ganzen Natürlichkeit der Geschlechtsbefriedigung, wie Ehe mit ehelosem Leben sich reimen? Schließt nicht eins das andere aus? Lassen Sie mich zur Erleichterung des Verständnisses einer analogen Verbindung der Gegensätze gedenken. Viele Beispiele zeigen das eheliche Leben eingeleitet durch eine Periode des Hetärismus, durch welche das Weib seinen Anspruch auf jenes zu begründen verpflichtet ist. Die ›Sage von Tanaquil‹ bietet alle nötigen Belege. Malabars Nairinnen kehren das Verhältnis um. Ihnen gilt der Eheabschluß als die Vorbedingung des Rechtes auf geschlechtliche Freiheit. Nur durch jenen gelangen sie zu dieser; die Ehe selbst führt zum Hetärismus und tritt in den Dienst des unehelichen Lebens. In dem Tali liegt beides zugleich: Verein mit einem Manne und Freiheit für alle – jener die einkleidende Form, diese der Inhalt und das Wesen.

Wie gegenüber der Ehe, so wahrt Malabar die Promiscuität auch gegenüber derjenigen Form der Geschlechterverbindung, welche als ein wesentlicher Fortschritt aus tiefern zu reinern Stufen der Gesittung betrachtet werden muß, gegenüber der Verbindung eines Weibes mit einer Mehrzahl von Männern. Aus der Polyandrie der Nairen ist jedes die natürliche Freiheit der Geschlechter beschränkende Element entfernt, alles, was ihr den Wert einer höhern Kulturstufe verleiht, ausgeschieden. Nicht in die dauernde Verbindung einer Draupadi mit fünf Brüdern will die Nairin eintreten, nicht das Los jenes Weibes teilen, das, erschöpft durch die Ansprüche einer ganzen Confraternität, in der List Rettung zu suchen sich gezwungen sieht. Sie verbindet sich nicht einer ganzen Bruderschaft, sondern fügt dem Manne einen zweiten, diesem einen dritten hinzu und kann so bis zu zehn und zwölf Männern fortschreiten, ohne das Recht, auch andere Besuche zu empfangen, einzubüßen. Keine Feierlichkeit begleitet den Abschluß einer solchen Verbindung. Kleine Geschenke an Tochter und Mutter bilden die einzige Anerkennung der Aufnahme. Lösbar ist das Verhältnis zu jeder Zeit. Überdruß rechtfertigt die Entlassung des Mannes. Eigentliche Ehen, bemerkt Duncan, kennt diese Polyandrie nicht, sondern nur Verbindungen von längerer oder kürzerer Dauer. Im Vollbesitz ihrer Reize mag die Nairin gewinnsüchtiger Absicht fern stehen, wie Buchanan andeutet: Bereicherung wird jedoch bald Hauptmotiv, und schließlich überwiegt die Rücksicht auf Altersversorgung durch einen der vielen Verbundenen. – Noch weniger Zwang liegt auf dem Manne. Reine Treue schuldet er der erwählten Geliebten. An einer Mehrzahl polyandrischer Kreise mag er sich beteiligen, ja ihm ist nicht wie der Frau hierin eine Grenze gesetzt. Kontraktliche Zusicherungen haben keine Verbindlichkeit. So lose ist diese sogenannte Ehe, daß kein Naire mit einer seiner Frauen zusammenwohnt oder bei ihr Mahlzeit genießt, jeder seinen Kleidervorrat auf die mehreren Häuser verteilt.

Gewahrt bleibt also der malabarschen Polyandrie der Charakter voller Promiscuität für Männer und Frauen. Besteht in jedem einzelnen Männerverein eine feste Reihenfolge seiner Glieder, werden die Zeichen der Anwesenheit gewissenhaft beobachtet, die verabredeten Beiträge der gemeinsamen Frau von jedem Einzelnen richtig verabreicht und so alle Friedensstörungen, aller Neid, alle Eifersucht vermieden: etwas anderes als die Weibergemeinschaft der Barbarei zeigt die Polyandrie Malabars dennoch nicht. Die gemeinen Stände bevorzugen die Polyfratrie der Panduiden. Aber der Ruhm größerer Reinheit, der dieser Form der Vielmännerei zuzusprechen ist, wird durch das unbeschränkte Recht jedes der Brüder, neben der gemeinsamen Frau nach seinem Vermögen weitere in beliebiger Zahl zu halten, wieder vernichtet. In Malabar scheitert jeder Versuch der Erhebung. Nach den übereinstimmenden Berichten Buchanans, Duncans und Grauls finden sich in den nördlichen Landesteilen Frauen bereit, einem Nair oder Namburi in dessen Wohnung zu folgen, jeder Polyandrie zu entsagen und ohne Einwilligung des Mannes sich nicht von ihm zu trennen. Dennoch bleibt auch diese Verbindung ein *parastri margam*, die Frau ein Fremdweib. Nicht sie steht dem Hauswesen vor, sondern die Mutter und die Schwester; entlassen werden kann sie zu jeder Zeit. Nach des Mannes Tod verläßt sie sogleich das Haus und darf nie dahin zurückkehren. Ihre Kinder bringt sie dem Mutterbruder oder dem eigenen Bruder, dem sie Erben werden.

Nicht weniger bezeichnend sind die Nachrichten über das Leben der Zamorine, der Raja überhaupt. Teilnahme an polyandrischen Vereinen ist ihnen fremd. Sie nehmen eine Gemahlin, statten sie fürstlich aus, sorgen aufs reichlichste für ihren Unterhalt und den Glanz ihrer Erscheinung. Manche behalten sie zeitlebens; durchgeführt ist bei ihnen das eheliche Verhältnis in allen Äußerlichkeiten. Dennoch sind und bleiben diese Königinnen Fremdweiber. Gewechselt, den Vornehmen des Landes abgetreten werden sie nach Belieben des Herrschers; nicht Königssöhne, sondern Mutterkinder sind ihre Geburten, ohne anderes Erbrecht als das in der Mutter Vermögen. Hier wie überall behauptet der Grundsatz des fessellosen Geschlechtslebens seine Herrschaft. Zwar gilt er dem Volke schon längst als Mißbrauch und der Rechtfertigung durch die Gesetzgebung eines alten Königs bedürftig: aber gesiegt hat die Macht des Herkommens und der Gewohnheit, der alles gehorcht. »Ich habe Kinder von zehn bis zwölf Jahren gesehen«, schreibt Bouchet aus Pondichery 1714, »welche die Gebräuche aufs Genaueste kannten und jede Aufforderung, etwas denselben Zuwiderlaufendes zu tun, mit der Antwort von sich wiesen: ›Das ist gegen unsere Sitte‹.« Wie die Kinder, so das ganze Volk.

Wie wird auf der Grundlage der Promiscuität die Familie sich gestalten? Malabar bietet die Mittel, die Organisation zu erkennen. Ich entwerfe zunächst des Bildes Umrisse, um diese dann mit den einzelnen Zügen auszufüllen. In der Nairenfamilie erwahrt sich jene Gruppe, welche der Daedalusmythus für das Erechthidengeschlecht der attischen Vorzeit zu erkennen gibt, und die so manchen sagenhaften Traditionen zur Grundlage dient, die Gruppe Mutter, Mutterbruder und Schwesterkind. Ausgeschlossen bleibt der Vater, ausgeschlossen der Sohn, die Tochter: der Vater, weil die Promiscuität einen solchen zu bestimmen hindert; der Sohn, weil die freie Geschlechtsmischung nur Mutterkinder, keine Vaterkinder kennt. Das Wesen dieser Familie wird durch die Bezeichnung ›natürliche Familie‹ richtig ausgedrückt. Wir können sie auch ›Mutterfamilie‹ und ›Schwesterfamilie‹ benennen: jenes im Gegensatz zu der Vaterfamilie der späteren Kulturstufe, dieses zum Unterschied von der Sohnesfamilie und dem Paternitätsprinzip, auf welchem sie ruht. Unter den angeführten Zeugnissen finden Sie eines, welches den Ausschluß des Vaters aus dem Familienverbande recht drastisch hervorhebt. Es ist die Beschreibung des Festes, dem Buchanan zu Cananor anwohnte. Weder der Vater noch der Gemahl der Biby setzen sich mit zu Tisch, sie ermangeln jeder Autorität, sind also keine Mitglieder des engeren Familienkreises.

Erregt diese Wahrnehmung die Aufmerksamkeit der Europäer, was mußten sie, was müssen wir empfinden, wenn eine Mehrzahl von Berichten die Vater- und Sohneslosigkeit der Nairenfamilie im Kampfe mit den Gefühlen, welche die Sicherheit der Paternität in der Seele des Mannes erzeugt, zu schildern unternimmt? Im Norden des Landes wohnt die Frau im Hause des Nair oder Namburi, nie verläßt sie es, unzweifelhaft ist die Paternität, kein Kind über die Frage erstaunt, wer sein Vater sei, der Vater über die Zugehörigkeit der Kinder durchaus sicher und von Zärtlichkeit für sie erfüllt; trotzdem besteht eine unübersteigliche Scheidewand: mütterlich ist die Familie, die Paternität ihr fremd, und derjenige ein Ungeheuer, der den Gefühlen derselben Ausdruck geben, beim Tode des Kindes weinen wollte. Wo immer ein längeres Zusammenleben mit der Mutter eintritt, wiederholt sich dieselbe Erscheinung. Als das seine betrachtet der Vater das Kind, innig ist die Zuneigung, die er ihm widmet, doch eine Paternität besteht nicht, und jede Vaterträne wäre Schande. Manche der Zamorine und Raja behalten lebenslänglich ihre Königinnen, lieb sind ihnen die Geburten, deren Väter sie sich wissen, ihre Kindheit verschönern sie durch Liebe und Spiele: aber Königssöhne sind es nicht, sondern

Mutterkinder ohne Vater. Nach solchen Erscheinungen verdienen jene Fälle, in welchen die mit einer Männermehrzahl verbundene Nairin den Vater jedes von ihr geborenen Kindes bezeichnet oder Naturähnlichkeit ihn außer Zweifel setzt, kaum noch Erwähnung. Wir mögen es einer Stelle glauben, daß der so ermittelte Vater für ein solches Kind gerne sorgt, auch wohl mit Liebe an ihm hängt: aber der Ausschluß des Erzeugers von der Familie verliert nicht jene Verkehrtheit, welche Buchanan in seinen Bemerkungen über die Fälle der ersten Klasse mit Recht betont.

An die Stelle des Vaters tritt der Mutterbruder. So verlangt es das Prinzip der natürlichen Familie. Über diese Verwandtschaftsbetrachtung finden wir in den gesammelten Zeugnissen eine Aufklärung, welche die Bedeutung des Avunculats bei den verschiedensten Völkern in das richtige Licht zu stellen vermag. Erzieher der Kinder ist der Mutterbruder. Als Führer ihrer Jugend wird er von ihnen betrachtet. Er heißt ›der zu essen gibt‹, denn auf dem Vater ruht keine Pflicht der Alimentation. Weiß die Mutter auch die Kosten des Unterhalts ihrer mehreren Kinder auf die einzelnen Männer, denen sie sich verbunden hat, zu wälzen, worüber Zeugnisse nicht fehlen, so wird der Mutterbruder dadurch nicht entlastet, sondern nur gelegentlich erleichtert. Weiter ist es der Oheim, der die Pflicht, seinen Schwestertöchtern möglichst angesehene und reiche Verbindungen zuzuführen, erfüllt, er auch, welcher nach Beendigung der Talifeier und Ablauf der vier Ehetage den angetrauten Jüngling mit reichen Geschenken entläßt. Denn Schwesterkinder und Mutterbruder leben unter demselben Dach in jenem täglichen Umgang und Verkehr, der allein Vertrautheit zu erzeugen vermag. Gleich einem Gaste weilt der Vater in der ihm fremden Wohnung, wenn die Reihe des Besuchs ihn trifft. Meist hält er auch in diesen wenigen Tagen von dem Tische sich fern, an welchem Frau und Kinder vereint sitzen. Bald löst *[ihn]* ein zweiter, diesen ein dritter ab. Wem wird der Kinder Herz und Vertrauen sich zuwenden? Wem anders als dem Bruder der Mutter, dem Genossen und Beschützer ihrer Gebärerin? Wen als ihren Vater betrachten, wenn nicht den Oheim? Wen als ihren Erblasser, wenn nicht denselben Oheim? Nicht anders gestalten sich die Folgen für den Mutterbruder selbst. Den Schwesterkindern ist seine ganze Zuneigung gewidmet, nicht dem eigenen Sohne. Jene betrachtet er als seine natürlichen Erben, nicht diesen. Volle Wahrheit liegt in seiner Liebe. Sein Gefühl stimmt mit dem Rechte überein. Noch besteht kein Zwiespalt zwischen dem Herkommen des Landes und der Sinnesart des Volkes. So ausschließlich herrscht die Oheimliebe, daß selbst die örtliche Trennung von den Schwesterkindern ihre Macht nicht zu untergraben vermag. Um des fernen Neffen Tod fließen Tränen, die dem Sohne des Hauses versagt bleiben; dem Schwesterkinde, das er nie gekannt, nicht dem Sohne, dessen Vater er sich weiß, gönnt der Oheim all sein Gut. Zu Geschenken an seine Prinzen mag den König, den Nairen, den Mapilla sein Vaterbewußtsein bestimmen: ein Recht der Thronfolge gesteht er ihnen nicht zu. Nur bewegliches Gut mag er vergeben. Keine Entsagung, kein Opfer erblickt er in solcher Successionsordnung, sie ist ihm was uns das Sohneserbrecht. In der Integrität dieser Denk- und Gefühlsart liegt das höchste Interesse, das die Nairenfamilie Malabars darbietet. Begreiflich wird dadurch jene Sorge für die ununterbrochene Erhaltung des Geschlechts in der Schwesterlinie, welche nach mehrern Zeugnissen die Rajadynastien auszeichnet. Nur wo der Avunculat die Natur der Paternität selbst annimmt, kann diese Sehnsucht nach Geschlechtserhaltung entstehen. Die Form der Adoption entspricht dem Ursprung der Idee: wo Neffenrecht herrscht, wird der Auserwählte zum Schwesternsohn erklärt.

Alle bisher betrachteten Erscheinungen haben ihre Grundlage in dem Primat der Bruder- und Schwesterverwandtschaft. Der Schwester gehört des Bruders Seele, dem Bruder die sorgende Liebe der Schwester. Beachtenswert ist die Richtung, welche dieses Gefühlsleben annimmt. So allherrschend ist seine Macht, daß dem Bruder die Lieblingsschwester sich anschließt, wohin immer er sich wenden mag. So folgt Sita dem Rama, so die Fünfzahl der Töchter des dritten Okkaka ihren vom Vater verstoßenen vier Brüdern. Kein Liebesdienst ist der Schwester zu groß, die Sage von Bhutala Pandi Ausdruck der Volksstimme. Nach der gemeinsamen Mutter Tod leitet die älteste Schwester das Hauswesen, das alle Brüder vereint. Sie vertritt der Mutter Stelle und genießt dasselbe Ansehen, die gleiche Hochachtung. Der Gattin wird keine Aufmerksamkeit geschenkt. Selbst da, wo diese dem Manne dauernd sich verbindet, ihm in sein Haus folgt, bleibt die Schwester Herrin. Der Geliebten Heimat ist ihres Bruders Haus, dorthin kehrt sie nach ihres Mannes Tod mit den Kindern zurück, um dort die Leitung ihrer Familie zu übernehmen. Die Legende von dem Ursprunge der Çakya bietet zur Vergleichung sich dar. Auch in dieser wird die älteste Schwester von den Brüdern als Mutter anerkannt. Während aber die jüngern mit ihren Verwandten in geschlechtliche Verbindung treten, verwerfen die Nairen die Geschwisterehe. Die Strenge, mit welcher sie jeder Versuchung zu solchem Inzeste Vorbeugen, beweist, daß die Übung der Çakya ursprünglich auch ihnen nicht fremd war.

Die Innigkeit des Bruder- und Schwesterverbandes entspringt der Gemeinschaft des Mutterblutes. Damit sind wir bei der wahren Grundlage der Nairenfamilie angelangt. Sie ruht auf der ausschließlichen Beachtung des gebärenden Schoßes. Einzelne unserer Quellen sprechen diesen Grundsatz bestimmt aus, andere zeigen ihn in einzelnen Folgen. Nur nach der Mutter bestimmen sich des Kindes Rechte und Ansprüche. Die Ehre und Auszeichnung des Nambirats werden ausschließlich den Schwesterkindern zu Teil. Nur die Söhne der Tamburetti, nicht auch die der Tamburan genießen das Ansehn und die Rechte ihres königlichen Geschlechts. In den Frauen ruht daher der wahre Stamm eines jeden Geschlechts, in ihnen alles Eigentumsrecht. Um dieser Bedeutung willen werden sie hoch geehrt und durch Vorrechte vor den Brüdern ausgezeichnet. Den Titel und die Rechte der Königin erhält die Königsschwester, selbst den Zamorin überragt eine Tamburetti, die an Jahren ihm vorgeht. Handelt es sich um Geschlechtserhaltung durch Adoption, so werden am häufigsten Mädchen dazu ausersehen. Genuß der Muttermilch ist unerläßliches Erfordernis. »Niemals«, schreibt Barbosa, »verhängt der Zamorin die Todesstrafe über eine Frau, so groß auch ihr Verbrechen sein mag. Gewöhnlich begnügt er sich mit einer Geldbuße, nur in äußersten Fällen verordnet er Verkauf außer Landes.« Die Weiblichkeit als Quelle und Ursprung des Lebens überragt die Männlichkeit. Die beiden Geschlechter werden in ihrer Gesamtheit durch besondere Namen unterschieden. Tamburetti heißen die Frauen der Dynastie von Calicut, Tamburan die Männer. Zu Pali-ghat-shery im Innern der Ghatgebirge tragen die männlichen Mitglieder des Königshauses (es gab deren im Jahre 1800 an zweihundert) *[die Bezeichnung]* ›Achuns‹, die weiblichen ›Naitears‹. Wie in Malabar leben die letztern ohne Ehe in freiem Verkehr mit den Kshatriyas, daher auch bei ihnen die Schwestersohnerbfolge allein gilt. Vor niemand beugt der Naire sich so tief als vor der Mutter, ihr widmet er den Ertrag seiner Besitzungen. Sie steht an der Spitze seines Hauses, so lange sie lebt, ordnet die Familienfeste und führt die Aufsicht über die ganze, oft zahlreiche Nachkommenschaft.

Die Muttereigenschaft ist das Höchste, was auch das Weib ersehnt. Darauf richtet es alle seine Bemühung, kein anderes Ziel setzt es seinem Dasein, keinen anderen Ruhm kennt es; das jenseitige Paradies ist der Jungfrau verschlossen. Wie könnten wir den i n n e r n Z u s a m m e n h a n g dieser Anschauungen, Sitten und Rechtsnormen verkennen? In dem Primat des gebärenden Schoßes vereinigt sich alles. Ungebrochen waltet der Erdgeist. Ihm huldigt Malabar. Hören Sie, was Marco Polo über diesen Tellurismus schreibt: »Noch ein anderer absonderlicher Gebrauch herrscht in Malabar. Die Könige nämlich, die Barone und überhaupt alle sitzen nie anders als auf der Erde. Sie tun das, wie sie sagen, weil sie nicht nur von Erde sind, sondern auch in die Erde wieder zurückkehren, sie daher nie genug verehren können.« Die Verbindung der Schwestersohnsfamilie mit der **chthonischen Religionsstufe**, wie meine Analyse des Astikamythus sie nachwies, findet hier eine Bestätigung, welche jeden Widerspruch vereitelt. Soll ich Sie noch auf die Verbreitung des Mutter- und Ammendienstes in ganz Malayalam und auf den in dem Cultus der Erde wurzelnden Dämonendienst mit seiner ewigen Furcht vor den düstern Mächten der Zerstörung aufmerksam machen, um das Bild der mütterlich-chthonischen Kulturstufe zu vollenden? Lesen Sie darüber Grauls Mitteilungen. Keinen Astika, sagte ich im ersten Schreiben über Malabar, hat der Brahmanismus dem Volke geschenkt. Nicht als Eumeniden kennt es die Schlangen der finstern Tiefe. Erinnyen sind sie ihm stets geblieben, jene Erinnyen der Urzeit, deren Verehrung Paraçu Rama bei der Erschaffung des Landes gebot.

Brief 30

Die Schwestersohnsfamilie Malabars.
Ergebnisse der Quellenberichte (Schluß)

Unvollendet bliebe das Gemälde der Schwestersohnsfamilie Malabars, unbenutzt ein beträchtlicher Teil des in den gegebenen Quellenauszügen angehäuften Materials, wenn ich der Darstellung des engsten Verwandtenkreises nicht eine zweite, die der Gesamtheit aller den Schwesterleibern entsprossenen Blutsgenossen folgen ließe. Die Zahl der Mitglieder eines solchen Muttergeschlechts kann eine ansehnliche Höhe erreichen. Auf fünfzig bis hundert schätzt Duncan die männlichen Glieder der Dynastie des Zamorin und jener der Raja von Paulghaut. Das Fürstenhaus von Pali-ghat-shery zählte im Jahre 1800 zweihundert Achuns, wie Buchanan berichtet, und in seinem Briefe von 1714 spricht Bouchet von Familien, die aus achtzig Mitgliedern bestanden. Welches war die innere Organisation eines solchen zahlreichen Blutsvereins? Wie gestaltete sich in demselben die Durchführung der Schwestererbfolge? Das sind die Fragen, die ich heute zu beantworten versuche.

Die erste Wahrnehmung, zu welcher die Quellen hinführen, zeigt die Gesamtheit der Geschlechtsgenossen durch das lebendige Bewußtsein der Blutsgemeinschaft zur Einheit verbunden. »Alle in weiblicher Linie Verwandten leben in Eintracht zusammen, so ferne der Grad ihrer Verwandtschaft sein mag.« Beachten Sie den Zusatz. Er zeigt uns eine Verwandtschaftsbetrachtung, welche die Zählung der Grade gar nicht kennt. Was allein entscheidet, ist der *nexus sanguinis* gleichgültig der *gradus cognationis*. Die Aufeinanderfolge der Generationen erzeugt keine zunehmende Entfernung und Entfremdung der Consanguinei, wie sie die eheliche Paternität mit Gradzählung der Distanzen notwendig mit sich bringt; sie umgibt vielmehr, um mich des lykischen Blättergleichnisses zu bedienen, den Mutterstamm mit einem immer dichteren Laubdache, dessen einzelne Blätter nur durch ihre frühere oder spätere Entwicklung von einander sich unterscheiden. Nicht beeinträchtigt wird die Homogeneität der Masse durch die sprachliche Unterscheidung verschiedener Verwandtenklassen, die der Mütter und Kinder, der Schwestern und Brüder, der Mutterbrüder und Schwesterkinder. Denn diese Sonderung ruht nicht auf dem Grundsatz der Gradberechnung, sondern auf der Sonderart der Beziehungen, die mit jeder jener drei Verwandtschaftskategorien sich verbinden, mithin auf einem Naturprinzip, welchem das reflektierte System der Gradzählung durchaus fern liegt. An zweiter Stelle erregt der Gesichtspunkt, nach welchem die Geschlechtseinheit ihre innere Gliederung erhält, unsere Aufmerksamkeit. Nur naturgegebenen Tatsachen folgt die natürliche Familie. Zwei Momente treten hervor: die Geschlechtsverschiedenheit und das Lebensalter. Jene liegt der Einteilung der Zamorindynastie in Tamburans und Tamburettis, der

Rajafamilie von Pali-ghat-shery in Achuns und Naitears zu Grunde. Dieselbe Unterscheidung fand auf alle Nairengeschlechter entsprechende Anwendung. Die Gleichheit der Mitglieder unter sich wiederholt sich in jeder der zwei Abteilungen. Die Rechte ihres Geschlechts besitzt jede Tamburetti in vollem Umfange, jede erteilt den Kindern ihres Leibes dieselbe Anwartschaft auf den Besitz aller Ehren, Würden, Güter der Dynastie. Seinerseits hat jeder Tamburan dieselben Ansprüche auf Thron und Vermögen, wie groß die Gradentfernung sein mag, die ihn von dem letzten Inhaber trennt. Alle Tamburans, bemerkt Buchanan, haben Anspruch auf die höchsten Würden des Geschlechts, und damit stimmt Duncan nach Inhalt und Ausdruck überein. Für die Nairengeschlechter ist der gleiche Grundsatz maßgebend. Was ein solches an Landeigentum besitzt, ist Gemeingut, in dessen Ertrag alle Geschlechtsglieder zu gleichen Portionen sich teilen. Jeder Veräußerung haben alle beizustimmen, über Auflösung des Gesamteigentums sich zu einen; die Zerteilung eines Betelblattes unter die Einzelnen bezeichnet ein Abschluß des Rechtsaktes.

Mit dem Grundsatz der Gleichberechtigung verbindet sich der der Berücksichtigung des Lebensalters. Er hebt den ersten nicht auf, sondern bestimmt die Reihenfolge, nach welcher die Ausübung der Rechte sich regeln soll. Kein Prinzip wird öfter und mit größerer Bestimmtheit hervorgehoben. In Familien mit Neffenerbrecht, lesen wir bei Graul, ist stets der Älteste das Haupt. – Brown: In allen Rajafamilien besteigt der älteste Mann der Familie den Thron. Nach Altersreihe folgen die Söhne aller Töchter (Schwestern) auf einander. – Duncan: Der Eintritt in den Besitz der obersten Gewalt erfolgt kraft des Altersrechts. – Buchanan: Die Tamburans steigen nach dem Alter zu der höchsten Würde des Geschlechts empor. Der älteste Mann der Familie ist Tamuri Raja. – ›Sommario‹: Der Älteste an Jahren genießt den Vorzug. – Nach Buchanan fällt das gemeinschaftliche Landeigentum unter die Verwaltung des ältesten Mannes der Familie. Doch scheint der Einfluß des Brahmanismus hierin einen andern, vielleicht nur supplementären Grundsatz zur Anerkennung gebracht zu haben. Nach Graul folgt nämlich der in der Verwaltung, welcher das Familienhaupt, den *generis avunculus* nach Persius' bekanntem Ausdruck, bestattet. – So hohes Ansehen hat der Vorrang des höhern Alters, daß selbst der geringste Unterschied als genügend erachtet wird, den Vorzug zu sichern. Sollte er auch nur in einigen Minuten bestehen, betont Zeirreddien, er wird doch geachtet. Ohne Beispiel, lesen wir in derselben Stelle, ist in Malabar der Mord des Vorgängers durch einen ungeduldigen Nachfolger: gewiß eine sehr beachtenswerte Folge des natürlichen Familienprinzips, zumal in Indien, dessen Regentenhäuser das Schauspiel der Selbstzerfleischung, steter Auflehnung jüngerer Brüder gegen die ältern, der Söhne gegen ihre Väter darbieten. Keine Tamburetti kann den Thron besteigen; sie ist jedoch älter als der Zamorin, also älter als der älteste der Tamburans, so überragt sie diesen und alle Prinzen an Ansehn und Autorität.

Noch andere Erscheinungen fallen unter diesen Gesichtspunkt. Den Nairen erfüllt die höchste Ehrfurcht vor seiner ältern Schwester; er ehrt sie gleich der Mutter, in deren leergewordene Stelle sie eintritt. Ganz anders steht er der jüngeren Schwester gegenüber. Dieser die Achtung zu versagen, wird er für fähig gehalten. Daher die Vorsichtsmaßregeln, von welchen der Verkehr mit ihr umgeben, jener mit der ältern Schwester befreit ist. So tief geht die Verschiedenheit, welche der Altersunterschied in dieses Verwandtschaftsverhältnis hineinträgt, daß die dravidische Nomenklatur gar keinen Ausdruck für Bruder und Schwester in abstracto besitzt, dagegen eine Mehrzahl von Wörtern zur Unterscheidung des Altersverhältnisses der mit einander sprechenden Geschwister aufweist. »Es gibt«, schreibt L. Morgan, »ein Wort für ›älterer Bruder‹ (*annan*), ein anderes für ›jüngerer Bruder‹ (*tambi*); wieder eines für ›ältere Schwester‹ (*akkarl*), ein anderes für ›jüngere Schwester‹ (*tangaichchi*), dagegen keinen Ausdruck für Bruder oder Schwester als solche. Der Gebrauch bestimmt sich nach dem Altersverhältnis der Redenden.« Malabar steht hierin nicht allein, vielmehr ist die konkrete Auffassung des Geschwistertums nach Maßgabe des Altersverhältnisses eine sehr verbreitete Eigentümlichkeit der ältesten Verwandtschaftssysteme. Wo immer aber sie begegnet, legt sie für den verschiedenen Gehalt der mehreren durch besondere Wörter ausgezeichneten Blutsverhältnisse vollgültiges Zeugnis ab.

Unsere Quellenberichte gedenken einer staatsrechtlichen Bedeutung, zu welcher das Altersprinzip in den Regentenhäusern Malabars sich erhob. Als der Bejahrteste aller Tamburans steht der Zamorin an der Spitze einer Reihe Thronberechtigter, deren Stufenfolge durch die Lebensdauer bestimmt wird. Buchanan, Brown, Zeirreddien lassen die Prinzen nach Maßgabe des Alters dem Throne näher rücken; Graul bemerkt, beim Tode des Herrschers trete ein allgemeines Avancement in die nächsthöhere Stellung und in die damit verbundene höhere Apanage ein. Wir sehen: die Altersfolge ist Stufenfolge der Ehre, und jede Stufe hat ihre besondern Kennzeichen. Bis zu dem sechsten der Altersreihe führt jeder Thronberechtigte einen besondern Namen. Der Raja von Tchirakal sind es stets fünf und müssen es fünf sein. Dieselbe Zahl gibt Duncan, während Paulin mit der Hervorhebung des ersten oder großen und des zweiten oder kleinen Raja sich begnügt. Zur Unterscheidung von den späterfolgenden namenlosen Tamburans erhalten die fünf ältesten den Titel Raja, jedoch mit dem Zusatz ›allgemeine Raja‹. Jeder derselben hat einen besondern, seiner Rangstufe gewidmeten Palast. Die Entfernung dieser Wohnungen von dem Königssitze entspricht dem Abstande des Alters. Während die übrigen Prinzen unter der Aufsicht der Königin Mutter beisammen wohnen, bilden die ›allgemeinen Raja‹ als die dem Throne Nächsten den stehenden Staatsrat der Zamorine. Die Familienordnung erhält staatliche Bedeutung. Von der Natur gesetzt ist alles in diesem auf das Lebensalter gegründeten Organismus. Daher seine Unabänderlichkeit. Weder Blindheit noch eine andere Infirmität des Körpers oder Geistes vermag das Gesetz zu brechen, den Gang zum Throne zu hemmen. Auch die Hindernisse, welche die Gebrechlichkeit des Greisenalters einer kräftigen Führung des Regiments bereitet, haben nie dazu Veranlassung gegeben, ändernde Hand an das Grundprinzip zu legen. Und doch, wie wenige der Zamorine gelangen vor der Zeit der weißen Haare auf den Thron! Der Regierungsantritt in vorgerücktem Alter wird von Barbosa, Brown, Duncan hervorgehoben. In Notfällen behilft man sich mit einer Regentschaft. Den ersten Anspruch hat der Nächstälteste. Doch kann er aus Altersgründen übersprungen und einer der Jüngern zur Führung der Geschäfte berufen werden. Manchmal geht die Ernennung von dem Fürsten selbst aus. Stets aber handelt der Stellvertreter nur im Namen des Herrschers, selbst eines solchen, der zur Ergreifung eines vereinsamten beschaulichen Lebens genötigt worden ist.

So weit führen die Quellen. Nun drängt eine weitere Folge sich auf: Welche Modifikation erleidet die Schwestersohnserbfolge durch ihre Verbindung mit dem Prinzip des Altersvorzugs? Die Schwierigkeit der Beantwortung liegt in der Beschaffenheit der Berichte, zumal in der Erbfolgeordnung, welche Barbosa mitteilt. Hat die Schwester des verstorbenen Zamorin fünf Kinder, drei Knaben und zwei Mädchen, so folgt zuerst der älteste der Knaben, nach ihm dessen Bruder, der jüngere Schwestersohn des Erblassers. Ist die Bruderzahl erschöpft, so folgen die Söhne des ältesten jener beiden Mädchen, auch sie in der durch ihr Lebensalter gegebenen Folge; zuletzt die Söhne des jüngeren Mädchens, und so die eines dritten und vierten. Dies die Darstellung Barbosas. Leicht erkennen Sie die Schwierigkeit, die sie uns bereitet. Sie gibt dem Prinzip des Altersvorzugs nicht jene durchgreifende Anwendung, welche ihr die zuvor gesammelten Zeugnisse beilegen. Wird es sich auch selten ereignen, daß ein Bruder an Jahren den Schwestersöhnen nachsteht, ein Oheim also jünger ist als sein Neffe, so sind die Beispiele, in welchen jüngerer Schwestern Söhne an Alter jenen der ältern vorgehn, schon zahlreicher. In solchen Fällen führt die strikte Anwendung des Barbosa-Systems zu einem Resultate, welches die absolute Alterstheorie der übrigen Quellen verwirft. Wir sind also zu der Annahme genötigt, daß es Barbosa nur um die Darlegung des leitenden Prinzips der Erbfolge ohne alle Berücksichtigung modifizierender Umstände zu tun war. Dieser allgemeinen Aufgabe genügt die Stelle vollkommen. Die beiden leitenden Prinzipe, Abstammung aus dem Schwesterleibe und Vorzug des höhern Alters, werden in ihr mit voller Bestimmtheit ausgesprochen. Darnach gestaltet sich die Erbfolge im einzelnen folgendermaßen: Zuerst folgen Brüder oder Schwestersöhne nach Maßgabe ihres Altersverhältnisses. Unsere Quellen berufen beide in gleicher Linie. In der Regel werden die Brüder die Schwestersöhne an Alter übertreffen; in diesen gewöhnlichen Fällen folgt Bruder auf Bruder, nachher der Schwestersohn. Ist aber der Schwestersohn älter als sein Oheime, so kehrt die Ordnung sich um, dann folgt der Oheim auf den Schwestersohn. Einen solchen Fall erlebte Baldaeus. Zu seiner Zeit hatte der regierende König einen Mutterbruder, dem nach dem Rechte des Landes die erste Anwartschaft auf den Thron zustand; als dieser mit Tod abging, kam ein Schwestersohn an die Reihe. Hier erscheint der Oheim als Nachfolger des Neffen, ohne Zweifel in Folge des Altersverhältnisses. Wir sehen: Das Schwestersohnsystem nimmt verschiedene Formen an. Bald erscheint es in Gestalt der Brudernachfolge, bald als Beerbung des Neffen durch den Oheim. Es ist der Eingriff des Altersprinzips, was diesen Wechsel der Erscheinung hervorbringt.

Sind weder Brüder noch Schwestersöhne vorhanden, so wählt das Geschlecht irgend einen andern Verwandten des Erblassers oder, wenn keiner passend erscheinen sollte, auch wohl einen Blutsfremden. Wie vereinigt sich diese Regel mit dem System der fünf ›allgemeinen Raja‹, die dem Alter ihren Erbanspruch verdanken? Dieser Schwierigkeit begegnet folgende Vermutung. Da es Älteste geben muß, so lange überhaupt männliche Geschlechtsgenossen (Tamburan) vorhanden sind, so können unter den ›andern Verwandten‹ nur die Glieder einer andern Dynastie (›Palastes‹) verstanden werden. Solcher *quilon* oder Regentenhäuser gedenkt Ducan. Sie sind unter sich blutsverwandt, alle Nachkommen der Schwestern jenes ersten Zamorin, welchem Cheriman Perimal die oberste Gewalt übertrug, alle daher von der entscheidenden, der mütterlichen Seite königlichen Bluts. Ob je zu dem letzten Mittel, der Wahl eines Blutsfremden, geschritten wurde, vermag ich nicht zu entscheiden.

Die natürlichen Gesichtspunkte, welche die malabarsche Mutterfamilie beherrschen, setzen der menschlichen Willkür die engsten Grenzen. Das Schwestersohnsrecht nach Altersfolge bleibt jedem Abänderungsversuche durch freie Verfügung entzogen. Selbst über seinen persönlichen Besitz an beweglichen Gegenständen kann kein Nair, nicht einmal ein Zamorin, letztwillige Bestimmungen treffen. Durch Geschenke lebender Hand muß er seiner Kinder gedenken. Gleich dem Throne, gleich der Verwaltung des liegenden Geschlechtsguts vererbt die bewegliche Habe nach dem Gesetze der Schwestersohnsfolge. Ja dieses unterliegt hier keiner Beschränkung durch Alter oder Geschlecht. Töchter und Söhne, ältere und jüngere Kinder sämtlicher Schwestern erben zugleich und zu gleichen Teilen; sind keine vorhanden, dann die nächsten Blutsverwandten von der Großmutter her, mithin sämtliche Brüder und Schwestern des Erblassers. Bei der großen Bedeutung, welche das bewegliche Vermögen in den vielen reichen und glänzenden Handelsstädten Malabars erlangte, ist die Anerkennung der natürlichen Gleichheit sämtlicher Schwestergeburten von doppelter Wichtigkeit.

Ich habe, geehrter Freund, die Darstellung der innern Organisation der Nairenfamilie und des darauf gegründeten Erbrechts als die Aufgabe des gegenwärtigen Schreibens bezeichnet. Neugierde trieb mich, eine so seltsame Grundform des Lebens wie die der Geschlechtsfortpflanzung durch den Schwesterleib in allen ihren Erscheinungen und Folgen kennen zu lernen. Wie oft beklagte ich die Armut meines Materials, die Unbestimmtheit mancher Berichte, die Lückenhaftigkeit der Beobachtungen. Und doch scheide ich nicht ohne innere Genugtuung von dem Lande der ›Vierundsechzig Mißbräuche‹, dem klassischen Lande der eifersuchtslosen Schwestersohnsfamilie. Es hat den Grundideen meines aus den Quellen des klassischen Altertums geschöpften ›Mutterrechts‹ volle Bestätigung gebracht und die geschichtliche Realität einer Familienordnung erwiesen, welche mit den Bedingungen eines gesicherten häuslichen und staatlichen Daseins unvereinbar, ja jenseits der Grenzen der Möglichkeit zu liegen schien. Für die Zukunft stellt es mir noch einen weiteren Gewinn in Aussicht, jenen Gewinn, welchen dem Erforscher fossiler Reste der Urschöpfung der glückliche Fund eines wohlerhaltenen Exemplars sichert. Bruchstücke der Schwestersohnsfamilie sind unter den Bildungen einer neueren Kulturgeschichte in beträchtlicher Zahl vorhanden. Die in Malabar gesammelten Erfahrungen erleichtern ihre Erkennung und die Bestimmung ihres Wertes für das System. Nicht lange werde ich Sie ohne Beispiele dieser Nutzanwendung lassen, sofern meinen Nachforschungen Ihre aufmunternde Teilnahme auch in Zukunft gesichert bleibt.

Stücke aus dem Nachlass

Eigentum und Vaterrecht bei den Bodos und Dhimals

Garrows, Kassias, Kocchs bilden eine Gruppe mehr oder minder gynaikokratischer Völker, deren übereinstimmende Sitten und Anschauungen einen Schluß auf die nahe verwandter und örtlich benachbarter Stämme zu erlauben scheinen. Hodgson's Schilderung belehrt uns indes, daß auch hier, wie so oft, die Gegensätze dicht neben einander auftreten. Den Bodos und den Dhimals sind gynaikokratische Familienzustände unbekannt. Mit Achtung behandeln sie die Frauen, aber im Rechte setzen sie dieselben zurück ...

... Während die Garrows gleich den Kocch alles Eigentum den Frauen überlassen, schließen die Bodos und Dhimals das weibliche Geschlecht von jeder Eigentumsfähigkeit aus; während ferner bei den erstem die häusliche Gynaikokratie zu den äußersten Konsequenzen schreitet, ist bei den letztem als schwacher Rest nur eine gewisse Achtung der Frauen zurückgeblieben. Endlich hat der Avunculat eine rechtliche Sanktion nur bei den Garrows aufzuweisen, nicht bei den Bodos und Dhimals, die im Erbrecht nur dem Vater Rechnung tragen und dem Muttertum keinen Einfluß gestatten. Dort ist also das Prinzip der Maternität, hier das der Paternität bis zur Exklusivität durchgeführt. Zur Erklärung dieses Gegensatzes dient ein Gesichtspunkt, welcher für die Geschichte der Familienentwicklung unter den Menschen die höchste Wichtigkeit hat. Nicht die Erkenntnis des geistigen Gehalts der Paternität ist es, welche die Bodos und Dhimals zu Vertretern des Vaterrechts macht; was sie zu diesem Resultate hinführt, liegt vielmehr in dem Eigentumserwerb an der Person des Weibes durch das Mittel des Kaufs. Das Eigentum ist es, das dem Manne mit dem Boden auch die Früchte zuweist, die Geburten des Mutterschoßes dem Rechte des Mannes unterwirft und so den Grundsatz, das Weib könne gleich der Erde nur Gegenstand, nie Inhaber des Eigentums sein, schließlich zur Geltung bringt. Die Bodos und Dhimals vergegenwärtigen eine Kulturstufe, welche die Paternität als selbständige Idee noch nicht zu fassen vermag, sondern sie noch unter dem Gewande des Eigentums verbirgt. Es ist die Zeit, in welcher das, was wir Familienrecht nennen, einen untergeordneten Bestandteil des Sachenrechts bildet; eine Periode, welche dem reinen Naturrechte der gebärenden Mütterlichkeit die positiv civilen Gedanken des erworbenen Eigentums gegenüberstellt. Bei den Bodos und Dhimals, bemerkt Hodgson, verbindet kein Pietätsverhältnis Vater und Sohn noch überhaupt die Blutsgenossen, weshalb bei ihnen weder Geschlechter noch Clane sich abgesondert haben. Welcher Ursache könnten wir diesen Charakterzug zur Last legen, wenn nicht der Herrschaft des siegreich durchgeführten Eigentumsrechts? Die großen Fortschritte, welche der Frauenkauf durch Beschränkung der anfänglichen Stammespromiscuität und Begründung eines Einzelrechtes an dem Weibe der Reinigung des Geschlechtsverhältnisses, mithin der Gesittung des menschlichen Geschlechts gebracht hat, dürfen nicht verkannt werden; ebenso beachtenswert ist aber anderseits der Preis, mit dem dieser Fortschritt bezahlt werden mußte: Die Innigkeit des Verwandtschaftsgefühls, diese Blüte des Maternitätsprinzips, ging damit dem Volke verloren. Von der Vertraulichkeit zwischen Oheim und Schwestersohn entdeckte Hodgson keine Spur. Kein Zufall ist es daher, wenn Hodgson eine besondere Bedeutung des Avunculats nirgends hervorhebt, sondern gänzlich davon schweigt. Jede Stufe des menschlichen Daseins hat Lichtseiten, welche die folgende höhere Gesittung wieder verdunkelt.

Die Stämme Oceaniens

Nach der Betrachtung des Hawaischen Verwandtschaftssystems tritt die Frage, wie wir die Auszeichnung des Schwestersohn- und Mutterbruder-Verhältnisses damit zu verbinden haben, aufs neue und dringender an uns heran. Zwei Tatsachen, beide gleich sicher, liegen vor: die eine jenes System, das Oheime und Neffen gar nicht kennt, mithin solche von Mutter- und von Vaterseite nicht unterscheidet; die andere, welche das genannte Blutband individualisiert, die Mutterseite allein beachtet und mit dieser das unbeschränkte Neffenrecht des Vasu gegen den Oheim verbindet. Jeder Versuch, diesen Gegensatz zu lösen und den Widerspruch wegzuschaffen, ist ein fruchtloses Bemühen. Die Forschung hat ihn anzuerkennen und seiner Entstehung wie seiner Bedeutung für die Entwicklungsgeschichte der menschlichen Familie nachzugehn. Mir bietet er die erwünschte Gelegenheit, über das Wesen der Schwestersohnsverwandtschaft und ihr Verhältnis zu den Ausgangszuständen der menschlichen Gesittung neues Licht zu verbreiten. Als ich das Gesetz der Maternität zuerst behandelte, lag ein generelles, eine ganze Frauenklasse umfassendes Muttertum außer meinem Gedankenkreise. Eine andere als eine persönliche individuelle Maternität schien mir Unmöglichkeit und mit dem Gesetze der Natur unvereinbar. Darüber zwar waltete nie ein Zweifel, daß ein Zustand tierischer Promiscuität der Entwicklung der menschlichen Gesittung zum Ausgangspunkte diene und daß nur unter Voraussetzung dieses dunklen Hintergrundes das Verhältnis der Mutter zu den Geburten ihres Schoßes und dieser unter einander in seiner ganzen Bedeutung hervortrete; aber von einer Periode, welche den mütterlichen Zusammenhang mit den Kindern durch Annahme einer Pluralität von Müttern abgeschwächt und seines Inhalts entkleidet, fehlte mir jede Ahnung. Erst das Hawaische Verwandtschaftssystem brachte die Gewißheit, daß der Anerkennung des individuellen Muttertums eine noch ältere Betrachtungsweise vorausgegangen sei, der gegenüber jene erstere schon als ein großer Schritt der Vervollkommnung betrachtet werden müsse. Das Klassenmuttertum, das wir in dem genannten System finden, ist ja im Grunde ebenso sehr Negation des Muttertums als das Klassenvatertum eine solche der Paternität; viele Väter sind kein Vater, viele Mütter keine Mutter. Als diese Verwandtschaftsbetrachtung durch Morgans Werke bekannt wurde, rief die Unfähigkeit, sich in die Wahrheit solcher Zustände hineinzudenken, manche Zweifel hervor. Der Schotte McLennan sprach der Verwandtschaftsterminologie jede Berechtigung, als Ausdruck der Lebensverhältnisse zu gelten, ab. Tylor zeigte dasselbe Widerstreben, bis ihn die Kenntnis der Punalua- oder Gruppenehe zu besserer Einsicht führte. Seitdem diese Art der Geschlechterverbindung als eine geschichtliche Tatsache feststeht, ist an der Übereinstimmung des Hawaischen Verwandtschaftssystems mit der Wahrheit der Lebenszustände nicht länger zu zweifeln. Es gibt in der Entwicklung der Menschheit eine Periode, in welcher der Gedanke der Stammeseinheit so völlig jeden andern zurückdrängte, daß ein individuelles Verwandtschaftsverhältnis selbst zwischen der Mutter und den Geburten ihres Leibes nicht zur Geltung gelangte, ja dieser Zeitraum muß Jahrhunderte umfassen, weil ohne solch lange Dauer die tiefen Wurzeln unerklärlich blieben, welche die vereinzelte Fortdauer der Punalua-Ehe und die Aufrechterhaltung des ursprünglichen Verwandtschaftssystems bis in unsere Zeit notwendig voraussetzt. An diese Lebensstufe müssen wir anknüpfen, soll die Stellung des Mutterrechts im Gange der Gesellschaftsentwicklung richtig aufgefaßt werden.

Der Fortschritt von dem Prinzip der Klasseneinteilung zu dem der individuellen Verwandtschaft konnte nur an die weibliche Seite des Stammesvereins sich anknüpfen. Hier schafft die Natur selbst die Grundlage eines persönlichen Zusammenhangs, welcher auf der Seite der männlichen Stammesmitglieder nicht wahrnehmbar vorliegt. Aus der Mehrzahl der Frauen, welche den Mutternamen tragen, tritt eine hervor, welche mit der Klassenverwandtschaft sich nicht begnügt, sondern neben derselben die ausschließlichen Ansprüche des gebärenden Leibes auf seine Früchte geltend macht. Dieser Gruppe persönlich aufs engste geeinter Wesen vermag der Mann keine ähnliche an die Seite zu stellen. Für ihn bleibt die Klassenverwandtschaft auch dann noch die einzige, seinen Naturgefühlen völlig entsprechende und genügende, wenn in des Weibes Seele die Macht des persönlichen Blutbandes längst zur Herrschaft gelangt ist. In der Gruppenehe der Todas sind alle Männer aller Kinder Väter, die Frauen nur jener Kinder Mütter, die sie aus sich geboren. So führt das Muttertum zu dem ersten aller individualisierten Verwandtschaftsverhältnisse. Folgerichtig bleibt es der Ausgangspunkt für die Bildung aller weitern Spezialisierungen. Dahin gehört zunächst die Uterinität, welche dem Klassengeschwistertum das individuelle der demselben Mutterleibe entsprossenen Brüder und Schwestern an die Seite stellt; dahin ferner das Oheim- und Neffenverhältnis, welches die Brüder der Mutter aus der großen Klasse der Väter, der sie angehören, hervorhebt und mit der Gruppe von Mutter und Kind zu einem besondern Vereine verbindet. Auf demselben Wege und in denselben Schranken bildet sich die Idee eines individuellen Großeltern- und Enkelverbandes: eines Verhältnisses, das sich notwendig auf die mütterliche Abstammung und ebenso notwendig auf die Mutter der Mutter beschränkte. Diesen zur Individualisierung gelangten Mutterverwandtschaften fügt die männliche Seite keine entsprechende hinzu. Auf dieser bleibt alles Klassenverwandtschaft. Es gibt nur eine Mehrheit von Vätern, keinen persönlichen Vater; zu dem Kinde steht allein der Mutterbruder in inniger individueller Beziehung. Daher fehlen auch väterliche Oheime, sie sind nicht *patres*, nicht *patrui*; ebenso väterliche Großmütter und mütterliche Großväter persönlicher Geltung. In allen diesen Verhältnissen hat die Idee der ununterschiedenen Pluralität ihr ausschließliches Recht bewahrt. Sie bleibt also überhaupt die vorwiegende, und durch sie das Stammessystem mit seiner Klasseneinteilung auch nach Ausbildung der Spezialverwandtschaften von mütterlicher Seite das herrschende, dem Volke in seiner Gesamtheit allein geläufige. Auf diese Weise gelangen wir zu einer befriedigenden Lösung des scheinbaren Widerspruchs zwischen der generellen Verwandtschaftsterminologie und den Einzelbenennungen der individualisierten Blutbande. In dem Stammesrechte gilt der Schwestersohn als Sohn aller Mutterbrüder, überhaupt aller Männer derselben Klasse mit den Mutterbrüdern, der Oheim als einer der vielen Väter; unter sich aber bezeichnen beide ihr persönliches Liebesverhältnis mit dem Ausdruck *vasu*, der in dem Stammesrecht keine Aufnahme findet, stets von demselben ausgeschlossen bleibt und seinem Ursprunge gemäß zuletzt zur Bezeichnung eines politischen Machtverhältnisses sich umgestaltet.

So lange die Gruppenehe sich erhielt, konnte die Individualisierung einzelner besonderer Verwandtschaftsverhältnisse kaum weitere Fortschritte machen. Auch denjenigen Formen der Geschlechterverbindung, die sich an jene zunächst anschließt, der polyfratrischen Ehe mit Einer Frau, fehlt es an den nötigen Vorbedingungen zur Erzeugung wesentlich neuer Gestaltungen. Die Pluralität der Väter bleibt dieselbe wie bei der Gruppenehe, so daß die Bedeutung einer persönlichen Paternität nicht zum Bewußtsein kommt. Dennoch machen sich die Anfänge der Individualisierung des Vatertums schon hier bemerklich. Die Kinder werden auf die einzelnen Brüder als deren präsumptive Erzeuger so verteilt, daß sie neben dem generellen Vatertum der ganzen Gruppe auch noch in das besondere Sohnesverhältnis zu einem einzelnen unter ihnen treten. Die Grundsätze, nach welchen die Zuteilung erfolgt, sind bei verschiedenen Völkern verschieden. Der ursprüngliche, nächstliegende scheint mir jener zu sein, welcher es der Mutter überläßt, bei jeder Geburt den einzelnen Vater zu bezeichnen. Dieses Verfahren ist darum besonders beachtenswert, weil es die Einführung der persönlichen Paternität als eine Tat des Muttertums hinstellt und so die Übertragung spezialisierter Verwandtschaften von der gebärenden Naturseite auf die erzeugende von dem Weibe ausgehn läßt. Früher als in dem Manne erwacht in der Mutter die Sehnsucht, dem generellen Kindesverhältnis ihrer Geburten ein spezielles zu substituieren und mit der Ausschließlichkeit der Maternität auch eine solche der Paternität zu verbinden. Die Übertragung der mütterlichen Verwandtschaften auf die Vaterseite ist von dem Weibe ausgegangen, die Übertragung selbst Nachahmung. Die Couvade, von welcher auch Polynesien einen Rest bietet, zeigt uns die Paternität im Gewande des Muttertums. Auf der gebärenden Seite hat sich die Oheimverwandtschaft gebildet; auf die erzeugende ist sie als ein völlig entwickelter Begriff übergegangen. Älter als das Verhältnis von Vater und Vaterschwester ist das von Mutter und Mutterbruder, letztere das primäre, ersteres die Nachahmung und deshalb an Inhalt und Bedeutung für das Leben jenem untergeordnet. Neffe endlich ist nur des Bruders Schwestersohn, nicht der Brudersohn, der nur nach Analogie in den Besitz desselben Namens gelangt. Der reine Fiktionscharakter der Paternität gegenüber der Naturgewißheit der Maternität trägt hauptsächlich Schuld daran, daß die Verwandtschaften von Vaters Seite nur sehr langsam zur Anerkennung, und niemals zu dem Ansehn und der Geltung derer von Mutterseite gelangten.

Als die eheliche Verbindung eines Mannes mit einer Frau oder mit einer Mehrzahl von Frauen bei den polynesischen Völkern zur Regel wurde und das Sohnesverhältnis zu einer zahlreichen Väterklasse vor dem individuellen zu einem bestimmten einzelnen Erzeuger in den Hintergrund trat, vermochte die Paternität dennoch niemals die Naturberechtigung der Maternität ihres alten Ansehns zu berauben. Die Bestimmung von Rang und Stand, von Stammeszugehörigkeit und Heimat blieb zu allen Zeiten von dem Muttertum abhängig, die Thronfolge des Sohnes mehr von dem Mutterrange als von der Erstgeburt bedingt, die Schwestersohnsnachfolge nie prinzipiell überwunden, die freie Anerkennung der Paternität von Seite des Volkes ebenso wenig erreicht als jene Achtung des Ehebandes, welche der Fiktion des Verhältnisses allein eine gewisse Berechtigung zu verleihen vermag, die Idee der Paternität überhaupt nie in ihrer Reinheit, sondern nur als Folge des durch Kauf, Raub oder entsprechende Erwerbsarten begründeten Eigentums an der Mutter aufgefaßt. Noch weniger als die mütterlichen Verwandtschaften waren diese väterlichen dazu angetan, das hergebrachte Consanguinitätssystem zum Falle zu bringen. Die Klassenverwandtschaft blieb die Grundlage des Stammeslebens auch nach dem Untergang der Gruppenverbindung als regelmäßiger Eheform. Zu einer Aufnahme individueller Verwandtschaften in den Rahmen des alten Klassenschemas wurde nie geschritten. Auch von einer Scheidung der Mütter, Väter, Brüder, Schwestern in solche, die es wirklich sind, und in solche, die nur infolge eines angenommenen Stiefverhältnisses dafür angesehen werden, finde ich keine Spur. Der Mutter Schwestern heißen Mütter, nicht Stiefmütter, des Vaters Brüder Väter, nicht Stiefväter; die Kinder von Brüdern, von Schwestern, von Brüdern und Schwestern Geschwister, nicht Stiefbrüder noch Stiefschwestern. Gewiß haben im engem Familienkreise diese Verschiedenheiten ihre volle Würdigung gefunden: im Stammessysteme erhielten sie keinen Ausdruck, die Unität des Volksganzen mit den wenigen primären Abteilungen behielt stets die Herrschaft.

So mächtig ist dieser Einheitsgedanke, daß selbst das Vasuverhältnis, obgleich seinem Ursprunge nach ganz individueller Natur, demselben dennoch sich nicht entzieht. Wir wissen, daß das mit ihm verbundene Recht nicht nur gegen das Eigentum des oder der mehrern leiblichen Mutterbrüder, vielmehr gegen alle Mitglieder des Mutterstammes sich richtet, sie alle daher als gleichartig verwandt, alle als mütterliche Oheime betrachtet. Eine Eingrenzung auf das nächste Bruderverhältnis scheint zwar für Privatpersonen Regel gewesen zu sein, in der Klasse der Häuptlinge dagegen fand sie keine Beachtung. Hier suchte das Volk Hilfe auf einem andern

Wege; es verlangte von der Mutter den Beweis der legitimen Geburt, also der ehelichen Paternität, und erblickte die Leistung desselben ausschließlich in der Selbstaufopferung des Weibes beim Tode seines Gatten. Zwei Stufen der Entwicklung des Geschlechtsverhältnisses treten hier in Verbindung: das älteste, das keinen Vater und keinen Sohn kennt, sondern den Mutterbruder und Schwestersohn aus dem großen Kreise der Blutsverwandten zu persönlicher Geltung erhebt; daneben die jüngste, welche die individuelle Paternität zum Prinzip der Familie macht, nur die Ehe als Grundlage derselben anerkennt und für diese eine Ausschließlichkeit verlangt, die mit der Fiktion des Vatertums dessen materielle Gewißheit zu verbinden sich eignet.

Gegensätze so schroffer Natur in einer und derselben Institution friedlich geeint gehören zu den charakteristischen Erscheinungen im Leben der Südsee-Insulaner. Dicht nebeneinander liegen hier die unvereinbarsten Widersprüche. Strenge Stammesgliederung und ausgebildete Staatsformen schließen die Ungebundenheit der Areoi so wenig aus als die der Vasuberechtigten. Verfeinerte Sitten und die komplizierteste Etikette bestehen neben dem wildesten Kannibalismus und einem Systeme des Kindermordes, das die menschliche Natur nicht zu ertragen scheint. Dasselbe Weib, welches kraft seines Geschlechts, insbesondere aber als Mutter eine hervorragende Stellung einnimmt, bestimmend auf alle Verhältnisse des Stammeslebens einwirkt und selbst von dem Throne nicht ausgeschlossen ist, dasselbe erträgt gelassen die Tyrannei des Tabu und eine Degradation, welche einen hohen Grad organischer Betäubung voraussetzt. Das Rätsel eines solchen Daseins wird kein Europäer zu lösen vermögen. Aber die Tatsachen, die es unserer Betrachtung vorlegt, bieten der Forschung ein um so höheres Interesse, je fremdartiger sie unseren Lebensformen und unserer Gedankenwelt gegenüberstehn.

Register mit Glossar

Acca Larentia (Hetäre, urspr. röm. Göttin) 173, 271

Acheron (Fluss im Hades, bezeichnet auch die Unterwelt selbst) 28, 60, 68

Achill (griech. Held, starb im Krieg gegen Troja) 13, 46, 48f., 59, 73, 75, 154, 162, 167, 217, 221, 291

Ädilen (röm. Beamte, zuständig für öffentliche Gebäude, Sitten und Gesundheit) 242

Äneas (trojan. Held, gelangte nach Flucht aus Troja nach Italien [Latium] und galt als Ahnherr des röm.Volkes) 285–287, 289, 292f.

Aërolith (Meteorstein, in dem man die Göttermutter Kybele anwesend glaubte; 204 v.Chr. aus Pessinus in Galatien nach Rom überführt) 292

Aias der Lokrer (raubte beim Fall Trojas die Seherin Kassandra vom Altar der Athene und riss dabei das Bild der Göttin zu Boden) 103

Aigineten (Bewohner der Attika südwestl. vorgelagerten Insel Aigina) 206–209, 211, 228

Aischylos (griech. Dichter, 525–456 v.Chr.) 13, 136, 182, 198, 202, 204, 215, 229, 242

Akanthos (Stadt in Ägypten) 63, 69, 72

Alba Longa (latinische Stadt, nahe Rom, ca. 600 v.Chr. von den Römern zerstört) 46, 289f.

Alkmaion (Sohn des Amphiaraos und der Eriphyle. Siegreicher Führer des Zuges der Epigonen gegen Theben. Ermordete seine Mutter, um den Tod des Vaters durch ihren Verrat zu rächen) 136

Amazonen (sagenhaftes Volk von kriegerischen, männerfeindlichen Frauen in Kleinasien; Amazonenköniginnen: Penthesilea, Hippolyte, Antiope) LX, 122f., 128–131, 133f., 137, 152–154, 162–164, 177, 189, 192f., 202, 216, 218–222, 247, 250, 257, 271, 280f., 284

Ammonion (Orakelstätte des Zeus Ammon in der ägypt. Oase Siwa) 247

Amor (latein. Name für Eros, den Liebesgott) LVIII, LXIV, 49, 164

Amphion (Sohn der Amazone Antiope und des Zeus) 46

Anna Perenna (röm. Göttin des Neujahrsfestes, zuweilen mit Anna von Bovillae gleichgesetzt) 276, 297

Anna von Bovillae (vermutlich eine Frühlingsgöttin der Stadt Bovillae in Latium. Sie wurde bald als schönes Mädchen, bald als altes Mütterchen gedacht. Als Mütterchen soll sie beim Auszug der Plebs auf dem heiligen Berg Brote verteilt haben. Zuweilen erscheint sie mit Anna Perenna identisch) 282, 297

Aphrodite (griech. Liebesgöttin oriental. Herkunft; von den Römern mit Venus identifiziert. Besonders auf Cypern verehrt) XXXIV, LXI, 31f., 40, 48–51, 65, 67, 121, 125f., 171f., 215f., 228, 236–239, 241, 257, 261, 274f., 292, 294

Apollodor (griech. Mythologe, ca. 180–109 v. Chr.) 162, 215

Apollon (griech. Heil-, Sonnen-, Lichtgott, hat verschiedene Wesensmerkmale, die sich im Laufe der Zeit verschoben; Herkunft umstritten, Zentrum der Verehrung Delphi) XXXIV, LXI, 31, 46, 75, 136, 142–146, 161, 163, 188f., 198–201, 223, 229f., 250

Apollonios (ca. 295–215 v. Chr.; genannt der Rhodier, griech. Epiker) 28f., 156, 194f., 219

Arachne (lydische Weberin; forderte Athene zum Kunstwebwettkampf heraus. Stellte auf ihrem Gewebe Liebesabenteuer der Götter dar und wurde von Athene in eine Spinne verwandelt) 65

Argiver (Bewohner von Argolis im östl. Peloponnes; hier gleichbedeutend mit Epidauriern) 203, 207–211

Argonauten (die nach ihrem Schiff, Argo, benannten 50 Helden, die Jason sammelte, um das goldene Vlies zu gewinnen. Auf ihren Fahrten erlebten sie zahlreiche Abenteuer) 192, 215f., 219f.

Ariadne (Tochter des Königs Minos von Kreta, Frau des Dionysos; rettet Theseus, nachdem dieser den Minotaurus getötet hat, durch einen Faden aus den Gängen des Labyrinths) 65, 222

Arimanius (Ahriman, im Awesta das böse Prinzip) 238

Aristophanes (griech. Komödienschriftsteller, 455–375 v. Chr.) 126, 198

Aristoteles (griech. Philosoph, 384–322 v. Chr.) XXXf., XLI, 17, 77, 99, 174f., 183, 190, 213, 234

Arkadien (Landschaft im Zentrum des Peloponnes) 82, 108, 139

Artemis (jungfräuliche Jagdgöttin der Griechen, Herrin der Tiere; Tochter des Zeus und der Leto, Schwester des Apollon) 164, 174

Astika (unterstützte Janamejaya im Kampf gegen das Schlangenvolk) 328, 340

Register mit Glossar 361

Atalante (in Böotien Tochter des Schoineus. War vom Vater, der sich einen Sohn wünschte, ausgesetzt, aber von einer Bärin ernährt worden. Verlangte von ihren Freiern, sie im Wettlauf zu besiegen, und tötete die Unterliegenden. Meilanion bzw. Hippomenes bezwang sie durch drei goldene Äpfel, die er auf Aphrodites Rat auf die Rennbahn warf) 118, 225f., 239

Athene (jungfräuliche kriegerische Göttin, Schutzgöttin der Städte im bes. Athens, dort Pallas genannt; dem Haupt des Zeus entsprungen; bei den Römern Minerva) 67, 88, 136f., 154f., 181, 188, 197f., 200f., 203, 206, 223

Augilen (Stamm in Libyen, westl. der Oase Siwa) 170f., 173, 179

Augurium (Ergebnis einer Götterbefragung durch den Vogelflug) 299

Auxesia und Damia (kretische Geburts- und Fruchtbarkeitsgöttinnen) 206, 208f., 211f.

Avunculat (Vorherrschaft des Onkels mütterlicherseits in der Familie) 336f., 343, 349f.

Bacchus (anderer Name für Dionysos, siehe dort)

Bellerophon (Sohn des Glaukos oder Poseidon und der Eurymeda; Enkel des Sisyphos; wurde in Korinth und Lykien kultisch verehrt und bald als Gottheit des Himmels, bald des Poseidon-Bereiches gedeutet; überwand die Amazonen) 99, 130, 151–164, 180f., 189, 202

Belos (auch Baal, semitischer Wettergott) 272f., 279, 283, 297

Bhutala Pandi (als er der zürnenden Gottheit sein Kind opfern wollte, bot ihm seine Schwester das ihre) 338

Blackstone, William (1723–80; verfasste *Commentaries on the Law of England*) 6

Blume, Friedrich (1797–1874; Jurist, der die Vorgeschichte von Justinians *Pandekten* analysiert hat) 10

Bona Dea (röm. Göttin der weiblichen Fruchtbarkeit; wurde in einer nächtlichen Feier Anfang Dezember von den Matronen der vornehmen Kreise im Hause eines Konsuls oder Prätoren gefeiert) 205, 242

Brahmanen (Bezeichnung der indischen Priesterkaste) 313–323, 327, 340, 343

Çakya (Śākya; nichtarischer Stamm, aus welchem Buddha Gautama stammte) 338

Cerberus (hütet als dreiköpfiger Höllenhund den Eingang zum Hades; lässt jeden herein, aber niemanden wieder hinaus) 56, 59f.

Ceres (röm. Göttin des Ackerbaus, v.a. des Getreides, der Ernte; Hüterin der sozialen Ordnung; mit der griech. Göttin Demeter gleichgesetzt) 34, 39, 68, 239–242, 244–246

Charon (greiser Fährmann in der Unterwelt) 60

Cheruman Perimal (742–826; König von Kerala, der zum Islam übertrat) 315–317, 321–323, 325, 347

Chiron (Kentaur, halb Mensch, halb Pferd; Seher, Erzieher und Beschützer vieler Helden, so z.B. von Peleus, Achill, Herakles) 59, 73

Chrysippos (Sohn des Pelops; von Laios geraubt und verführt, tötet sich daraufhin selbst. Nach anderer Version auf Anstiften von Pelops' Frau Hippodameia von seinen Stiefbrüdern getötet) 228, 256

Consus (röm. Agrargott, Schutzgott des Getreides; mit Neptun oder Poseidon identifiziert) 39f.

Çudra (Sûdra; unterste der Hindu-Kasten) 315, 317, 320f.

Cujacius (Jacques Cujas oder Cujaus, 1522–90; frz. Rechtslehrer, verfasste eine eingehende Auslegung des röm. Rechts) 3, 165f.

Daidalos (stammte aus Athen und floh nach der Ermordung seines Neffen nach Kreta. Erbaute dort das Labyrinth und konstruierte für sich und seinen Sohn Ikaros Flügel aus Federn und Wachs, um vor Minos zu fliehen) 157, 334

Damia siehe Auxesia

Danaiden (die 50 Töchter des Königs Danaos, die auf Geheiß ihres Vaters in der Brautnacht ihre Männer, die Söhne von Danaos' Bruder, die sie zur Ehe gezwungen hatten, umbrachten. Als Strafe mussten sie in der Unterwelt ewig vergeblich ein Fass mit Wasser füllen, dessen Boden durchlöchert war) 56, 58, 60, 72f., 129, 157, 163

Delilah (in der bibl. Überlieferung eine Kurtisane der Philister. Sie beraubte Samson seiner übernatürlichen Kraft, indem sie ihm die Haare abschnitt) 286

Demaratos (510–491 v.Chr. König von Sparta; wurde vom delphischen Orakel für illegitim erklärt, floh nach Persien und zog 480 v.Chr. mit Xerxes gegen Griechenland) 278f.

Demeter (griech. Göttin der Fruchtbarkeit, des Ackerbaus, der sozialen Ordnung. Ihre und Zeus' Tochter Kore/Persephone wird von Hades, dem Beherrscher der Unterwelt, mit Zeus' heimlicher Erlaubnis geraubt und zu dessen Gattin gemacht. Demeter sucht ihre Tochter auf der ganzen Welt vergeblich. Sie zieht sich vom Olymp zurück und lässt allen Wachstum stillstehen, bis sich

Zeus entschließt, Kore wieder der Oberwelt zurückzugeben. Nach einem Vertrag lebt Kore nun zwei Drittel des Jahres auf der Oberwelt, ein Drittel im Hadesreich) 27, 65, 94, 103–106, 125, 174, 212, 228f., 239–241, 244–246, 250

Diana (röm. Göttin, Beschützerin der Frauen, für die Geburt und die Gesundheit der Kinder angerufen; früh mit Artemis gleichgesetzt; die Gründung ihres Heiligtums in Rom auf dem Aventin wurde Servius Tullius zugeschrieben) 244

Dido (Königin von Karthago; hielt Aeneas, den sie liebte, eine Zeitlang bei sich. Als dieser auf Befehl Jupiters floh, nahm sie sich das Leben) 245, 285–287

Diodorus Siculus (sizilian. Schriftsteller des 1 Jh. v. Chr., verfasste eine Weltgeschichte, die teilweise erhalten ist) 63, 81, 169f., 224, 251

Diomedes (König von Argos, erkannte bei Homer, dass man den Göttern nicht widerstehen darf) 157–160

Dionysos (lat. Bacchus, Gott des Weinbaus, der Besessenheit und der Fruchtbarkeit; Sohn des Zeus und der Semele; durch den Blitzschlag, der Semele traf, vergöttlicht, von Zeus aus der Asche der Mutter gerettet und in seiner Lende ausgetragen; daher auch Bimetor, ›der Zweimuttrige‹, genannt. Als Bacchus machte er der amazonischen Enthaltsamkeit ein Ende. In Dionysos sind die niederen und höheren Stufen der stofflichen Zeugungskraft zur Einheit verbunden; er ist der große Phallus, der männlich zeugende Naturgott, dem jedes Geschöpf sein Wachstum verdankt) 30–32, 46, 122–125, 142, 144f., 154, 162, 169, 188, 221f., 293

Dioskuren (die Zwillinge Kastor und Polydeukes [Pollux] zusammen auch Kastoren genannt; Söhne des Zeus und der Leda; leben als Verstorbene fort, indem sie einen um den anderen Tag im Himmel bzw. Hades verbringen) 28, 36, 167, 209, 235

Diotima (Priesterin aus Mantineia in Arkadien; Platon lässt sie mit Sokrates über die Liebe philosophieren) 108f., 261f.

Draupadi (Heldin des indischen Mahabharata, die mit fünf Brüdern zugleich verheiratet war) 332

Eileithyia (Tochter von Zeus und Hera, vorgriech. Geburtsgöttin) 65, 141

Eleusis (Stadt in Attika, berühmt durch das Mysterienheiligtum von Demeter und Persephone) 119, 138, 245f.

Elis (Landschaft im nordwestl. Peloponnes, in der Olympia liegt) 28, 36, 41, 127, 132, 139

Endymion (Liebling der Mondgöttin Selene, die ihn in seinem ewigen Schlaf besucht und 50 Töchter von ihm hat) 259

Epidauros (Stadt in Argolis/Peloponnes) 206f., 212

Erinnyen (griech. Rachegöttinnen, die ohne Mitleid gegen jeden ungesühnten Frevel, besonders bei Verwandtenmord, einschreiten. Treiben den Muttermörder Orest zum Wahnsinn. Treten gelegentlich in der Dreizahl auf und werden euphemistisch auch Eumeniden, ›die Wohlgesinnten‹, genannt) 66, 75, 136f., 198–201, 203–206, 229–231, 234, 340

Eriphyle (Gemahlin des Amphiaraos; bestochen durch das Halsband der Harmonia, zwang sie ihren Gatten zur Teilnahme am Zug gegen Theben, in dem er getötet wurde) 66

Eros (latein. Cupido oder Amor, griech. Liebesgott, Sohn und Begleiter der Aphrodite, Liebhaber der Psyche) 40, 48–52, 240, 256–261

Eteokleische Macht (Eteokles bedeutet ›Echtgenannt‹, d.h. aus einer Ehe mit einem namentlich bekannten Vater entsprossen) 227

Eteokles und Polyneikes (die Söhne des Ödipus und der Iokaste; im Streit um die Herrschaft Thebens töteten sie sich gegenseitig) 28, 223, 227, 234

Etrurien (nach den Etruskern/Tuskern benannte Landschaft im westl. Mittelitalien, heute Toskana) 12, 264f., 271

Euripides (griech. Tragiker, ca. 480–407 v.Chr.) 136, 142, 250

Eustathios (im 12. Jh. n.Chr. Erzbischof von Thessalonike [Saloniki]; verfasste einen Kommentar zu Homer) 83, 85, 103

Flamines (15 röm. Priester, die dem Dienst einzelner Gottheiten zugeteilt waren. Ihre Frauen Flaminicae halfen ihnen bei ihrem Amt) 283–286, 288, 301

Flora (mittelital. Göttin der Pflanzenblüte; ihr jährliches Fest, die Floralia, Ende April trug laszive Züge) 271, 276, 282

Fortuna (altröm. Göttin des guten Schicksals; besaß in Latium zwei berühmte Kultstätten: Antium und Praeneste. Ihr Kult wurde angeblich von Servius Tuliius eingeführt; als Fortuna Muliebris eigens als Beschützerin der Frauen verehrt; wurde mit der griech. Tyche gleichgesetzt) 44, 276, 300f.

Ge (auch Gaia, griech. die Erde, nach dem Chaos von selbst entstanden; Spenderin und Trägerin von Leben und Vegetation; Mutter und Gattin des Uranos, durch ihn Mutter der Titanen) 153

Glaukos (1. Sohn des Hippolochos; Führer der Lykier vor Troja; über seinen Großvater Bellerophon Gastfreund des Diomedes, mit dem er nicht kämpfte, sondern die Waffen tauschte. 2. Meergott) 158–160, 183

Gorgo (kretische Frau, die zu Stein verwandelt wurde, als sie ihren Liebhaber Asandros abwies) 210

Gorgonen (drei Schwestern, grässliche Ungeheuer bei deren Anblick jedes Lebewesen zu Stein erstarrt; Medusa, die sterbliche von ihnen, wurde von Perseus, der dabei in den Spiegel schaute, enthauptet. Aus ihrem Rumpf sprang das Flügelross Pegasos hervor) 130, 217

Hades (röm. Pluto, Name des griech. Gottes der Totenwelt sowie Bezeichnung für die Unterwelt selbst) 56, 60f., 72f., 75f., 201, 235

Harmonia (Gattin von Kadmos, dem Gründer Thebens; erhielt zur Hochzeit einen Peplos [Obergewand] und ein Halsband als prächtiges Geschenk. Letzteres war von Athene und Hephaistos vergiftet und brachte allen künftigen Besitzern Verderben) 228, 242

Helena (Tochter von Zeus und Leda; Paris entführte sie ihrem Gemahl Menelaos, König von Sparta, und löste so den Trojanischen Krieg aus. Nach anderer Version wurde sie später Frau des Achill und lebte mit ihm im Hades) 48f., 66, 167, 172, 221, 228

Heliogabal (218–222 v. Ch. röm. Kaiser syrischer Herkunft) 294

Hemithea (Tochter des Kyknos, wurde von der Erde verschlungen, als sie vor Achill floh) 221

Hephaistos (griech. Gott des Feuers und der Schmiedekunst; fing seine ihn betrügende Gattin Aphrodite mit Ares in einem Netz und setzte sie dem Gespött der Götter aus) 65, 218

Hera (röm. Juno, Gattin und Schwester des Zeus; als Göttin der Ehe verehrt) 121, 173, 181, 201, 210

Herakleides Pontikos (ca. 390–310 v. Chr.; griech. Philosoph und Schriftsteller, seine Werke sind bruchstückhaft erhalten) XXVIX, 151, 194

Herakles (Heros der Griechen, Sohn des Zeus und der Alkmene; berühmt vor allem wegen seiner 12 gewaltigen Taten; u.a. errang er im Kampf gegen die Amazonen den Gürtel ihrer Königin Hippolyte. Weitere Abenteuer, z.B. sein Dienst bei der lydischen Königin Omphale. Nach seinem Tod vergöttlicht; röm. Herkules) 66, 73, 137, 154, 157, 161, 189, 220, 268, 270–274, 279, 281, 283f., 286f., 297

Hermes (griech. Gott, hat zahlreiche Wesenszüge und Funktionen, so ist er Götterbote und Seelengeleiter, der Verstorbene in die Unterwelt begleitet) 28, 222

Herodot (ca. 480–425 v. Chr.; griech. Historiker, in seine Darstellung des Kampfes zwischen Europa und Asien hat er auch ältere Beschreibungen asiat. Völker aufgenommen) XI, XXX, XXXIII, XXXIX, XLIII, 80, 83, 106, 150f., 169f., 175, 182, 191, 196, 206–208, 210, 278, 291

Hesiod (8. Jh v. Chr.; griech. Dichter) 96, 99

Hippodamia siehe Pelop

Horta (eine zum Guten ermahnende und antreibende röm. Göttin) 173

Horos (ägypt. Gott des Himmels; Sohn von Isis und Osiris) 29, 119, 222f.

Huschke, Philipp Eduard (1801–86; Professor für röm. Recht in Breslau) 17

Hyginius, Gaius Julius (1. Jh. v. Chr.; röm. Autor) 219, 225, 234

Hypsiphyle (Tochter des Thoas, König von Lemnos; als die Lemnierinnen alle Männer umbrachten, rettete sie ihren Vater. Geliebte des Iason mit dem sie 2 Söhne, Thoas und Euenos [Iasonide], hatte) 215f., 219–221

Iason (Führer der Argonauten, die bei ihren Fahrten auch nach Lemnos kamen. Zeugte hier zwei Söhne mit Hypsiphyle; heiratete später Glauke) 215f., 219f., 226

Iobates (König von Lykien; sollte auf Wunsch von Proitos, König von Argos, den Bellerophon töten, doch er erkannte die göttliche Abkunft des Bellerophon und machte ihn zu seinem Schwiegersohn) 152, 155, 157

Iokaste (Gattin des Laios; Mutter und Gemahlin des Ödipus; tötete sich, als sie in ihrem Gatten den Sohn erkannte) 225–228

Ioxiden (Nachkommen des Theseus-Enkels Ioxos; dessen Mutter Perigune verbarg sich auf der Flucht vor Theseus in Sträuchern und Binsen; sie gelobte, dass im Falle ihrer Rettung ihre Nachkommen diese Pflanzen nicht abschneiden oder verbrennen würden) 118

Isis (ägypt. Göttin; die vergöttlichte Macht des Thrones, der als Mutter des Herrschers galt; Frau und Schwester des Osiris; Mutter des Horus; stellte den Körper des Osiris wieder her, nachdem dieser von seinem Bruder Typhon getötet worden war) XXX, 28f., 69, 71, 90, 106, 145f., 173, 186, 222f., 232, 249f., 286

Ixion (Büßer der Unterwelt, wurde zur Strafe für seinen Frevel an Hera von Zeus an ein feuriges Rad gebunden, das sich immerfort drehte) 56, 72

Janamejaya (indischer Held; da sein Vater Parikshit durch eine Schlange ums Leben kam, veranstaltete er ein großes Schlangenopfer und führte gegen die schlangenverehrenden Nagas Krieg) 313

Register mit Glossar

Janus (alter röm. Gott des Anfangs) 173, 260

Juno siehe Hera

Jupiter (wie der Name von Zeus eine Zusammensetzung der indogerman. Worte für Vater und Himmel; röm. Gott des leuchtenden Himmels) 41, 238

Justinian (527–565 n.Chr. oström. Kaiser; kodifizierte das röm. Recht im *corpus iuris civilis*) 2f., 146

Kalamos (mit seinem Freund Karpos in Liebe verbunden; dieser ertrank beim gemeinsamen Wettschwimmen; daraufhin fluchte Kalamos seinem Vater, dem Flussgott Maiandros; die Freunde wurden in Rohrgewächs und Feldfrucht verwandelt) 118, 239

Kandake (legendäre Königin Indiens) 122, 145, 147, 226, 246–249, 251–253, 293, 295

Karer (Bewohner der Landschaft Karien im Südwesten Kleinasiens) 82, 95, 190, 214, 268

Karneisches Fest (Fest der Spartaner im August/September zu Ehren Apollons; auch im dorischen Griechenland gefeiert) 229

Karna (indischer Held; Sohn von Kunti und dem Sonnengott Surya; ein mit wunderbaren Kräften ausgestatteter Krieger; erzählte im Mahabharata, dass die mutterrechtliche Erbfolge der Bahlika (= Baktrier) durch einen Fluch zustandegekommen sei) 313

Karpos siehe Kalamos

Kekrops (legendärer erster König Attikas; auf ihn wurde die Einsetzung der Monogamie zurückgeführt) 119, 197f.

Kikonische Mütter (Thrakerinnen, die in dionysischer Raserei Orpheus in Stücke rissen) 255

Klearch (3. Jh. v.Chr.; Schüler von Aristoteles und Schriftsteller) 128, 178, 256

Kleite (als die Amazone Kleite vom Tod ihrer Pflegetochter Penthesileia hörte, suchte sie zu Schiff ihre Geliebte. Stürme trieben sie nach Italien, wo sie die Stadt Kleite gründete. Diese soll sich viele Jahre gehalten haben, bis sie schließlich von den Krotonen zerstört worden sein soll) 133

Klytaimnestra (Gattin des Agamemnon, Geliebte seines Cousins Aigisthos; tötete ihren Gatten, als dieser vom Trojanischen Kriege zurückkehrte; beider Sohn Orest rächte auf Apollons Befehl an ihr den Mord des Vaters) 129, 198f., 201, 215, 219, 231

Kore siehe Demeter

Kronos (Titan, der auf Anstiften seiner Mutter Gaia seinen Vater Uranos kastrierte und später von seinem Sohn Zeus überwältigt wurde; in Rom mit Saturn identifiziert) 65, 204

Kshatriya (Bezeichnung der indischen Kriegerkaste) 314, 320–322, 339

Kybele (kleinasiat. Naturgottheit, die ›Große Mutter‹ alles Erdenlebens; mit der in Kreta beheimateten Göttermutter Rheia gleichgesetzt; in Rom ab 204 v. Chr. als Magna Mater verehrt; siehe auch Aerolith) 39, 42, 146

Kylon (athenischer Aristokrat, versuchte 632 v. Chr. vergeblich in Athen die Tyrannis zu errichten) 65

Labdakiden (Nachkommen des Labdakos, Laios' Vater) 224, 227, 231

Laios (König von Theben, Gemahl der Iokaste und Vater des Ödipus, von dem er getötet wurde) 225–230

Lakedaimonier (Bewohner der Landschaft Lakonia im südl. Peloponnes mit Hauptstadt Sparta) 179, 193, 214, 227, 278

Leleger (vorgriech. Bevölkerung, die wahrscheinlich die ganze ionische Küste mit den ihr vorgelagerten Inseln und auch Griechenland selbst bewohnt hat) 82, 167, 214

Lemnos (Insel in der Ägäis, heute Limnos genannt) 128, 192, 215–222

Libera (altital. Fruchtbarkeitsgöttin, stets mit Liber zusammen genannt) 39

Liburner (Küstenvolk am nördl. Adriatischen Meer zwischen Istrien und Dalmatien) 182

Lokrer (mittelgriech. Volk; epizephyrische Lokrer heißen die nach Unteritalien übergesiedelten, ozolische Lokrer die nördl. des Meerbusens von Korinth lebenden Lokrer) 82, 103, 120f., 127, 171, 190, 192, 218, 254

Lubentia (Beiname der Venus als der Göttin der sinnlichen Lust) 173

Luna (Mondgöttin, griech. Selene, mit Lunus verbunden) 49f., 143, 186, 222f., 240

Lunarische Stufe (auf dieser ›lunarischen‹ Stufe wird die Naturkraft nach Bachofen als Mond-Gottheit gedacht und verehrt, als Mischwesen aus der weiblichen und der männlichen Naturkraft. Die lunarische Stufe steht so zwischen der Verehrung der tellurisch-chthonischen Erd-Göttinnen und der uranisch-solarischen Himmels- und Sonnen-Götter. Daher die Rolle der Mondverehrung bei den Amazonen) XXXIV, 39, 49, 52, 222f., 240

Lydien, Lydier (Land und Bevölkerung der Westküste Kleinasiens, das Hinterland des heutigen Izmir) 45, 177f., 268, 270–272, 274

Lykien, Lykier (Land und Bevölkerung der Südwestküste Kleinasiens, östl. von Rhodos, zwischen der Megri Bai und dem Golf von Antalya) XXXf., L, 19, 80f., 84, 92, 99, 105f., 117, 127, 130, 133, 150–196, 198, 202, 215, 217, 341

Lykophron (285-247 v.Chr.; griech. Dichter) 162, 291

Lykurk (mythischer Schöpfer der spartan. Staatsordnung und Gesetzgebung, wie sie uns vom 6. bis 4. Jh. entgegentritt; in Sparta als Sonnengott verehrt) 190, 212f., 256

Malabar (bildete zusammen mit Cochin und Travancore das alte tamilische Königtum von Kerala in Indien) 313–348

Malayalam (dravidische Sprache, die in Malabar gesprochen wurde) 313–315, 317f., 320, 340

Mars (röm. Kriegsgott, dem griech. Ares gleichgesetzt; Gatte und Geliebter der Aphrodite/Venus; neben seinem wesentlich kriegerischen Charakter gibt es noch andere Züge, die auf einen Vegetationsgott hinweisen) 41, 271

Massageten (zentralasiat. Volk aus dem heutigen Turkmenistan) XXXIII, 168f., 179f.

Mastarna (früher etruskischer Herrscher Roms; möglicherweise identisch mit Servius Tullius) 289

Minerva (Schutzgöttin Roms, Schirmherrin der Handwerker, Künstler und Dichter; mit der griech. Athene gleichgesetzt) 197f., 200

Minyer (vorboiotischer, aiolischer Stamm Mittelgriechenlands) 82, 192, 218, 220

Moira (Göttin des Schicksals, die Leben und Tod zuteilt) 65, 201, 203, 205

Molioniden (Molionen; Zwillingsbrüder Eurytos und Kteatos, Söhne des Aktor bzw. des Poseidon und der Molione; aus einem silbernen Ei geboren und entweder zusammengewachsen oder als zwei Kämpfer gedacht. Als Letztere besiegten sie Nestor und überfielen Herakles, der sie in einem Hinterhalt tötete) 28, 36–38, 157, 209

Mühlenbruch, Christian Friedrich (1785–1843; Professor für röm. Recht) 3f.

Murcia (altröm. Göttin der Ermüdung und Trägheit, mit Venus gleichzusetzen) 39f., 243

Mylitta (babylon. Naturgöttin, mit Ishtar, Aphrodite, Venus gleichgesetzt; in ihrem Tempel wurde von den babylon. Frauen kultische Prostitution betrieben) 274f., 289, 294, 300

Nairen (generelle Bezeichnung von verschiedenen Kasten Malabars, die matrilinear, matriarchal, manchmal polyandrisch und häufig kriegerisch waren) 317–321, 323, 326f., 329–339, 342f., 347

Neoptolemos (Sohn des Achill; tötete bei Trojas Eroberung Priamos am Altar des Zeus. Zur Vergeltung wurde er am Altar des Apollon in Delphi erschlagen) 234, 236

Neptun (röm. Gott des Wassers und des Meeres, mit dem griech. Poseidon gleichgesetzt) 34, 39f., 42, 197f., 221, 224

Nikolaos von Damaskus (um 64 v. Chr. geboren; griech. Historiker, verfasste eine Weltgeschichte, von der Teile der lydischen und persischen Geschichte erhalten sind) 81, 83

Niobe (Tochter des Tantalos, Gemahlin des Amphion, König von Theben; rühmte sich ihrer 12 Kinder gegenüber Leto, der Gattin des Zeus, die nur die Mutter von Apollon und Artemis war; daraufhin tötete Artemis ihre 6 Töchter, Apollon ihre 6 Söhne; Niobe trauerte, bis sie in einen Stein verwandelt wurde, der weiterhin Tränen vergoss) 195

Nonnos (ca. 450 n. Chr.; spätgriech. Epiker) 67, 144, 239

Ödipus (Sohn des Laios und der Iokaste; erschlug unwissentlich seinen Vater und heiratete seine Mutter; blendete sich, als er seinen Irrtum entdeckte; wurde verbannt und fand zusammen mit seiner Tochter Antigone Schutz bei Theseus) 73, 222–246

Ödipussöhne siehe Eteokles

Okeanos (von den Griechen als Weltstrom, der die Weltscheibe umfloss, gedacht; als Titan personifiziert) 153, 188

Oknos (legendäre Gestalt, die als Strafe im Hades beständig ein Strohseil flechten musste, das fortwährend von einer Eselin gefressen wurde) XXV, XXVII, L, 22, 55–77, 157

Oknos-Aucnus (der Grammatiker Servius, in der zweiten Hälfte des 4. Jh., gebraucht abwechselnd die Namen Ocnus-Aucnus. Er bringt ihre Bedeutung in Zusammenhang mit der von *augere*, *auctare* = ›vermehren‹) 27, 208

Omphale (Königin von Lydien, kaufte Herakles als Sklaven, machte ihn zu ihrem Liebhaber und tauschte die Kleider mit ihm) 128, 178, 270–272, 280f., 284, 286

Ops (röm. Göttin des Überflusses und des Erntereichtums; mit Rhea oder manchmal mit Diana gleichgesetzt) 244

Orest (Sohn von Agamemnon und Klytaimnestra; tötete seine Mutter, um die Ermordung seines Vaters zu rächen; wurde dafür von den Erinyen verfolgt) XII, 136, 147, 198–200, 203, 230f., 236, 293, 328

Orpheus, Orphik (legendärer Dichter und Sänger; auf ihn werden die sog. orphischen Dichtungen, mystische Theogonien, Kosmogonien und Eschatologien, zurückgeführt) XXVII, LXII, 27, 31, 52f., 66, 73, 108, 127, 139, 254–256

Osiris (ägypt. Gott, Gatte und Bruder der Isis; Gott des Todes und der Auferstehung) XXX, 28, 69, 71, 106, 173, 186, 222f.

Pandora (›die von allen Göttern Beschenkte‹; von Hephaistos und Athene im Auftrag des Zeus erschaffene erste Frau. Zeus schickte sie den Menschen, um ihnen mit ihr alles Übel zu bringen) 172, 217

Panduiden (die fünf Söhne des Pandu, die mit Draupadi verheiratet waren) 333

Pardessus, Jean-Marie (1772–1853; franz. Rechtsgelehrter und Historiker) 5

Pastoret, Claude-Emanuel-Joseph-Pierre (Graf, 1756–1840; franz. Staatsmann) 5

Pausanias (2. Jh. n. Chr.; griech. Geograph) 61f., 224

Pegasos (Flügelross des Bellerophon; siehe Gorgonen) 152, 154f.

Pelasger (Bezeichnung für die vorgriech. Bevölkerung) 82, 104, 108f., 136f., 215, 254

Pelops (Sohn des Tantalos; erwarb die Hand von Hippodameia, indem er im Wagenrennen durch Betrug als Sieger hervorging) 221, 256

Penelope (Gattin des Odysseus; während seiner Abwesenheit hielt sie ihre Freier durch die List hin, erst das Leichentuch für ihren Schwiegervater weben zu müssen; sie löste aber heimlich nachts die Webarbeit des Tages auf) 27

Penthesilea (Königin der Amazonen und deren Anführerin im Trojanischen Krieg, in dem sie von Achill getötet wurde) 13, 162, 217

Persephone (Tochter von Demeter; siehe dort) 174

Perseus (griech. Held, Sohn des Zeus und der Danae; köpfte die Gorgo Medusa) 154, 217

Phaon (Jüngling, den die Lyrikerin Sappho geliebt haben soll; als er sie verschmähte, stürzte sie sich aus Verzweiflung ins Meer) 261

Philostratus, Flavius (ca. 170–245 n. Chr.; griech. Sophist und Schriftsteller) 45, 91, 165, 188

Phönix (Wundervogel der ägypt. Fabelwelt, der sich nach griech. Vorstellung immer wieder selbst verbrennt und neu ersteht) 187f.

Pindar (522/518–446 v. Chr.; griech. Lyriker) 41, 154, 158, 162f., 230

Plautus, Titus Maccius (ca. 254–184 v. Chr.; röm. Dramatiker) 166, 171

Plinius, Gaius Plinius Secundus (23–79 n. Chr.; röm. Enzyklopädist) 61, 169

Plutarch (ca. 46–120 n. Chr.; griech. Biograph und Essayist) XXX, 28, 51, 54, 61, 64, 69, 71, 91, 97, 151, 156, 162–164, 167, 169f., 172, 179, 186, 194f., 212, 234, 242, 245, 250f., 253, 256

Pollentia (röm. Göttin der Kraft, die v. a. für die Gesundheit der Kinder angerufen wurde) 39

Polybios (ca. 201–120 v. Chr.; griech. Historiker, lebte 16 Jahre im röm. Exil) XLIIIf., 82, 103, 303

Polygnot (griech. Maler des 5.Jh. v. Chr.; arbeitete in Plätäa, Delphi und Athen) 61, 75

Porsenna (etrusk. König von Clusium. Aufgrund des Heldenmuts der Römer gab er angeblich die Belagerung Roms auf) 290

Poseidon (röm. Neptun, Gott der zeugenden Gewässer und des Meeres; erbaute die trojan. Mauer, wurde aber um den Lohn betrogen und rächte sich durch ein Seeungeheuer) 46, 69, 75, 141, 151–159, 165, 190, 224, 256

Praetoren (die beiden obersten röm. Gerichtsbeamten patrizischer Herkunft, die auf ein Jahr gewählt waren) 242

Psyche (erscheint als Personifikation der Seele; wurde von Eros [Amor/Cupid] geliebt, der sie nur des Nachts besuchte, bis sie aus Neugierde eine Lampe nahm, um ihn zu sehen. Eros entfloh, Psyche machte sich auf die Suche, bis sie schließlich mit ihm wiedervereinigt unsterblich wurde) LVIII, 48–52, 240, 261

Ptolemaier (makedon. Königsgeschlecht das Ägypten von 323 bis 330 v. Chr. beherrschte. Nach seinem Begründer Ptolemaios I Soter genannt) 126, 145, 247f., 250, 322

Pyrrhos (ca. 318–272 v. Chr. König von Epirus; kämpfte wiederholt gegen die Römer; im Krieg gegen die Spartaner angeblich von einem Ziegel getötet, den eine Frau vom Dachgiebel aus auf ihn warf) 212, 291, 294

Pythagoras (griech. Mathematiker, Physiker und Astronom des 6. Jh. v. Chr.; gründete in Kroton, Unteritalien, eine religiöse Gemeinschaft zu der auch Frauen Zutritt hatten. Die Pythogoreer sahen in der Zahl das Wesen der Welt und hatten in ihrer Lehre manches mit den Orphikern gemein, mit denen sie sich schließlich auch vermischten) XXV, 102, 107f., 175, 185, 213, 232, 234, 254

Pythia (Name des weiblichen Mediums beim Orakel des Apollon Pythios in Delphi) 75, 173, 206, 223, 230f., 260

Raja (indisch für ›Herrscher‹) 315–319, 323, 325, 334f., 337, 340, 342, 344, 346

Rhea (alte Erd- und Muttergottheit; Tochter des Uranos und der Gaia, Frau und Schwester des Kronos, Mutter der olympischen Götter; mit Kybele gleichgesetzt, und als Göttermutter mit Isis und Osiris in Verbindung gebracht) 173

Romulus und Remus (Zwillingssöhne des Mars und der Rhea Silvia, legendäre Gründer Roms) 28, 44

Rossi, Pellegrino (1787–1848; Jurist und Politiker) 5, 15

Sabiner (altes ital. Volk, das nordöstl. von Rom lebte und im 3. Jh. v. Chr. vom Röm. Reich absorbiert wurde) 97, 164, 243, 268, 271–273, 279, 282, 288ff., 300

Sakaien (babylon. kultisches Fest vom Charakter eines orgiastischen Freiheits- und Gleichheitsfestes, in dem Sklaven und Herren die Rollen tauschten) 275–280, 282, 286, 297, 300

Sappho (um 600 v. Chr.; Lyrikerin aus Lesbos) 108, 253, 257–261

Sarapis (Ptolemaios I Soter soll das Sarapis-Standbild aus Sinope [Kleinasien] nach Ägypten gebracht und damit diesen Gott in Ägypten eingeführt haben; sein Kult wurde mit dem der Isis in Verbindung gebracht) 145, 249

Sarpedon (König von Lykien, kämpfte im Trojanischen Krieg aufseiten Trojas) 83, 106, 150, 196

Schoineus (Vater der Atalante; ließ, da er männliche Nachkommen wünschte, seine Tochter aussetzen) 118, 225f., 239

Segetia, Seia, Tutilina (röm. Schutzgöttinnen des Korns) 39

Selene (griech. Mondgöttin, besucht ihren Geliebten Endymion allnächtlich in seinem ewigen Schlummer) 259

Semiramis (legendäre assyrische Königin, Gattin des Ninos) 286, 294

Semo Sanctus Dius Fidius (Name einer ital.-röm. Gottheit des Eides, der zwei Götter mit gleicher Funktion in ein und demselben Tempel auf dem Quirinal vereinigt) 272f., 279, 301

Servius Tullius (Roms legendärer sechster König; Sohn der Sklavin Okrisia und eines Gottes, von Tanaquil erzogen, Schwiegersohn des Tarquinius Priscus und dessen Nachfolger auf dem röm. Thron) 266f., 274f., 277–279, 289, 300, 306

Sesonchosis-Sesostris (wahrscheinlich Zusammenziehung zweier Pharaonen: Sesonchis I, ca. 950 v. Chr., und Sesostris III, 1878–42 v. Chr.) 249f.

Simonides von Keos (556–467 v. Chr.; griech. Lyriker) 98, 194

Sirenen (Dämonen mit Vogelleib und Frauenkopf. Mit übernatürlichem Wissen und solcher Sangeskunst begabt, dass Seefahrer, die sie hören, die Heimkehr vergessen, an die Klippen der Sirenen heranfahren, dort scheitern und gefressen werden) 73

Sisyphos (König von Korinth, Großvater des Bellerophon; verbüßt im Hades die Strafe, einen Fels den Berg hinaufwälzen zu müssen, der immer wieder herunterrollt) 56, 153, 157f., 160

Skyrisches Versteck (Achill wurde von seiner Mutter Thetis, die seinen frühen Tod im Trojan. Krieg voraussah, als Neunjähriger nach der Felseninsel Skyros gebracht, wo er in Frauenkleidern aufwuchs, bis ihn Odysseus durch eine List entlarvte und zur Teilnahme am Trojan. Krieg bewog) 46

Skythen (Reitervolk Südrusslands, etwa zwischen Karpaten und westl. Kaukasus) 129, 168, 182–184, 191, 193

Sol (die Sonne, als röm. Gott mit dem griech. Helios gleichgesetzt, später mit Apollon identifiziert) 39, 142, 240

Strabon (ca. 63 v. Chr. – 24 n. Chr.; griech. Geograph) XXV, XXXI, 81, 102, 113, 193, 196, 214, 219

Suidas (Grieche, verfasste im 10. Jh. n. Chr. ein Lexikon, das auf älteren Werken dieser Art, auf Kommentaren und Schriften der Grammatiker, beruht) 243, 246

Tacitus, Cornelius (ca. 55–117 n. Chr.; röm. Historiker) XXII, 91f., 94, 183, 187, 213

Tali (Zeichen der Ehe, das bei der Hochzeitsfeier der Frau angelegt wird und ursprünglich die Vermählung der Tempelprostituierten mit einem bestimmten Gott anzeigte) 330–332, 336

Talos (Riese aus Erz, der täglich dreimal um die Insel Kreta lief, um sie zu bewachen. Von den Argonauten getötet) 221

Tanaquil (Frau des Tarquinius Priscus, König von Rom; sicherte ihrem Mann und nach dessen Ermordung ihrem Schwiegersohn Servius Tuliius den röm. Thron) XXVI, 263–311

Tänie (Binde, Band; besonders um Haupt oder Busen getragen) 66

Tantalos (Vater des Pelops, büßt ewig im Hades; dürstend und hungernd kann er doch nicht das Wasser, in dem er steht, und die Obstzweige über sich erreichen) 72

Tarpeia (röm. Frau, in Abwesenheit ihres Vaters Kommandantin des Kapitols; verriet Rom an die Sabiner gegen den Preis, dass alles, was die Sabiner am linken Arm trugen, Ringe und Armspangen, ihr gehören sollte; wurde aber von den Schilden der Sabiner erdrückt) 271

Tarquinius Priscus (fünfter legendärer König von Rom) 266, 278

Register mit Glossar 375

Tarquinius Superbus (siebter und letzter legendärer König Roms. Tötete, durch seine Gattin Tullia dazu veranlasst, seinen Schwiegervater Servius Tullius und gewann den Thron) 266, 289

Tenedier (Bewohner der kleinen griech. Insel Tenedos, südl. der Dardanellen) 177, 221

Theano (Pythagoreerin; bald Schülerin, bald Frau des Pythagoras genannt) 108, 213

Themis (Tochter von Uranos und Gaia; Frau des Zeus und Mutter der Horen [Jahreszeiten]; personifiziert Recht, Sitte und Ordnung) 181, 242

Thermodon (Flussgott und Fluss in Kleinasien, östl. des heutigen Samsun. An seinen Ufern sollen die Amazonen gelebt haben) 192

Theseus (legendärer König von Athen; um dem kretischen König Minos seine Abstammung von Poseidon zu beweisen, holte er einen von Minos ins Meer geschleuderten Siegelring zurück und tötete den Minotaurus. Als König schloss er die Bürger der attischen Gemeinden zur Stadt Athen zusammen, und besiegte mit Herakles die Amazonen) 119, 137, 154, 202

Thetis (Meergöttin, Mutter des Achill) XIV, 157

Troglodyten (Höhlenbewohner, Name mehrerer auf niedriger Entwicklungsstufe stehender Völker) 176, 179

Tullia (Tochter des Servius Tullius; veranlasste ihren Mann Tarquinius Superbus zum Mord an ihrem Vater, um für ihn den röm. Thron zu gewinnen) 267

Tutela Philotis (röm. Magd, ermöglichte es den Römern, einen Angriff der latin. Stadt Fidenae zurückzuschlagen) 282, 297

Typhon (einer der Giganten, Ungeheuer mit 100 Schlangenköpfen, alle mit schrecklichen Stimmen. Stritt mit Zeus um die Weltherrschaft, unterlag und wurde von Zeus unter dem Ätna begraben. Später mit dem ägypt. Seth gleichgesetzt und mit dem zerstörenden Prinzip des ägypt. Osiris-Mythos in Verbindung gebracht) 27, 29, 71, 222, 226

Uttarakura (im indischen Mahabharata ein Land, in welchem es die Institution der Ehe nicht gab) 313

Vaiçya (vaiśya; dritte der vier Hindukasten) 320f.

Varro, Marcus Terenius (116–27 v. Chr.; röm. Schriftsteller) 34f., 97, 197f.

Virgil (Publius Virgilius Maro, 70–19 v. Chr., röm. Dichter) 40, 155, 174, 195, 285, 287, 292f.

Winckelmann, Joh. Joachim (*Geschichte der Kunst des Altertums*, 1764) XXIII, 10

Xanthier (Bewohner der lykischen Stadt Xanthos) 151

Zenobia (Königin von Kleinasien und Palmyra/Syrien, von dem röm. Kaiser Aurelian 272 n.Chr. besiegt) 295

Zeus (oberster Gott der Griechen; einer seiner Wesenszüge kennzeichnet ihn als Gott des heiteren Himmels und des Wetters; Sohn des Kronos und der Rheia; mit dem röm. Jupiter gleichgesetzt) LXI, 40, 67, 88, 137, 144, 154, 173, 188, 199–201, 203–205, 223, 238, 256

Zoganes (Name des Narrenkönigs beim babylon. Sakaienfest) 286

Weiterführende Literatur aus dem Kröner Verlag

3., aktualisierte und illustrierte Auflage 2014
624 Seiten, 168 Abbildungen, Leinen
ISBN 978 3 520 46303 6

Mit 2200 Artikeln, die Zugang zur Welt der Götter und Göttinnen, Dämonen und Geister verschiedenster Kulturkreise und Religionen bieten, ist das *Lexikon der Götter und Dämonen* das einzige seiner Art. Neben Allah, Buddha, Marduk, Osiris, Quetzalcoatl, Thor, Vishnu oder Zeus, neben keltischen, iranischen oder shintoistischen Gottheiten, werden dämonische Wesen wie Leviathan, Skylla oder die Druden berücksichtigt. Die Texte erläutern ihre Herkunft und Funktion, die Stellung innerhalb der jeweiligen Religion sowie ihr Fortleben in Mythos und Volksglauben. Weiterführende Literaturangaben weisen den Weg zu vertiefender Lektüre, mehrere Register informieren über Beinamen, Funktionen und Symbole/Attribute der verschiedenen Gestalten; ein eigenes Register erlaubt den Zugang über die Völker und Religionen. Mit der konzentrierten Darbietung des sonst weit verstreuten Stoffes ist das Lexikon eine Fundgrube für alle an Religion und Mythos Interessierten sowie für jeden Leser, der verstehen möchte, was es mit den in der Literatur weiterlebenden Gestalten auf sich hat.

2010. XXVII, 807 Seiten,
147 Abbildungen. Leinen.
Format 21,6 × 14,5 cm
ISBN 978 3 520 80601 7

Bis heute bilden die Mythen und Erzählungen aus der antiken Welt, aber auch die geschichtliche Überlieferung ein unerschöpfliches Reservoir für bildende Kunst, Literatur und Musik. Rund 270 Gestalten der Antike sind in diesem reich illustrierten Band versammelt – neben Figuren aus der antiken Götterwelt, aus Heldenepen und mündlicher Tradition finden sich historische Personen wie Alexander der Große, Caesar oder Arminius, die unser Bild von der Antike maßgeblich geprägt haben.

Nach einer Kurzcharakteristik, die neben den wichtigsten Quellen auch die typischen Attribute der Figur auflistet, werden jeweils die Erzählungen, charakteristischen Anekdoten und Urteile wiedergegeben, die in der antiken Quellenliteratur überliefert sind; es folgt ein detaillierter Überblick über die Hauptlinien und wichtigsten Beispiele ihres Nachlebens in Kunst, Literatur und Musik. Literaturhinweise, ein Personen- sowie ein Künstlerregister erlauben auch die wissenschaftliche Benutzung des anregenden Nachschlagewerks.